“十四五”职业教育国家规划教材

全国优秀教材二等奖　　全国船舶工业职业教育教学指导委员会推荐教材

船舶辅机

编著　张心宇
主审　韩先斌

哈尔滨工程大学出版社
Harbin Engineering University Press

内 容 简 介

本书是“十一五”“十二五”职业教育国家规划教材，全国船舶工业职业教育教学指导委员会“十三五”重点规划教材，高等职业教育船舶机械工程技术（船舶动力装置）专业交通职业教育指导委员会规划教材，按照“船舶辅机”课程标准的要求编写而成。

本书针对高等职业教育的特点，重视理论联系实际，体现最新科技应用，总结多年教学经验，系统地介绍了各种通用船舶辅机以及系统的工作原理、主要类型、性能特点、典型结构、典型实例、工艺规范和行业标准。本书编写团队历时三年将书稿中涉及的多种设备的机械原理图首次采用全彩色图片展示（部分图片进行了三维立体渲染），一些重点机械工作原理通过动画再现，以实带虚、以虚助实、虚实结合，解决了学生理解重点、难点知识的痛点，并实现了通过观看动画的形式反复学习，加深学生对相关知识的理解，提高学生掌握相应技能的水平。

本书可作为高职船舶机械工程技术、船舶动力工程技术及轮机工程技术等专业的教材。同时，本书也可供船舶企业职工岗位技术培训以及相关工程技术人员参考使用。

图书在版编目（CIP）数据

船舶辅机/张心宇编著. —哈尔滨：哈尔滨工程大学出版社，2020. 7（2025. 5 重印）
ISBN 978-7-5661-2747-1

Ⅰ. ①船… Ⅱ. ①张… Ⅲ. ①船舶辅机—高等职业教育—教材 Ⅳ. ①U664. 5

中国版本图书馆 CIP 数据核字（2020）第 142879 号

选题策划 史大伟 薛 力
责任编辑 史大伟 薛 力
封面设计 李海波

出版发行 哈尔滨工程大学出版社
社　　址 哈尔滨市南岗区南通大街 145 号
邮政编码 150001
发行电话 0451-82519328
传　　真 0451-82519699
经　　销 新华书店
印　　刷 武汉精一佳印刷有限公司
开　　本 787 mm×1 092 mm 1/16
印　　张 20. 5
字　　数 541 千字
版　　次 2020 年 7 月第 1 版 2023 年 7 月修订版
印　　次 2025 年 5 月第 3 次印刷
定　　价 68. 00 元

http://www. hrbeupress. com
E-mail：heupress@ hrbeu. edu. cn

修订版前言

党的二十大报告中提出“统筹职业教育、高等教育、继续教育协同创新，推进职普融通、产教融合、科教融汇，优化职业教育类型定位”，党和政府对职业教育的发展高度重视，中国的职业教育发展步入了新时代。二十大报告同时提出“发展海洋经济，保护海洋生态环境，加快建设海洋强国”，船舶类职业院校培养的船舶与海洋装备制造类专业学生，将会是海洋强国建设中的“好用顶用人才”，而教材在人才培养的环节中起到“启智增慧，培根铸魂”的作用。为了更好对接国家“十四五”规划，助力我国船舶与海洋工程装备制造类产业高质量发展，为规范高等职业教育船舶技术类专业的教学，积极推进课程改革与教材建设，提高教学质量，全国船舶工业职业教育教学指导委员会（简称船舶行指委）和哈尔滨工程大学出版社组织全国涉船的职业院校及其骨干教师，编写了船舶行指委“十三五”规划教材。这些教材分别适用于船舶工程技术专业、船舶动力工程技术专业和船舶电气工程技术专业，以及船舶检验、船舶舾装、焊接技术及自动化、游艇设计与制造等船舶技术类专业。

船舶行指委“十三五”规划教材大部分是在多年多次组织编写高职船舶类规划教材的基础上修订而成的。本规划教材注重以就业为导向，以职业能力培养为核心，面向行业企业，充分体现职业教育的特色，满足高素质实用型、技能型船舶技术类专业高等职业人才培养的需要。《船舶辅机》是船舶行指委“十三五”重点规划教材，按照船舶动力工程技术类专业的核心课程“船舶辅机”的课程标准要求编写。本规划教材适合作为高职船舶机械工程技术、船舶动力工程技术及轮机工程技术等专业的教材，也可以作为船舶企业职工的上岗培训及专业考证训练教材。

本书为章节式教材，即依据“船舶辅机”课程教学内容分为 15 章 73 节。本书主要内容包括船用泵、船用空压机、船用液压系统及甲板机械、船舶海水制淡装置、船用锅炉、船舶制冷和船舶防污染 7 个板块。主要单元都基于生产任务、工作步骤、工艺流程、工具使用、技术要求，按理实一体、学做结合的教学理念，以图文并茂、动静结合、多维呈现的课程形式进行教材编写。

本书由张心宇担任主编，负责组稿和统稿。武汉交通职业学院刘世伟编写第 1 章至第 7 章，武汉交通职业学院张心宇编写第 8 章至第 11 章，武汉船舶职业技术学院杨双齐编写第 12 章至第 15 章。

张心宇主编的《船舶辅机》在“十一五”“十二五”期间均经全国职业教育教材审定委员会审定为职业教育国家规划教材。本教材积极响应二十大报告中“推进教育数字化，建设全民终身学习的学习型社会、学习型大国”的要求。本书在 2014 年版本基础上，进行了大幅度的改版升级，全面提升本书数字化建设水平。本次出版教材为“数字活页式”，搭建了线上学习平台，全书各章节均可扫码进入，学习者可方便地获取与书中的内容相辅相成的工作过程动画等相关资源。此次新版《船舶辅机》教材首次采用四色印刷，在重点内容的更新，学习难点的突破，图文互补的完善等方面有了长足的进步。编者在教材编写中首次使用矢量图绘制方法，设计绘制了近300幅新的高清矢量图片，图片的清晰度和精准度大大提升，对提高学生学习兴趣和学习效率有极大的帮助。

本教材为一部产教融合型教材，在编写过程中邀请了几位企业专家参与编审工作。邀请招商重工（江苏）有限公司高军伟工程师参与第11章至第15章内容的审核。招商重工（江苏）有限公司杨启工程师在全书编写过程中提供了大量的船企现行设备和技术资料。中船重工武昌船舶重工集团有限公司韩先斌高级工程师担任本书主审。在此向各位企业专家表示衷心感谢！

限于编者经历和水平，书中难免有疏漏与不足之处，恳请读者批评指正，以便修订时完善。

全国船舶工业职业教育教学指导委员会

2022年11月

目　　录

绪论 ······ 1

第 1 章　船用泵概述 ······ 2

第 1 节　泵的功用 ······ 2

第 2 节　泵的分类 ······ 2

第 3 节　泵的性能参数 ······ 4

第 4 节　泵的正常工作条件 ······ 5

课后习题 ······ 6

第 2 章　往复泵 ······ 7

第 1 节　概述 ······ 7

第 2 节　活塞式往复泵 ······ 10

第 3 节　柱塞式往复泵 ······ 14

第 4 节　往复泵的拆装及检测 ······ 18

课后习题 ······ 20

第 3 章　回转泵 ······ 21

第 1 节　齿轮泵 ······ 21

第 2 节　螺杆泵 ······ 27

第 3 节　叶片泵 ······ 31

第 4 节　水环泵 ······ 37

第 5 节　回转泵的拆装及检测 ······ 38

课后习题 ······ 41

第 4 章　离心泵 ······ 43

第 1 节　离心泵的工作原理及分类 ······ 43

第 2 节　离心泵主要部件的结构 ······ 44

第 3 节　离心泵的性能特点 ······ 50

第 4 节　离心泵的实例 ······ 57

第 5 节　离心泵的拆装及检测 ······ 61

课后习题 ······ 62

第 5 章　旋涡泵 ······ 64

第 1 节　旋涡泵的工作原理 ······ 64

第 2 节　旋涡泵的性能和特点 ······ 66

第 3 节　旋涡泵实例 …… 67
课后习题 …… 68
第 6 章　喷射泵 …… 69
第 1 节　水射水泵 …… 69
第 2 节　喷射器 …… 70
课后习题 …… 72
第 7 章　船用活塞式空气压缩机 …… 73
第 1 节　概述 …… 73
第 2 节　空压机的排量及其影响因素 …… 77
第 3 节　空压机的气阀及其故障分析 …… 79
第 4 节　空压机的实例 …… 82
第 5 节　排气量调节和启动释载装置 …… 96
第 6 节　空气压缩机的拆装与检修 …… 98
课后习题 …… 100
第 8 章　液压技术 …… 102
第 1 节　概述 …… 102
第 2 节　液压马达 …… 104
第 3 节　压力控制阀 …… 109
第 4 节　流量控制阀 …… 115
第 5 节　方向控制阀 …… 118
第 6 节　辅助元件及液压油 …… 124
第 7 节　液压系统故障诊断 …… 130
课后习题 …… 134
第 9 章　液压舵机 …… 135
第 1 节　概述 …… 135
第 2 节　液压舵机的工作原理 …… 138
第 3 节　液压舵机的转舵机构 …… 143
第 4 节　液压舵机的遥控系统 …… 148
第 5 节　泵控式液压舵机实例 …… 152
第 6 节　阀控式液压舵机实例 …… 159
课后习题 …… 165
第 10 章　锚机、绞缆机和起货机 …… 167
第 1 节　锚装置与锚机 …… 167
第 2 节　液压锚机安装与调试实例 …… 170

第 3 节　绞缆机 …… 173
第 4 节　液压恒张力系缆机的实例 …… 175
第 5 节　锚机、绞缆机的检修 …… 177
第 6 节　船舶起货机 …… 179
课后习题 …… 188
第 11 章　船舶制冷装置 …… 190
第 1 节　概述 …… 190
第 2 节　制冷剂、载冷剂和冷冻机油 …… 191
第 3 节　蒸气压缩制冷原理 …… 194
第 4 节　蒸气压缩式制冷压缩机 …… 199
第 5 节　制冷装置的热交换器及附属设备 …… 206
第 6 节　制冷装置自控元件及自动调节 …… 213
第 7 节　其他类型的制冷压缩机 …… 225
课后习题 …… 228
第 12 章　船舶空气调节技术 …… 229
第 1 节　概述 …… 229
第 2 节　船舶空气调节系统和设备 …… 230
第 3 节　船舶空调系统的自动调节 …… 236
课后习题 …… 241
第 13 章　船用锅炉装置 …… 242
第 1 节　概述 …… 242
第 2 节　船用锅炉的结构与附件 …… 244
第 3 节　船用锅炉的燃油设备及系统 …… 255
第 4 节　船用锅炉的汽水系统 …… 261
第 5 节　船用锅炉的拆装与检修 …… 264
课后习题 …… 266
第 14 章　船舶海水淡化装置 …… 268
第 1 节　概述 …… 268
第 2 节　沸腾式海水淡化工作原理及影响因素 …… 269
第 3 节　船舶真空沸腾式海水淡化装置实例 …… 272
第 4 节　船舶真空沸腾式海水淡化装置的维护 …… 278
课后习题 …… 280
第 15 章　舶舶防污染装置 …… 281
第 1 节　船舶对环境的污染及防污染技术 …… 281

第 2 节　船用油水分离器 …… 283
第 3 节　船舶生活污水处理装置 …… 292
第 4 节　船用焚烧炉 …… 295
第 5 节　船用油分离机 …… 298
第 6 节　油分离机的拆装、检修 …… 315
课后习题 …… 317
参考文献 …… 319

绪　论

党的二十大报告中提出“发展海洋经济,保护海洋生态环境,加快建设海洋强国”目标,同学们只有练好技能才能为我国的海洋强国建设作出更大的贡献。

船舶辅机是一门专业核心课程,扎实掌握船舶辅助机械知识技能,对于专业技能培养和专业素质养成至关重要。

船舶辅机是船舶动力装置中的重要组成部分,是为了保证船舶正常航行、作业、停泊,以及船员、旅客正常工作和生活需要而配置的船舶机械装置和设备。

根据其功用与提供的服务,船舶辅机大致可分为:

(1)为船舶主机服务的　空气压缩机、燃油泵、滑油泵、淡水泵、海水泵、油分离机等;

(2)为航行安全服务的　液压舵机、锚机、绞缆机、吊艇机、消防泵、压载水泵、舱底水泵等;

(3)为运输货物服务的　起货机、舱口盖机、通风机、驳泊泵、洗舱泵等;

(4)为船员旅客服务的　船舶锅炉、空调装置、冷藏装置、海水淡化装置、淡水净化装置、清水泵等;

(5)为环保防污服务的　油水分离器、生活污水处理装置、焚烧炉等。

船舶辅机的应用范围广泛、种类繁多,为了便于船舶辅机知识的学习,根据它们工作原理或工质的不同,船舶辅机可归纳为7大类:

(1)船用泵;

(2)气体压送机械;

(3)甲板机械;

(4)制冷与空调装置;

(5)辅助蒸汽锅炉;

(6)船舶海水制淡装置;

(7)油水净化及防污染装置。

本书依据以上分类,着重介绍各类船舶辅机的用途、结构、原理、性能与参数等基本知识,以及通过典型实例,根据企业从事船舶辅机安装、调试、故障与排除等技术工作的实际需要,着重介绍了有关的工艺流程与工作规范。

随着船舶机械现代化的发展,船舶辅机的运行大多实现了自动控制,正朝着标准化、集约化、系列化、智能化,以及高效、节能、环保方向发展。

第1章　船用泵概述

第1节　泵的功用

船上需要输送海水、淡水、污水、滑油和燃油等各种液体。如柴油机、锅炉所需的燃油、润滑油、动力油、冷却水、补给水,船员和旅客生活所需的日常用淡水、卫生水,船舶安全航行所需的压载水、消防水、舱底水等,都是通过泵来输送的。在现代船舶上,泵是一种应用最广、数量和类型最多的辅助机械。泵是输送流体或使流体增压的机械,将原动机的机械能或其他外部能量传送给液体,使液体能量增加;泵也可以用来输送其他流体,如挖泥船的泥浆泵或抽送气体的真空泵等。据资料统计,一艘柴油机货船,需要36~50台各种类型的泵,其数量占全船机械数量的20%~30%,能耗占全船总能耗的5%~15%,造价为全船设备费用的4%~8%。

第2节　泵的分类

船用泵的数量很多,为了便于设计和生产中选用及管理,应对泵进行分类介绍。

1. 按泵在船上的用途分类

(1)船舶动力装置用泵

船舶动力装置用泵有燃油泵、润滑油泵、淡水泵、海水泵、液压舵机油泵、液压锚机及起货机油泵、锅炉给水泵、制冷装置用的冷却水泵、海水淡化装置给水泵和排污泵等。

(2)船舶安全及生活设施用泵

船舶安全及生活设施用泵有舱底水泵、压载水泵、消防泵、日用淡水泵及卫生水泵等。

(3)特殊船用泵

特殊船用泵有油船的货油泵、洗舱泵,挖泥船的泥浆泵,深水打捞船上的打捞泵,喷水推进船上的喷水推进泵,渔船上的捕鱼泵等。

2. 按泵的工作原理分类

船用泵按工作原理可分为容积式、叶轮式和喷射式三大类,如图1-1所示。

(1)容积式泵

容积式泵是靠工作部件的运动使其工作容积周期性地变化而吸、排液体的泵。根据运动部件运动方式的不同,容积式泵又分为往复泵和回转泵两类。根据运动部件结构不同,前者常用的有活塞泵和柱塞泵;后者常用的有齿轮泵、螺杆泵、叶片泵和水环泵等。

(2)叶轮式泵

叶轮式泵是通过工作叶轮带动液体高速转动,把机械能传递给液体而输送液体的泵。根据泵的叶轮和流道结构特点的不同,叶轮式泵又可分为离心泵、轴流泵和旋涡泵等。

(3)喷射式泵

喷射式泵是利用具有一定压力的流体流经喷嘴时产生的高速射流来引射所需输送流体

的泵。根据所用工作流体的不同,喷射式泵主要有水喷射泵、空气喷射泵和蒸汽喷射泵等。

从图 1-1 中可以看出,泵除按上述工作原理分类外,还可以按泵轴位置分为立式泵和卧式泵;按吸口数目分为单吸泵和双吸泵;按驱动泵的原动机分为电动泵、汽轮机泵及柴油机泵;由主机本身附带驱动的泵亦称机带泵。

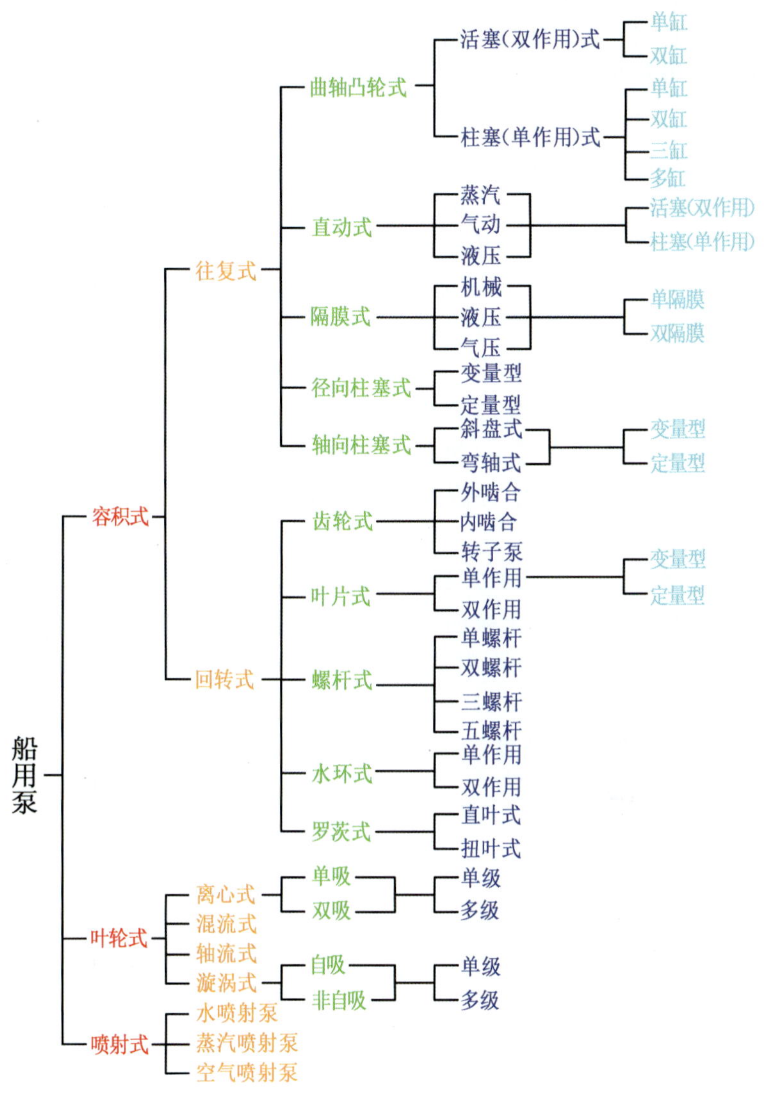

图 1-1　船用泵按工作原理分类

第3节　泵的性能参数

为了便于选用和比较泵,通常需要使用流量、扬程、转速、功率、效率和允许吸上真空度等参数表明泵的性能,这些参数称为泵的性能参数。泵铭牌上标注的参数是额定工况(设计工况)下的数值。泵在实际工作时的性能参数不一定等于铭牌上的标注值,泵的实际工作参数可参考产品说明书并根据泵的工作条件来计算。

1. 流量

流量是指泵在单位时间内所排送的液体量。通常,用体积来度量泵所送液体量称为体积流量,常用 Q 表示,单位是 m^3/s、m^3/h 或 L/min;用质量来度量泵所送液体量则称为质量流量,常用 G 表示,单位是 kg/s,常用单位还有 t/h、kg/min。

泵铭牌上标注的流量是指泵的额定流量,即泵在额定工况时的流量,而泵实际工作时的流量会随泵的工作条件变化而改变,与额定流量有差别。

2. 扬程

泵的扬程也称泵的压头,是指泵传给单位质量液体的能量,或单位质量液体通过泵后所增加的机械能,常用 H 表示,单位是 m(液柱高度)。泵的扬程即为泵使液体所增加的压头。如泵的扬程全部用来提高液体位能,并假设不存在管路阻力损失,则扬程即为泵使液体所能上升的极限高度。

泵铭牌上标注的扬程是指泵的额定扬程,即泵在设计工况下的扬程。泵实际工作时的扬程不一定等于额定扬程,它取决于泵所工作的管路系统的具体条件。当泵的吸排管径相同($V_d \approx V_s$)且吸排压力表间的垂直距离很近($\Delta z \approx 0$)时,泵的工作扬程 H 就近似地由吸排压差来决定。

泵的工作扬程可用式(1-1)估算:

$$H=\frac{p_d-p_s}{\rho g} \quad (\mathrm{m}) \tag{1-1}$$

式中 p_d——泵的排出压力表读数,Pa;

p_s——泵的吸入压力表读数,Pa;

ρ——液体密度,kg/m^3;

g——重力加速度,m/s^2。

注意,容积式泵往往不标注泵的额定扬程而只标注额定排出压力。额定排出压力是按照试验标准使泵连续工作时所允许的最高压力。容积式泵工作时的实际排出压力不允许超过额定排出压力。压力 p 和扬程 H 可按式(1-2)换算

$$H=\frac{p}{\rho g} \quad (\mathrm{m}) \tag{1-2}$$

3. 转速

泵的转速是指泵轴每分钟的回转数,用 n 表示,单位是 r/min。

4. 功率

泵的输出功率又称有效功率,是指泵实际输出的液体在单位时间内实际所增加的能量,用 P_e 表示。显然,它可由泵在单位时间内输送的液体质量(ρgQ)乘以液体经过泵后增加的能量(H)而求出,即

$$P_e=\rho gQ \cdot H=(p_d-p_s)Q \quad (\mathrm{W}) \tag{1-3}$$

泵的输入功率也称为轴功率,是指原动机传给泵轴的功率,用 P 表示。

5. 效率

泵的效率(总效率)是指泵的输出功率与输入功率之比,用 η 表示,即

$$\eta=P_e/P \tag{1-4}$$

由于泵在实际工作中不可避免地会产生各种能量损失,不可能把轴功率全部转变为有效功率,因此有效功率总是小于轴功率。可见,效率是表明泵工作时经济性好坏或能量损失大小的参数,其值越高,泵的经济性越好。

6. 允许吸上真空度

泵工作时吸入口处的真空度高到一定程度时,液体在泵内的最低压力降到其饱和蒸汽压力 p_v 以下,液体就可能在泵内汽化,使泵不能正常工作。泵正常工作时所允许的最大吸入真空度即称"允许吸上真空度",用 H_s 表示,单位是 MPa。

泵的允许吸上真空度的大小是泵吸入性能好坏的重要标志。应当指出,泵铭牌上标注的 H_s 是特指在标准大气压(760 mmHg)下以常温(20 ℃)清水在额定工况下试验得出的泵的允许吸上真空度。不同类型的泵试验条件也不同,如按国标规定,试验时逐渐增加泵的吸入真空度,容积式泵的流量比正常工作时下降 3%时所对应的吸入真空度作为 H_s 的标定值。

第 4 节　泵的正常工作条件

泵的正常工作条件是指泵能够正常吸入和排出液体的条件。了解泵的正常工作条件,不仅对泵的正确安装和使用管理有重要的意义,同时也有助于分析各类泵不能正常吸排的原因。

一、泵的正常吸入条件

1. 泵正常吸入所需的条件

(1)泵必须能产生足够低的吸入压力,液体才能在吸入液面压力的作用下,克服吸入管路中的速度压头和管路阻力而进入泵内。

(2)泵吸口处的真空度不得大于泵的允许吸上真空度,从而确保泵内最低吸入压力不低于所输送液体在其温度下所对应的饱和压力,否则液体就会汽化,使泵不能正常工作。

2. 影响泵吸入压力的主要因素

(1)吸入液面压力的影响　吸入液面压力越小,吸入压力就越低,吸入条件越差。当吸入液面是与大气相通的自由液面时,液面压力与大气压力相同。

(2)吸高的影响　吸高越大,吸入压力就越低。当吸入液面作用的是大气压力时,大多数水泵的许用吸高不超过 5 m。

(3)吸入管流速和管路阻力的影响　吸入管流速和管路的阻力越大,则吸入压力越小。为了减小吸入管路的阻力损失,应尽量减小吸入管路的长度,选用适当的管径,减少吸入管路中的弯头和各种附件。除此以外,使用时还应注意开足吸入管路中的阀门,及时清洗吸入滤器,防止吸入管路堵塞。

此外,被输送液体的温度、密度以及惯性水头等,对吸入压力也会产生影响。

二、泵的正常排出条件

(1)泵必须能产生足够大的排出压力,其值由排出条件所决定。其主要取决于排出液面

上的压力、排出高度和排出管路的阻力等。

(2)容积式泵的排出压力不得超过额定排出压力,否则,将可能造成原动机过载,甚至使泵的密封或部件损坏。为了防止容积式泵排出压力过高,应开足排出管路上的阀门,防止排出管路或滤器堵塞。

课后习题

一、选择题

1. 下列泵中属于叶轮式泵的是__________。

A. 齿轮泵　B. 叶片泵　C. 水环泵　D. 旋涡泵

2. 下列泵中不属于回转式容积式泵的是__________。

A. 水环泵　B. 齿轮泵　C. 螺杆泵　D. 旋涡泵

3. 下列泵中属于容积式泵的是__________。

A. 往复泵　B. 旋涡泵　C. 喷射泵　D. 离心泵

4. 泵铭牌上标注的流量通常是指__________。

A. 单位时间内排送液体的重力　B. 单位时间内排送液体的质量

C. 单位时间内排送液体的体积　D. 泵轴每转排送液体的体积

5. 泵的扬程是指泵__________。

A. 吸上高度　B. 排送高度

C. A+B　D. 所送液体在排口和吸口的水头差

6. 压头是指泵传给受单位重力(每牛顿)作用的液体的能量,其单位是__________。

A. 牛顿　B. 帕　C. 米　D. 瓦

7. 泵的轴功率是指__________。

A. 原动机的额定输出功率　B. 泵传给液体的功率

C. 泵轴所接受的功率　D. 泵排的液体实际所得到的功率

8. 泵的有效功率是指__________。

A. 原动机的额定输出功率　B. 泵传给液体的功率

C. 泵轴所接受的功率　D. 泵排出的液体实际所得到的功率

9. 泵的总效率是指__________。

A. 实际流量与理论流量之比　B. 实际扬程与理论扬程之比

C. 有效功率与轴功率之比　D. 传给液体的功率与输入功率之比

10. 允许吸上真空度是反映泵的__________。

A. 形成吸口真空的能力　B. 排液高度的能力

C. 抗汽蚀能力　D. 密封完善程度

二、思考题

1. 船用泵有哪些分类方法,各自的用途是什么?

2. 何谓泵的性能参数,如何应用?

3. 如何理解泵的正常工作条件,有哪些主要内容?

4. 什么是泵的额定排量和排出压力?

课后习题数字资源

第2章　往　复　泵

第1节　概　　述

一、往复泵的分类

往复泵是一种容积式泵,它是靠活塞或柱塞的往复运动,使工作容积发生变化而实现吸排液体的泵。往复泵通过活塞的往复运动直接以压力能形式向液体传递能量。往复泵可分为活塞式和柱塞式两大类。

1. 活塞式往复泵

活塞式往复泵的特点是活塞直径较大且长度较短,呈盘状结构,其上装有活塞环。因密封性能较差,故其不适用于高压环境。按其作用次数活塞式往复泵可以分为以下几类(图2-1)。

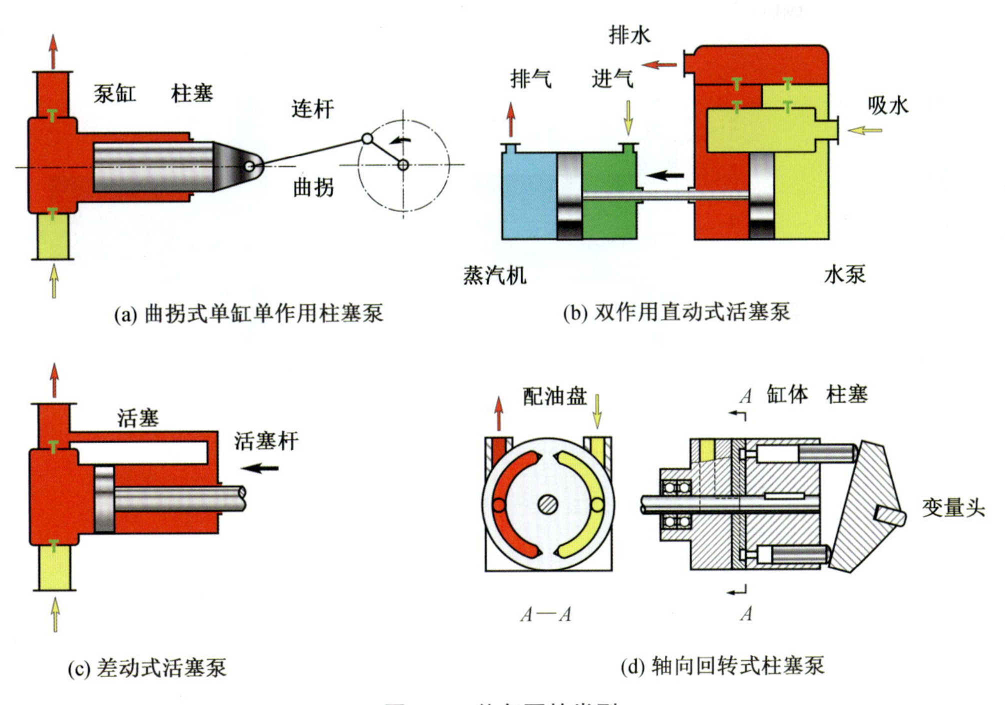

图2-1　往复泵的类型

(1)单作用泵

活塞在一个往复行程中吸、排液体各一次的泵称为单作用柱塞泵,如图2-1(a)所示。这种泵只有一个工作空间,其吸入与排出过程是交替进行的,所以它的流量断续,因而极不均匀。

(2)双作用泵

活塞在一个往复行程中吸、排液体各两次的泵称为双作用直动式活塞泵,如图2-1(b)

所示。这种泵有两个工作空间，吸、排液体同时在各自的空间进行，流量几乎是相同尺寸单作用泵的两倍，且流量均匀得多。

(3)多作用泵

在活塞一个往复行程中吸、排液体各多次的泵称为多作用泵。一般奇数多作用泵由多个单作用泵组合而成，而偶数多作用泵则由多个双作用泵组合而成。船上常用的有三缸三作用泵和双缸四作用泵。

(4)差动作用泵

活塞在一个往复行程中一次吸入的液体分两次排出或两次吸入的液体一次排出的泵称为差动作用泵，如图 2-1(c)所示。

2. 柱塞式往复泵

柱塞式往复泵(简称柱塞泵)是液压系统的核心部件，具有额定压力高、结构紧凑、效率高和流量调节方便等优点，被广泛应用于高压和流量需要调节的场合，如图 2-1(d)所示。

柱塞式往复泵常见的有径向柱塞泵和轴向柱塞泵两大类型。

二、往复泵的工作原理

往复泵的工作原理如图 2-2 所示。

动画演示

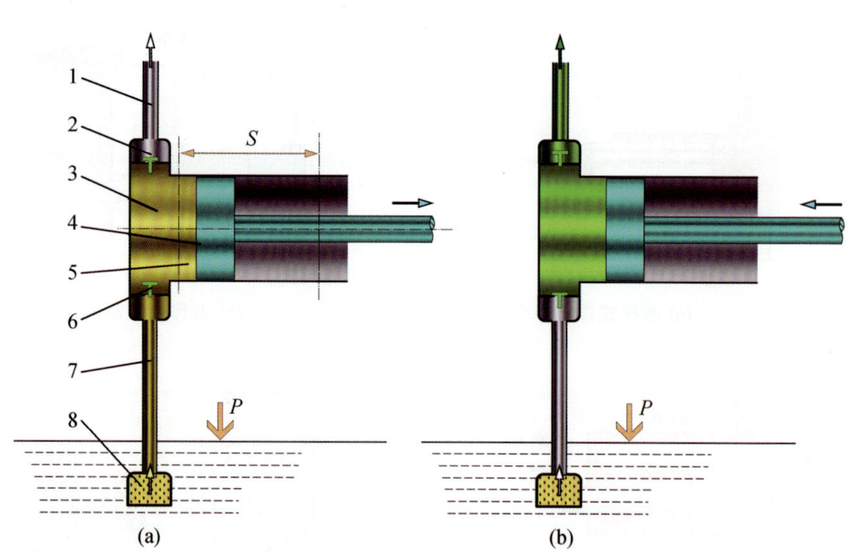

1—排出管;2—排出阀;3—阀箱;4—活塞;
5—泵缸;6—吸入阀;7—吸入管;8—吸入滤器

图 2-2　往复泵工作原理图

当活塞 4 由原动机驱动从左止点往右止点运动时，泵缸 5 容积增大，压力降低，排出阀 2 关闭，吸入阀 6 打开吸入液体直至活塞到达右止点，当活塞 4 向左回行时，泵缸 5 容积减小，压力升高，迫使吸入阀 6 关闭和排出阀 2 打开排出液体，直到活塞 4 到达左止点。因此，只要活塞 4 不断地做往复运动，液体就不断地被吸入和排出，从而实现液体的连续输送。

三、往复泵的流量

1. 往复泵的理论流量

往复泵的理论流量即活塞的有效工作面在单位时间内所扫过的容积为

$$Q_t = 60KASn \quad (m^3/h) \tag{2-1}$$

式中 K——泵的作用数；

S——活塞行程，m；

n——泵的转速，r/min；

A——活塞的平均有效工作面积，m^2。

2. 往复泵的流量不均匀度

(1)瞬时流量

前面讨论的往复泵的流量是平均流量。当工作面积为 $A(m^2)$ 的活塞以瞬时速度 $v(m/s)$ 排送液体时，则瞬时流量 q 可表示为

$$q = Av \quad (m^3/s) \tag{2-2}$$

由于往复泵在泵缸内做不等速运动，故其瞬时流量是不均匀的。瞬时流量 q 可写成

$$q = AR\omega\sin\beta \tag{2-3}$$

式中 A——活塞的有效工作面积，m^2；

R——曲柄半径，m；

β——曲柄转角；

ω——曲柄的角速度。

从式(2-3)可知，瞬时流量 q 是按正弦规律变化的。

(2)流量不均匀度

瞬时最大流量 q_{max} 与平均流量 q_m 之比值称为流量不均匀度，用 δ 表示，即

$$\delta = q_{max}/q_m \tag{2-4}$$

式中 δ 越大，说明流量越不均匀。

(3)改善流量不均的措施

①采用多作用泵；

②出口加装空气室。

四、往复泵的特点

(1)有较强的自吸能力。所谓泵的自吸能力，是指其靠自身抽出泵内及吸入管路中空气并将液体从低于泵的地方吸入泵内的能力。

(2)额定排出压力主要取决于原动机的功率、泵的强度和密封性能，而与泵流量大小无关。

(3)理论流量与工作压力无关，只取决于转速、泵缸尺寸和泵的作用数。

(4)流量不均匀，存在惯性影响。由于泵缸内的活塞做不等速运动，使泵的流量不均匀，管路中的液体做变速运动而产生惯性影响。

(5)转速不宜太快。电动往复泵转速多在 200~300 r/min。若转速过高，泵阀迟滞造成的容积损失就会增加；泵阀撞击更为严重，引起的噪声增大，磨损也将加剧。

第2节　活塞式往复泵

一、活塞式往复泵的空气室

1. 空气室的作用原理

活塞式往复泵的空气室就是内部充有一定数量空气的密闭容器。装在泵吸入口的称为吸入空气室,装在泵排出口的称为排出空气室。装设空气室是往复泵减小流量和压力波动的常见措施之一。

如图 2-3 所示,以排出空气室为例,说明空气室的工作原理。

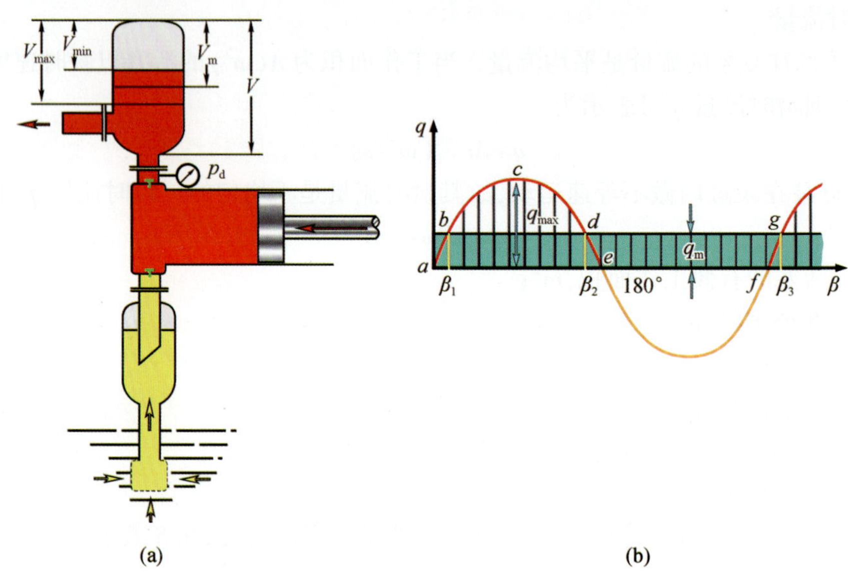

图 2-3　往复泵空气室工作示意图

在排出过程中,当泵的瞬时流量增大时,排压升高,空气室空气被压缩,部分液体被储存;当瞬时流量减小时,排压降低,空气室内被压缩的空气膨胀,把储存的液体放出,从而使排出管中排出的液体流量趋于均匀。由于排出空气室内的空气会逐渐溶入液体,其溶解度随压力升高而增加,从而空气量减少,稳压作用降低,当泵的排压波动增大时,应向空气室补充压缩空气。

吸入空气室用以减小吸入过程的惯性压头损失,提高泵的吸入压力,其工作原理与排出空气室类同。只是泵的吸入空气室会因气体从液体中逸出导致气体量逐渐增多。吸入空气室短管下端常做成斜切口或其他特殊形状,当吸入空气室液面降低时,少量气体就经斜切口随液体被吸出,所以吸入空气室内的气体量会自动保持平衡。

空气室的体积应足够大,才可将流量脉动率或压力脉动率降低到允许范围内。如国标规定,船用立式双缸四作用电动往复泵空气室容积应大于液缸行程容积的 4 倍。

2. 空气室的安装

空气室安装时应尽量靠近泵的排出(或吸入)口。排出和吸入空气室的安装实例如图 2-4 所示。

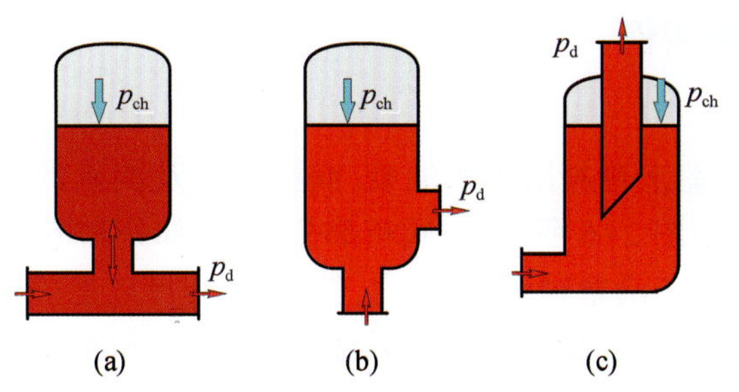

图 2-4　空气室安装实例

二、活塞式往复泵的泵阀

1. 泵阀的结构类型

活塞式往复泵的泵阀包括吸入阀和排出阀，它们的作用是使泵缸工作空间交替地与吸排管路接通或隔断，以完成泵的吸排过程。常用的泵阀形式有盘阀、环阀，锥阀、球阀等。其结构如图 2-5 所示。

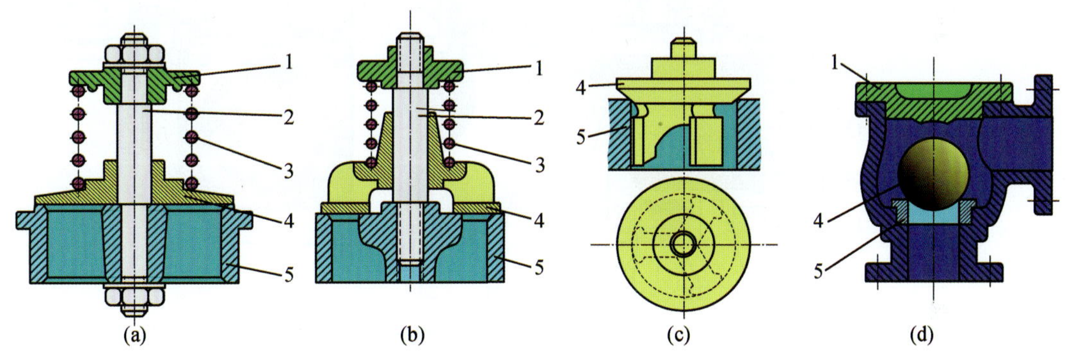

1—升程限位器；2—导杆；3—弹簧；4—阀；5—阀座

图 2-5　往复泵泵阀的结构类型

盘阀和环阀适用于常温清水、低黏度油或其他黏度不大的介质。这两种阀易于加工而且耐磨，故应用广泛。锥阀刚性好，而且阀隙阻力小，适用输送黏度较大的液体及压力较高的场合。球阀在工作中自身能够旋转，磨损均匀，而且密封面很窄，故对固态杂质不太敏感，密封性能较好；同时流道圆滑，阻力较小，适合输送黏度较高的液体；但其尺寸不宜过大，多用于流量不大、泵的转速较低（通常 $n \leqslant 100$ r/min）的场合。

2. 对泵阀的要求

（1）关闭严密。关闭不严不仅会使容积效率降低，而且还会使泵的自吸能力变差，甚至根本无法自吸。

（2）关闭时撞击要轻，工作平稳无声。否则将会加剧阀的磨损，降低其使用寿命。

（3）启闭迅速及时。

（4）泵阀的阻力要小。这不仅可以提高泵的水力效率，而且吸入阀阻力小还有助于使泵的允许吸上真空度增大。

三、活塞式往复泵实例

1. CS 型手摇往复泵

CS 型手摇往复泵在船上普遍用作燃油泵、润滑油泵及淡水的输送泵，小型船舶上还用作锅炉给水泵。其结构如图 2-6 所示，由阀箱部分、泵缸部分和传动部分组成。活塞属于组合式，活塞杆 13 的球头装于活塞轴承块 12 内，使连杆 20 可以上、下摆动。

阀箱内吸排阀为锥阀。阀启闭时吸入阀与排出阀互为导向，吸入阀的升程由上盖限位。只要摇动手柄 25，通过曲臂轴 24 和连杆 20 等的传动，活塞就在缸内做往复运动，如图 2-7 所示。

动画演示

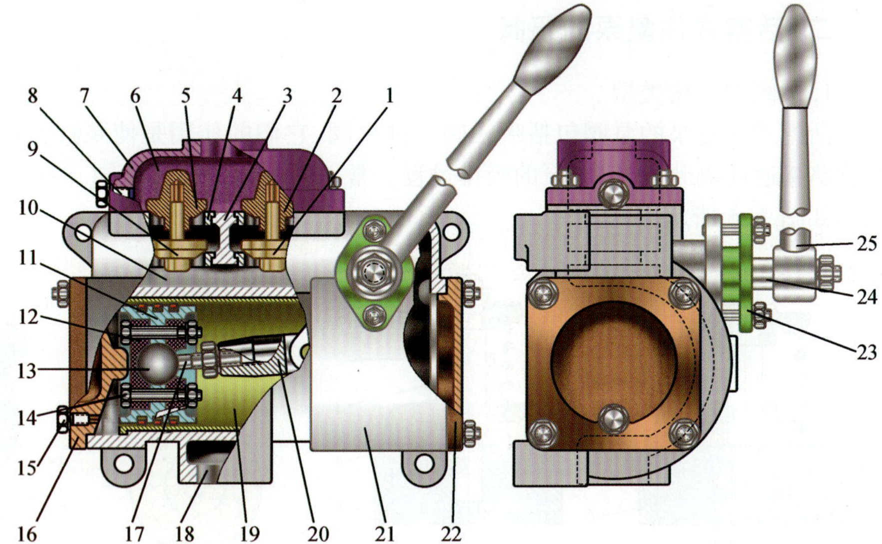

1—右吸入阀；2—右排出阀；3—中隔板；4—阀座；5—左排出阀；6—排出空间；7—上盖；8—压力表接头；9—左吸入阀；10—吸入空间；11—活塞本体；12—轴承块；13—活塞杆；14—螺栓；15—放水螺塞；16,22—端盖；17—活塞杆；18—吸入口；19—缸套；20—连杆；21—缸体；23—填料压盖；24—曲臂轴；25—手柄

图 2-6　CS 型手摇往复泵

2. 电动往复泵

如图 2-8 所示为国产 2DSL（型号含义：2—缸数；D—电动；S—水泵；L—立式）型电动双缸四作用往复泵。该泵主要由电动机 1，减速齿轮箱 4、曲柄连杆机构 18、泵缸体 13 和滑油泵 20 等组成。船上多用作舱底水泵。

电动机 1 安装于水泵的顶部，其转向必须与机体上的标志一致，以防止由曲轴带动的齿轮滑油泵反转而不能供油。减速齿轮箱 4 的主动齿轮由电动机经挠性联轴器 2 驱动。采用两级圆柱齿轮减速。拆卸曲轴 5 时必须拆卸减速齿轮箱 4 的壳体，曲轴方能通过减速齿轮箱侧的圆孔取出。

曲轴 5 右侧是一个可做轴向移动的自位轴承，它能使曲轴自由地热胀冷缩。曲轴的两个曲柄所成的夹角为 90°，以减小排量和耗功的波动。曲柄销与曲柄连杆机构 18 的大端轴承相连，连杆小端经十字头 16 与泵的活塞杆相连。

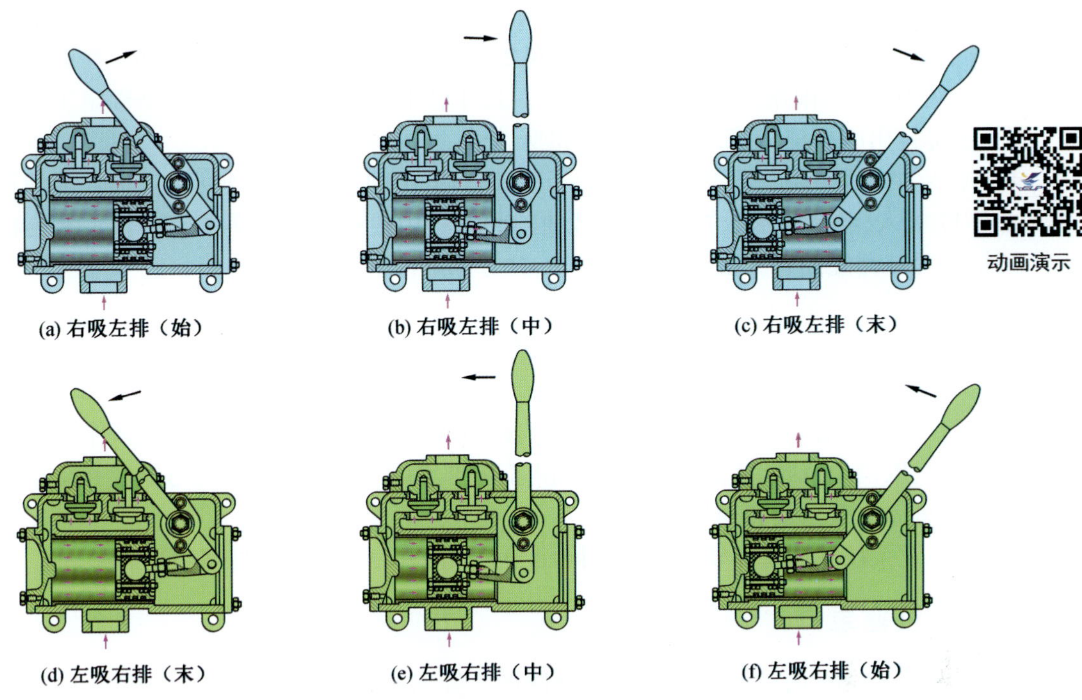

(a) 右吸左排（始）　(b) 右吸左排（中）　(c) 右吸左排（末）

(d) 左吸右排（末）　(e) 左吸右排（中）　(f) 左吸右排（始）

图 2-7　CS 型手摇往复泵做往复运动过程

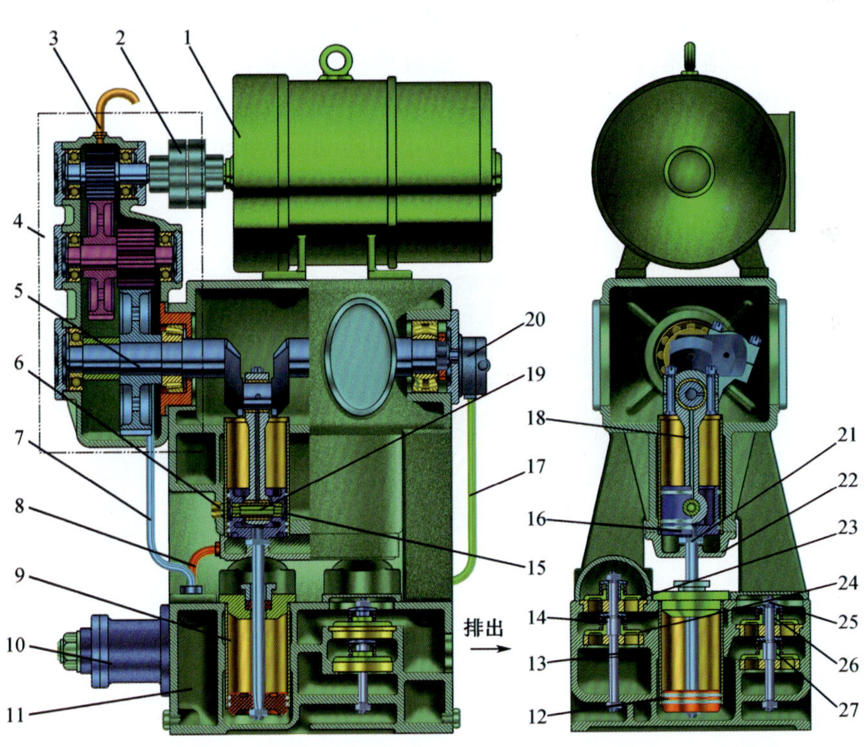

1—电动机；2—联轴器；3，7，8，17—油管；4—减速齿轮箱；5—曲轴；6—螺塞；9—缸套；10—安全阀；11—滑油箱；12—活塞；13—泵缸体；14—弹簧；15—定位弹簧圈；16—十字头；18—曲柄连杆机构；19—十字头销；20—滑油泵；21—锁紧螺帽；22—油盘；23，26—排出阀；24，27—吸入阀；25—固定螺栓

图 2-8　2DSL 型电动往复泵

水泵的泵缸体 13 与位于泵缸前后的两个阀箱由铸铁整体浇铸而成,缸体内镶有青铜缸套 9。每个阀箱内装有两组盘阀,下部为吸入阀 24 和 27,上部为排出阀 23 和 26。在阀箱上还装有安全阀 10,用以限制泵的最大工作压力。其开启压力应为 1.10~1.15 倍额定工作压力。阀箱上部排出腔接排出管,下部吸入腔接吸入管。

泵采用压力润滑。齿轮滑油泵 20 安装于泵轴右端,由曲轴直接带动回转。油自滑油箱 11 沿油管 17 吸入,经泵增压后的油,一路经曲轴和连杆中的孔道去润滑曲轴各轴承和连杆大小端轴承,另一路经油管 3 去润滑减速齿轮,并分别经油管 7、8 流回油箱。

第 3 节　柱塞式往复泵

柱塞式往复泵与活塞式往复式泵在结构上显著的不同之处在于,前者采用多作用的回转式油缸形式,取消了泵阀,从而在性能上取得了突破,满足了提高转速、均匀供液和减小体积的要求,并可做成变向泵和变量泵。

柱塞式往复泵按其柱塞布置方式的不同而分为径向柱塞泵和轴向柱塞泵两大类。

一、径向柱塞泵

如图 2-9 所示为径向柱塞泵的工作原理简图。径向柱塞泵的主要部件为柱塞 1、定子(也称浮动环、变量环)2、缸体 4、配油轴 5 和泵轴 6 等。柱塞 1 径向安装在缸体 4 中。泵轴(驱动轴)与缸体的一个端面相连接。配油轴从缸体的另一端插入缸体中心的衬套中。配油轴固定不动,泵轴带动缸体及其中的柱塞一起旋转。柱塞靠离心力的作用(或低压油的作用)紧贴定子的内壁。定子中心与缸体中心的偏心距可通过移动定子的左右位置来进行调节。定子可由柱塞头部摩擦力带动而绕自己的中心转动(称浮动),以减轻柱塞头部的磨损。该泵的吸入、排出和变量原理如下:

动画演示

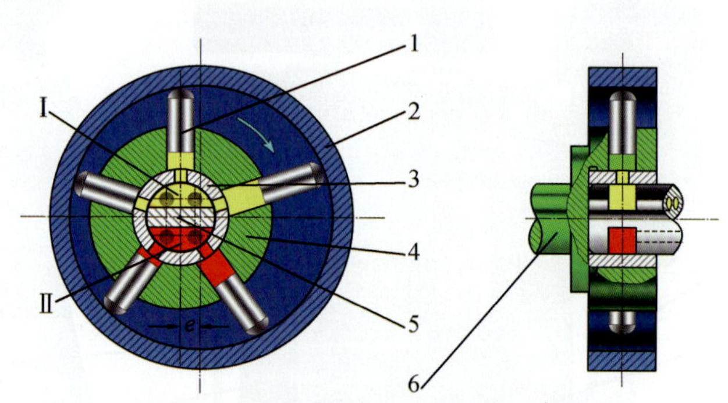

1—柱塞;2—定子;3—衬套;4—缸体;5—配油轴;6—泵轴

图 2-9　径向柱塞泵工作原理简图

(1)吸入过程　当缸体按图 2-9 所示方向旋转时,由于定子与缸体间有偏心距 e,柱塞转到上半周时向外伸出,工作腔容积逐渐增大,形成部分真空,油液经衬套 3 上的油孔,从配油轴的吸油口 I 吸入。

(2)排出过程　当柱塞转到下半周时,定子内壁将柱塞向里推,工作腔容积逐渐减小,便向配油轴的压油口 II 压油。当缸体旋转一周时,每个柱塞吸、排油各一次。只要缸体连续不断运行,泵就可连续不断地吸、排油液。

(3)变量方法　当泵的转速一定时,改变偏心距 e 的大小或方向就可改变泵的吸、排油量的大小或方向,故径向柱塞泵可以做成变向变量泵。

径向柱塞泵由柱塞和缸体组成工作腔,密封性好,容积效率一般可达 0.94~0.98。但径向柱塞泵存在一个难以克服的配油机构的径向负荷问题,这影响了它的使用范围。因此径向柱塞泵的使用受到了一定的限制,现已基本被轴向柱塞泵所替代。

二、轴向柱塞泵

如图 2-10 所示为斜盘式轴向柱塞泵的工作原理简图,轴向柱塞泵主要由传动轴 5、配油盘 1、缸体 8、柱塞 7、斜盘 9、泵壳 4 等零部件组成。斜盘 9 和配油盘 1 是不转动的,传动轴 5 带动缸体 8、柱塞 7 一起转动,柱塞 7 靠机械装置或在低压油作用下压紧在斜盘上。其吸入、排出和变量原理如下。

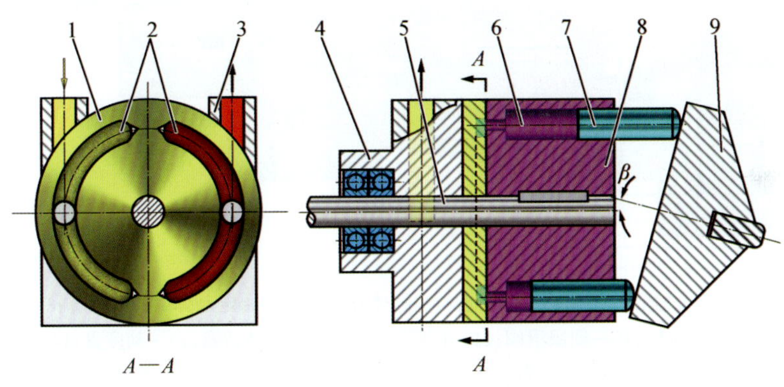

1—配油盘;2—配油阀口;3—吸排油口;4—泵壳;5—传动轴;
6—工作腔;7—柱塞;8—缸体;9—斜盘

图 2-10　斜盘式轴向柱塞泵工作原理简图

(1)吸入过程　当传动轴按图 2-10 所示方向旋转时,柱塞 7 在其自下而上回转的半周内逐渐向外伸出,使缸体孔内密封工作腔容积不断增加,产生局部真空,从而将油液经配油盘 1 上的配油窗口吸入。

(2)排出过程　柱塞在其自上而下回转的半周内又逐渐向里推入,使密封工作腔容积不断减小,将油液从配油盘窗口向外压出。缸体每转一周,每个柱塞往复运动一次,完成一次吸油和压油动作。

(3)变量方法　当泵的转速一定时,改变斜盘倾角 β 的大小和方向,就可以改变泵的排量大小和方向,倾角 $\beta=0$ 时,排量 $Q=0$,故轴向柱塞泵可以做成变向变量泵。

轴向柱塞泵与径向柱塞泵相比,前者结构较简单、效率高、径向尺寸小、转动惯量小、自吸性能好、受力条件好,目前在船舶液压机械中广泛使用。

三、柱塞泵实例

柱塞泵的实际构造形式较多,径向式的典型形式是点接触型径向柱塞泵和面接触型径向柱塞泵,轴向式的典型形式有斜盘式和斜轴式两种。现就目前船上常用的斜盘式为例说明柱塞泵的实际结构。

如图 2-11 所示为 CY 型斜盘式轴向往塞泵结构图。它由主体部分和变量机构两部分组成。

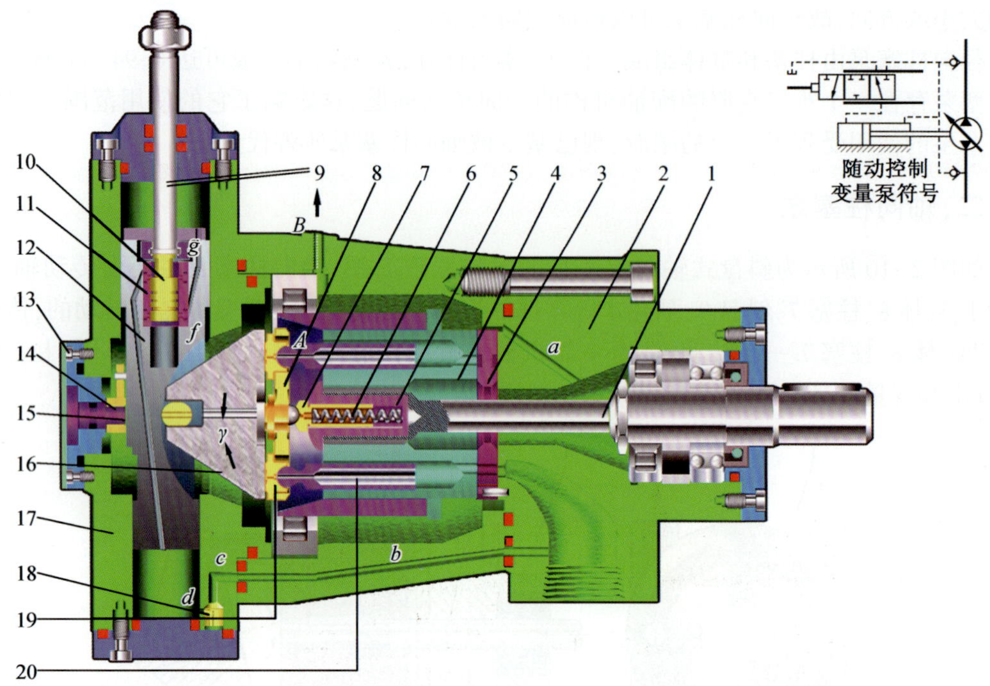

动画演示

1—传动轴；2—泵体；3—配油盘；4—缸体；5—外套；6—定心弹簧；7—内套；8—回程盘；
9—拉杆；10—伺服滑阀；11—伺服滑阀套；12—差动活塞；13—刻度盘；14—拨叉；
15—销；16—斜盘；17—变量机构壳体；18—止回阀；19—滑履；20—柱塞

图 2-11 CY 型斜盘式轴向柱塞泵结构图

1. 主体部分

主体部分由传动轴 1、配油盘 3、缸体 4、柱塞 20、回程盘 8、斜盘 16 等部件组成。

缸体用花键连接装在传动轴 1 上并被带动旋转，也使均匀分布在缸体上的柱塞 20 绕转动轴中心线转动。每一柱塞的球状头部装有滑履 19。装在内套 7 和外套 5 中的定心弹簧 6，一方面通过内套 7、钢球和回程盘 8 将每个滑履紧紧地压在与轴线成一定倾角的斜盘 16 上。弹簧力使柱塞处于吸油位置时，滑履也能保持和斜盘接触，从而使泵具有自吸能力；另一方面，弹簧力通过外套和油缸内的压力油一起作用在缸体上，使缸体 4 压向配油盘 3，并保持缸体与配油盘端面间一定厚度的静压油垫，从而既保证提供启动时的初始密封压紧力和运行时的密封压紧力，减少泄漏，又改善了受力，减少了磨损。

缸体 4 由铝铁青铜制成，外面镶有钢套，并装在滚动轴承上，这样倾斜盘给缸体的径向分力可以由滚动轴承承受，使传动轴和缸体不受弯矩，保证缸体端面能较好地和配油盘接触。

配油盘 3 和柱塞副是主体部分的重要部件，在结构上采取了一定的措施，以提高其可靠性和耐用性，现分述如下：

(1)配油盘　如图 2-12 所示为 CY-1 型泵的配油盘的结构图。图中 A、B 为配油窗口，

α 为配油盘上油封区的夹角(油封角),β 为油缸体上配油孔的包角,N—N 为配油盘中线,M—M 为斜盘中线,D 为消除困油现象的阻尼孔。

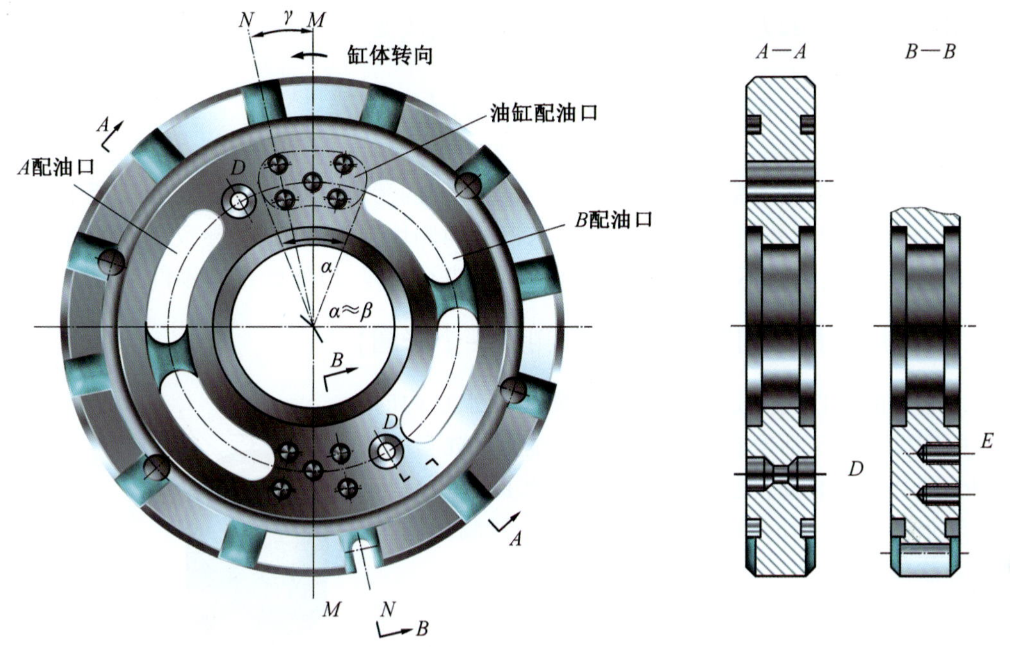

图 2-12 CY-1 型泵的配油盘的结构图

配油盘的作用是保证准确合理地对泵进行配油,防止困油现象;承受柱塞缸体对它产生的轴向力,保证与缸体间的动密封和与泵体(进出油道)间的静密封。

由于配油盘是非对称的,所以 CY 型泵必须按规定方向转动,不可逆转,并且该泵不能当液压马达使用。

(2)柱塞副 如图 2-13 所示,在滑履和柱塞的中心都钻有小孔,使压力油经小孔通到柱塞与滑履及滑履与斜盘之间的摩擦面上,从而起到润滑和静压支承作用。通过适当设计油压作用面积,可使压紧力比撑开力大 10%~15%,从而既保证密封又减少磨损。

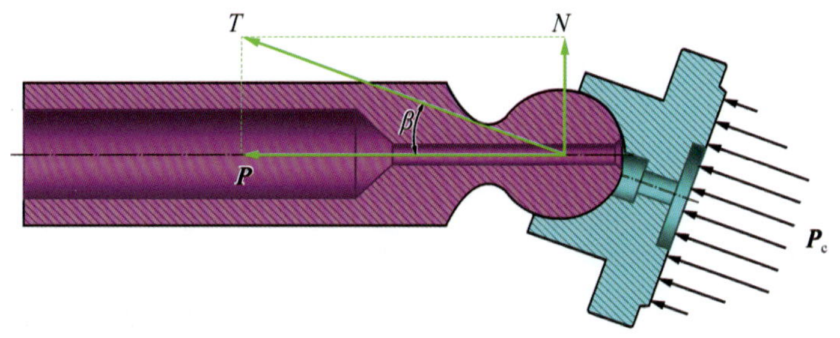

图 2-13 柱塞副的静压支承示意图

2. 变量机构

如图 2-11 所示,CY 型柱塞泵采用液压伺服变量机构控制泵的排量大小与排液方向。其变量机构由拉杆 9、伺服滑阀 10、差动活塞 12、变量机构壳体(即差动液压缸体)17 及液压缸的上、下端盖等主要部件组成。

液压伺服变量机构起到力的放大作用，即只要用很小的力来拉动滑阀上行或下行一定行程，就能控制差动活塞上行或下行同样的行程，并输出较大的力来带动斜盘正转或反转，从而控制倾角的大小和方向，实现泵的排量和排向的改变。

第 4 节　往复泵的拆装及检测

活塞式往复泵在船上常用作扫舱泵、油水分离器的污水泵等。往复泵经长期工作后，其缸套内壁、胶木胀圈的外圆和两个端面、活塞槽的两侧均会产生磨损，导致工作间隙增大，降低甚至丧失密封性，使泵不能正常工作，故应对其进行测量，以便确定其零件是否合格。

一、胶木胀圈搭口间隙的测量（只测量一个胀圈）

胶木胀圈的搭口间隙是指将胶木胀圈装在水缸内时，其搭口的宽度。由于活塞在缸套内做往复运动，缸套内壁和胀圈外圆会产生磨损，使缸套内径增大，胀圈外径减小，胀圈向外张开，使胀圈的搭口间隙增大，导致泄漏量增大，其测量方法如下。

如图 2-14 所示，在缸套 1 内壁取上、中、下三个位置，将胶木胀圈 2 平放于缸套 1 内，用塞尺 3 测量胀圈在上述三个位置的搭口间隙值 δ，记录测量结果，并计算出其平均值，与规定的搭口间隙值 δ 相比较，确定合格与否。

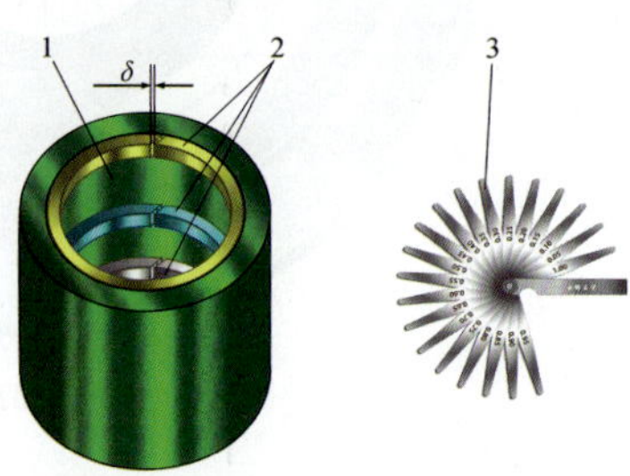

1—缸套；2—胶木胀圈；3—塞尺

图 2-14　胶水胀圈搭口间隙的测量

二、胶木胀圈径向间隙的测量（只测量一个胀圈）

胶木胀圈的径向间隙是指胀圈内径与活塞胀圈槽底部之间的间隙。胀圈外圆磨损，使其径向厚度减小，导致胀圈内壁与活塞的胀圈槽底面间隙增大。分别测出活塞的胀圈槽深度和胀圈的径向厚度，计算出其径向间隙。

1. 胀圈槽深度的测量

如图 2-15 所示，分别在活塞的两个胀圈槽中均匀地选取三个位置，用深度游标尺或带深度尺的游标卡尺测量胀圈槽深度，也可用游标卡尺或外径千分尺分别测出活塞圆直径和槽底直径，计算出胀圈槽深度，并记录。

动画演示

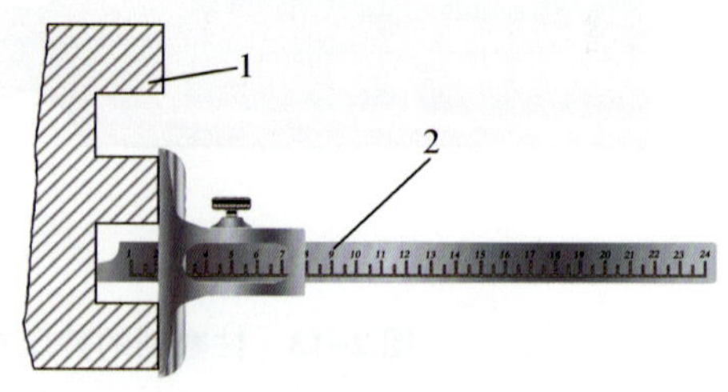

1—活塞；2—深度游标尺

图 2-15　胀圈槽深度测量

如图 2-16 所示，在胀圈上均匀选取三个位置，用游标卡尺测量出其径向厚度，记录测量结果，并计算出其平均值。

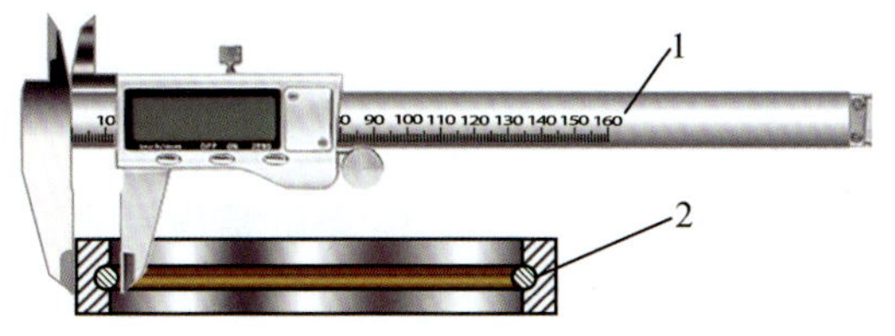

动画演示

1—游标卡尺；2—胶木胀圈

图 2-16　胶木胀圈径向厚度的测量

注：胀圈的径向厚度不可用外径千分尺测量，因胀圈内壁为凹圆，千分尺测头较大，所测尺寸会偏大。

用胀圈槽平均深度减去胀圈的平均径向厚度，即为胀圈的径向间隙，将此间隙与规定的胀圈径向间隙相比较，确定其是否合格。

2. 胶木胀圈天地间隙的测量（只测量一个胀圈）

胀圈的端面与胀圈槽侧面的间隙叫作胶木胀圈的天地间隙。胀圈的两个端面及胀圈槽上、下侧发生磨损，使其天地间隙增大，影响密封效果。天地间隙的测量方法如图 2-17 所示，在胀圈和相应的胀圈槽上均匀地选取三个位置，将胀圈插入胀圈槽内，用塞尺逐一地测出其间隙值，记录并计算出其平均值，与规定的天地间隙值比较，确定是否合格。

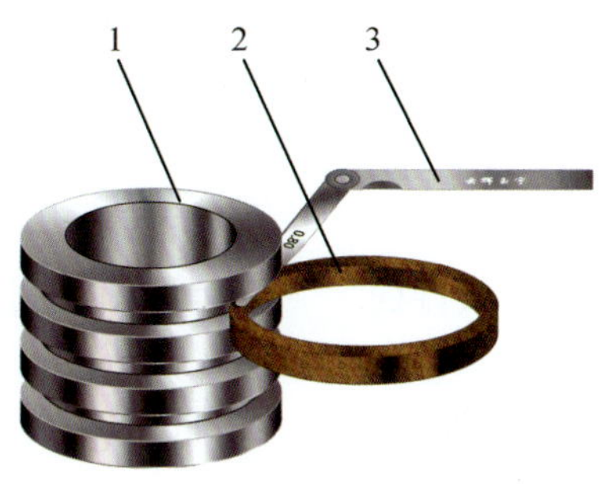

动画演示

1—活塞；2—塞尺；3—胶木胀圈

图 2-17　胶木胀圈天地间隙的测量

胶木胀圈的搭口与胀圈端面所成的夹角叫作胶木胀圈的搭口角度。用角度尺（或量角器）测量胶木胀圈的搭口角度，此角度一般为 45°或 60°。

课 后 习 题

一、选择题

1. 往复泵的理论流量与泵的__________无关。

A. 工作压力　B. 转速　C. 泵缸结构尺寸　D. 作用数

2. 单缸双作用往复泵漏装一个泵阀,如不计活塞杆体积,理论上流量将__________。

A. 减少 1/2　B. 减少 1/4　C. 减少 1/8　D. 为 0

3. 往复泵流量(m^3/h)估算式是__________。(K 为泵作用数;A 为活塞有效工作面积,m^2;S 为活塞行程,m;n 为曲轴转速,r/min;η 为泵的总效率;η_v 为泵的容积效率)

A. $Q=KASn\eta_v$　B. $Q=KASn\eta$　C. $Q=60KASn\eta$　D. $Q=60KASn\eta_v$

4. 往复泵如果反转,则__________。

A. 不能排液　B. 吸、排方向不变　C. 安全阀顶开　D. 原动机过载

5. 船用泵中选用往复泵较多的是__________。

A. 压载水泵　B. 舱底水泵　C. 冷却水泵　D. 润滑油泵

6. 舱底水泵常选用往复泵是因其__________。

A. 小流量高扬程　B. 可靠性好　C. 自吸能力强　D. 价格相对低

7 往复泵设排出空气室的作用是__________。

A. 降低泵启动功率

B. 贮存液体帮助自吸

C. 降低流量和排出压力脉动率

D. 减小吸压脉动,防止"气穴"现象

8. 改变往复泵的流量不能用改变__________的方法。

A. 转速　B. 活塞有效行程　C. 旁通回流阀开度　D. 排出阀开度

9. 有可能使往复泵过载的是__________。

A. 吸入阀未开足　B. 吸入滤器堵塞　C. 排出滤器堵塞　D. 发生"气穴现象"

10. 关小电动往复泵排出阀不会导致__________。

A. 排出压力升高　B. 电机过载　C. 流量明显减小　D. 安全阀开启

二、思考题

1. 简述单缸双作用往复泵的结构和工作原理。

2. 简述空气室的结构和工作原理。

3. 简述往复泵的排量为何不均匀及解决策略。

4. 活塞式往复泵的主要部件是哪些,各自的功用是什么?

5. 活塞式往复泵的泄漏部位在何处,对其工作性能有何影响?

6. 简述轴向柱塞泵是如何调节排量的。

课后习题数字资源

第3章　回　转　泵

回转泵属于容积式泵，它是通过运动部件在泵壳内的回转运动，造成工作空间容积变化实现吸、排液体的泵。根据回转部件结构形式不同，回转泵可分为齿轮泵、螺杆泵、叶片泵和水环泵等几种。它适合于输送具有润滑性的液体且要求排量不大的场合，船上多用作润滑油泵、燃油泵、驳油泵和液压系统中的动力油泵等。

第1节　齿　轮　泵

齿轮泵是常见的回转式容积泵，其主要工作部件是互相啮合的齿轮。按其啮合的方式可分为外齿轮泵、内齿轮泵和转子泵等，按齿轮的形式可分为直齿轮泵、斜齿轮泵和人字齿轮泵等。

一、齿轮泵的基本结构与工作原理

图3-1所示为齿轮泵的结构和工作原理图。在泵体1中装有一对完全相同且互相啮合的齿轮，其中由电动机驱动的齿轮2为主动齿轮，被带动回转的齿轮4为从动齿轮。主、从动齿轮，泵壳和泵盖构成的吸、排腔被啮合的轮齿隔离。

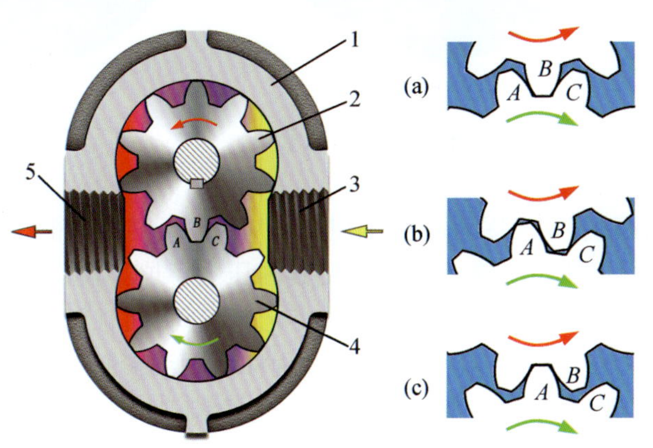

1—泵体；2—主动齿轮；3—吸入口；4—从动齿轮；5—排出口

图3-1　齿轮泵的结构和工作原理图

当主动齿轮按图3-1所示方向逆时针回转时，右腔齿轮退出啮合，容积增大，吸入液体；充满齿间的液体随齿轮转动而带到左腔；左腔齿轮进入啮合，容积减小，齿间被挤压的液体从出口排出。只要齿轮连续回转，泵就不断地吸入和排出液体。齿轮泵如果反转，其吸、排方向就相反。

从上述工作原理可知：

(1)泵吸、排液体是靠齿轮退出和进入啮合来实现的。轮齿退出啮合一侧为吸入腔，进入啮合一侧为排出腔。

（2）泵吸、排腔的密封是靠中间啮合的轮齿、齿顶与泵体内壁的径向间隙和端盖与齿轮端面间的轴向间隙来实现的。

（3）主、从动齿轮均存在不平衡径向力。

二、齿轮泵的困油现象

1. 困油现象

齿轮泵的齿型一般都采用渐开线，为了保证齿轮转动的连续和平稳，同时避免吸、排腔相互旁通，其重叠系数 ε 需大于 1，即在前一对啮合的轮齿尚未完全脱离啮合时，后一对齿已进入啮合，因而就会出现两对以上的轮齿同时啮合的情况，这样就在两啮合线与泵端盖间形成一个封闭齿隙空间（称为困油容积），使一部分油液困在其中，如图 3-2(a)所示。随着齿轮的转动，困油容积逐渐减小，直至两对啮合齿的啮合点转至对称于节点位置时，困油容积达到最小，如图 3-2(b)所示。在这一过程中，残留在困油容积中的油液被挤压，压力急剧上升（可达排出压力的 10 倍以上），使齿轮、轴和轴承受到很大的径向力，此时油液将从零件密封面的缝隙中被强行挤出，造成油液发热而加快变质，这一过程称为困油压缩过程。

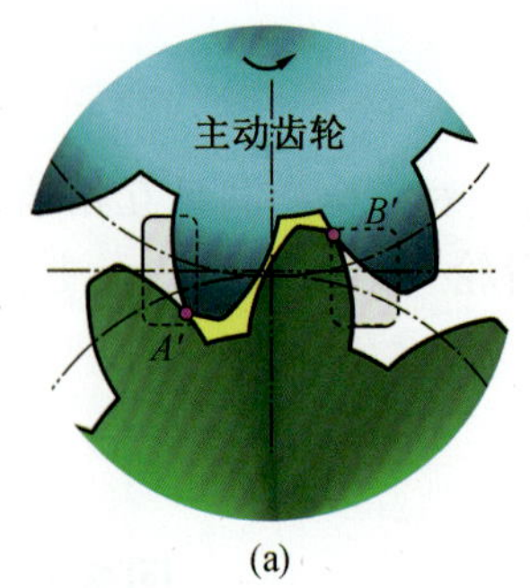

(a)

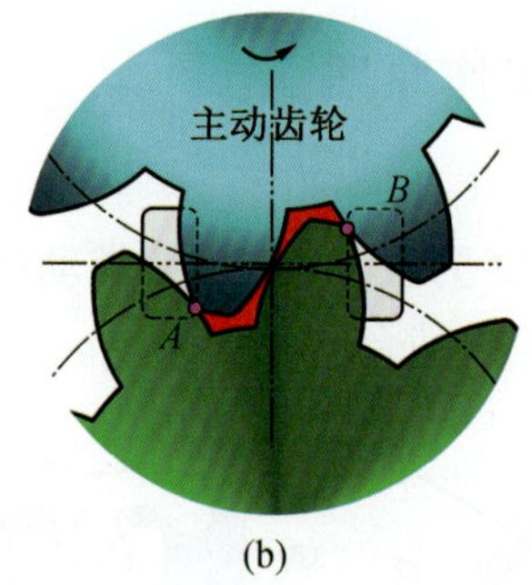

(b)

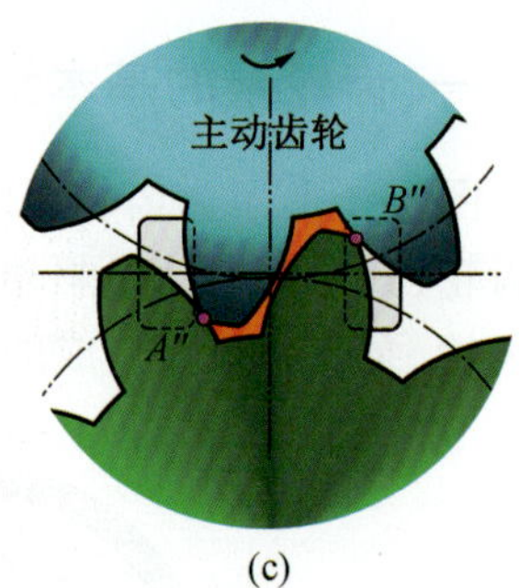

(c)

图 3-2　齿轮泵的困油现象

其后，随着齿轮继续转动，困油容积又逐渐增大，直到前一对齿脱开啮合为止，如图 3-2(c)所示。在这一过程中，因困油容积不能及时充入油液而使其内压力急剧下降，溶于油中的气体析出而产生气泡，这些气泡被带到吸入腔，不但妨碍油液充入齿间，而且随压力升高又会消失，结果导致容积效率的降低并产生振动与噪声，这一过程称为困油膨胀过程。

可见，困油现象就是困油容积大小的变化造成其内压力急剧升降的现象。泵发生困油时，不仅使齿轮和轴承负荷增加而降低泵的使用寿命，油温升高而加快油的变质，而且会导致泵的流量减小、振动和噪声增加。

2. 消除困油现象的方法

根据困油现象产生的原因，只要能在不使吸、排腔旁通的前提下，设法在困油容积变小时使之与排出腔沟通，增大时与吸入腔沟通，上述因困油而产生的弊端即可消除。具体的方法有以下几种。

（1）卸压槽法　这种方法是我国泵类设计所推荐的方法，也是最常用的一种卸压方法。在油泵的两端盖内侧，沿两齿轮节圆公切线方向，相应于吸排腔位置各挖两个凹槽（称为卸压槽）。卸压槽有以下两种。

①对称卸压槽。困油容积最小时两对啮合齿的啮合点 A、B 的垂直距离即为两卸压槽的

间距，两槽相对于两齿轮中心连线成对称布置，如图 3-2(b)的虚线所示，可见，在困油容积达到最小值前或超过最小值以后不管困油容积是增还是减，或通过右边的卸压槽把其内的油液引至排出腔，或通过左边卸压槽把吸入腔的油液引入困油容积。这样就消除了困油压缩和困油膨胀。

②非对称卸压槽。将同一端盖上的两槽同时往吸入侧移动适当的距离（槽间距不变），这样就变成非对称卸压槽。当主、从动齿轮的齿隙很小时（如高压泵），在图 3-2(b)中，啮合点 A、B 之间会出现第三个啮合点，把困油容积分隔成两部分。困油容积达最小值后，虽总容积开始增大，但靠近排出腔这部分困油容积却仍在减小。这种情况下，采用不对称卸压槽就更彻底地消除了困油压缩，当然困油膨胀的消除效果会变差，但困油压缩是主要矛盾。

(2)卸压孔法　卸压孔结构如图 3-3 所示。在从动齿轮的每一个齿顶和齿根均径向钻孔，从动轴上切出两条月牙形沟槽，从动齿轮套在从动轴上。

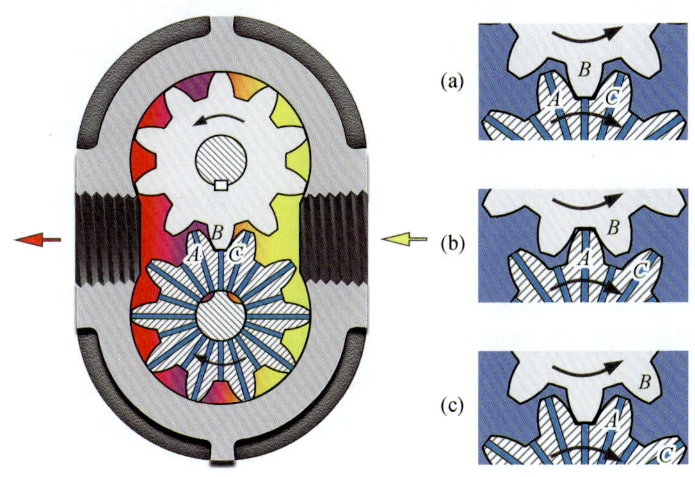

图 3-3　卸压孔结构

(3)修正齿形法　此法为在从动齿轮上加工成 $\alpha = 50°$ 角的卸压面（即削瘦齿面）。这样，构成困油容积的两啮合线中的后一啮合线就被主动齿轮的齿廓和修正的从动齿轮齿廓的斜面的很小间隙所代替，使困油容积与排出空间相通，达到卸压的目的。

(4)采用斜齿轮或人字形齿轮　当采用斜齿轮或人字形齿轮时，齿轮的啮合过程不像正齿轮那样突然做线性接触和突然做线性脱开，而是做点性的逐渐啮合和逐渐退出，因此不会产生困油现象。

三、齿轮泵的径向力

齿轮泵工作时，吸、排两端液体存在压差，作用在齿轮四周的液体压力是从排出腔到吸入腔沿齿轮外周逐级降低的，如图 3-4 所示。

作用在每一齿轮外周的液体压力的合力 F 大致上是通过齿轮中心指向吸入端的。而啮合齿因传递转矩而在主、从动齿轮上所产生的径向力 F_m 则大小相同，方向相反。这样，主动齿轮和从动齿轮所受径向力的合力 F_1 及 F_2 不仅方向不同，而且后者将大于前者。

四、齿轮泵的流量

齿轮泵的理论流量主要取决于齿轮的结构尺寸和泵轴的转速,随齿轮的转速、直径、宽度的增大和齿数的减少而增大。

齿轮泵的实际流量总是小于理论流量,这是因为:

(1)吸油时油液不能完全充满齿间。

(2)油气和空气从油液中析出。

(3)存在内、外部泄漏。齿轮端面与泵盖间的轴向间隙、齿顶与泵壳的径向间隙、两齿轮的轮齿啮合面的不严密处均会产生内漏;泵轴伸出泵盖处的轴封装置等会产生外漏。其中以轴向间隙的影响最为严重。

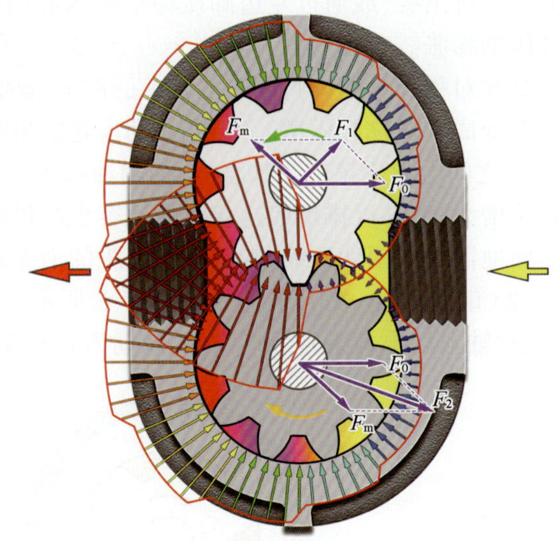

图 3-4　齿轮泵的径向力

五、齿轮泵的特点

齿轮泵的主要特点:

(1)齿轮泵有一定的自吸能力,能在吸口形成一定程度的真空,所以齿轮滑油泵可装得比滑油液面高。但因其排送气体时密封性差,故自吸能力不如往复泵。

(2)理论流量是由工作部件的尺寸和转速决定的,与排出压力无关。

(3)额定排出压力与工作部件尺寸、转速无关,主要取决于泵的密封性能和轴承承载能力。为了防止泵在超过额定工作压力的情况下工作,一般应设安全阀。

(4)流量连续,但存在脉动。流量脉动率(瞬时最大与最小流量的差值与平均流量的比值)与齿数和齿形有关。齿数多,脉动率小。

(5)结构简单,价格低廉。因工作部件做回转运动,又无泵阀,允许采用较高转速,通常可与电动机直联,故与同样流量的往复泵相比,齿轮泵的尺寸、质量小得多。

(6)齿轮泵内部摩擦面多,且密封间隙较小,故适宜泵送不含固体颗粒而有润滑性的油料,启动前必须保证泵内有油,防止干转磨损,并可改善密封性能。

六、齿轮泵的实例

1. 外啮合齿轮泵

如图 3-5 所示是 2CY-18. 29P33-1 型外啮合齿轮泵的结构图。主动齿轮 10,11 和从动齿轮 20,21 均为左或右螺旋齿轮,分别用键固定在主、从动轴 12,22 上,构成互相啮合的人字形齿轮。但从动齿轮可沿键和轴滑动,以便自动补偿安装和传动中产生的误差,保证主、从动齿轮啮合良好和转动灵活。安全阀的阀芯 2 为一空心带凸肩的级差式圆筒,当排压超过调定值时,作用于凸肩的液压作用力就克服弹簧 3 的张力使阀芯右移,沟通吸、排腔,从而起到限压和安全保护作用。阀芯左端开孔,其目的在于避免阀芯内腔困油,阀无法开启。当泵的转向不明时,可通过安全阀高、低压腔确定泵的转向。主动轴穿过端盖处设有机械式轴封。

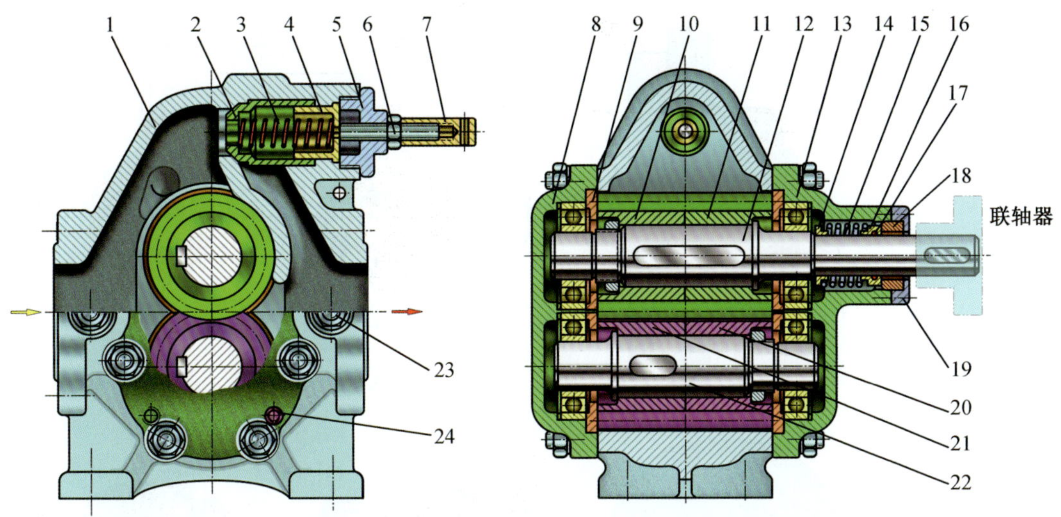

1—泵体；2—安全阀芯；3—弹簧；4—弹簧座；5—封盖；6—锁紧螺母；7—闷头；8—端盖；9—垫片；10，11—主动齿轮；12—主动轴；13，14—弹簧座；15—弹簧；16—动密封环；17—密封圈；18—静密封环；19—压盖；20，21—从动齿轮；22—从动轴；23—螺塞；24—定位销

图 3-5 外啮合齿轮泵

2. 内啮合齿轮泵

可逆转的内齿轮泵俗称月牙板齿轮泵或月牙泵，它常用作制冷压缩机的滑油泵。图3-6 所示为可逆转内齿轮泵的结构图。

内齿轮 3 通常与泵轴制成一体，做主动齿轮。外齿轮 1 直径较小，做从动齿轮，滑套在底盘 2 的偏心短轴上。底盘 2 的正面还加工有月牙形隔板，背面装有限位销钉 6，销钉一端伸入盖板 5 的半圆形凹槽中。

如图中 *A-A* 剖面所示，当泵轴做逆时针方向旋转时，内齿轮对外齿轮的作用力传至偏心短轴上，使底盘以钢球为中心也逆时针回转，直至销钉 6 转至半圆凹槽的下端为止，月牙形隔板刚好处在左图所示位置。此时，内、外齿轮在下半周脱离啮合而吸油，在上半周进入啮合而排油。当泵轴做顺时针旋转时，内齿轮对外齿轮的作用力传到偏心短轴上，该力对底盘的中心产生一转矩，使底盘以钢球为中心做顺时针回转，直至销钉 6 由凹槽的下端转至上端，月牙形隔板也相应随底盘转过 180°而处在右图所示位置。此时，内、外齿轮仍在下半周脱离啮合而吸油，在上半周进入啮合而排油，即泵的吸、排方向保持不变。

3. 转子泵

图 3-7 所示为转子泵。其外转子 2 比内转子 4 多一个齿，且两者轴线偏心，异速转动。内外转子均采用摆线齿形。工作时所有内转子的齿都进入啮合，相邻两齿的啮合线与泵体 3 和前盖、后盖 1 形成若干个密封腔。转动时密封腔的容积发生变化，通过端盖上的吸、排口即可吸、排油液。

4. 可逆转式齿轮泵

图 3-8 所示为可逆转式齿轮泵。这种泵的结构特点是泵内装有四个球式止回阀。当齿轮旋转方向改变时，泵的吸、排方向仍保持不变。

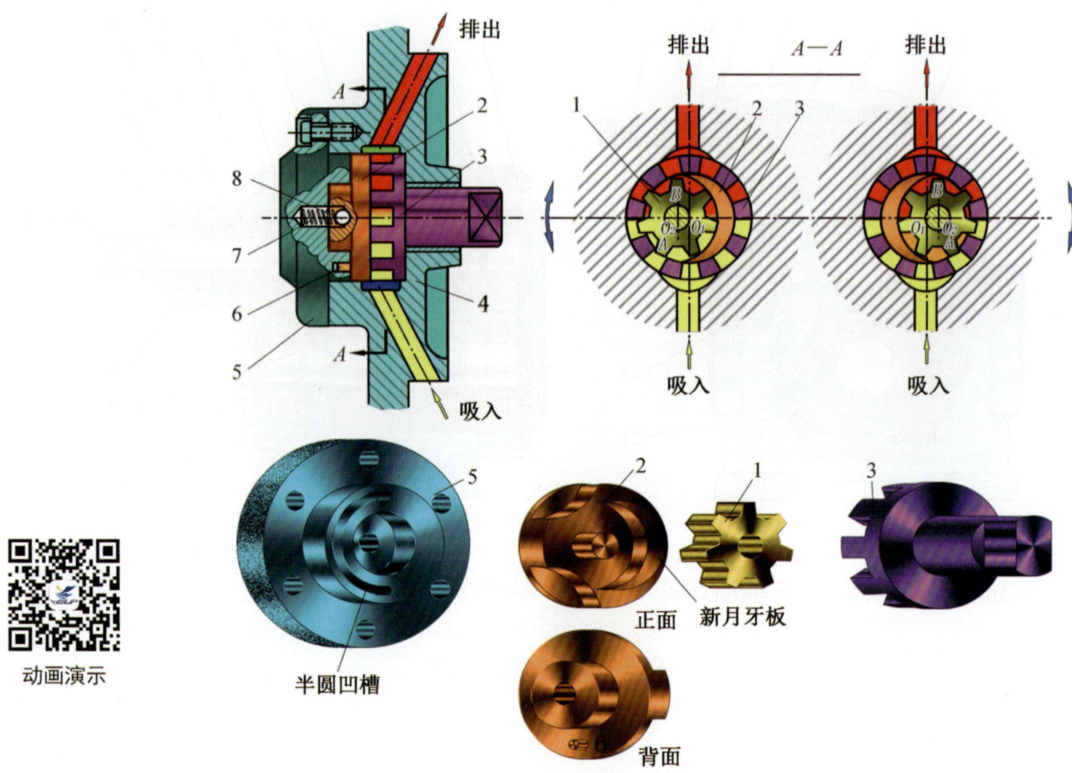

动画演示

1—外齿轮;2—底盘;3—内齿轮;4—泵体;5—盖板;6—销钉;7—弹簧;8—钢球

图 3-6　可逆转的内齿轮泵

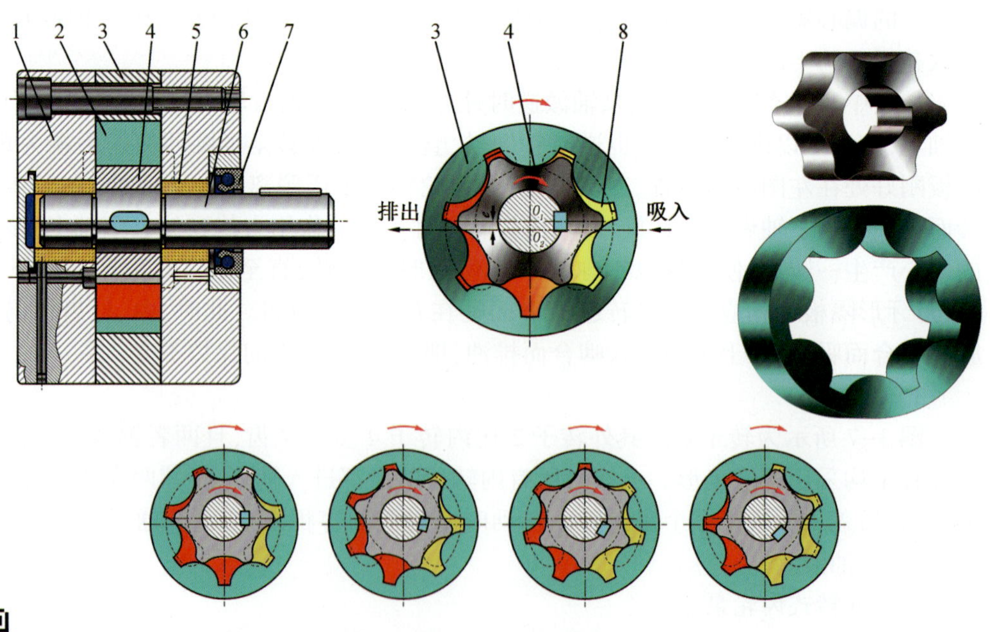

动画演示

1—后盖;2—外转子;3—泵体;4—内转子;5—滑动轴承;6—转轴;7—轴封;8—吸排口

图 3-7　转子泵

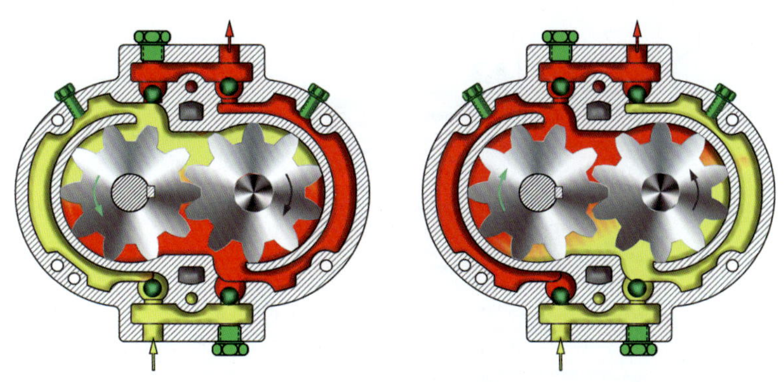

图 3-8　可逆转式齿轮泵

第 2 节　螺　杆　泵

螺杆泵是利用螺杆的回转吸、排液体的。按泵内工作的螺杆数,螺杆泵可分为三螺杆泵、双螺杆泵和单螺杆泵等,船上以三螺杆泵和单螺杆泵应用最广。下面将举例介绍几种典型螺杆泵。

一、三螺杆泵

1. 三螺杆泵的结构和工作原理

图 3-9 所示为船用三螺杆泵。三螺杆泵主要由固定在泵体 12 中的泵缸 11、安插在缸套中的主动螺杆 8 和与其啮合的从动螺杆 7 和 10 组成。主动螺杆是凸螺杆,从动螺杆是凹螺杆,它们都是双头螺杆。主、从动螺杆转向相反。各啮合螺杆之间以及螺杆与缸套内壁之间的间隙都很小,并可借啮合线从上到下形成多个彼此分隔的容腔。随着螺杆的啮合转动,与泵吸入腔相通的容腔首先在下面吸入端开始形成并逐渐增大,不断吸入液体然后封闭。接着,一方面这个封闭容腔沿轴向不断向上推移直至排出端(犹如一个液体螺母在螺杆回转时不断沿轴向上移),另一方面,新的吸入容腔又紧接着在吸入端形成。一个接一个的封闭容腔移到排出端与泵排出腔相通,其中的液体就不断被挤出。

2. 三螺杆泵螺杆的几何形状和密封情况

从图 3-10(a)所示的横剖面来看,其形状相当于三个互相啮合的各有两个齿的齿轮,而每根螺杆都可设想为是由这些极薄的齿轮沿轴向一面移动又一面转动而形成的。凸螺杆的根圆与凹螺杆的顶圆就是啮合齿轮的节圆,它们的直径就是节圆直径 d_H。在回转过程中,节圆做纯粹的滚动。凸螺杆的齿廓线 mn 与凹螺杆顶圆上的点 g 的轨迹一致,是点 g 生成的一段外摆线;凹螺杆的齿廓线 gh 则是由凸螺杆顶圆上的点 m 生成的一段外摆线。而且整个齿形上下和左右各自对称。这样,凹、凸螺杆在回转过程中不仅彼此的顶圆和根圆相切,而且由点 m、m' 和 g、g' 等所形成的棱边也能和对方的摆线螺旋面接触。

由于凸螺杆和两根凹螺杆的啮合,彼此的凹槽也就被分隔成若干个封闭容腔。然而,如图 3-10(b)所示,在衬套内壁与啮合的螺杆之间存在着像 abc、$a'b'c'$ 等三角形缺口,因此,当采用三根双头螺杆时,凸螺杆上的凹槽 A 和凹螺杆上的凹槽 B、C,以及螺杆后面的槽 D、F、E 相互连通,构成“∞”形的封闭容腔。

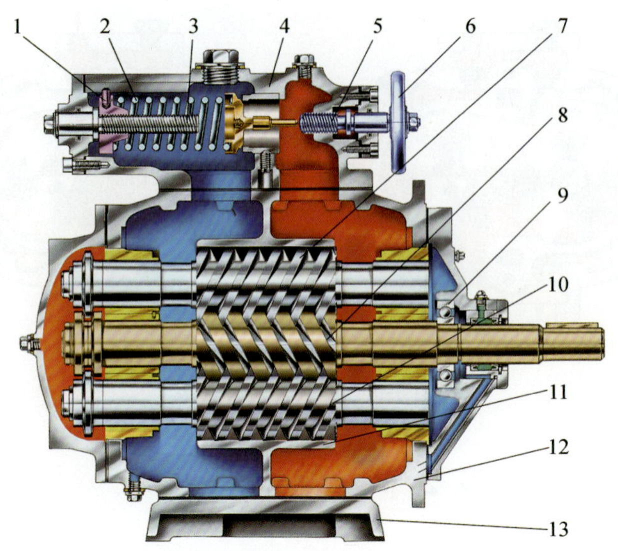

1—防转滑销；2—弹簧；3—调节螺杆；4—安全阀体；5—弹簧；6—手轮；
7，10—从动螺杆；8—主动螺杆；9—轴承；11—泵缸；12—泵体；13—底座

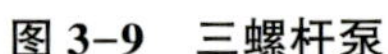
图 3-9　三螺杆泵

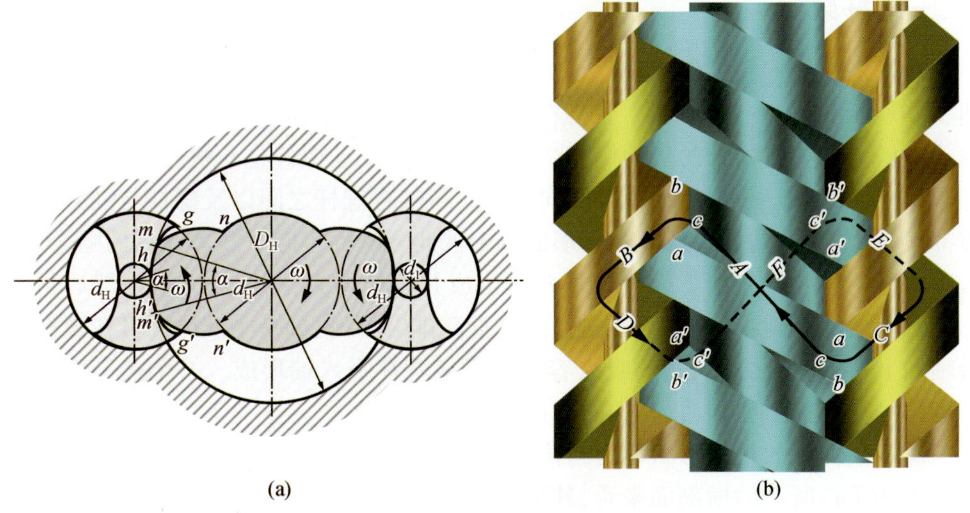

图 3-10　三螺杆泵螺杆的几何形状和密封

3. 三螺杆泵的受力

三螺杆泵在排送液体时，在排出端和吸入端由于存在压力差，三根螺杆都将受到一个指向吸入端的轴向推力。为了减少轴向推力的影响，在吸入端设置推力轴承，并在螺杆中心处轴向钻一个小直径孔，让高压油经此流入吸入端的推力轴承中，以平衡轴向推力。

二、单螺杆泵

图 3-11 所示为单螺杆泵的主要组成和结构。图 3-12 则表示其螺杆与泵缸的啮合情况。

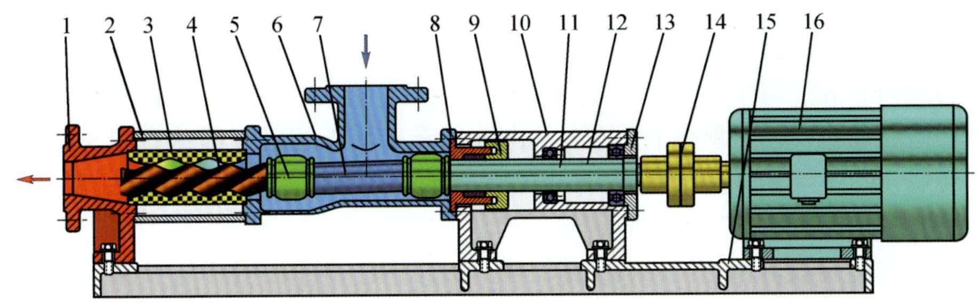

1—排出口；2—外壳；3—泵缸；4—螺杆；5—万向轴；6—泵体；7—传动轴；8—填料箱；9—压盖；10—轴承支架；11—轴承；12—主动轴；13—端盖；14—联轴器；15—底座；16—电机

图 3-11　单螺杆泵

螺杆可视为是由一半径为 R 的圆（图 3-12），其圆心 O_1 以螺距 t 绕半径为 e、轴线为 K 的圆柱体旋转而成。因此，螺杆截面中心在螺峰位置［图 3-12（a）中的 1，5，9 剖面］和螺谷位置的径向距离为 $2e$。

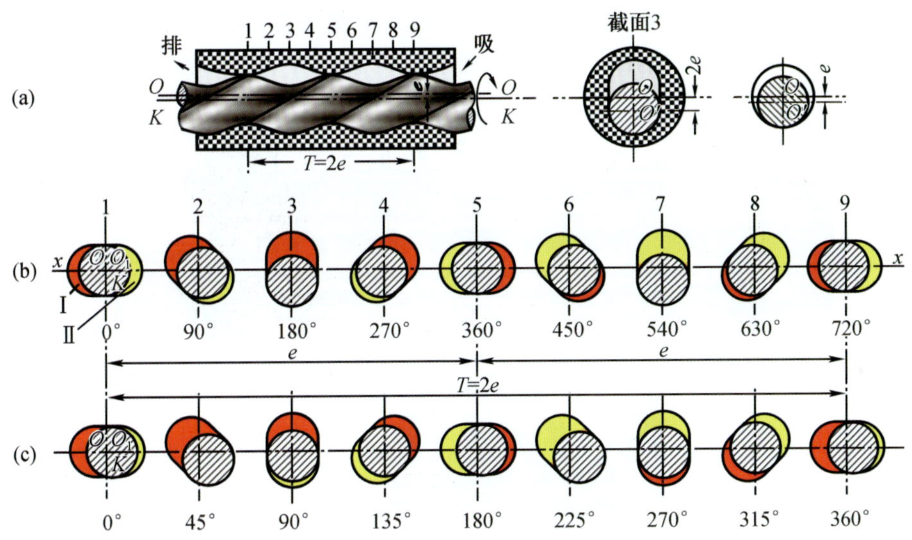

图 3-12　单螺械泵螺上泵缸的啮合

泵缸 2 是由丁腈橡胶制成。其截面是由两个中心距等于 $4e$、半径为 R 的半圆弧用两段直线（长 $4e$）连接而成。整个泵缸可视为由这样的截面以两倍于螺杆的螺距 $T=2t$ 绕 O 轴旋转而成。当螺杆转至图 3-12（a）所示位置时，如将螺杆沿轴向在不同位置（图中 1～9）做横剖面，则所得螺杆和泵缸截面的相对位置如图 3-12（b）所示。由图可见，在剖面 1 处，泵缸截面的长轴平行于 x 轴，而这时螺杆截面圆心 O_1 正与泵缸截面中心 O 重合；因该处这时螺杆截面正位于相对其轴线 K 的最高位置，可见整根螺杆的轴线 K 这时正处于泵缸轴线 O 之下相距 e 处。在剖面 3 处，对泵缸截面来说，两个剖面轴向距离为 $T/4$ 相当泵缸螺旋导程的 1/4，故泵缸截面反转过 90°，其长轴与 x 轴相垂直；而对螺杆截面来说，则已与剖面 l 处轴向相距 $t/2$，即半个导程，截面转了 180°，即正转到相对其轴线 K 的最低位置，截面中心 O_1 垂直下移了 $2e$，从而与泵缸在下半圆周相接触。由图 3-12（b）可见，除剖面 3，7 外，其余剖面处螺杆与泵缸只有两个切点相接触。

由图 3-12 可见,在任一横剖面上螺杆两侧的空间始终是隔开的,分别用有细点和横线的空间Ⅰ、Ⅱ表示。而这两部分空间在轴向又分别在剖面 7 和 3 处被螺杆截面左、右隔开,形成各自的封闭容腔。每个封闭容腔的轴向长度为 T。可见,单螺杆泵属密封型螺杆泵。

当螺杆被原动机带动做顺时针回转(从出轴端看)时,上述剖面即从右向左做轴向移动。例如螺杆转过 45°时,分隔剖面即从图 3-12(b)所示的 3,7 位置移至 3-12(c)所示的 2,6 位置,即沿轴向左移了 $t/4$ 距离。螺杆每转一转,分隔剖面将左移距离 T。因此,当泵运转时,螺杆与泵缸间与右端吸口相通的工作容积不断增大而吸入液体,然后与吸口隔离,转而再与左端排出口相通,该空间容积又不断减小而排出液体。

三、双螺杆泵

图 3-13 所示为方形螺牙、双头螺纹的双螺杆泵。它是一种非密封式的螺杆泵,工作压力不高。每根螺杆的螺牙都做成对称的左、右螺纹。主动螺杆 1 通过传动齿轮 3 和 4 驱动从动螺杆 2 反向转动。液体由后侧吸入口 6 经长方形轴向流道 5 从两端进入泵缸,从前侧中间的排出口 7 排出。由于这种泵采用了双侧吸入液体,这不仅可减小吸入流速,而且还使轴向力自动平衡,因而无须设置止推轴承或轴向推力平衡装置。由于主、从动螺杆两端均有轴承支承,主、从动螺杆采用齿轮传动,因此,螺杆的磨损减小,使用寿命延长。

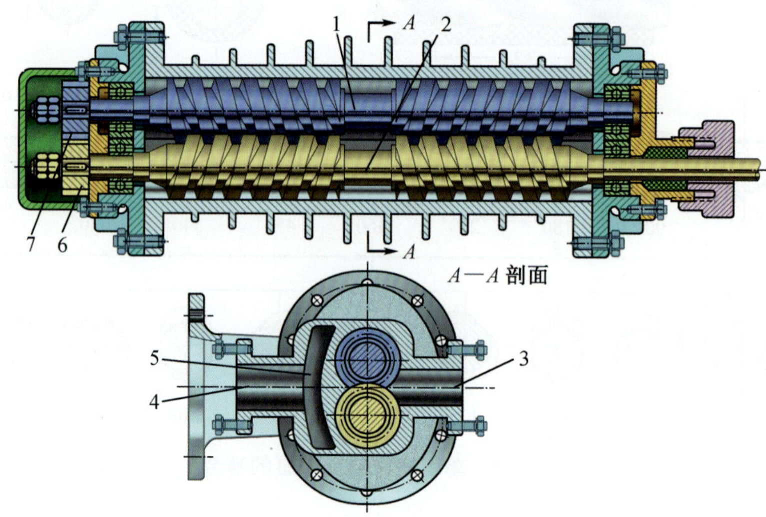

1—主动螺杆;2—从动螺杆;3,4—传动齿轮;5—轴向流道;6—后侧吸入口;7—排出口

图 3-13 双螺杆泵

四、螺杆泵的性能

1. 螺杆泵的流量

螺杆泵的理论流量与泵缸的有效过流面积(泵缸或衬套内腔横截面与螺杆端面截面之差),螺杆的导程和泵轴转速成正比而与压力无关。由于其轴向流速为导程和转速的乘积,不随时间而变化,故泵的瞬时流量是均匀的。

2. 螺杆泵的工作特点

螺杆泵除具有容积式泵的一般特点外,还有以下特点:

(1)流量与压力范围广。三螺杆泵的流量一般为 0.6~600 m^3/h,工作压力一般为 0.34~34 MPa。

(2)流量均匀无脉动,工作压力稳定,不会产生困油现象,故运转平稳、噪声小。

(3)泵的转速可以很高。因螺杆的回转惯性小,且液体从轴向吸入不做回转运动,不受离心力影响,吸入性能好,故适用转速高。转速一般为 1 450~3 000 r/min,由透平带动的滑油泵甚至高达 10 000 r/min 以上。

(4)泵内液体的扰动小,所以液体不易起泡,且单螺杆泵对杂质不太敏感,故特别适宜做油水分离器的供给泵。

(5)输送液体的种类和黏度范围广。螺杆泵可输送蜜糖、汽油及合成液体等各种黏度的液体。

(6)螺杆的加工和装配要求较高,价格高。

第3节 叶 片 泵

叶片泵又叫滑片泵或刮片泵,也是一种回转型容积式泵。叶片泵可分为单级泵和多级泵,单作用泵和双作用泵,定向定量泵和变向变量泵等。在船上常用作液压系统的动力油泵或其他工作系统的输油泵。

一、叶片泵的工作原理

1. 单作用叶片泵

图 3-14 所示为单作用叶片泵的原理图。在泵体内装有内表面为圆柱形的定子(泵缸或衬套)4,圆柱形转子 2 偏心地安装在定子内。在转子的径向槽中装有可做径向滑动的叶片 3。转子通过泵轴由原动机驱动。在定子和转子的两侧装有开有呈对称布置的圆弧形的配油窗口 1 和 5。

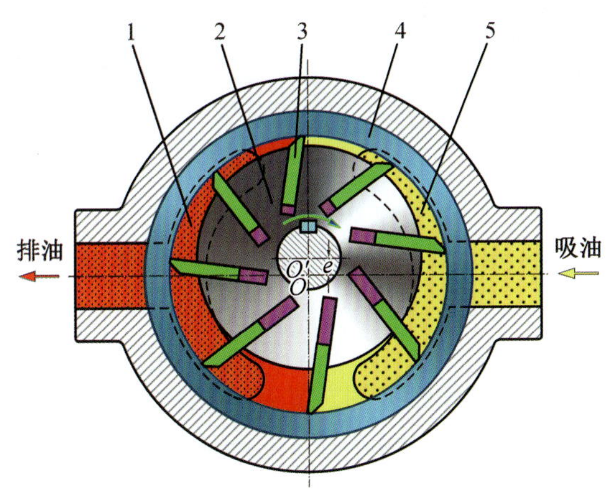

1—配油盘上的排油窗口;2—转子;3—叶片;4—定子;5—配油盘上的吸油窗口

图 3-14 单作用叶片泵基本结构

当转子顺时针回转时，叶片受离心力的作用外滑而紧贴在定子内表面。于是定子、转子、叶片和配油盘间，将形成许多密封的工作空间。当相邻两叶片间的工作空间在右侧时，因叶片从槽中伸出，容积逐渐增大，经配油盘上的吸油窗口而吸油；在左侧时，因叶片受定子内壁限制被压入槽内，容积逐渐减小，经配油盘上的排油窗口而排油。转子每转一转，每个密封工作空间就各完成一次吸、排油，故称作单作用叶片泵。单作用叶片泵可依据偏心位置的不同做可变向泵，如图 3-15 所示。

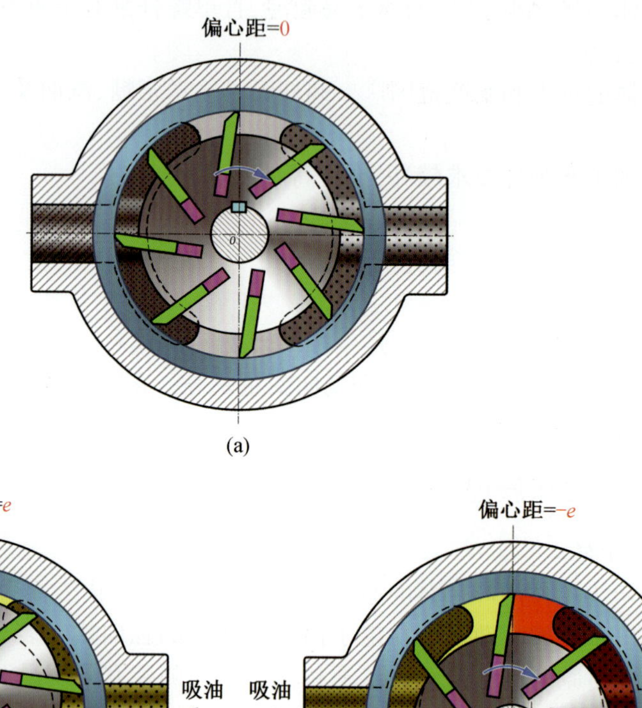

(a)

偏心距=e 吸油

(b)

偏心距=$-e$ 吸油 排油

(c)

图 3-15　单作用叶片泵转子不同偏心的状态

2. 双作用叶片泵

图 3-16 所示为双作用叶片泵的原理图。其基本结构与单作用泵类似，只是定子 4 的内表面曲线由两段长半径 R 的圆弧、两段短半径 r 的圆弧和连接它们的四段过渡曲线(一般为等加速等减速曲线)组成，近似呈一椭圆形。装在转轴上的圆柱形转子 3 与定子 4 同心，转子两侧的配油盘各有四个配油口。由图 3-16 可见，当转子由短半径 r 顺时针转向长半径 R 处时，两相邻叶片的工作空间的容积逐渐增大，压力降低，经配油盘的左上或右下配油口吸油；当叶片由长半径 R 向短半径 r 处转动时，叶片间的容积减小，经配油盘的左下或右上配油口排油；当相邻两叶片同时位于吸、排配油口之间的封油区时，它们正好将吸、排口隔开。

这时叶片顶端与定子的圆弧部分接触,旋转时两叶片间的容积不变,不会产生困油现象。从图中可以看出,转子每转一周,每两相邻叶片间的工作空间就实现两次吸油和两次排油,故有双作用泵之称。

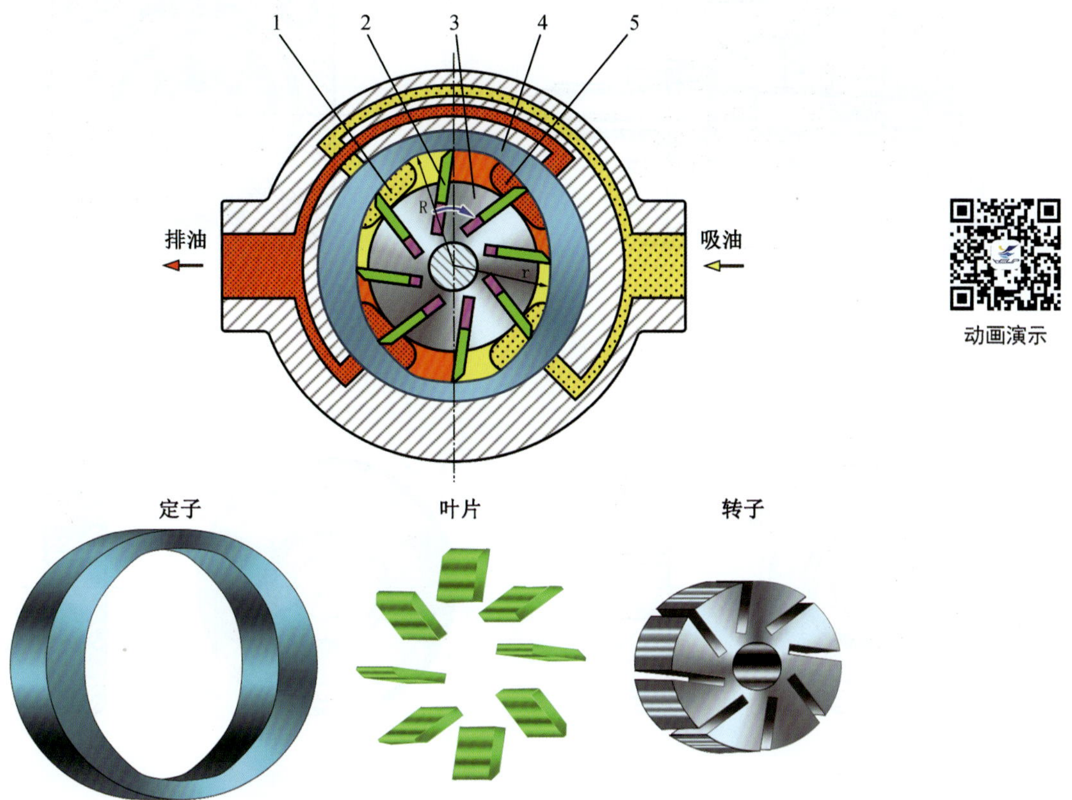

动画演示

1—配油盘上的排油窗口;2—叶片;3—转子;4—定子;5—配油盘上的吸油窗口

图 3-16 双作用叶片泵

二、叶片泵的结构

图 3-17 所示为 YB 型双作用叶片泵的结构图。左泵体 6 内装有定子 5 和转子 4,定子两侧为配油盘 2 和 7。配油盘和定子靠插于泵体内的圆柱销作周向定位,并且固定螺栓把它们压紧于左右泵体内。

转子上开有均匀分布的 12 个呈前倾的槽,每个槽里均装有叶片 10,叶片与槽有 0.01~0.02 mm 的配合间隙。传动轴 3 通过花键带动转子旋转,并由滚针轴承 1(或滑动轴承)和球面滚珠轴承 8 分别支承在左配油盘 2 和右泵体 9 上。下面介绍这种泵的结构特点。

1. 内部密封

叶片泵内部的泄漏途径有三处:配油盘与转子端面的轴向间隙;叶片顶端与定子内表面贴合不严密处;叶片侧面与槽的间隙。其中以轴向间隙对容积效率影响最大。

左、右配油盘靠泵体上的固定螺栓和右配油盘背面槽 e 中的液压作用力,紧贴定子的两侧,以保证有合适的轴向间隙,此间隙不能调整,一般为 0.015~0.045 mm。

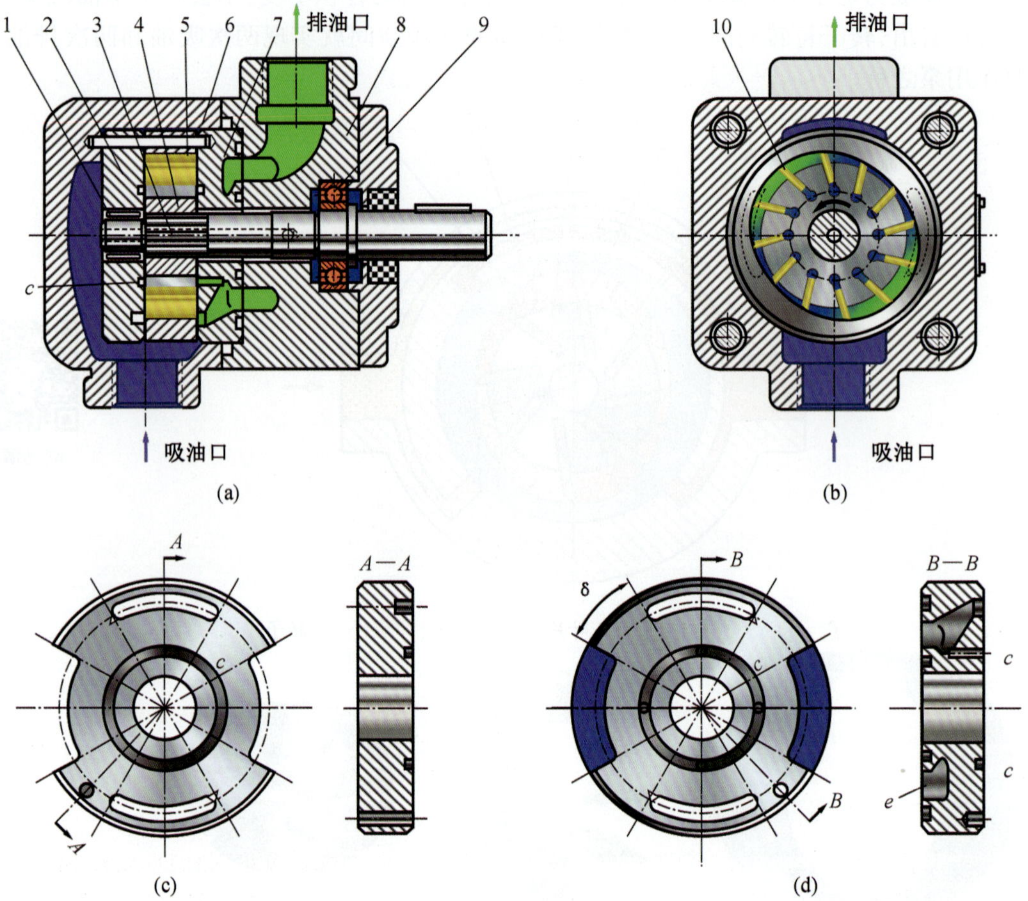

1—滚针轴承；2，7—配油盘；3—传动轴；4—转子；5—定子；6—左泵体；8—右泵体；9—滚珠轴承；10—叶片

图 3-17　YB 型双作用叶片泵的结构图

泵运行中，靠叶片根部液压作用力和叶片的离心力，使叶片顶部与定子内表面紧密贴合，只是在贴合不严密处会产生泄漏。排出腔的压力油是由右配油盘背面的槽 e 经四个轴向小孔和正面的环形槽 C 引至叶片根部的。

2. 叶片的倾角 θ

从图 3-18 可以看出，双作用叶片泵中的叶片，在转子上并非径向安装，而是叶片顶部顺回转方向朝前倾斜一个 θ 角（一般为 10°～14°），以防止叶片工作时在叶片槽内发生卡阻和咬死。

如图 3-18 所示，叶片在压油区受到定子曲面的法向力 N 的作用而被压进滑槽，由于过渡曲线上不同点的法线方向均不同，故由法向力 N 与叶片呈径向布置时的叶片滑动方向构成的压力角 β 是变化的。因双作用泵的定子曲线升程较大，压力角 β 也较大，因此法向力 N 的切向分力 $N\sin\beta$ 也较大，从而使叶片易弯曲，叶片在槽中的摩擦力也大大地增加，造成叶片滑动困难，严重时叶片甚至卡住。叶片前倾 θ 角布置后，在油压区压力角减为 $\alpha=\beta-\theta$，在槽中滑动的摩擦力也就减小。可见，叶片的前倾布置的目的在于有利于压油区叶片的缩入。

3. 叶片的倒角

叶片采用后倒角，增大了叶片顶部与定子内壁接触面积，降低了接触压力，有利于形成楔型油膜而降低叶片与定子的摩擦；两相邻叶片构成的工作空间由压油区转至吸油区或相反时，作用于叶片的压力和工作空间内的压力切换较平稳，减小了叶片对定子作用力的突变，使流量的脉动和噪声均相应降低。

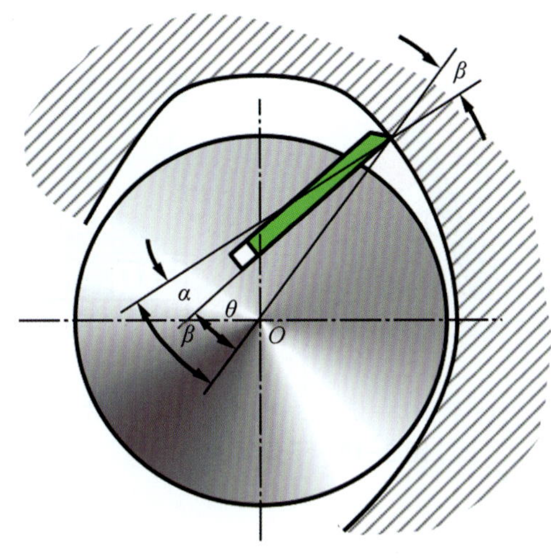

图 3-18　叶片的倾角和倒角

4. 配油盘的结构

泵的左右配油盘上均开有两个吸油窗口和两个排油窗口。在吸、排油窗口之间为四个封油区。为了增大吸油口的流通截面，降低吸油口流速，改善泵的吸入性能，工作容积可从两侧配油盘上的四个吸油窗口同时吸油(双边配油)。

而工作容积中的油只能从右侧配油盘上的两个排油窗口排向排油腔(单边排油)。左侧配油盘上虽也有两个排油窗口和环槽 c，但它仅是盲槽，并不起排油作用，只是为了使转子保持轴向受力平衡而已。

为保证吸、排腔的密封，吸、排油窗口之间的封油区所占的圆心角 δ(图 3-18)应大于或等于相邻两叶片之间的圆心角 $2\pi/z$(z 为叶片数)。此外，封油区的圆心角 δ 还应小于定子内表面的圆弧部分的圆心角，以免产生困油现象。

配油盘上排油窗口的一端(前边缘)开有三角形卸荷槽，其目的是使封闭在工作空间的油液在进入压油区时能逐渐地与排油窗口相通，使其内的油压变化平缓，以减少液压冲击、瞬时流量的脉动和噪声。

三、高压叶片泵的卸荷方法

高压叶片泵的叶片根部通入高压油，这样将引起吸油区定子内表面磨损加快，工作压力越高，影响尤甚。为了延长高压叶片泵的使用寿命，需在结构上采取措施，既保证叶片与定子间有足够的压紧力，又不至于压紧力过大导致磨损严重。常用措施有：采用子母叶片、阶梯叶片、双叶片或带弹簧式叶片结构。

图 3-19 所示为子母叶片结构。在母叶片 3 下部的中间镶入子叶片 4。由于配油盘工作

端面上的环槽 d 既可经通道 a 和排出腔相通，又可经转子上的槽 e 与母子叶片之间的油室 f 相通，从而使油室 f 中始终充满压力油。另因母叶片底部的油腔 g 经转子上的孔 b 和工作油腔 c 相通，使大叶片底部和顶部所作用的油压相同。因而，当叶片处于吸油区时，只有油室 f 中的小叶片产生的液压作用力把大叶片外推而紧贴定子，这就大大地减小了液压作用面积和液压作用力，从而较好地改善了吸油区定子磨损严重的问题。

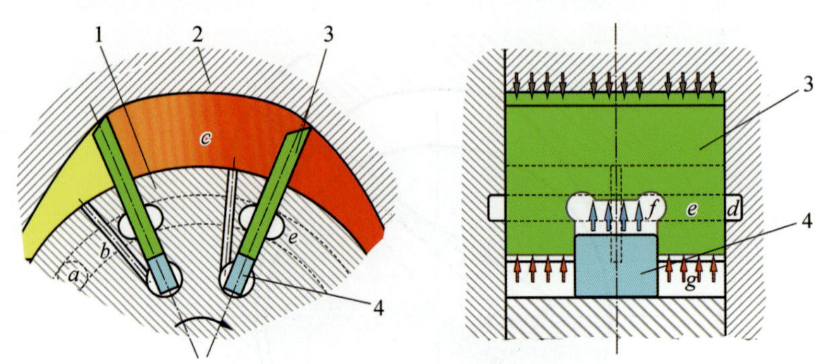

1—转子；2—定子；3—母叶片；4—子叶片

图 3-19　子母叶片结构

四、叶片泵的流量

双作用叶片泵简图如图 3-20 所示。

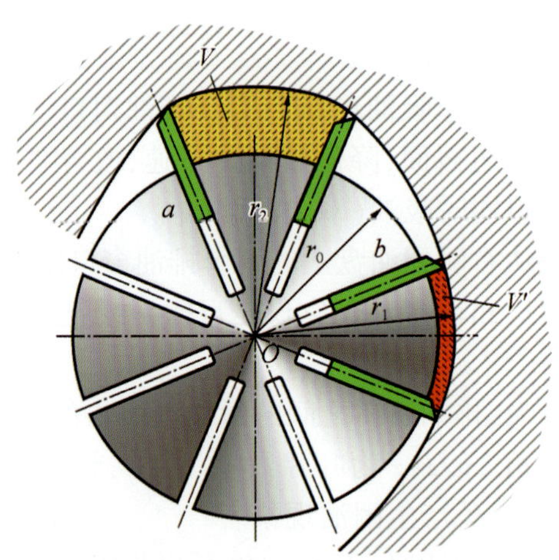

图 3-20　双作用叶片泵简图

当两相邻叶片间的工作空间容积从最大值 V 变到最小值 V'时，两者的差值（$V-V'$）就是该工作空间完成一次吸、排时的排量，它相当于一段环形体积。

五、叶片泵的特点

叶片泵除了具有容积式泵的一般特点外，它还有以下一些特点：

（1）结构紧凑，流量较均匀，运转平稳，噪声较小，其中双作用泵尤佳。

（2）单作用泵的流量与转子相对于定子的偏心距有关，吸、排方向与转子偏心的方向有关,只要定子可双向偏移,单作用泵就衍生为变向变量泵。

(3)单作用泵存在不平衡的径向力,双作用叶片泵则无。

(4)双作用叶片泵的内部密封性能较好,工作压力和容积效率较高。

(5)泵不能反转,否则不但会改变吸、排方向,斜置叶片的双作用叶片泵还会导致叶片滑动困难,甚至发生机损事故。

(6)对油液的清洁度和黏度都较敏感。若油液中含有杂质,不但会加快精密工作面的磨损,甚至会发生叶片在叶片槽中咬死的情况。

第4节　水　环　泵

水环泵属于回转式容积泵,它主要用来排送气体。水环泵有单作用式和双作用式两种。它在船上多用作真空泵或离心泵的引水泵。

一、水环泵的结构和工作原理

图3-21所示为一台单作用水环泵基本结构及工作原理图。

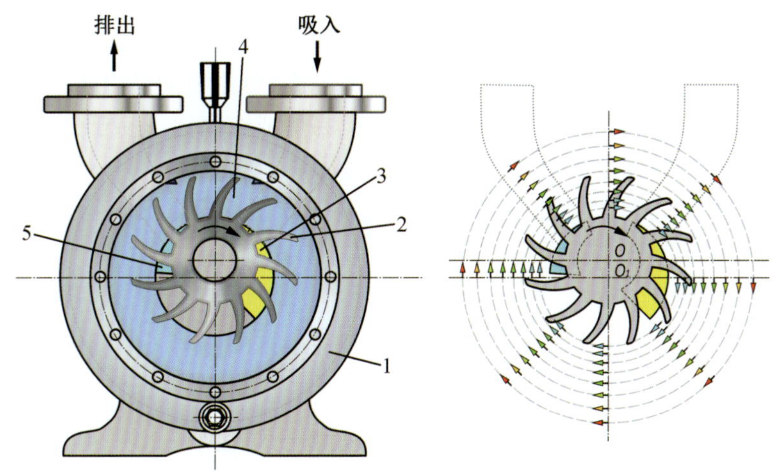

1—泵体;2—叶轮;3—吸入口;4—侧盖;5—排出口

图3-21　单作用水环泵基本结构及其工作原理图

在泵体1内部的圆柱形空间内,偏心地安装着一个带有若干个前弯叶片的开式叶轮2(小型泵采用径向叶片);叶轮两侧紧贴着侧盖4。与泵体连成一体的那一侧盖上靠叶轮轮毂处开有较大的吸入口3和稍小的排出口5,分别与吸入管和排出管相通。

工作前泵内必须充以一定数量的工作水。当叶轮旋转时,水被带动旋转,形成一紧贴泵壳内壁的水环。水环内表面与叶轮轮毂表面及两侧盖端面之间形成一个月牙形的工作空间,该空间被叶轮的叶片分隔成若干个互不相通的腔室。显然,叶间的这些腔室的容积随叶轮的回转在不断地改变。水环泵的工作过程可分为三个连续的阶段。

(1)吸入过程　当叶间转过图3-21中的右半转时,由于叶片外端与偏心的泵壳间的距离增加,叶间的液体就会被甩出,使叶间腔室的容积逐渐增大,于是气体便通过侧面的吸入口被吸入。

(2)压缩过程　当叶间转过吸入口开始进入图示左半转时,由于泵壳与叶片外端的距离逐渐缩小,叶轮外按圆周方向高速流动的液流便会挤入叶间。这样,在叶间尚未与排出口相通时,其中的气体便受到压缩。

(3)排出过程　当叶间转到与排出口相通时,叶间腔室中的压力就会在瞬间与排出压力相平衡,并在叶轮随后的转动过程中,由于叶外的液体不断挤入叶间,从而将气体排出。

由上可见,水环泵是靠工作腔室的容积变化来产生吸、排,靠挤压所输送的介质来使其能量提高,故亦属于容积式泵。

在水环泵的工作中,水环除起到传递能量的作用外,还起着密封工作腔室和吸收气体压缩热的作用。气体压缩热和工作水的水力损失转换成的热量会使部分工作水在工作过程中汽化,而且工作水通过轴封和排气还会流失。为此,在泵的出口常设有气液分离器,并需连续地向泵内补水,补水量应大于正常的损失水量,以使部分工作水能随气体的不断排出而得以更换,从而限制泵的温升。

二、水环泵的性能特点

(1)理论流量要取决于叶轮的尺寸和转速。

(2)所能达到的压力比(排出与吸入绝对压力之比)取决于叶轮的结构尺寸和转速。

(3)水环真空泵的流量和所能造成的真空度将随工作水温的增加而减小。

(4)效率较低。这不仅是因为水环泵容积效率不高,更主要的是由于水力效率较低。

(5)工作过程接近等温压缩,很适合运送易燃、易爆或在高温下易于分解的气体,也可输送含蒸气或水分的气体,且被输送气体不会受滑油污染。

(6)没有吸排阀和内部密封元件,结构简单,维护方便。流量比较均匀,工作平稳,噪声较低。

第 5 节　回转泵的拆装及检测

一、用压铅法测量齿轮泵的啮合间隙(只测一对齿)

齿轮泵在船上主要用作主机燃油循环泵、燃油低压输送泵、轻油和重油驳运泵和液压系统的供油泵等。

1. 齿轮泵的拆卸

齿轮泵虽然结构简单,但种类较多,结构各异。拆装时需根据说明书的要求进行有序的拆解。

拆卸齿轮泵时首先要明确:齿轮泵各个零部件的相互位置和间隙大小,其对齿轮泵的工作极其重要。因此,在拆装齿轮泵时应注意不要碰伤或损坏零件、轴承等。紧固件应借助专用工具拆卸,不得任意敲打。其拆卸顺序(以图 3-5 外啮合齿轮泵为例)如下:

(1)确认电动机电源已切断,并在启动开关处悬挂“严禁合闸”或类似的警告牌;

(2)关闭泵管路上的吸排截止阀;

(3)将电动机的接线脱开(脱开后的接线头应做好接线记号),将弹性联轴器拆下,拆除电动机地脚螺栓,与电动机一起移走;

(4)用专用工具卸下泵轴端的左联轴器和平键;

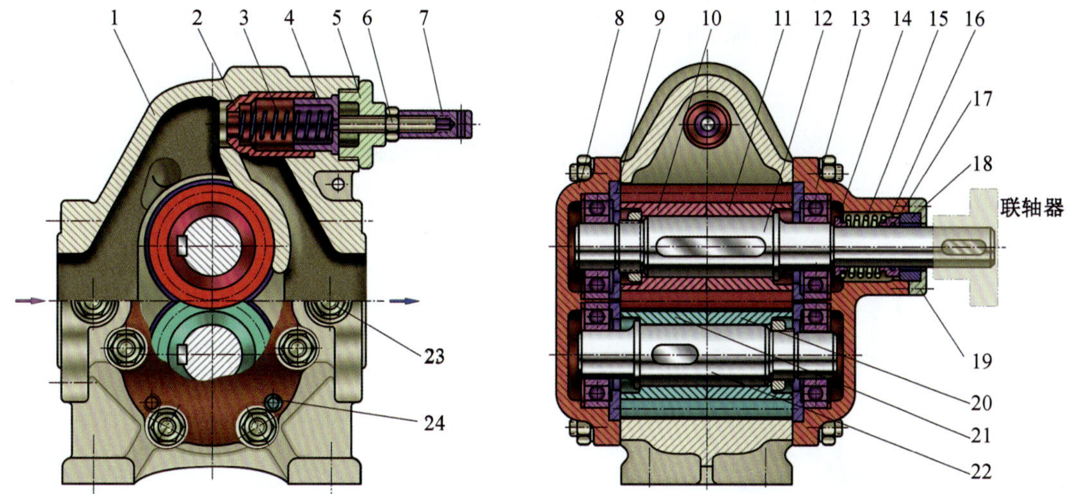

1—泵体；2—安全阀芯；3—弹簧；4—弹簧座；5—封盖；6—锁紧螺母；7—闷头；8—端盖；9—垫片；
10，11—主动齿轮；12—主动轴；13，14—弹簧座；15—弹簧；16—动密封环；17—密封圈；18—静密封环；
19—压盖；20，21—从动齿轮；22—从动轴；23—螺塞；24—定位销

图 3-22　2CY-18.29/36-1 型齿轮泵

(5)打开吸、排口上的螺塞，将管系及泵内的油液放入预先准备好的清洁油桶，然后拆下吸、排管路；

(6)拆掉轴封压盖上的螺栓并拆下压盖和销钉，即可将机械式轴封的静密封环拆下；

(7)拆掉泵两侧端盖上的紧固螺栓，拆下定位销，并拆掉两侧端盖；

(8)拆下轴上的动密封环、密封圈、弹簧座和弹簧；

(9)将安全阀闷头拧松，拧下锁紧螺母，安全阀封盖，取出弹簧座、弹簧和安全阀阀芯；

(10)由于主、从动齿轮均分别采用左螺旋齿轮和右螺旋齿轮拼成，所以应用手摇螺旋压力机或专用拨子两只，使压杆分别顶正主、从动轴左端的轴心，压力机的抓钩分别抓住泵壳右端的平面，然后同时用相同的力旋转两只手柄，即可将主、从动轴连同主、从动齿轮，齿轮右部的轴承及主、从动齿轮的右端盖板一起取出；

(11)将取下的主、从动齿轮及其相关联的部件分别进行解体。

至此，齿轮泵的解体工作基本结束。

齿轮泵拆解后应该用煤油或轻柴油将所有拆下的零件进行清洗并放于容器内妥善保管，以备进行检查和测量。

2. 量具的选用

(1)选用 0~25 mm 的外径千分尺。使用前应用干净的软布擦净千分尺的两个测量面，然后校核千分尺的零位。

(2)被测铅丝片应放置于测量座中间，测量力量要合适(先转动外径千分尺的微分筒，使测量表面与铅丝片表面刚好接触，然后转动棘轮，当发出清脆的“嗒、嗒、嗒”三声后即停止。

(3)读数准确(先读固定套筒读数，再读微分筒读数，然后相加)。

3. 齿轮泵齿与齿的啮合间隙检查

齿轮泵齿与齿的啮合间隙,可用“压铅法”测得。如图 3-23 所示,其操作方法如下。

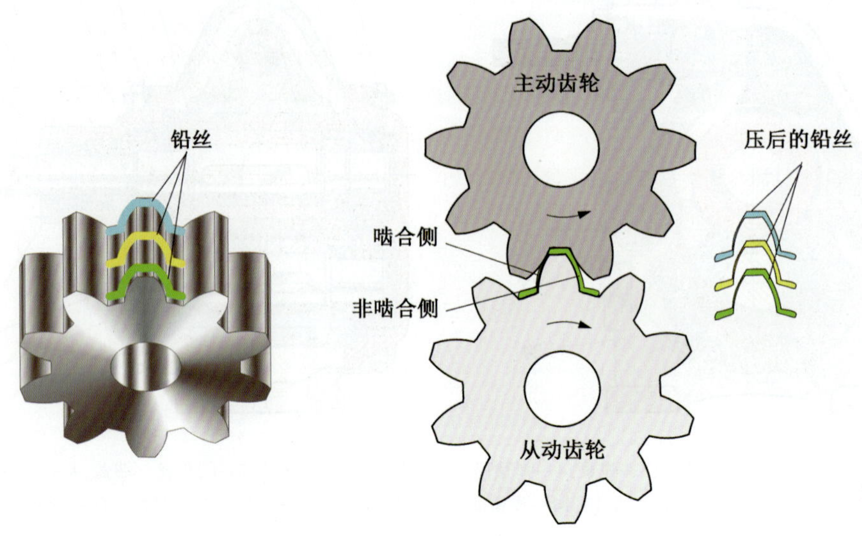

图 3-23　压铅法测量齿轮泵的啮合间隙

(1)装配好主动齿轮;

(2)选择合适的软铅丝,一般软铅丝直径为 0.5~1 mm,截取三段软铅丝,每段长度能围住一个齿面为宜;

(3)沿从动齿轮一只轮齿的齿宽方向,用黄油脂将三段软铅丝等距离粘贴在该轮齿上,使粘贴软铅丝的轮齿处于排出腔,装配好从动齿轮;

(4)在泵壳外部做标记,装配好轴套和泵盖;

(5)然后顺着泵的转向转动齿轮泵的主动轴,将黏合软铅丝的齿转到吸入腔;

(6)拆解齿轮泵,拆卸主、从动齿轮,取下软铅丝并清洁;

(7)用外径千分尺测量每段软铅丝片在轮齿啮合处的厚度并做好记录。

对于直齿型齿轮泵,齿与齿的啮合间隙也可采用塞尺测量,即装配好主、从动齿轮,用塞尺测量两啮合齿接触面的间隙。塞片的数值即为齿轮泵齿与齿的啮合间隙。

4. 齿轮泵的装配

装配时,对齿轮泵内部零件的相互位置和间隙大小要求较高。在装配以前,各个零件均要保持清洁。装配时要特别注意零件的正确位置,应保持相互间原有的平行度、垂直度、中心距和间隙的大小,千万不可硬敲猛击。

齿轮泵的装配顺序随泵的结构不同而略有不同,现仍以 2CY-18.29/36-1 型齿轮泵为例加以说明:

(1)将主、从动齿轮按其左、右螺旋分别拼接在主、从动轴上,并固定好,装好后啮合在一起,以检查其啮合状况是否符合要求;

(2)将啮合良好的主、从动齿轮的两轴左侧的纸垫、盖板及轴承装复轴上,一起装入泵体中,然后装复左端盖,并用螺栓压紧;

(3)在轴的右端分别套上纸垫、盖板,然后复位轴承;

(4)在主动轴右端,依次装复弹簧、弹簧座、密封圈和动密封环;

(5)装复右端盖,并用螺帽压紧,用手转动主动轴,手感较为轻快且无明显擦碰与轴向位移,则认定装配良好;

(6)将机械式轴封的静密封环装配在轴封压盖上,用销钉固定,并与压盖一起套入主动轴上并复位,认定动、静环贴合良好后,将压盖压紧,然后转动主动轴,手感应与前述相同,无显著变化,方可继续装配;

(7)依次复位安全阀体、弹簧、弹簧座、封盖、调节螺杆及锁紧螺母,最后将闷头装妥;

(8)装配泵轴端联轴器;

(9)将电动机装配并固定,然后对泵与原动机找正轴心;

(10)找正后装配联轴器整体,装配橡胶柱与挡圈,然后装配保险圈加以固定;

(11)将泵与吸、排管系接通,并再次复查轴线是否变化,转动是否灵活,以防由于管路牵动而引起的偏差;

(12)拧上吸、排口上的螺塞;

(13)电动机接线,检修负责人摘下警告牌。

齿轮泵装配至此,即可试车。

二、测量齿轮泵的轴向间隙(端面间隙)

齿轮泵拆卸和装配方法同上。齿轮端面与泵的端盖之间的轴向间隙检查方法如下。

(1)选择合适规格的梅花扳手(优先选用)或开口扳手;选用 0~25 mm 的外径千分尺。

(2)选用合适的软铅丝直径($0.5<d<1.3$ mm)2 段,每段长度约为齿轮节圆周长。

(3)压铅丝操作:

①装配好主、从动齿轮;

②用油脂将两段软铅丝分别粘贴于主、从动齿轮的节圆上;

③装上泵盖(包括垫片及轴套),分 2~3 遍对称均匀地拧紧螺母;

④对称均匀地拧下泵盖螺母,取下泵盖,取下软铅丝片并清洁;

⑤在每根铅丝片上选取 4 个测量点,用外径千分尺测量软铅丝片厚度并做测量记录。

(4)测量数据分析:

①计算出 8 个测量值的平均值,即为轴向间隙;

②根据所测轴向间隙数值与正常值范围(一般为 0.06~0.10 mm,低压齿轮泵允许到 0.10~0.25 mm)相比较,做出可继续使用或者需要维修的结论。

课 后 习 题

一、选择题

1. 齿轮泵漏泄一般主要发生在__________。

A. 齿轮端面间隙　　B. 齿顶间隙　　C. 啮合齿之间　　D. 轴封

2. 齿轮泵会产生困油现象的原因是__________。

A. 排出口太小　　B. 转速较高

C. 齿轮端面间隙调整不当　　D. 部分时间两对相邻齿同时啮合

3. 解决齿轮泵困油现象的最常用方法是__________。

A. 减小压油口　　B. 增大吸油口　　C. 开卸荷槽　　D. 采用浮动端盖

4. 齿轮泵的齿轮端面间隙常用__________测出。

A. 塞尺　　B. 千分表　　C. 游标卡尺　　D. 压铅丝

5. 三螺杆泵在船上一般不用作__________。

A. 主机滑油泵　　B. 舵机液压泵　　C. 主机燃油泵　　D. 污油泵

6. 螺杆泵工作寿命比齿轮泵长主要是因为__________。

A. 所用材质好　　B. 径向平衡

C. 输送清洁油　　D. 主、从动螺杆不靠机构啮合力传动

提示:螺杆泵从动螺受液压力驱动,所以主、从动螺杆机械磨损会很轻微。

7. 主柴油机多以螺杆泵为润滑油泵的主要原因是__________。

A. 供液均匀　　B. 适用工作压力高

C. 吸入性能好　　D. 工作可靠,很少需要维修

8. 单螺杆泵在船上不用作__________。

A. 污水泵　　B. 污油泵　　C. 焚烧炉输送泵　　D. 液压泵

9. 水环泵中工作水的作用是__________。

A. 分隔中间各腔室　　B. 向排送的气体传递能量

C. 吸收气体压缩热　　D. A+B+C

10. 水环泵的船上可作为__________。

A. 污水泵　　B. 应急舱底水泵　　C. 离心泵的引水泵　　D. 消防水泵

二、思考题

1. 简述回转泵的共性及各自特点。

2. 怎样提高容积式泵的容积效率?

3. 齿轮泵的径向力是如何产生的,有哪些平衡的方法?

4. 齿轮泵“困油”现象是怎样形成的,有何危害,如何消除?

5. 简述三螺杆泵和单螺杆泵的工作原理及各自应用场合。

6. 简述双作用叶片泵的基本结构及工作原理。

课后习题数字资源

第4章　离　心　泵

第1节　离心泵的工作原理及分类

一、离心泵的工作原理

离心泵的工作原理可由图4-1所示单级离心泵的结构简图来说明。

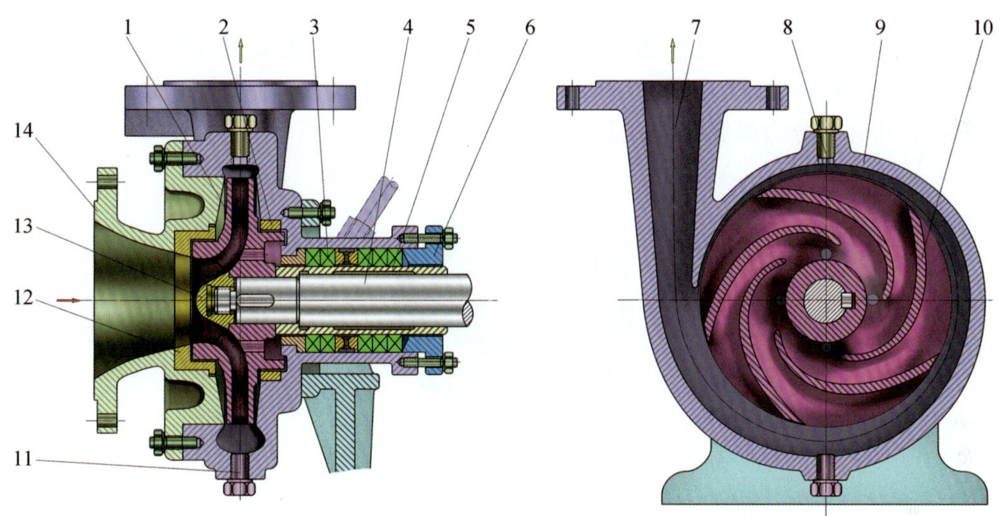

1—叶轮；2—平衡环；3—填料；4—泵轴；5—轴套；6—填料压盖；7—扩压管；8—固定螺母；9—泵壳；10—叶片；11—放水螺帽；12—阻漏环；13—反向螺母；14—吸入接管

图4-1　离心泵的基本结构

动画演示

离心泵的主要工作部件是叶轮1和泵壳9。叶轮1通常是由5~7个弧形叶片10和前、后圆形盖板所构成。泵壳9呈螺线形，亦称螺壳或蜗壳。叶轮用键和反向螺母13固定在泵轴4上，装于泵壳9内，泵轴4的一端伸出泵壳与原动机相连。固定叶轮用的反向螺母13通常采用左旋螺纹，以防反复启动因惯性而松动。

当离心泵工作时，预先充满在泵中的液体受叶片10的推压，随叶轮1一起回转，产生一定的离心力，从叶轮中心向四周甩出，于是在叶轮中心处形成低压，液体便在液面上的气体压力作用下被吸入接管14吸进叶轮。

从叶轮流出的液体，压力和速度都比进入叶轮时增大了许多。蜗壳将它们汇聚并平稳地导向扩压管7。扩压管流道截面逐渐增大，液体流速降低，大部分动能变为压力能，然后进入排出管。因此，只要叶轮不停地回转，液体的吸排也就会连续地进行。液体通过泵时所增加的能量，显然是原动机通过叶轮对液体做功的结果。

二、离心泵的分类

离心泵常按以下几种方式分类。

(1)按泵轴的方向,离心泵分为立式泵和卧式泵。

(2)按液体进入叶轮的方式,离心泵分为单吸泵和双吸泵。

(3)按叶轮的数目,离心泵分为单级泵和多级泵。

第2节　离心泵主要部件的结构

一、叶轮和压出室

1. 叶轮

叶轮是将原动机的机械能传递给被输送液体的工作部件,对泵的工作性能有决定性影响。叶轮多用青铜、铸铁、磷青铜或钢铸造。叶轮可分为闭式、半开式和开式三种,根据吸入方式的不同,其又可分为单侧吸入式和双侧吸入式,如图4-2所示。

(a)

(b)

(c)

图4-2　离心泵叶轮

(1)闭式叶轮。叶轮由前后盖板、若干弧形叶片及轮毂所构成。由于叶间形成的是封闭流道,故工作时泄漏损失较小,效率较高,使用最为广泛。

(2)半开式叶轮。叶轮无前盖板,叶片铸在后盖板上。这种叶轮泄漏较严重,效率也低,适用于输送黏性或含颗粒杂质的液体。

(3)开式叶轮。叶轮没有盖板,叶片直接铸在轮毂上。它制造容易,但效率很低,通常用作污水泵或泥浆泵等。

为避免叶轮进口流速过高,抗气蚀性能变差,离心泵吸入管流速常取3 m/s左右。在流量小于300 m^3/h、吸入管径不大于200 mm时,多用结构简单的单吸式叶轮。当流量较大、吸入管径大于200 mm时,多采用双吸式叶轮,以使叶轮外径不致过大。双吸式叶轮安装时应谨防装反;否则成为前弯叶片,运行时负载变大。

2. 压出室

液体离开叶轮时的速度很高,而排出管中的流速却不允许太大,否则管路阻力损失过大。离心泵压出室的主要任务就是要以最小的水力损失汇聚从叶轮中流出的高速液体,将其引向泵的出口或下一级,并使液体的流速降低,将大部分动能转换为压力能。

离心泵的压出室主要有涡壳式和导轮式两种。

(1)蜗壳式

采用蜗壳做泵壳的离心泵称为涡壳泵。蜗壳(图 4-3)包括螺线形蜗室和扩压管两部分。这两部分的分隔处(图 4-3 中 A 处)称为泵舌。通过蜗室螺旋线起点 O 的圆称为基圆,其直径用 D_3 表示,称为蜗壳内径,通常为叶轮外径 D_2 的 1.05~1.08 倍。

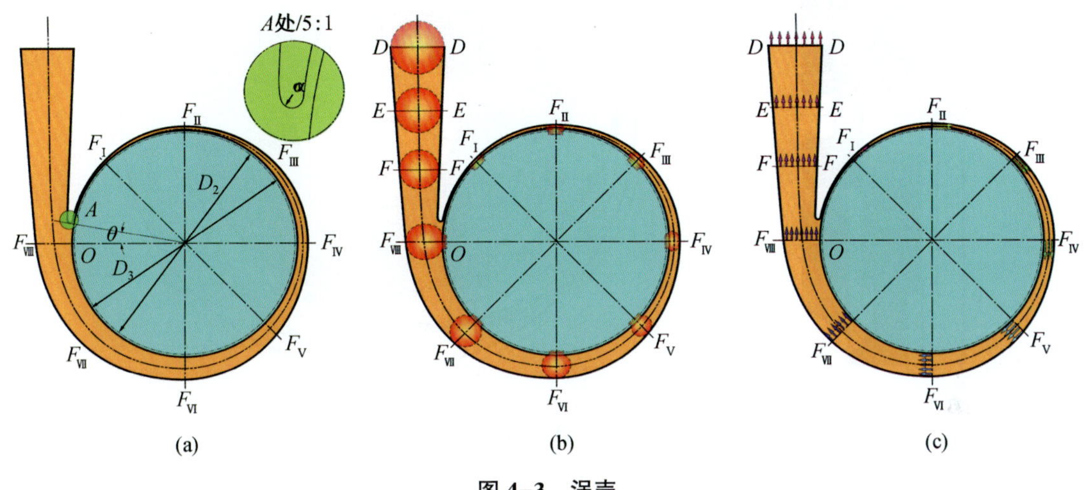

图 4-3 涡壳

扩压管的进口始于蜗室的截面 $F_{Ⅶ}$(图 4-3(a)),出口呈圆形,其法兰尺寸应符合标准。扩压管的作用在于利用渐扩的截面进一步降低液流速度,将液体所具有的大部分动能进一步转换为压力能。

(2)导轮式

导轮安装在叶轮的外周,由两个圆环形盖板(或只有后盖板)及夹在其间的 4~8 片导叶及后盖板背面的若干反导叶构成。导叶数目与叶轮的叶片数应互为质数,否则运行时可能会产生共振。导轮外径一般为叶轮外径的 1.3~1.5 倍。

图 4-4 所示为离心泵导轮的一种结构形式。图中导叶的 BH 段是一条螺旋角为常数的对数螺线,以便平顺地收集从叶轮流出的液体。HC 以后才是扩压段。液体离开导叶扩压段后,即经一环形空间进入反导叶间的流道。反导叶出口角一般取 90°,也有的反导叶做成使液体进入下一级叶轮时稍有预旋。

二、离心泵的密封装置

在离心泵中,叶轮和泵轴都是转动部件,它们和固定的泵壳之间必然要保持适当的间隙。由于这些间隙的两侧存在着压差,液体就会流过间隙而产生泄漏。为此,常在叶轮与泵壳或泵盖间设密封环(也叫阻漏环),以阻止泵壳流道中的液体漏回叶轮进口;在泵轴穿出泵壳处装设轴封装置,以阻止液体的外漏和空气渗入泵内。

1. 密封环

密封环是离心泵的易损件,通常多用铜合金制成,也有用不锈钢或酚醛树脂等制作的。安装在叶轮与泵壳上的密封环分别称为动环和静环,它们可成对使用,也可以只装设静环。

根据密封环的形式,有平环和曲径环两类,如图 4-5 所示。曲径越多,阻漏效果越好,但制造和装配的要求也越高。因此,曲径环多用在单级扬程较高的离心泵中。

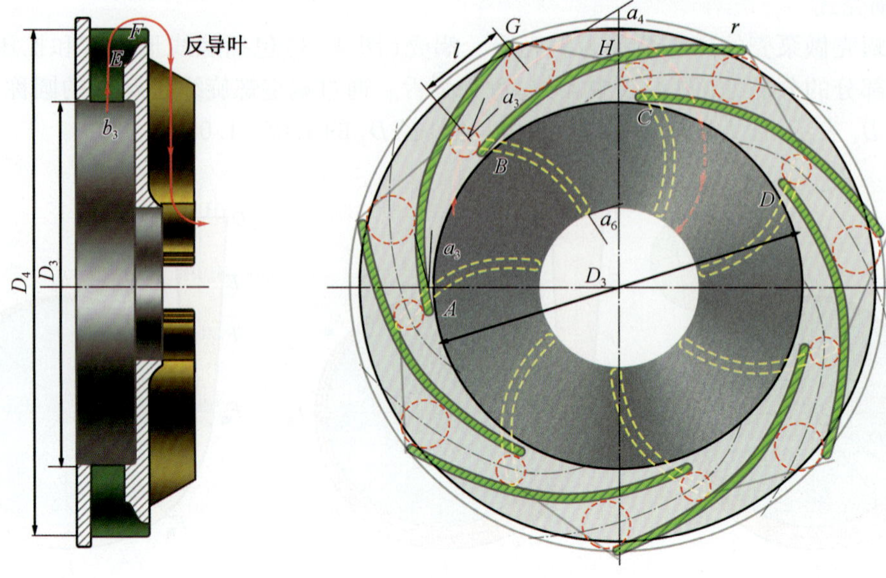

图 4-4 离心泵的导轮

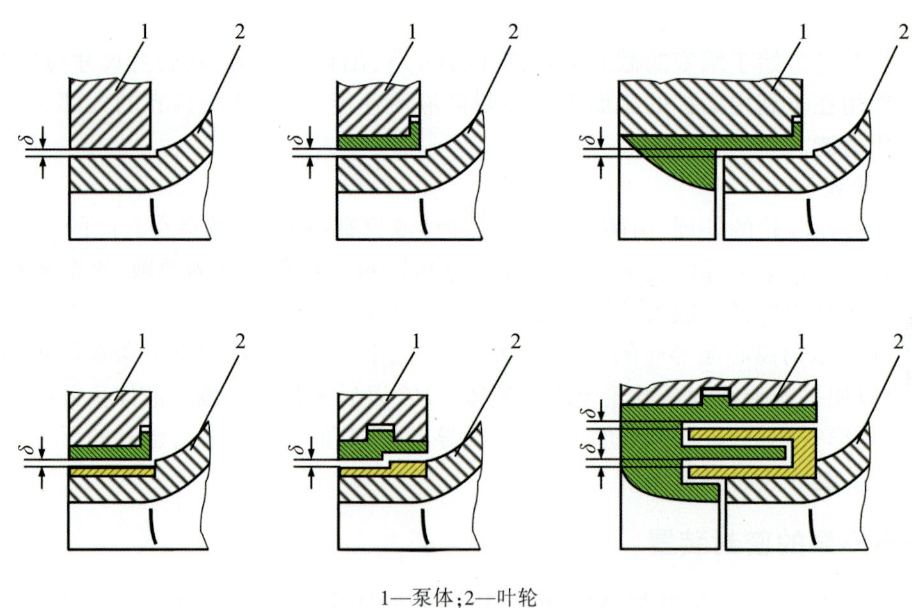

1—泵体;2—叶轮

图 4-5 离心泵密封环的形式

2. 轴封

在离心泵中填料密封和机械密封是目前使用最广泛的两种轴封形式。

(1)填料密封式轴封。填料密封式轴封是离心泵中最常用的一种,它与往复泵中活塞杆的填料密封装置大致相同,故这里只是讨论其不同部分。

从图 4-6 可见,离心泵的填料箱内加装了一个青铜制的水封环 5。水封环是由两个断面呈“H”形的半圆环组成,内径稍大于泵轴轴径。泵工作时,少量排液经水封管或泵壳内的流道引入水封环内,后沿轴向从两侧的填料渗出。水封的作用主要是防止空气从轴封处进入泵内,其次也可起冷却作用,润滑泵轴。安装时应注意水封环对准泵体上的引水孔,以免失去水封作用或泵轴烧坏。

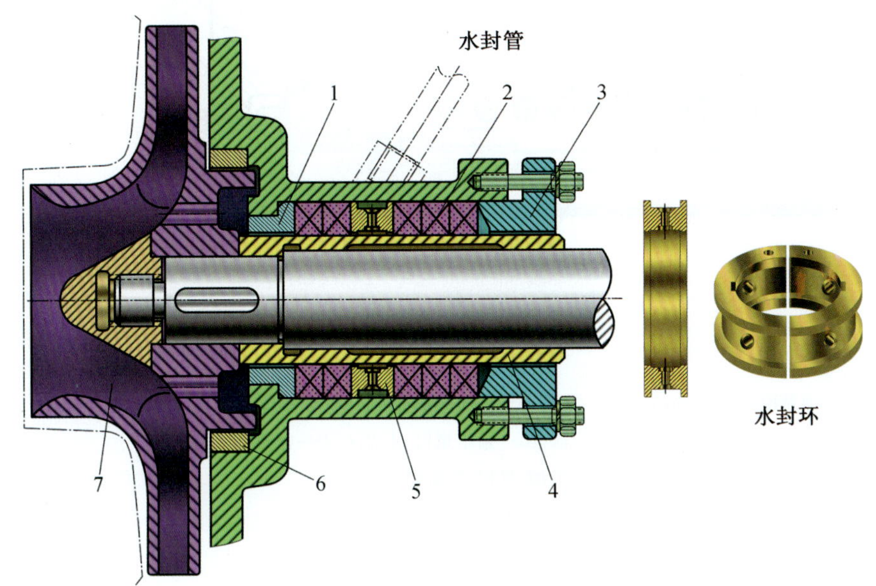

1—填料内盖;2—填料;3—填料压盖;4—轴套;
5—水封环;6—密封环;7—叶轮

图 4-6　填料密封式轴封

(2)机械密封式轴封。机械密封式轴封结构如图 4-7 所示。该轴封有三个密封面:一是动环与静环间的径向摩擦面。它是借助于动环和静环精密配合来密封的。随轴旋转的动环在弹簧的推压下紧密地贴合在静环上,从而形成了良好的径向动密封。二是橡胶密封圈紧箍于轴上形成的轴向静密封面。三是受弹簧推压橡胶密封圈与动环背面紧贴而形成的径向静密封面。另外,静环与泵壳之间用密封圈(常用 V 形环),实现静密封。泵工作时,动环与静环间需保持一层液膜,以使动密封面得以润滑和冷却。

三、离心泵的轴向力

当叶轮回转时,处于叶轮与泵壳之间的液体也将随叶轮而回转,因而产生离心力,使叶轮与泵壳间的液体压力沿径向按抛物线规律分布。

图 4-8 所示为单吸叶轮左右两侧的压力分布情况。

从图 4-8 可知,在阻漏环直径以外,叶轮两侧压力对称分布;阻漏环直径以内,叶轮两侧压力分布不对称而产生一个将叶轮推向吸入口的轴向力。每级叶轮所受轴向推力的大小,主要取决于泵的工作压头以及叶轮吸入口直径。压头和叶轮吸入口直径越大,泵产生的轴向力就越大。为了避免叶轮受推力作用而产生轴向移动,造成叶轮与泵体碰擦,就必须解决轴向推力的平衡问题。

常用的轴向推力平衡方法有以下几种。

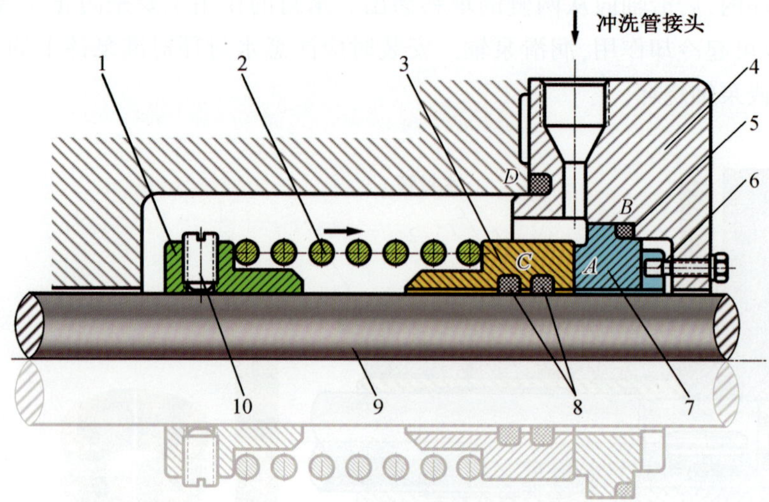

1—弹簧座;2—弹簧;3—旋转环;4—压盖;5—静环密封圈;6—防转销;
7—静止环;8—动环密封圈;9—轴;10—紧定螺钉;A,B,C,D—密封部位

图 4-7 机械密封式轴封

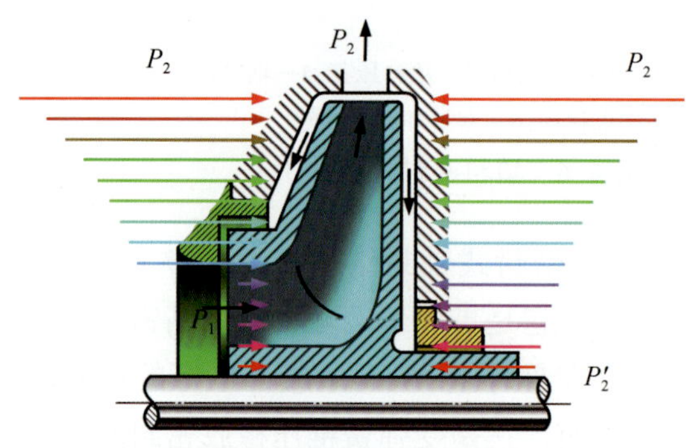

图 4-8 单吸叶轮两侧的压力分布

1. 止推轴承法

止推轴承虽能承受一定的轴向推力,但承受能力有限,故只有小型泵才能用它来承受全部轴向推力,而在大多数泵中仅用它作为平衡措施的补充手段,以承受少数剩余的轴向推力,并起轴向定位作用。

2. 双吸叶轮法

液体从叶轮两侧同时吸入,使叶轮两侧的液压分布基本对称。此法适用于低压头大排量的离心泵。

3. 叶轮对称布置法

根据双吸叶轮能自动平衡轴向力的原理,把两个尺寸相同的叶轮对称地安装在同一泵轴上,如图 4-9 所示。这样从理论上说轴向推力可以平衡。叶轮对称布置的方法广泛地应用于单吸二级与螺壳式多级泵中。但是,当泵的级数较多时,泵的结构趋于复杂,其级数必须为偶数。

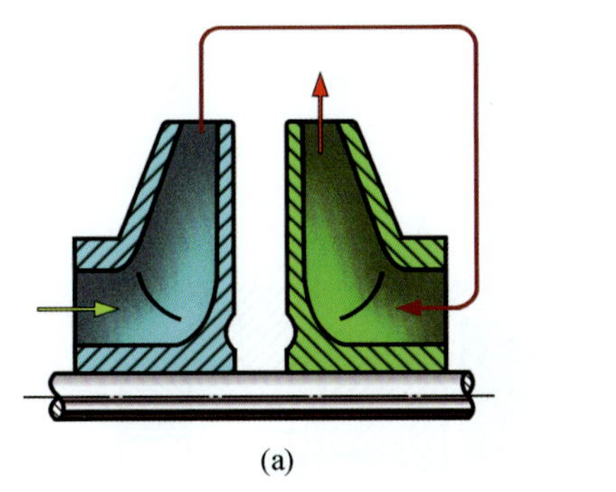

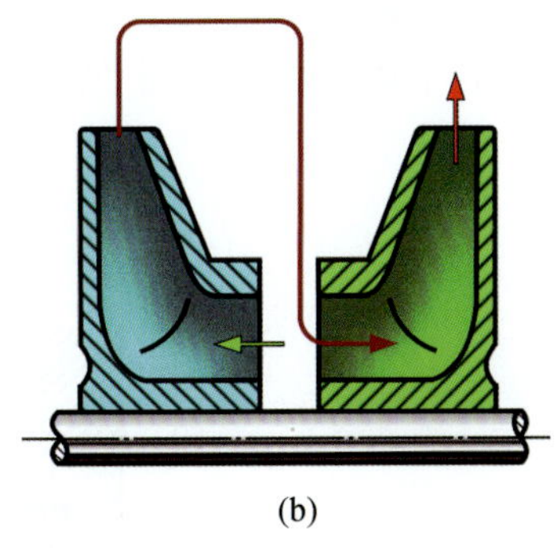

图 4-9　对称安装叶轮

4. 平衡孔或平衡管法

如图 4-10 所示,在叶轮的后盖板加工一圆环或装一个平衡环 2,直径与叶轮吸入口处的阻漏环直径相同,在平衡环以内的后盖板上钻几个平衡孔 1。平衡环用以阻止叶轮背面的液体进入平衡环以内的腔室,平衡孔 1(或平衡管 3)用以把平衡环以内腔室的液体引至叶轮吸入口,使叶轮背面平衡环以内与叶轮吸入口的压力趋于平衡。

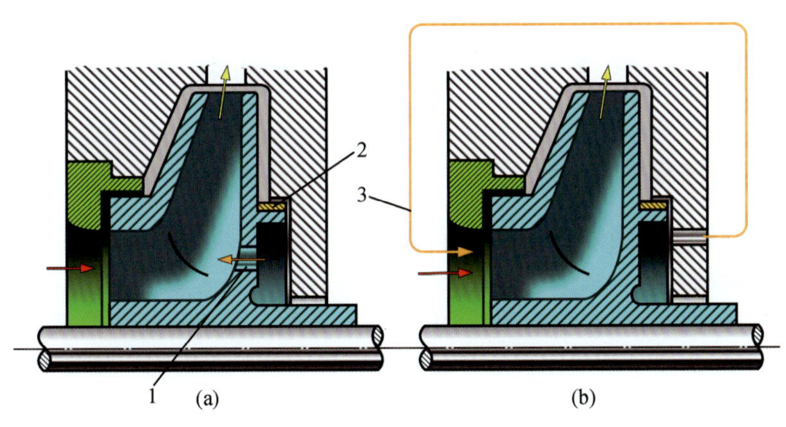

1—平衡孔;2—平衡环;3—平衡管

图 4-10　带平衡环-平衡孔(管)的结构

5. 平衡盘法

多级泵轴向推力较大,可采用液力自动平衡装置来平衡轴向推力。如图 4-11 所示,在末级叶轮之后的泵壳上固定一平衡板 1,而紧邻的平衡盘 2 则用键装在泵轴上,随轴一起转动。轴套与泵体之后有一固定径向间隙 b,平衡盘与平衡板之间有一轴向间隙 b_0,平衡室 3 与泵吸入口相通。

可见,径向间隙 b 前的压力就是末级叶轮背面的压力 P,而平衡盘后的压力 P_0 接近吸入压力,在压力差($P-P_0$)作用下,叶轮背面的高压液体经径向间隙 b 进入平衡盘前的小室,压力下降至 P',然后再经轴向间隙 b_0 进入平衡室,压力下降至 P_0,最后流回泵的吸入口。由于平衡盘两侧存在着压力差($P'-P_0$),因而就产生一个与叶轮所受轴向推力方向相反的平衡力作用在平衡盘上。当泵压头增加,轴向推力大于平衡盘上的平衡力时,泵轴左移,直至轴向间隙 b_0 减小,漏泄量随之减少,压力 P'增加,直至($P'-P_0$)增加到平衡力与轴向推力重新平衡时,泵轴就稳定于较小的 b_0 位置;反之,当压头降低,轴向推力小于平衡力时,泵轴则右移,直至轴向推力和平衡力重新达到平衡为止。可见,该装置可以实现轴向力的自动平衡。

动画演示 (1)

动画演示 (2)

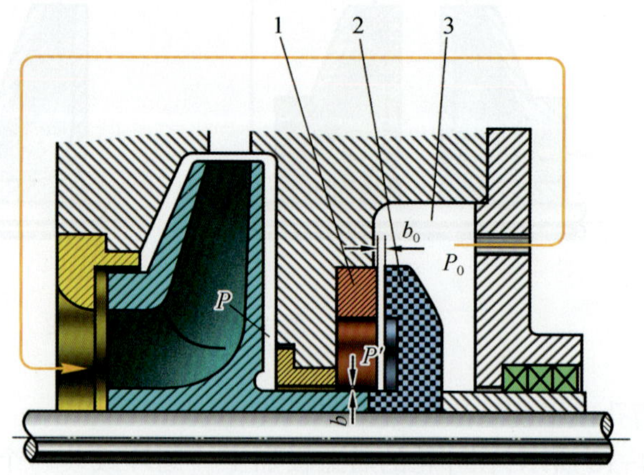

1—平衡板;2—平衡盘;3—平衡室

图 4-11　液力自动平衡装置

第 3 节　离心泵的性能特点

一、离心泵的扬程方程式

离心泵是靠叶轮带动液体高速旋转而将机械能传给液体,属叶轮式泵,与靠运动部件挤压液体来传递能量的容积式泵工作原理不同,因而其性能也有显著的差异。离心泵所能产生的扬程与叶轮尺寸和转速密切相关,而流量又明显地会随工作扬程改变而改变。要弄清离心泵的性能,首先需要了解决定离心泵扬程的各种因素以及扬程与流量的关系,即了解离心泵的扬程方程式。

1. 液体在叶轮中的流动情况

为了导出离心泵的扬程方程式,先要了解液体在叶轮中的流动情况。液体在叶轮中的流动情况比较复杂,为使研究简化,我们做以下假定。

(1)通过叶轮的液体是由无限多个完全相同的单元流束所组成,即所有的液体质点在叶轮内的流动轨迹都相同,都严格地与叶片断面相符合,而且在相同半径的圆柱面上各液体质点的流动状态(压力和流速等)亦均相同。这只有在叶片无限多、厚度无限薄且断面形状完全相同的理想叶轮中才可能实现。

(2)液体在叶轮中流动时没有摩擦、撞击和涡流等水力损失。这只有假设流过这种理想叶轮的全部液体均为无黏性的理想液体,液流处于无撞击、旋涡的理想工况下才行。

这样,就可认为,当叶轮以角速度 ω 回转时,处在叶轮流道中的任一液体质点都将同时具有两种运动:即在随叶轮一起回转的同时,又沿叶片引导的方向向外流动。

如图 4-12 所示,随叶轮运动的速度即叶轮在该处的圆周速度,用 $\boldsymbol{u}$ 表示;相对于叶轮的运动速度叫相对速度,用 $\boldsymbol{\omega}$ 表示,它在理想状况与叶片型线相切。于是,液体质点相对于泵壳的运动速度(即绝对速度) $\boldsymbol{c}$ 即是 $\boldsymbol{u}$ 和 $\boldsymbol{\omega}$ 的向量和。液体质点 A_0 进出叶轮时的绝对运动路径即可由图 4-12 中的 A_0C_0 所表示。

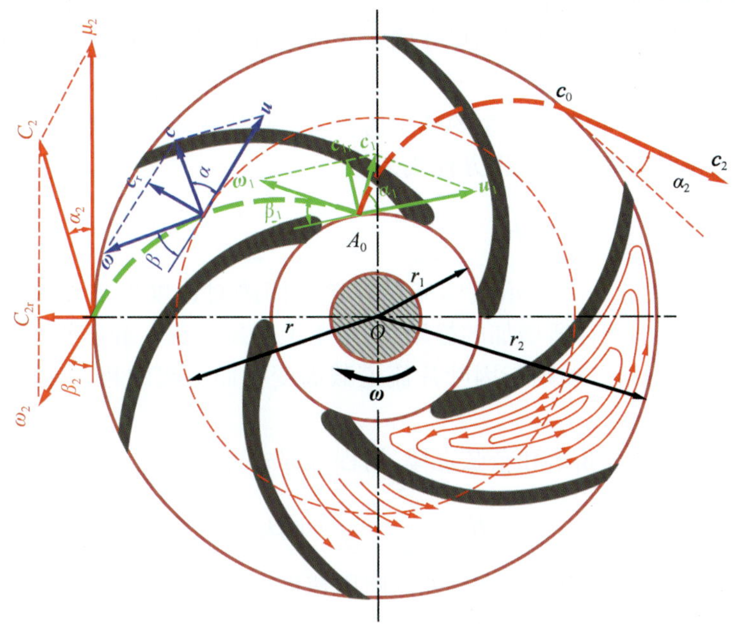

图 4-12　液体在叶轮中的流动

叶轮中任一质点的三个速度向量 $\boldsymbol{u}$、$\boldsymbol{\omega}$、$\boldsymbol{c}$ 构成一个速度三角形，如图 4-13 所示。设绝对速度 $\boldsymbol{c}$ 和圆周速度 $\boldsymbol{u}$ 之间的夹角为 α；相对速度 $\boldsymbol{\omega}$ 和圆周速度 $\boldsymbol{u}$ 反方向的夹角为 β；绝对速度的周向分速度用为 $\boldsymbol{c}_u$；径向分速度为 $\boldsymbol{c}_r$；且各符号凡附加下角标 1 者，皆指在叶轮进口进入流道后的参数；加下角标 2 者，皆指在叶轮出口离开流道前的参数。在叶轮中各处，速度三角形中 $\boldsymbol{u}$、$\boldsymbol{\omega}$ 的方向都已确定，而 $\boldsymbol{u}$ 的大小可由叶轮的转速 n(r/min) 和该处的叶轮直径 D(m) 来确定，即

$$u=\pi Dn/60 \quad (\mathrm{m/s}) \tag{4-1}$$

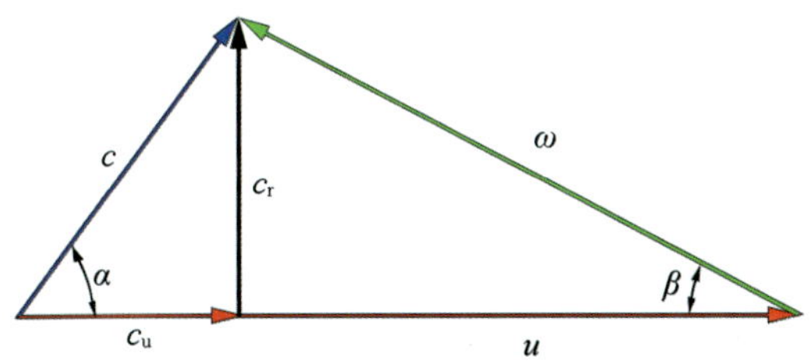

图 4-13　离心泵的速度三角形

根据连续流动方程，c_r 即可由流过叶轮的理论流量 Q_t 和与 c_r 垂直的过流面积 A 求得

$$c_r=\frac{Q_t}{A}=\frac{Q}{\pi DB\psi\eta_v} \quad (\mathrm{m/s}) \tag{4-2}$$

式中　D ——质点所处位置的叶轮直径，mm；

B ——质点所处位置的叶轮宽度，m；

ψ ——排挤系数(一般为 0.75~0.95，小泵取低值)，用以考虑叶片厚度使流道截面积

减小影响；

η_v——泵的容积效率。

由上可见，当叶轮的流量、转速和尺寸确定后，叶轮内各处的速度三角形也就确定。

2. 扬程方程式

理想液体流过理想叶轮后所产生的理论扬程 $H_{t\infty}$ 就是液体离开叶轮和进入叶轮时的水头之差，经理论推导可得离心泵扬程方程式为

$$H_{t\infty}=\frac{u_2^2-u_1^2}{2g}+\frac{\omega_1^2-\omega_2^2}{2g}+\frac{c_2^2-c_1^2}{2g} \tag{4-3}$$

式(4-3)右边的最后一项表示液体流经叶轮后因绝对速度增加而提高的速度头。显然，方程右边其余两项即液体所增加的静压头，基本上是压力头。静压头中第一项是离心力所做的功，占绝大部分；第二项则与因叶片流道截面变化而引起的相对速度变化有关，一般不大。

根据进、出口的速度三角形和余弦定律，扬程方程式可写成

$$H_{t\infty}=\frac{u_2^2}{g}-\frac{u_2c_{2r}}{g}\cot\beta_2 \tag{4-4}$$

因为叶轮的尺寸和转速确定后出口处的圆周速度 u_2 即可确定，依照式(4-4)即可做出理论扬程 $H_{t\infty}$ 与理论流量 Q_t 的函数曲线，如图 4-14 所示。

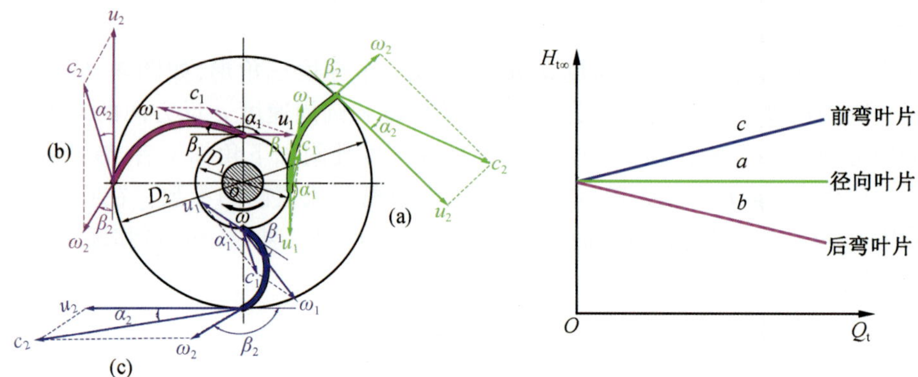

图 4-14 叶片出口角对理论扬程的影响

根据扬程方程式，我们可以得出以下结论：

(1)离心泵所能产生的扬程主要取决于叶轮的直径和转速。

(2)离心泵的扬程随流量而变，并与叶片出口角 β_2 有关。

(3)离心泵的理论扬程与所输送液体的性质无关。

二、离心泵的定速特性曲线

1. 理论定速特性曲线分析

在既定转速下，离心泵的扬程、功率、效率等性能参数与流量的函数关系曲线，称为离心泵的定速特性曲线。研究离心泵的特性曲线对了解其性能，分析其工作情况，以及对泵的选用和管理，均有重要意义。

(1)流量-扬程曲线

根据离心泵的扬程方程式，已知理想流体当流过叶片后弯的理想叶轮时所得到的理论扬程 $H_{t\infty}$ 与理论流量 Q_t 的关系曲线是一条下倾的直线，如图 4-15 中线 $Q_t-H_{t\infty}$。

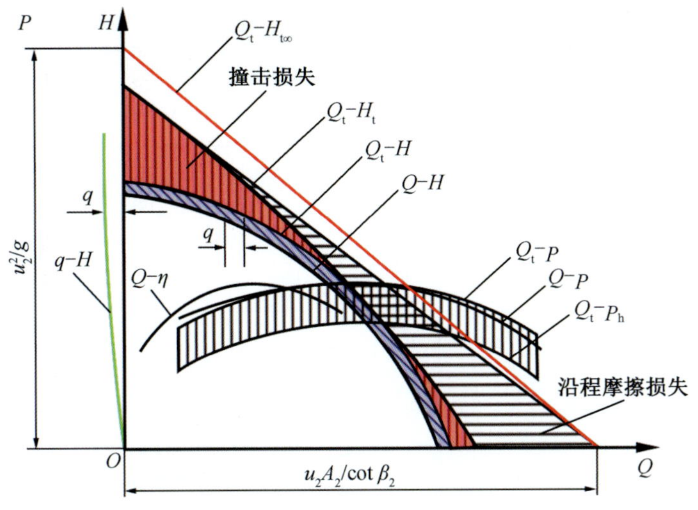

图 4-15　离心泵的定速特性曲线理论分析

(2)流量-功率曲线

根据理论流量 Q_t 和理论扬程 H_t 求出泵的水力功率 $P_h=\rho gQ_tH_t$，即可做出 Q_t-P_h 曲线。如将 P_h 加上机械摩擦功率损失，即可得到理论流量与轴功率的关系曲线 Q_t-P。再将 Q_t-P 曲线中的各 Q_t 值减去相应的漏泄流量 q，即可得到实际流量与轴功率的关系曲线 $Q-P$。

(3)流量-效率曲线

根据 $Q-H$ 曲线和 $Q-P$ 曲线，求出单位流量的效率 $\eta=\rho gQH/P$，即可做出实际流量与效率的关系曲线 $Q-\eta$。

2. 实测的定速特性曲线

上述理论分析虽有助于了解影响离心泵性能的各种因素，但泵中的各项损失难以精确计算，所以离心泵实际的定速特性曲线都是由制造厂通过实验测定的，即在恒定的转速下，通过改变排出阀开度的方法，测出泵在不同工况时的流量 Q 以及相应的扬程 H、轴功率 P 和必需汽蚀余量 Δh_r，并算出泵在各对应工况下的效率 η。然后将所得值绘成以流量 Q 为横坐标的曲线，如图 4-16 所示，即为离心泵实测的定速特性曲线。

下面对定速特性曲线做定性分析：

(1)在 $Q-H$ 特性曲线上，对应于任一排量 Q，都可以找出与之相应的 H、P、η 和[H_s]值。通常，把 $Q-H$ 曲线上的点称为工况点。可见，$Q-H$ 曲线是许许多多的工况点的集合。从图 4-16 可见，随着扬程的升高，泵的流量是减小的。对应于流量为零时(即排出阀关闭的情况下)的扬程最大(不会高出额定工作扬程很多)，称为封闭扬程。

(2)从 $Q-P$ 曲线可以看出，泵的轴功率随流量的增大而增加。当流量为零时轴功率最小(一般为额定功率的 35%~50%)。因此，离心泵可在排出阀完全关闭的情况下“封闭”启动以降低电动机的启动负荷。但不允许泵长时间“封闭”运行，否则输入的全部功率都用于搅拌液体而转化为热能，可能导致泵的零部件过热，以致发生碰擦甚至咬死现象。

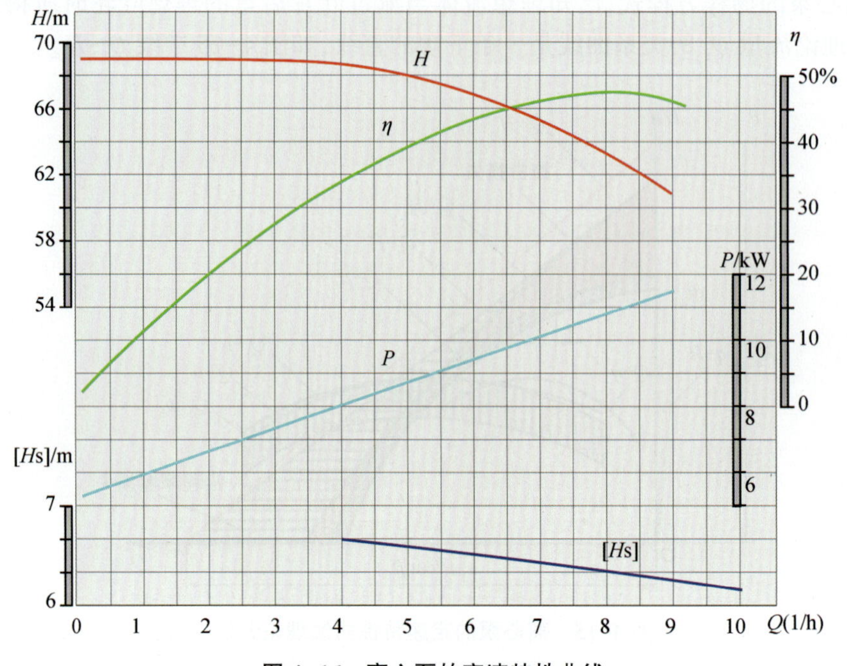

图 4-16　离心泵的定速特性曲线

(3)由 $Q-\eta$ 曲线可以看出,离心泵在额定转速下有一个最高效率点,在 $Q-H$ 曲线上与其相应的点称为最佳工况点。一般最佳工况点就是设计的额定工况,此工况下的性能参数定为额定参数。显然,从经济的角度出发,应尽量使泵运行在最佳工况点上。一般把比最高效率低 5%~7%的区间定为泵的适宜工况区。$Q-\eta$ 曲线上效率最高点的左右越平缓,泵的适宜工况区就越宽。

三、管路特性曲线和工况点

泵总是连接在一定的管路系统上工作的。因此,液体从吸入液面通过某一管路泵至排出液面所需的压头,必须足以克服管路的静压头和阻力。管路的静压头包括吸排液面之间的位置水头(H_2-H_1)和压力水头($P_2/\rho g-P_1/\rho g$),这部分压头与通过管路的液体流量无关,用 H_{st} 表示;而管路阻力损失 h_ω 可用下式表示

$$h_\omega = KQ_2 \tag{4-5}$$

式中 K 为比例常数,随管路情况而异。

于是把液体输送到需要的地方去所需的压头 H_c 可表达为

$$H_c = H_{st} + h_\omega = (H_2 - H_1) + \frac{P_2 - P_1}{\rho g} + KQ^2 \tag{4-6}$$

据式(4-6)可画出图 4-17 所示的管路特性曲线,它的起点取决于管路的静压头,而曲线的倾斜程度则取决于比例常数 K(即管路的沿程和局部阻力系数总和)。

泵工作时,当 K 值不变,而 H_{st} 变成 H'_{st} 时,曲线就由 AB 平行上移至 $A'B'$。当管路阻力系数增大(例如滤器脏污、阀门开度不足或液体黏度增大等)使 K 值升高,而 H_{st} 不变时,则曲线就由 AB 左斜至 AB'',使管路特性曲线变得更陡。

离心泵的工作压头和流量取决于泵的特性和管路特性。

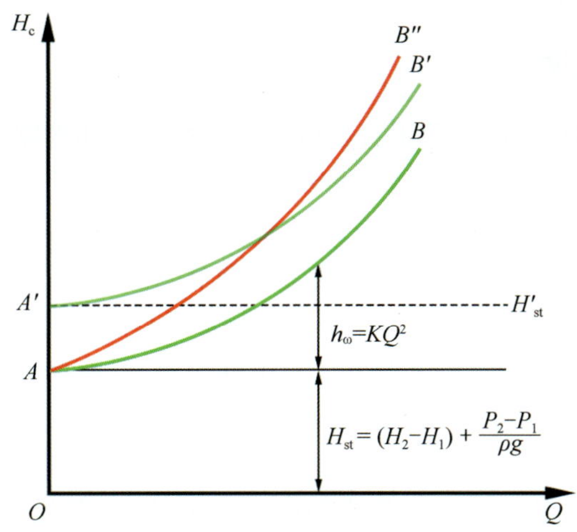

图 4-17　管路特性曲线及其变化

因为，只有泵传给液体的能量恰好等于管路流过同样流量液体所需的压头时，工况才能稳定。所以，泵的特性曲线与管路特性曲线的交点 M（图 4-18）就是泵实际运行的工况点。M 点所对应的流量与压头，即为泵在该管路上工作时的实际排量 Q_M 和压头 H_M。

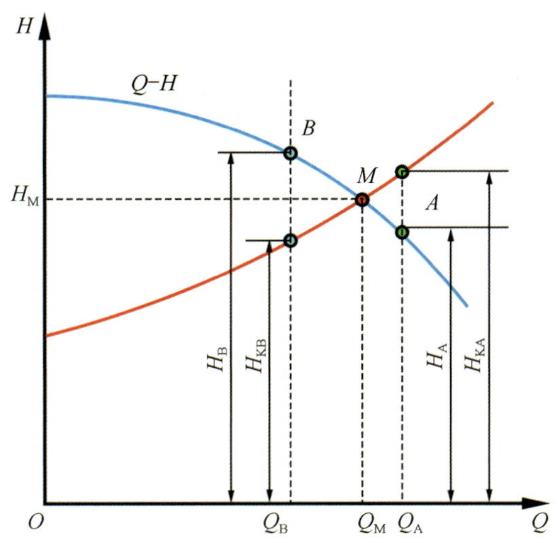

图 4-18　离心泵工况点的确定

泵启动后，随着转速的升高，泵所产生的压头很快就大于管路的静压头而开始排液。泵的压头随流量的增加而下降，而管路所需压头却因流量增加而增高，因而经一定时间后，二者的压头趋于平衡，泵就在 M 点稳定运行。若瞬间泵的工况点从 M 点偏离至 A 点，则泵的压头 H_M 不能满足液体以较大流量流过该管路所需的压头 H_{gA}，管路中的液体流量将被迫减少，泵的压头升高，直至泵给出的压头等于管路所需要的压头 H_M 为止。反之，若瞬间泵的工况点从 M 点偏离至 B 点，则泵的压头 H_B 大于液体所需压头 H_{gB}，多余的能量就转化为动能，使管路中液流速度增加，泵的压头会因流量增加而减少，直至工况点从 B 点移至 M 点为止。

可见,离心泵具有自动调节性能。

四、离心泵的工况调节

离心泵在实际工作中,其排量和压头是由泵的特性曲线和管路特性曲线的交点(运行工况点)所决定。在船上,各种冷却水泵、锅炉给水泵、凝水泵和货油泵等,工作中往往需要调节流量,这就需要改变泵的工况点。改变泵的工况点称为工况调节。工况调节可借助改变泵的特性或管路特性来实现。船用泵常用的工况调节方法有以下几种。

(1)节流调节法　是在泵转速一定时,改变排出阀的开度,使管路特性发生变化,实现工况点在泵特性曲线上左右移动。节流调节法经济性较差,但简便易行,故广泛采用。改变吸入阀开度也能调节流量,但可能因吸入压力过分降低而发生气蚀现象,故不宜采用。

(2)回流(旁通)调节法　是用改变旁通阀的开度,使部分液体经旁通阀回流,以改变供入主管路的流量来调节流量。回流调节法的应用范围较广,但经济性很差。其适用于具有下降功率特性的混流泵和轴流泵。

(3)改变管路静压调节法　船上某些管路系统给水的需要量很不均匀,常在零至最大值间变化。为了使泵在高效率区运行和满足用水的需求,常用压力继电器控制泵间歇地工作。当水位达到要求的上限值时,压力继电器动作而断开触头,使泵停止工作;反之,当水位降至规定下限值时,压力继电器动作而闭合触头,使泵启动。泵在运行中,随着水柜水位升高,管路特性曲线逐渐沿纵坐标平行上移,使工况点沿泵的压头特性曲线逐渐右移而减小泵的流量。如船上压力水柜的给水泵,就是采用这种方法调节工况的。

(4)变速调节法　当泵的转速上升或下降时,泵的压头特性曲线就平行地上移或下移,使泵的工况点沿管路特性曲线上移或下移,增减泵的流量。变速调节法能在较大范围内改变泵的流量,并保持较高的效率,但因泵一般为交流电动机驱动,转速不可调,故它的使用受限。柴油机的离心式冷却水泵,其工况调节方法就属于这种方法,使泵的冷却水流量能很好地适应柴油机热负荷变化的需要。

五、离心泵的工作特点

无论在陆上还是船上,离心泵使用的数量和范围都远远超过了其他类型的泵。这是因为它有以下优点:

(1)流量连续均匀且便于调节,工作平稳,适用流量范围大,一般为 5~20 000 m^3/h;

(2)转速高,可与高速原动机直联;

(3)结构简单紧凑,尺寸和质量比同流量的往复泵小得多,造价也低许多;

(4)对杂质不敏感,易损件少,管理和维护较方便。

但是,离心泵也有以下缺点:

(1)泵本身没有自吸能力;

(2)流量随工作扬程而变,一般流量随工作扬程升高而减小,不适宜做液压泵;

(3)所能产生的扬程由叶轮外径和转速决定,不适合小流量、高扬程,因为这将要求叶轮流道窄长,以致制造困难,效率太低。

离心泵所能产生的最大排压有限,故可不设安全阀。目前,船用水泵和液货船的货油泵大都使用离心泵,也有个别新船将离心泵用作主机滑油泵。要求自吸的如压载泵、舱底水泵、油船扫舱泵等,也可使用自吸式离心泵或加设抽气自吸装置的离心泵。

第4节 离心泵的实例

一、单吸单级立式(CL)型泵

图4-19所示为3CL-8型船用立式电动离心泵。

电动机置于泵架2的上方,泵轴直接套在电动机的轴上,用圆锥销1及挡圈固定。叶轮8用键和细牙反向螺母10紧固于泵轴上。止动垫圈9用以防止螺母松脱。阻漏环采用平环式结构。轴封5为机械密封。泵壳6上设有通道,可把压力水引至轴封室,以润滑和冷却静、动环摩擦面。采用平衡环-平衡孔法平衡轴向力。该泵适用于输送温度不高于70 ℃的海水、淡水以及无显著腐蚀性的其他清洁液体介质,在船上广泛地用作压载水泵、舱底水泵、冷却水泵和消防水泵。

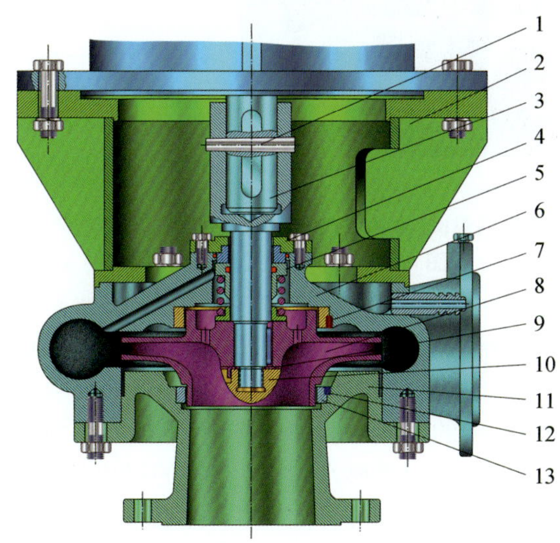

1—圆锥销;2—泵架;3—泵轴挡圈;4—轴封压盖;5—机械轴封;6—泵壳;7—螺钉;8—叶轮;9—止动垫圈;10—反向螺母;11—前盖;12—阻漏环固定销;13—阻漏环

图4-19 3CL-8型船用立式电动离心泵

二、船用自吸离心泵

1. 外混合式自吸离心泵

图4-20所示为国产3CZL-9型船用自吸立式离心泵,属外混合式。

由图4-20可见,这种泵为了能自吸,在结构上采取了如下几个措施:首先,其吸、排接管都弯向上方,以便每次停用后泵内都存留有水,以供下次启动使用;而初次使用前则须从吸入接管上的螺塞处向泵内灌水。其次,在泵的蜗壳内用隔板做成双流道的结构,它一直延伸到排出接管的中部,以形成一个气液分离室3。此外,在泵的吸入管处还设有单向阀1,以便泵停用时能自动封闭吸入管路,防止泵内的存水因排出管通大气,被吸入管虹吸而流失。

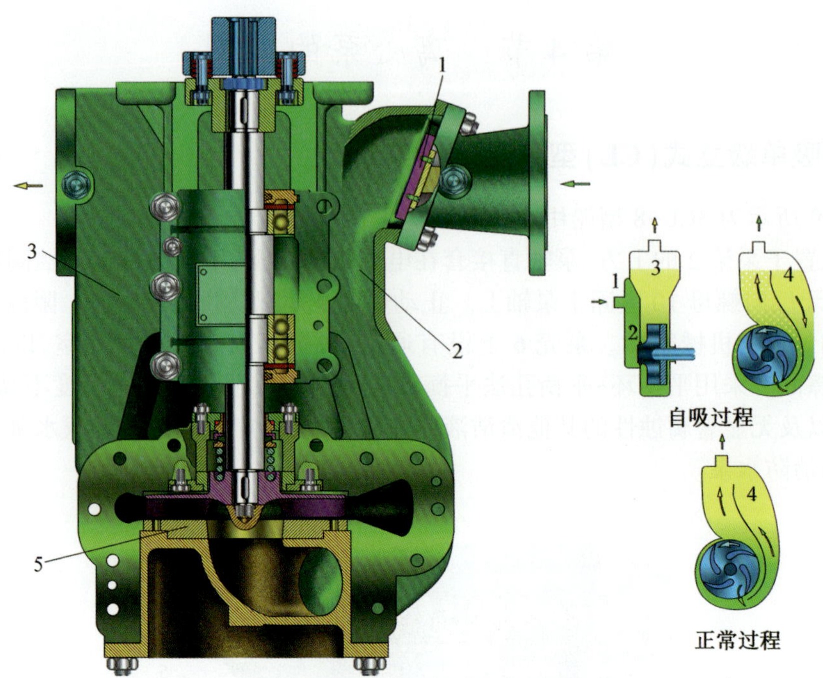

1—吸入单向阀;2—吸入室;3—气液分离室;4—外流道;5—密封板

图 4-20　外混合式自吸离心泵

外混合式自吸离心泵的自吸过程可借图 4-20 右部的示意图来说明。叶轮回转后,泵内存留的液体被叶轮甩出,使叶轮进口处形成真空,于是原来处在吸入管中的空气就会顶开单向阀 1 而被吸进叶轮,并随其中的液体一起向外排出。这时,在泵壳的两股流道内部都存有液体,其中外侧流道 4 因向下形成"U"形水弯,给空气的排出增加了阻力,所以气液混合物即沿内侧流道排出,并进入排出管的气液分离室 3。在那里气体从混合物中分出并从出口排出,密度较大的液体则向下落,经外侧流道返回叶轮的外周,并重新进入叶轮再次裹带气体,直到气体排尽为止。这时,被输送的液体就会从吸入管吸入到叶轮处,泵即进入正常工作。

2. 6CBLZ-7 型串、并联自吸离心泵

图 4-21 所示为国产带下置水环引水泵的 6CBLZ-7 型串、并联自吸离心泵。在船上常用它做舱底、压载和消防通用泵。

(1)一般结构

图 4-21 中的支架 7 固定在船体上,其上缘安装电动机,下缘与泵壳 2 固接。电动机借弹性联轴器 6 与泵轴 4 相连。泵轴 4 的上、下两方用键分别固定着两个对称布置的叶轮,以使液体作用在叶轮上的轴向推力基本平衡,剩余的不平衡力及转子的自重,则由上部背向布置的两个单列径向止推轴承来承担。上轴承用牛油润滑,其外壳用排出口引来的水冷却;泵轴的下部还设有橡皮轴承,由下填料函的泄水润滑和冷却。在泵轴上镶有上、中、下三个青铜轴套,用以使两个离心泵叶轮和水环泵叶轮在轴向定位,并由下螺母固紧,同时轴套还可保护泵轴,使其免遭磨损和锈蚀。为了减少漏泄,在泵轴上、下两端和叶轮之间,都设填料箱密封。考虑到串联工作时泵的扬程较高,故采用曲径式密封环。

(2)串联或并联

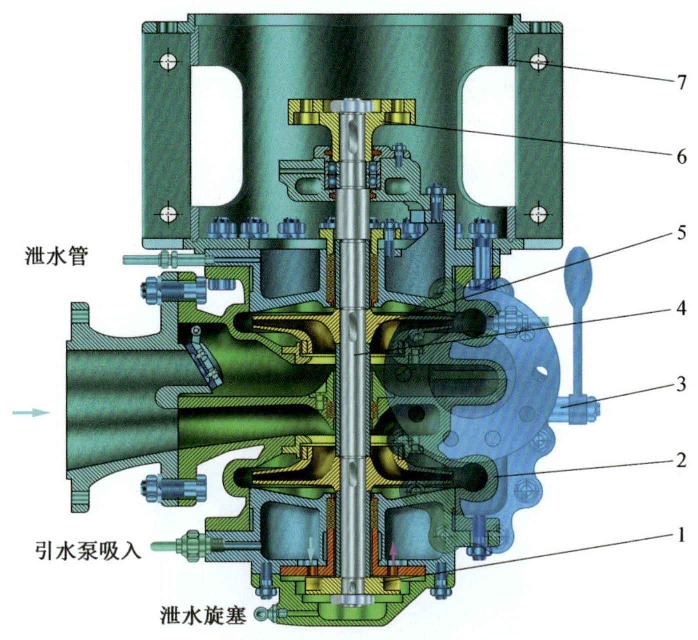

1—引水泵；2—泵壳；3—转阀；4—泵轴；5—叶轮；6—弹性联轴器；7—支架

图 4-21　6CBLZ-7 型离心泵

我们知道，压载泵和舱底水泵要求扬程不高，流量较大，但消防泵则要求扬程较高，而流量大约为舱底泵的 2/3 即可。采用 6CBLZ-7 型离心泵，只需使其两个叶轮根据需要以并联或串联方式工作，即可满足上述不同的要求，做到一泵多用。

泵的串联或并联工况是靠图 4-21 中的转阀 3 来转换的。当转阀置于“串联”位置时（图 4-22（a）），泵的流量仅等于一个叶轮的流量，而扬程则为两个叶轮所产生的扬程之和，适合做消防泵用；如将转阀转至“并联”位置（图 4-22（b）），则泵的流量即变为两个叶轮的流量之和，而扬程则仅等于一个叶轮所产生的扬程，适合做压载泵和舱底泵之用。为了降低泵的启动功率，启动时应将其置于并联状态。

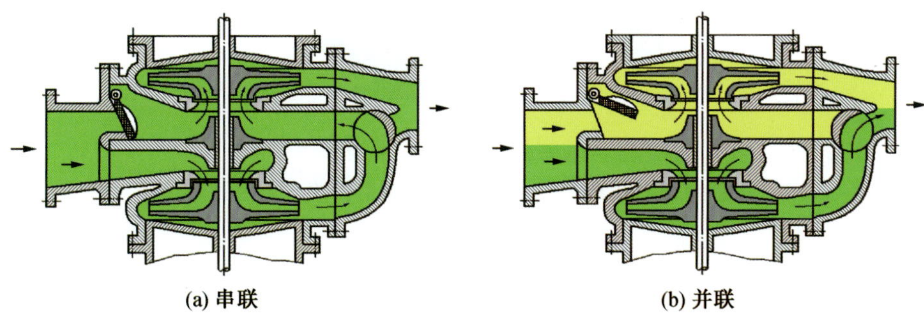

图 4-22　6CBLZ-7 型离心泵的工作状态

动画演示

(3)泵的自吸

为了解决自吸问题,该泵在泵轴的下端带有一个双作用水环泵作为引水泵。泵的辅助管路如图4-23所示。初次启动前应先打开引水漏斗上的旋塞1,向水环泵内灌水。以后每次启动时,则只需把三通旋塞2转到“启动”位置,以使水环泵能经辅助管路从吸入管中抽吸空气,然后经三通旋塞2和出水管排至舱底。显然,当出水管出水时,即表明泵内空气已被抽尽,离心泵已开始正常排水,这时即可将三通旋塞2转到“工作”位置,于是水环泵的排水即会被引回离心泵的吸入口,使水环泵一直有水轻载循环,防止发热。

动画演示

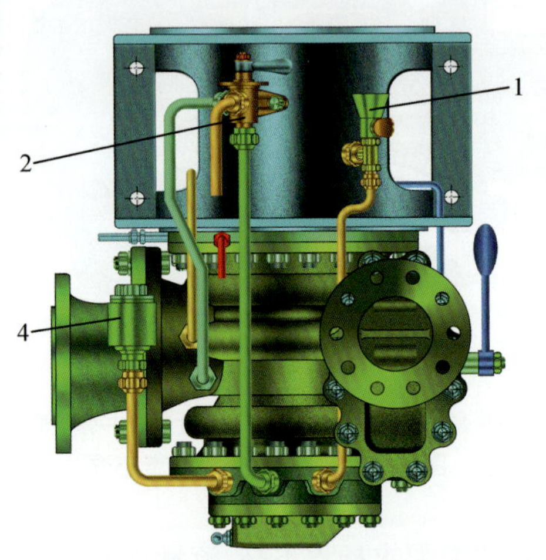

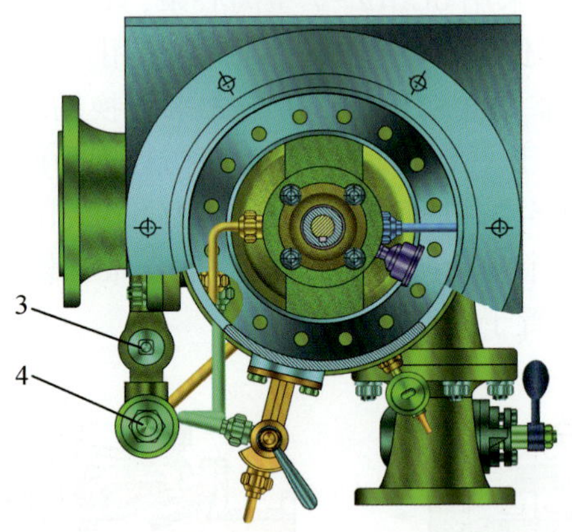

1—旋塞;2—三通旋塞;3—止回阀;4—滤器

图4-23　6CBLZ-7型离心泵的辅助管路

第5节　离心泵的拆装及检测

一、离心泵的拆卸

离心泵拆卸时,应根据泵的具体结构和说明书的有关要求进行。拆装中应注意对一些重要部件做好记号,以备装复时定位;拆卸的零部件应妥善安放,以防失落;对各接合面和易于碰伤的地方,应采取必要的保护措施。

以图4-21、图4-22、图4-23所示的6CBLZ-7型离心泵为例,其解体顺序如下。

(1)在进行离心泵解体之前,首先必须确认电动机的电源已切断,并在其电器控制箱操纵开关处挂上“严禁合闸”或类似的警告牌。

(2)关闭吸、排管路上的截止阀。

(3)将电动机的接线脱开,在联轴器处做好记号,拆除固定电动机的螺栓和弹性联轴器螺栓,然后将电动机卸下。

(4)拆开排水管接管,拆去进水弯管和进水盖及固定其上的阻漏环,拆去泵体结构中的可拆除部分。若锈死,可用手锤、扁铲轻轻敲松后取下。

(5)拆下轴承箱上的所有紧固螺栓和轴承压盖的螺栓,即可将泵轴连同轴承及其端盖、机械式轴封装置和叶轮一起沿轴向取出。

(6)使用专用工具拆卸离心泵叶轮。用专用扳手拆下叶轮前的反扣螺母及止动垫圈(一般反扣螺母是左旋螺纹)取下止动垫圈,叶轮即可从轴上取下,如取不下来,可利用叶轮平衡孔上的丝牙专用工具将叶轮从轴上取下。具体方法是:将专用工具的两根螺钉拧入叶轮上有丝牙的平衡孔中,丝杆顶正轴端中心,慢慢转动手柄,将叶轮从泵轴上拉出。如果叶轮锈于轴上而拉不动可在键连接处刷上少量煤油,稍等片刻,即可拉出叶轮,取下叶轮平键。

(7)取下叶轮后,可依次从轴上取出机械式轴封装置的弹簧、动环座及其销钉、胶环、动环、静环和轴承压盖。考虑到动环的材质,解体时必须注意切勿碰撞、敲击或擦伤。

(8)拆下弹性联轴器的固定螺钉,再用拉马把联轴器从轴端慢慢地拉出。操作时拉马的丝杆一定要顶正泵轴中心,并使联轴器两侧受力均匀。切忌用手锤猛烈击打,以免造成泵轴、轴承或联轴器的损坏。如拆不下来,可用棉纱蘸上煤油,沿着联轴节的四周使其燃烧,待其均匀受热膨胀后,便容易拆下。当然,加热时应用湿布把泵轴包好,以防止泵轴与联轴器一起受热膨胀。

(9)使用拉马拆卸滚动轴承,先拆下轴承箱上前后两只轴承盖,然后用木块垫在联轴器端轴头上,用紫铜棒轻轻敲打木块,就可把泵轴连同轴承一起拆下。从轴上取下轴承时要注意不能损伤轴承,一般用专用工具拉马的拉勾钩住滚动轴承内圈,丝杆顶正轴端,慢慢转动手柄,滚动轴承即可被拉下。

离心泵拆卸完毕后,应用轻柴油或煤油将拆卸的零部件清洗干净,按顺序放好,以备检查和测量。

二、离心泵的安装

离心泵在总装前,应首先装复转子部分。装复前应将轴和滚动轴承等进行仔细清洁。特别是后者,应转动自由,工作无声,并涂好油脂。装后最好用千分表逐一检查叶轮、轴套、定位套的同轴度。一般轴套、定位套的位置,其误差应不超过 0.01 mm;平衡盘的位置,其误差应不超过 0.06 mm;而阻漏环的位置,其误差值则应选择在 0.08~0.14 mm 的范围之内。

(1)将上、下滚动轴承装在轴上,随后装复轴承端盖。

(2)装复弹性联轴器,应注意保持其端面与轴线的垂直。

(3)将轴封压盖、密封环(填料)及静环套在轴的下端,然后将动环套用紧密配合推入动环座内,一起装复轴上,同时将动环座用销钉定位在轴上。动环座与轴之间的间隙很小,装复时可加肥皂水或油类润滑。另因这些密封件的工作间隙都很小,安装时应用轻柴油或煤油再次清洗干净(船上油洗后,还应用适当压力的减压空气吹洗)。

(4)将机械式密封的弹簧套在轴上,然后将叶轮装复。套上止推垫圈并用反向细牙螺帽进一步固定。

(5)将轴、轴承、机械式密封装置及叶轮一起装入轴承座内,装好另一半轴承箱并用螺栓把紧。然后用手轻轻地转动轴,以手感轻快为宜。

(6)将泵壳带排水管部分装复并使之与轴承座把紧。

(7)再把轴封压盖把紧,然后手转泵轴,若手感轻快,说明配合良好。

(8)将泵壳其余部分装复,将阻漏环固定在进水盖上并一起装复。最后装复吸水弯管。

(9)将电动机装复并固定,进行泵和电动机的对中找正。这是一项细致而又很重要的工作,万不可因已采用弹性联轴器而放松校正工作。找正通常以联轴器作为依据,利用直尺和塞尺来进行。找正时应同时转动两轴,并在 0°,90°,180°,270°等位置上,仔细检查两联轴器的高度和彼此间轴向间隙的大小,一般两轴中心线的误差应不超过 0.05 mm。联轴节的轴向距离,考虑到电动机转子的轴向窜动,因泵而异,一般在 2~8 mm 之内。

(10)将泵和吸、排管路接通,并再一次复检两轴中心线是否变化,以防止由于受管路牵动而引起新的偏差。

离心泵装复结束后,经检查确认后才可试车。

课 后 习 题

一、选择题

1. 离心泵叶轮一般采用__________叶片。

A. 前弯　　B. 后弯　　C. 径向　　D. 三种都有

2. 离心泵与往复泵相比,__________是其主要的特点。

A. 流量不均匀　　B. 自吸能力差

C. 不能抽送含杂质的污水　　D. 管理维修较麻烦

3. 离心泵提倡关排出阀启动是因为这时泵的__________。

A. 扬程最低　　B. 效率最高　　C. 起动功率最小　　D. 工作噪音最低

4. 离心泵的通用特性曲线是将离心泵在__________不同时的特性曲线画在同一坐标上。

A. 叶轮直径　　B. 叶轮型号　　C. 转速　　D. 吸入口径

5. 用节流调节法改变泵的流量一般应改变__________阀的开度。

A. 吸入　　B. 排出　　C. 旁通　　D. 安全

6. 较大的离心泵停泵的合理步骤是__________。

A. 停止原动机→关闭排出阀→关闭吸入阀

B. 关闭吸入阀→停止原动机→关闭排出阀

C. 关闭排出阀→停止原动机→关闭吸入阀

D. 停止原动机→关闭吸入阀→关闭排出阀

二、思考题

1. 简述船用离心泵的基本结构及工作原理。

2. 离心泵的扬程与哪些因素有关?

3. 如何确定船用离心泵的额定工况?

4. 什么是离心泵的“封闭”启动?

5. 离心泵汽蚀的原因是什么,如何避免?

课后习题数字资源

第 5 章　旋　涡　泵

第 1 节　旋涡泵的工作原理

旋涡泵是利用叶轮旋转时液体产生旋涡运动而吸排液体的泵，旋涡泵亦属叶轮式泵，根据所用叶轮形式的不同，其可分为闭式旋涡泵和开式旋涡泵两类。

一、闭式旋涡泵

闭式旋涡泵的结构如图 5-1 所示。它采用圆盘形的闭式叶轮 1，叶轮外缘带有 20～60 个径向短叶片。所谓闭式叶轮是指其叶片部分设有中间隔板（或端盖板）。泵体 6 和端盖 7 以很小的间隙紧贴叶轮，而在它们与叶片相对应的部位则形成等截面的环形流道 4。流道占据了大半个圆周，其两端顺径向外延形成吸、排口，而圆周的剩余部分则由泵体上的隔舌 2 将流道的吸、排两方隔开。这种两端（或一端）直通吸、排口的流道称为开式流道。闭式旋涡泵必须配用开式流道。

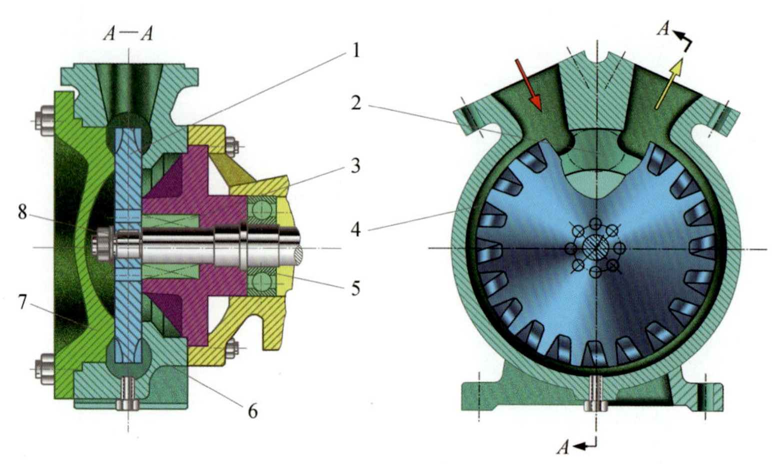

1—叶轮；2—隔舌；3—填料密封涵；4—开式流道；5—轴承；6—泵体；7—端盖；8—平键

图 5-1　旋涡泵的构造和工作原理

当叶轮回转时，带动泵内的液体一起回转，产生离心力。由于叶轮中液体的圆周速度要比流道中液体的圆周速度大，产生的离心力也大，因而液体就会从叶片间甩出，进入流道，并迫使流道中的液体产生向心流动，再次从叶片根部进入叶间，这种环形流动称为纵向旋涡。液体在叶片和环形流道中的运动轨迹就是绕泵轴的圆周运动和纵向旋涡的叠加，对固定的泵壳来说，它是一种前进的螺旋线，而对转动的叶轮来说，则是后退的螺旋线。这样，液体在沿整个流道前进时，也就会多次进入叶间获取能量，如同多级离心泵一样，直到最后从排出口排出为止。

旋涡泵主要依靠纵向旋涡的作用来传递能量。纵向旋涡越强，液体质点进入叶轮的次数越多，泵所能产生的扬程就越高。纵向旋涡的强弱一方面取决于叶轮内液体和流道内液体的离心力之差，另一方面也受纵向旋涡流动阻力大小的影响，即与叶片和流道的形状及叶片的数目有关。

图 5-2 及图 5-3 分别给出了闭式旋涡泵叶轮和流道的各种截面以及叶片的形状。其中，流道截面为矩形时，纵向旋涡的流阻较大，扬程和效率相对较低，但流量较大；流道为半圆形断面时，扬程和效率相对较高，但流量较小。而叶片的倾斜角度和方向不同，泵特性曲线的形状也有差异。

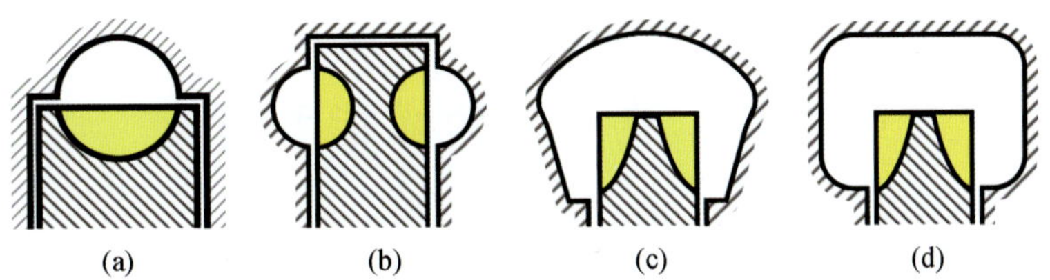

图 5-2　闭式旋涡泵叶轮和流道的截面形状

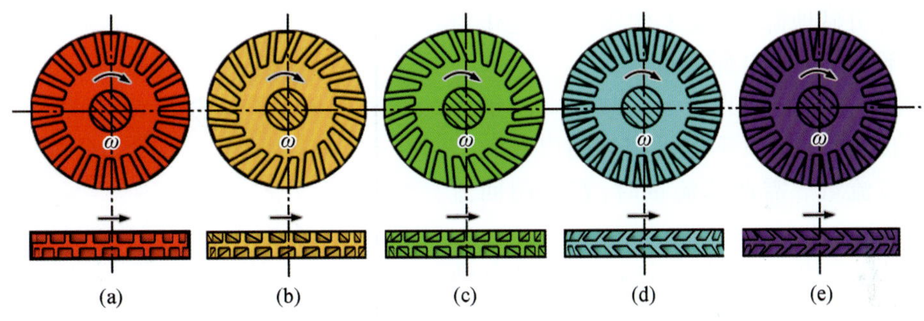

图 5-3　闭式旋涡泵的叶轮形状

二、开式旋涡泵

开式旋涡泵结构示意图如图 5-4 所示，它采用开式叶轮。所谓开式叶轮，是指叶片不带间隔板或端盖板的叶轮。开式叶轮叶片较长，叶片数一般为 24~26 片。

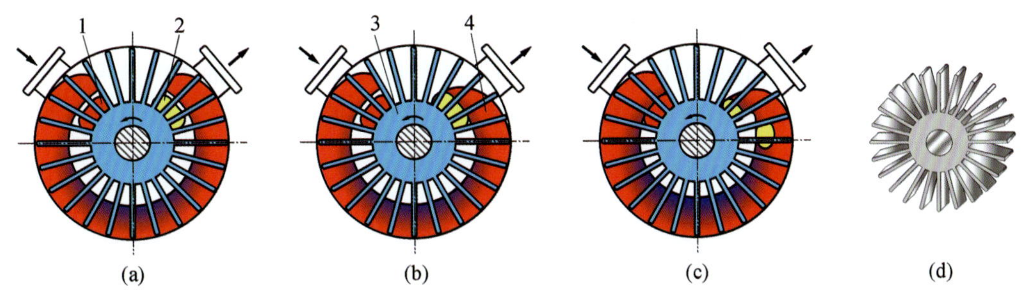

1—吸入口；2—排出口；3—叶轮；4—流道

图 5-4　开式旋涡泵

在图 5-4(a)所示的结构中,流道两端不直接通吸、排口,称为闭式流道。泵的吸、排口是开在侧盖靠叶片根部处。这样,在液流进入叶轮处叶片的圆周速度较小,汽蚀性能比闭式旋涡泵好。采用闭式流道的开式旋涡泵只要将吸、排口朝上安装,并在初次启动前向泵内灌满液体,就具有自吸和抽送气液混合物的能力。这是因为在流道的起始部分,液体在离心力的作用下从叶间甩入流道后,叶间就会形成真空,将气体从吸进口吸入叶间。随着叶轮回转,流体的压力就将变大,而且越靠近排出口压力越大。这样,由于气体的密度较小,就会被压缩在叶片的根部,体积不断缩小;另一方面,由于泵的排出口是开在流道的尽头并靠近叶片的根部,所以,当液体随叶轮一起转到流道尽头时,就会急剧地变为向心方向流入叶间,将气体从排出口挤出。

第 2 节　旋涡泵的性能和特点

一、旋涡泵的特性曲线

图 5-5 所示为旋涡泵的定速特性曲线。可见:

(1) $H-Q$ 曲线陡降,即泵产生的压头随流量的增加而明显地降低,泵工作压头的变化对流量影响不会像离心泵那么敏感。

(2)轴功率随流量的增大而减小。流量为零时,轴功率最大,故泵不能采用封闭启动和节流法来调节流量。需调节流量时,宜采用回流或变速调节。

(3)旋涡泵的 $\eta-Q$ 曲线较陡峭和具有凸峰,故泵的适宜工作范围很窄。

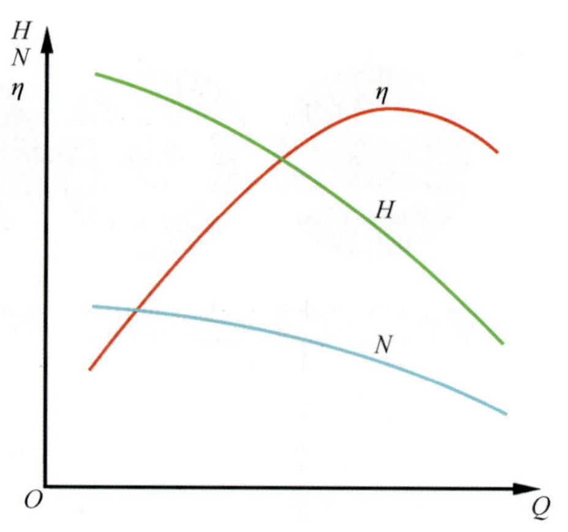

图 5-5　旋涡泵的特性曲线

二、旋涡泵的特点

(1)结构简单,制造和维修方便,成本低。

(2)可在较小的流量范围内获得较高的压头。

(3)泵的效率很低,一般不超过 45%。

(4)吸入性能较差,允许吸上真空高度一般不超过 4~5 m。

(5)结构上采取一定措施或泵内存有液体时,具有自吸能力,也能抽送气液混合物。

(6)不宜输送含有固体颗粒和黏度太大的液体,否则会使泵的磨损加快和使压头、效率急剧降低。

第 3 节 旋涡泵实例

图 5-6 所示为 CWZ 型离心-旋涡泵的结构。

动画演示 (1)

动画演示 (2)

动画演示 (3)

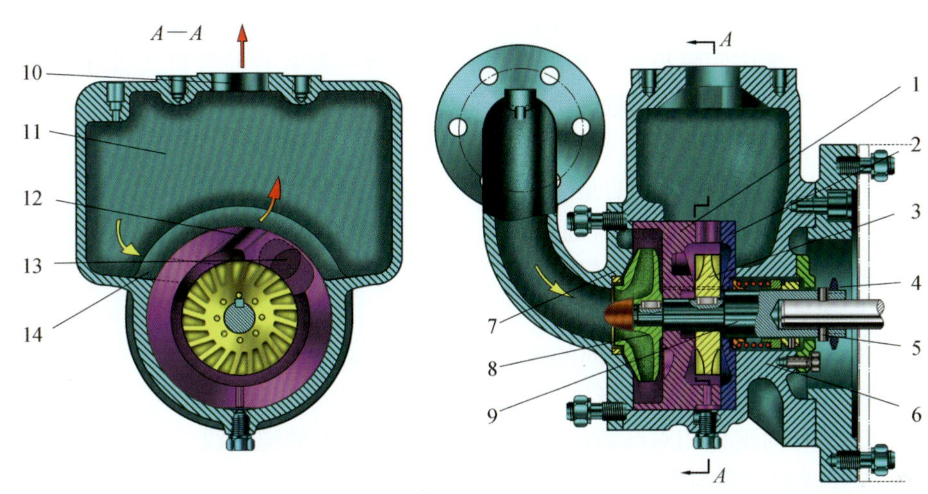

1—内隔扳;2—外隔板;3—旋涡泵叶轮;4—挡圈;5—横销;6—泵体;7—泵盖;8—离心泵叶轮;9—泵轴;10—旋涡泵出水口;11—气水分离室;12—出口;13—中间斜道;14—回水口

图 5-6 CWZ 离心-旋涡泵

离心泵叶轮 8 和闭式旋涡泵叶轮 3 装在同一泵轴 9 上,用内隔板 1 分隔。内隔板 1 与外隔板 2 和泵盖 7 分别构成旋涡泵流道和离心泵蜗壳。通过内隔板上中间斜通道,可以从蜗壳最大截面处把离心泵的排水引入旋涡泵。旋涡泵的排出口处设有气水分离室 11,以便实现自吸。为使泵结构紧凑,泵轴直接套装在电动机轴上,用横销 5 和挡圈 4 固定。

为保证泵内有存水,泵的吸排接管均朝上安装,但泵在初次启动前必须灌水。泵启动后,留在泵内的水与从吸入管中吸入的气体相混合,经旋涡泵叶轮排到泵体上部的气水分离室,由于流速突降,气水自动分离,密度大的水下落后经回水口 14 返回旋涡泵,空气则向上排出。如此循环,直至空气驱尽后,泵就投入正常工作。

为了确保离心—旋涡泵的正常工作,旋涡叶轮与内外隔板之间的轴向间隙,应保持在 0.15~0.25 mm 之间,最大不超过 0.35 mm。可以用改变内外隔板间的纸垫厚度来进行调整。离心泵与阻漏环间的间隙应保持在 0.25~0.35 mm 之间,最大不超过 0.50 mm,否则会影响泵的正常工作。

课 后 习 题

一、选择题

1 开式旋涡泵是指__________。

A. 泵与电机不在同一壳体内　　B. 流道两端直通吸口或排口

C. 叶轮无中间隔板或端盖板　　D. 流道有一端有直通吸口或排口

2 采用__________流道的旋涡泵不具有自吸能力。

A. 闭式　　B. 普通开式　　C. 向心开式　　D. 带辅助闭式

3 旋涡泵中效率最好的是__________。

A. 闭式流道　　B. 普通开式流道　　C. 向心开式流道　　D. 开式流道加辅助闭

4 关于旋涡泵下列说法错的是__________。

A. 闭式叶轮要配闭式流道

B. 与叶轮直径、转速相同的离心泵比,扬程高得多

C. 效率一般比离心泵低

D. 工作时液体相对叶轮的运动轨迹是一条后退的螺旋线

5 开式旋涡泵与闭式旋涡泵相比__________。

A. 必需汽蚀余量小　　B. 本身有自吸能力　　C. 效率高　　D. A+B

二、思考题

1. 简述旋涡泵的工作原理。

2. 旋涡泵适合用在哪些场合?

3. 旋涡泵的性能有何特征?

课后习题数字资源

第6章　喷　射　泵

喷射泵(亦称射流泵)不同于容积式泵和叶轮式泵,是靠高压工作流体经喷嘴后产生的高速射流来引射被吸流体,与之进行动量交换,以使被引射流体的能量增加,从而实现吸排。

通常工作流体和被引射流体皆为非弹性介质的称为喷射泵,工作流体只要有一种为非弹性介质的则称为喷射器。喷射泵(器)常用的工作流体有水、水蒸气、空气;被引射流体则可以是气体、液体或有流动性的固、液混合物。

按照工作流体与引射流体的不同,喷射泵(器)在船舶上的用途和名称也不一样。喷射泵在船舶上用途如下:

(1)用液体抽吸液体的喷射泵,如舱底水喷射泵;

(2)用液体抽吸气(汽)体的喷射泵,如水射真空泵;

(3)抽吸有流动性的固体与液体混合物的喷射泵;如用于挖泥的泥浆泵;

(4)用气(汽)体抽吸液体的喷射泵,如锅炉的注水器;

(5)用气(汽)体抽吸气(汽)体的喷射泵,如空气喷射器。

这里主要介绍以水为工作流体及引射流体的水射水泵,在此基础上再简单介绍其他船用喷射器。

第1节　水射水泵

一、水射水泵的结构

水射水泵的结构如图6-1所示。水射水泵主要由喷嘴、吸入室、混合室和扩压室组成。喷嘴由渐缩的圆锥形或流线型的管加上出口处一小段圆柱形管道所构成,一端与工作水入口管相连,另一端一般采用螺纹与泵体相连接,插于吸入室内;与吸入室连接的是由圆锥形管(喉管)与圆柱形管组成的混合室,混合室又称喉管,常做成圆柱形;与混合室相连的是截面渐扩的扩压管,类似锥管,它前端接混合室,而后端与排出管相连。

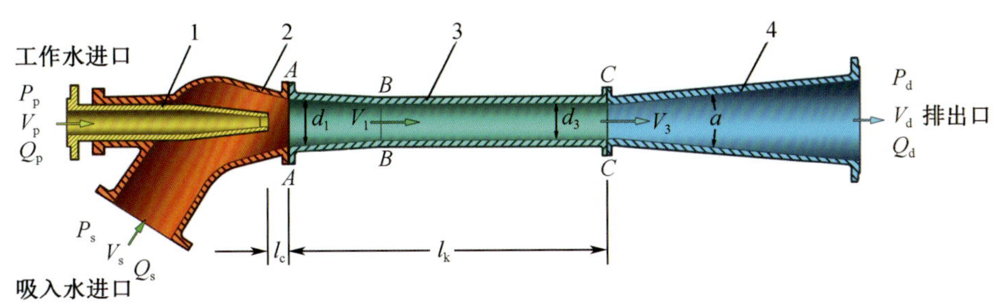

1—喷嘴;2—吸入室;3—混合室;4—扩压室

图6-1　水射水泵的结构

二、水射水泵的工作原理

水射水泵的工作原理可按以下三个工作过程来简要说明。

1. 工作液体经喷嘴形成高速射流

通常,由离心泵提供工作压力 P_p 为 0.3 MPa~1.5 MPa 的工作水流,经喷嘴射入吸入室,压力降到吸入压力 P_s,从而将压力能转换为动能,在喷嘴出口形成流速 v_1 可达 25~50 m/s 的射流。

2. 高速射流卷带被引射流体并与之在混合室进行动量交换

工作流体自喷嘴喷出后,由于射流质点的横向紊动和扩散作用,就会与周围的介质进行动量交换并将其带走,使吸入室形成低压,从而将被引射流体吸入。

3. 液流经扩压室将动能转变为压力能

扩压室可使液流在其中降低流速,增加压力,从而将动能转换为压力能。

三、水射水泵的性能与特点

1. 水射水泵的性能

(1)当其他条件不变时,泵的排出压力 P_d 降低,泵的引射流量增加,直至泵发生汽蚀时,引射流量就不再增加了。应当指出,喷射泵产生汽蚀时,一般不会使泵的工作完全破坏,只是阻碍引射流量的增加而已。

(2)当其他条件不变时,泵的吸入压力 P_s 降低,引射流量减少。当 P_s 降低至某值时,泵的引射流量就会因发生汽蚀而急剧减少。

(3)当其他条件不变时,工作水的压力 P_p 降低(或工作水流量减少),引射流量迅速减少。反之,P_p(或工作水流量)增加,则引射流量迅速增加,但当引射流量的增大导致泵发生汽蚀时,引射流量却不再随 P_p 的增加而增加,而泵的效率却随 P_p 的增加而降低。

(4)当工作流体或引射流体的温度增高时,泵发生汽蚀的可能性增大,泵的引射流量可能因此而急剧降低。

2. 水射水泵的特点

(1)效率低。这是因为喷射泵工作过程中水力损失很大。偏离最佳工况时,效率更低。

(2)结构简单,体积小,价格低廉。

(3)没有运动部件,工作可靠,噪声很小,使用寿命长,平时无须维护修理。

(4)启动迅速,可产生较高的真空度,自吸能力强。

(5)可输送含固体杂质的污浊液体,即使被水浸没也能正常工作。水射水泵主要用作应急舱底水泵,以及偶尔短时间工作的货舱排水泵和真空泵。

第 2 节　喷　射　器

除水射水泵外,船上常用的还有水射抽气器、蒸汽喷射器和空气喷射器等。

一、水射抽气器

水射抽气器可作为船用离心泵的引水装置,也可用作蒸汽冷凝器的抽气器。当用来从冷凝器中抽出蒸汽和空气混合物时,可使冷凝器中的绝对压力降到 0.02~0.06 个大气压。

水射抽气器是以压力通常为0.25~0.4 MPa的水为工作流体,用来抽除空气或空气与水蒸气的混合物。当用来产生真空时,亦称为水射真空泵。它与水射水泵的工作原理和结构基本类似。当水射抽气器的工作液体与被引射流体(空气或与水蒸气的混合物)的密度相差悬殊,为了能提高被引射流体的质量流量,有些水射抽气器设计成多喷嘴(喷嘴数可达12~18个)的形式,以便增加工作水与吸入室中流体的接触面积。

在水射抽气器抽吸空气时,工作水与所吸空气接触,将会蒸发出水蒸气,并因此而使实际的抽气量和所能达到的真空度降低。工作水温越高,泵的实际抽气量越少,所能达到的真空度也就越小;在水射抽气器抽吸蒸气和空气的混合物时,由于水流和蒸气之间的换热强度较大,可使绝大部分蒸气凝结成水,因而其抽气量也就明显增大。当水射抽气器抽吸纯蒸气时其流量比抽吸干空气时约大10倍。

二、蒸汽喷射器

在装有大型锅炉的船上,蒸汽的来源比较方便,故蒸汽喷射器被广泛作为船舶蒸汽动力装置冷凝器的抽气器。在船用装置中,当真空度在89.7 kPa(673 mmHg)以下时,通常都使用单级蒸汽喷射器,压力比(P_d/P_s)最大为8.57;而要达到更大的真空度时,则需要使用串联的二级喷射器。

蒸汽喷射器的工作压力通常为0.4~1.0 MPa。蒸汽喷射器应避免使用湿蒸汽工作,因为工作蒸汽含水会使喷射器的性能变得不稳定,故一般使用有10~20 ℃过热度的蒸汽作为工作蒸汽较为合适与经济。

蒸汽喷射器也可以用来抽水。在使用蒸汽喷射器时,工作蒸汽与被抽吸的水应具有足够的温差,这样从喷嘴流出的高速蒸汽就能在进入喉管前就全部凝结在所吸入的水中,从而使吸水的流量增大。显然,蒸汽喷射器用于既抽水又需使水加热的场合是更加适合与经济的。

三、空气喷射器

船上常用空气喷射器作为离心水泵的引水装置。

由于压缩空气的来源有限,空气喷射器的尺寸和流量都较小。空气喷射器用来输送液体是不可取的,因为这需要把经过喷嘴降压至吸入压力的空气再升压至排出压力,从而耗用一部分能量。所以,只有某些输送不允许被稀释的液体的小型装置才选用空气喷射器。

气体喷射器与液体喷射器不同的是喷嘴做成缩放形的拉伐尔喷嘴,结构如图6-2所示,以便能在较大的压降下使喷嘴出口的工作气流速度达到超音速。

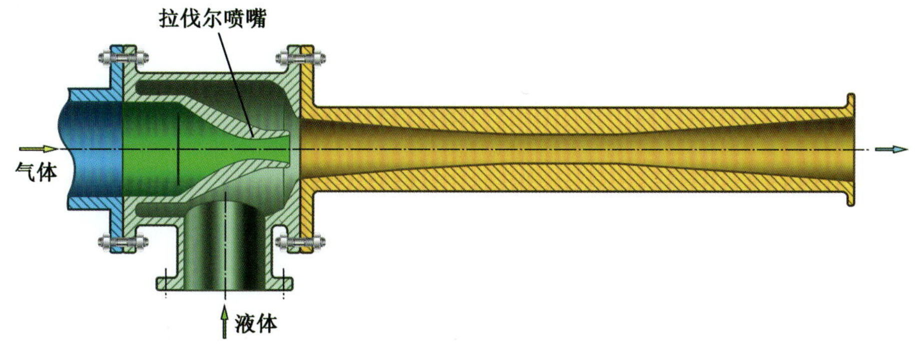

图6-2 拉伐尔喷嘴

课 后 习 题

一、选择题

1. 喷射泵的喉嘴距是指喷嘴出口至__________截面的距离。

A. 混合室进口　　B. 混合室出口

C. 混合室圆柱段开始处　　D. 引射的圆锥流束与混合室相交处

2. 喉嘴面积比较大的喷射泵工作中最大的水力损失是__________损失。

A. 喷嘴　　B. 混合

C. 混合室进口和摩擦　　D. 扩压

3. 水喷射泵效率低是因为__________。

A. 机械效率低　　B. 容积效率低

C. 水力效率低　　D. B+C

4. 水喷射泵常做应急舱底水泵不是因为__________。

A. 自吸能力强　　B. 被水浸没也能工作

C. 检修工作少　　D. 无运动件,效率高

二、思考题

1. 喷射泵有哪几种类型,有何特点?

2. 简述水射水泵的基本工作原理。

3. 简述水射水泵的性能和特点。

课后习题数字资源

第7章 船用活塞式空气压缩机

第1节 概 述

一、功用和分类

船用活塞式空气压缩机(以下简称空压机)是向船舶的压缩空气系统提供安全可靠的、数量足够的、干燥和纯净的压缩空气,并使储气瓶的空气压力达到规定的要求。图7-1所示为某船舶压缩空气系统原理图。可见,空压机产生的压缩空气在船舶上通常的用途有如下几个方面。

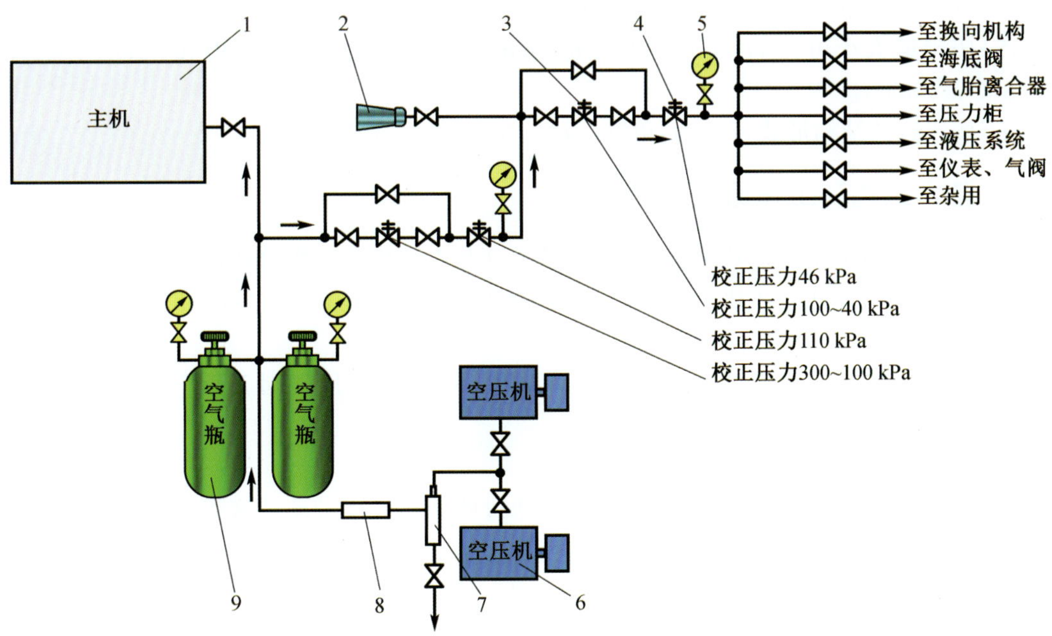

1—主机;2—汽笛;3—调压阀;4—安全阀;5—压力表;6—空压机;7—油水分离器;8—干燥过滤器;9—空气瓶

图7-1 某船舶压缩空气系统原理图

(1)启动主、辅柴油机;

(2)操纵主机的换向机构;

(3)操纵轴系气胎离合器;

(4)充填压力水柜及液压系统的压力油柜;

(5)吹洗机件、管路、海底阀和清洁锅炉烟道等;

(6)操纵气动自动控制、气动仪表、气动阀件等;

(7)其他杂用,如鸣气笛,作风动工具动力源等。

船用活塞式空压机的种类较多,一般按下列的方式分类,如图 7-2 所示。

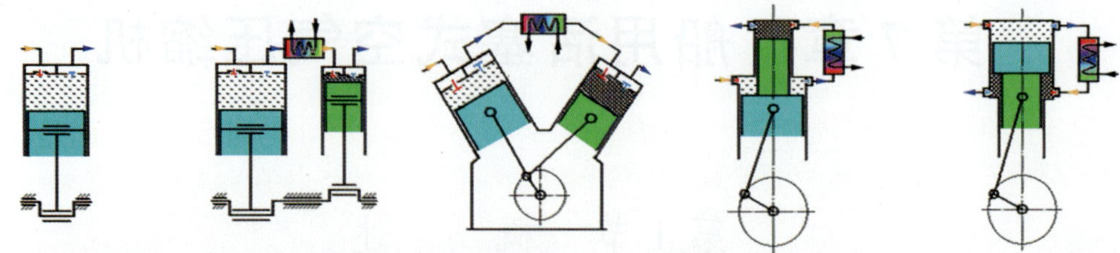

图 7-2　活塞式空压机分类示意图

(1)按排出压力的高低可分为:低压的排出压力为 0.2 MPa~1 MPa;中压的排出压力为 1 MPa~10 MPa;高压的排出压力为 10 MPa~100 MPa;超高压的排出压力大于 100 MPa。

(2)按压缩的级数可分为:单级、双级和多级。

(3)按原动力类型可分为:电动机、内燃机和蒸汽。

(4)按气缸中心线的形式可分为:立式、卧式、V 型、W 型。

(5)按排量大小可分为:小排量(10 m^3/min 以下)、中排量(10~30 m^3/min)、大排量(30~300 m^3/min)。

(6)按气缸的结构形式可分为:单缸、双缸、串缸等。

二、基本结构和工作原理

活塞式空压机的结构形式和类型较多,但是其基本结构和工作原理是相同的。

下面以单级活塞式空压机(图 7-3)为例,阐述空压机的基本结构和工作原理。

1. 空压机的基本结构

空压机一般是由活塞组件 3、曲柄连杆 4、曲轴 5、气缸 8、排气阀 2、吸气阀 10 和机体 6 等部件组成。

2. 空压机的工作原理

原动机带动空压机的曲轴 5 做回转运动,通过曲柄连杆 4 带动活塞组件 3 做往复运动。活塞组件 3 往复运动一次,空压机依次完成吸入—压缩—排出—膨胀四个工作过程,即完成一个完整的工作循环。只要空压机连续运转,四个工作过程会不断地重复,即持续地产生压缩空气。

活塞式空压机的工作循环可用 $P-V$ 图表示,如图 7-4 所示。对于每个过程的情况,现分述如下。

(1)吸气过程。当活塞由上止点向下止点方向运动时,气缸、活塞、气缸盖所包围的封闭容积增大,因其中的压力降低,吸气阀在内外两侧压力差的作用下,克服吸气阀弹簧张力被吸开,吸气过程从“1 点”处开始;活塞继续下行,封闭容积继续增大,空气不断地经被打开的吸气阀从外面吸入;当活塞到达下止点时,封闭容积停止增大,内外压力差减低,吸气阀因不足以克服弹簧的张力而重新关闭,吸气过程在“2 点”处结束,即曲线 1—2 为吸气过程。

(2)压缩过程。当吸气过程结束,往复的活塞开始由下止点往上止点方向运动,压缩过程从“2 点”处开始;活塞继续上行,封闭容积内的空气被压缩,容积开始减小,而压力和温度升高,当压力升高到大于排气阀外侧压力值时,排气阀在内外两侧压力差的作用下即将被打开时,压缩过程在“3 点”处结束,即曲线 2—3 为压缩过程。

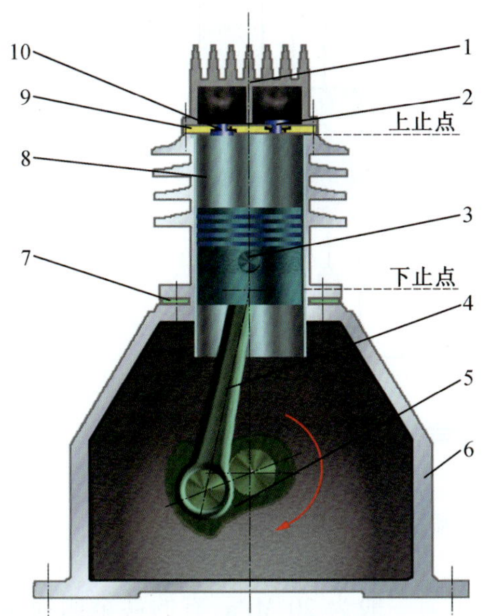

动画演示

1—缸盖;2—排气阀;3—活塞组件;
4—曲柄连杆;5—曲轴;6—机体;
7—垫片;8—气缸;9—垫片;10—吸气阀

图 7-3　单级活塞式空压机简图

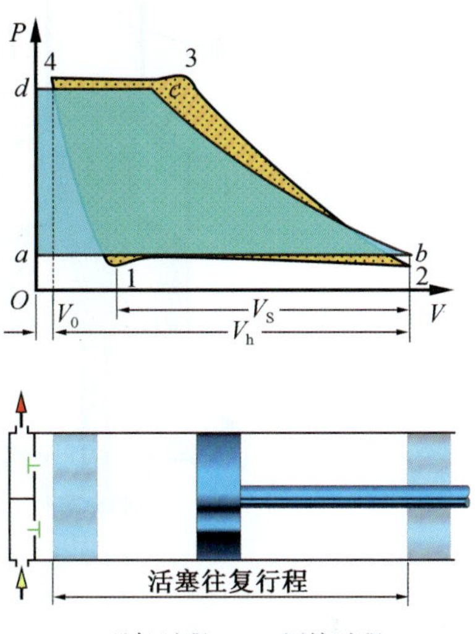

1—2 吸气过程;2—3 压缩过程;
3—4 排气过程;4—1 膨胀过程
a—*b* 理想吸气过程;*b*—*c* 理想压缩过程;
c—*d* 理想排气过程

图 7-4　活塞式空压机的实际和理想工作循环

(3)排气过程。当压缩过程结束,活塞仍继续上行时,排气阀在内外两侧压力差的作用下压开,排气过程从“3 点”处开始;活塞持续上行,压缩的空气被排出,当活塞到达上止点时,封闭容积不再减小,压力差减低,排气阀在弹簧力作用下关闭,排气过程在“4 点”处结束,即曲线 3—4 为排气过程。

(4)膨胀过程。因为排气过程结束时,总有少量较高压力的压缩空气滞留在余隙容积内,所以当活塞由上止点向下止点运动时,余隙容积内的压缩空气先是膨胀降压,即膨胀过程从“4 点”处开始;待活塞继续下行,滞留的空气压力降至低于吸气阀外侧压力一定值时,吸气阀才在压差作用下克服弹簧张力即将被打开时,膨胀过程在“1 点”处结束,即曲线 4—1 为膨胀过程。

通过以上分析,空压机的一次工作循环由吸气过程、压缩过程、排气过程和膨胀过程四个工作过程组成,即活塞式空压机的实际工作循环。假如不考虑空压机实际工作中存在的余隙容积、漏泄、传热和气流阻力等因素的影响,则空压机的工作过程就成了理想的工作过程,对应的工作循环称为理想工作循环,如图 7-4 所示,其中的曲线 *a*—*b* 为理想吸气过程,*b*—*c* 为理想压缩过程,*c*—*d* 为理想排气过程。

3. 多级压缩、中间冷却和压后冷却

为了使压缩空气既要达到所需要的压力,又要使其温度低于滑油“闪点”温度以下 10~20 ℃,并提高输送到储气瓶的空气质量,通常船舶上实际选配的空压机为多级活塞式空压机,都带有中间冷却器和压后冷却器,如图 7-5 所示。

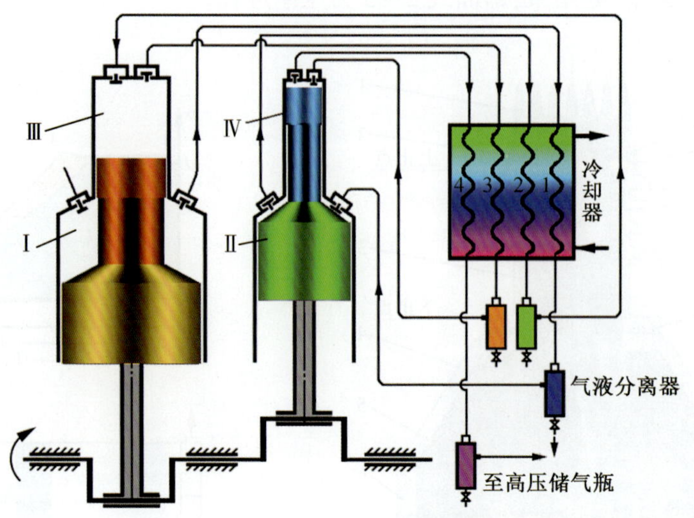

图 7-5　多级压缩、中间冷却和压后冷却示意图

(1)多级压缩。船舶上所需要的压缩空气压力一般为 20 MPa,有的甚至达到 40 MPa。为此,通过若干个串联的气缸实行空气的分级压缩,逐级提高空气压力,最终达到需要的压力值,即通过多级压缩的方式来实现。

为了满足空压机工作的可靠性要求,各级的增压比通常不超过 6～7。一般情况下,排出压力低于 0.8 MPa 时,采用单级压缩;排出压力在 0.8 MPa～6 MPa 时,采用两级压缩;排出压力在 6 MPa～15 MPa 时,采用三级压缩;排出压力在 15 MPa～40 MPa 时,采用四级压缩。

(2)中间冷却。为了降低第一级后各级的吸气温度,达到减小各级压缩终了时的温度,且使压缩耗功得到降低,通常在各级之间设有冷却器,对级间的压缩空气进行冷却,并称之为中间冷却。

(3)压后冷却。压缩空气由最后一级气缸排出后,经过空气冷却器(亦称为压后冷却器)的冷却称为压后冷却。压后冷却的目的是既降低输送到储气瓶的空气温度,又稳定其压力并增加储气瓶的储气量。

总之,通过多级压缩可以降低增压比,产生较高压力的压缩空气,采用中间冷却可以降低后级的吸气温度,通过压后冷却可以提高储气质量。同时,使得空压机各级压缩终了时的空气温度比润滑油的“闪点”温度低 10～20 ℃,确保空压机安全可靠地工作。

4. 油水分离和干燥过滤

从空压机气缸中排出的压缩空气一般均含有油和水,经冷却后会凝结成油滴和水滴,如果随压缩空气逐级进入下一级气缸,一旦黏附在气阀上,则可使气阀工作失常,且寿命缩短;水滴黏附于缸壁上,会使润滑条件产生恶化;如在空气管路中油滴形成大量的积聚,则有可能引起油气爆炸。因此,在各级冷却器之后一般都设置油水分离器,用来分离压缩空气中的油和水。

冷却后的压缩空气进入储气瓶之前须要经过一个干燥过滤器,通过干燥与过滤,提高高压空气的干燥度和清洁度后再输送到储气瓶,这样能确保压缩空气的品质。

5. 安全阀

为了防止空压机的排气压力超过容许值,避免可能发生机损事故,一般空压机各级均设置安全阀,并对安全阀调整的压力进行严格的规定。规定的安全阀调整的开启压力,高压级调整的开启压力比工作压力高10%,低压级调整的开启压力比工作压力高15%。

出厂时,空压机安全阀的开启压力已调整好,并已铅封,使用前须校验一下,不容许随便启封调整。修理后的安全阀,必须按规定的要求进行泵压试验,以确保安全。

三、技术性能指标

空压机的技术性能指标一般指的是排气压力、排气量、排气温度、增压比和功率等。

1. 排气压力

空压机铭牌上标注的排气压力指的是额定排气压力。通常空压机排气压力的大小是由压缩空气系统(如空气瓶)的空气压力(即背压)决定的,排气压力值指的是最终排出空压机的空气压力,一般由压缩机排气接管处的压力表读出。因此,空压机在运行中,实际的排气压力是变化的。

2. 排气量

空压机铭牌上标注的排气量是指在额定转速下,单位时间内,末级排出的空气容积换算成第一级进口状态的空气容积值。

3. 排气温度

排气温度指的是各级排气接管处或排气阀室内测得的空气温度,其值往往低于缸内压缩终了空气的温度。排气温度过高会使润滑油黏度降低,润滑性能恶化。实验表明,采用一般压缩机油,温度在180~210 ℃时,积炭最严重,润滑状态恶化。因此,排气温度一般不应超过180 ℃,需要采取冷却措施控制空气的温度。

4. 增压比

空压机空气压缩的程度是反映其性能的一项重要指标,增压比是表征其大小的参数,即用空气通过空压机后所提高压力的比值,即排气压力和吸气压力之比来表示。

5. 功率

一般空压机铭牌上标注的或说明书给出的功率为轴功率,即在额定排量和额定增压比下所消耗的功率(也叫额定轴功率)。空压机的耗功,一部分用于压缩空气,另一部分用于克服机械摩擦,前者称为指示功,后者称为摩擦功,两者之和称为轴功。与耗功相应,空压机的功率有指示功率、摩擦损失功率和轴功率之分。

第2节　空压机的排量及其影响因素

一、排量

1. 理论排量

根据空压机理想工作循环的假设可以得出,在多级空压机中,各个气缸的吸气量应该是相等的,并且活塞每往复一次,各个气缸吸排的空气量与气缸工作容积相等,所以,空压机的输气量可以由第一级的吸气量衡量确定。因此,定义空压机的理论排量 Q_t(吸气状态下)为活塞每往复一次能够吸入并排出一个冲程容积的空气,即

$$Q_t=\frac{1}{4}\pi D^2 \cdot S \cdot n \tag{7-1}$$

式中　D——活塞直径；

S——活塞冲程；

n——曲轴转速。

2. 实际排量

实际上，空压机的实际排量总是小于其理论排量。通常将空压机的实际排量（吸入状态下）定义为

$$Q=\lambda \cdot Q_t \tag{7-2}$$

式中　λ——排量系数；

Q_t——理论排量。

一般情况下，活塞式空压机的排量系数 $\lambda=0.75\sim0.8$，它与空压机存在的余隙容积、空气受热、间隙泄漏、气流阻力等因素的影响有关。

二、影响排量的主要因素

从理论排量、实际排量以及排量系数的分析中得出，空压机的实际排量与气缸尺寸、转速、余隙容积、气缸泄漏、阀门阻力及对气体加热等因素有关，以下对影响排量系数 λ 的主要因素进行分析。

1. 余隙容积

空压机的气缸余隙容积主要由以下三个部分组成：活塞在上止点时，活塞顶与缸盖底之间的空间容积，此值取决于上止点时活塞与缸盖之间的间隙值；各吸、排气阀阀片至气缸容积之间的通道容积，此值取决于吸、排气阀的数量、尺寸、形状及在空压机内的安装位置；气缸衬套与活塞外圆（从活塞顶到第一道活塞环）间的环形间隙容积，此值取决于环形间隙值及第一道活塞环上部的活塞高度。

由于余隙容积 V_c 的存在，实际吸气容积总是小于活塞冲程容积。例如，增压比 ε 增大时，膨胀过程由 3— 4 延长为 3′— 4′，实际吸气容积减小为 V'_a，如图 7-6 所示；气缸余隙容积 V_c 增大时，膨胀过程也由 3— 4 延长为 3′— 4′，实际吸气容积减小为 V'_a，如图 7-7 所示。

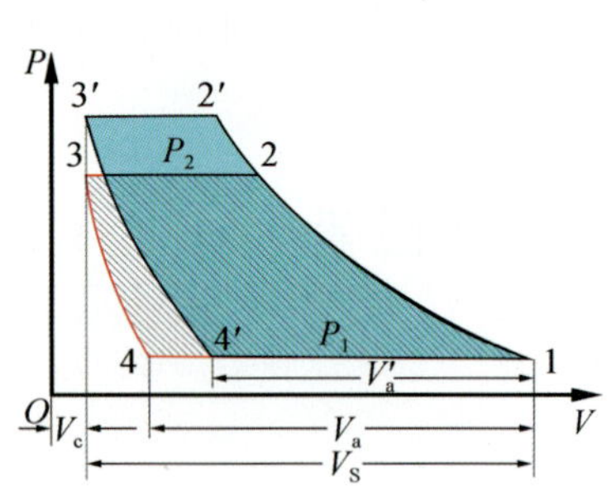

图 7-6　增压比对排量的影响

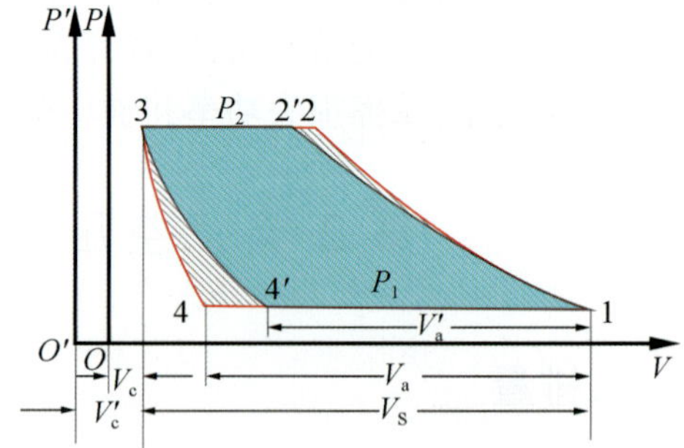

图 7-7　余隙容积对排量的影响

2. 管道、阀门阻力

空压机从大气吸入空气时，经过空气过滤器、吸入管道及吸气阀时均有气流阻力，使得吸入气缸内的实际空气量因阻力而减小，排量也相应地减少。

3. 吸入气体被加热

吸气过程中因气体流经的通道温度较高,气体被加热而造成吸气量下降。如进入气缸的新鲜空气因吸热而膨胀,比容增大,吸气质量下降,相应的排量也减少。

4. 气阀、气缸泄漏

空压机的泄漏是难以避免的,尤其是在活塞环与气缸、活塞环与活塞、气阀与阀座等处存在密封不严时而发生内部的泄漏。由于多级空压机的吸气量主要是由第一级决定的,所以第一级发生泄漏对排量的影响是最严重的。其中常见的是气阀的泄漏,其影响分析如下。

(1)吸气阀泄漏。除了第一级气缸吸气阀泄漏的直接影响外,其他级的气缸吸气阀泄漏时,则该级气缸在压缩排气时有部分压缩空气漏回前面级的排出管,使管内压力升高,前面级的气缸增压比将出现非正常增大,膨胀过程非正常延长,最终使吸气量减少,排量降低。

(2)排气阀泄漏。如果第一级排气阀存在泄漏,则进入吸气过程时,部分压缩空气从排出管漏回气缸,导致膨胀过程延长,吸气过程缩短,从而使从大气吸入的空气量减少。因此第一级排气阀泄漏的影响与吸气阀泄漏的影响一样是最直接的。至于其他级的排气阀泄漏,首先也是使前面级的排出压力升高,进而因增压比的非正常增大再通过前级的膨胀过程影响到吸气量减少,情况和吸气阀泄漏时相同。在多级空压机中,它对排量的影响同样是级数越靠后影响程度越小。

综上所述,空压机的排量大小受气缸尺寸 D、转速 n、余隙容积 V_c、气缸泄漏、阀门阻力及空气被加热等因素的影响。其中,泄漏及余隙容积等因素对排量系数 λ 的影响较大。尺寸、转速决定了理论排量的大小,实际排量的大小要考虑排量系数 λ。

第3节　空压机的气阀及其故障分析

一、气阀

1. 气阀的结构和分类

吸、排气阀的基本结构大体相同,都是由阀座、阀片、弹簧、升程限制器等零件组成。常用的气阀按阀片的形状可分为环状阀、网状阀、碟状阀和条状阀,如图 7-8~图 7-11 所示。空压机使用最普遍的阀是环状阀。

2. 气阀的启闭原理

从空压机工作过程的分析中可以看出,吸气阀和排气阀是一种随气缸内压力的变化而自动启闭的自动阀。即当气阀两侧顺气流有一定压差时,气阀克服弹簧的弹力而开启;无顺气流压差时,弹簧弹力使气阀自动关闭。所以,气阀的开启和关闭主要取决于气阀阀片内外两侧的压力差值的变化。

3. 对气阀的要求

吸、排气阀是空压机的重要部件。因为气阀的工作条件比较差,它启闭次数频繁,受力复杂,温度又高,所以气阀是易损零件,比较容易发生故障,直接影响到空压机工作的可靠性。因此,为了防止气阀发生故障,对吸排气阀的基本要求是密封性好、阻力小、耐用、启闭及时等。

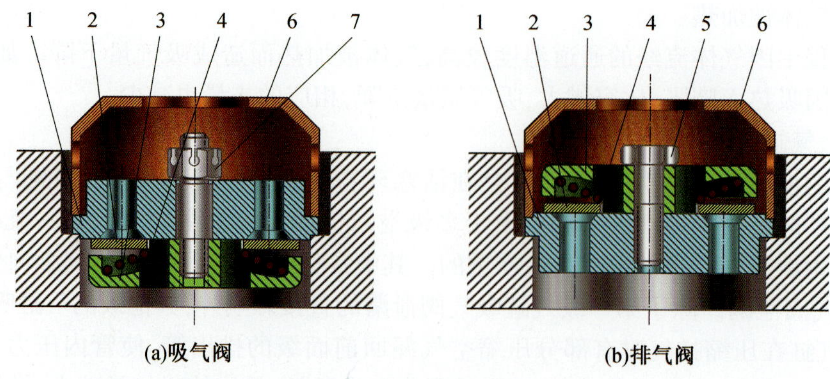

(a)吸气阀　　(b)排气阀

1—阀座;2—环状阀片;3—升程限制器;4—弹簧;5—压紧螺钉;6—阀罩;7—螺母

图 7-8　环状阀

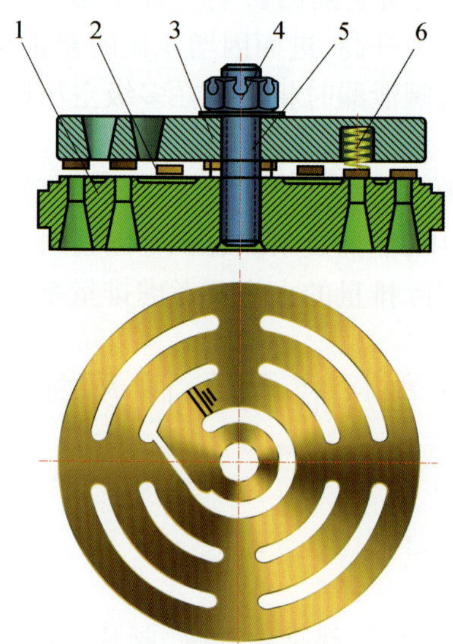

1—阀座;2—网状阀片;3—升程限制器;4—螺母;5—压紧螺钉;6—弹簧

图 7-9　网状阀

二、气阀故障分析

空压机气阀的常见故障是密封不严,启闭不及时和阀片损坏等。一般的后果是使空压机的排量下降,严重的将使空压机不能正常工作。产生故障的原因简要分析如下。

1. 密封不严

气阀是比较精细的零件,其启闭频繁、工作温度高、又与油水气相接触,因此,气阀的装配不好、积炭、锈蚀、磨损、脏污等都是造成密封不严的原因。

(1)装配缺陷。为了达到密封防漏的目的,阀片和阀座都要经过精细加工并进行过仔细地研磨;配套安装后,阀片要能灵活运动,弹簧要均匀地压在阀片上,阀线要求完全地密合。

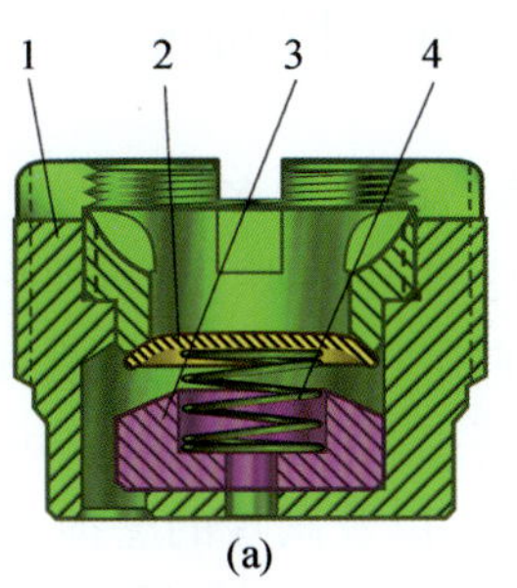

(a)

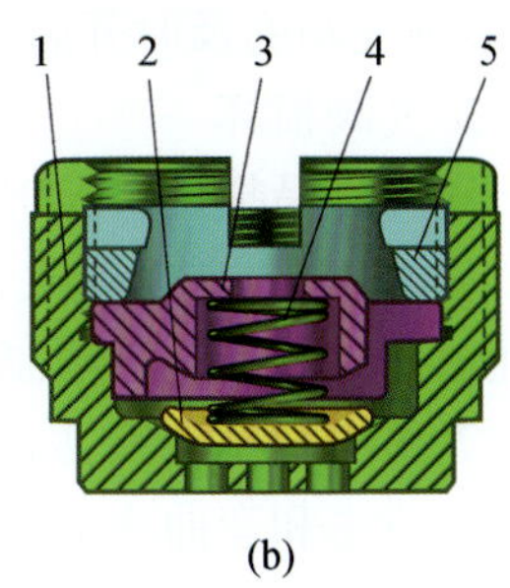

(b)

1—阀座;2—碟状阀片;3—升程限制器;4—弹簧;5—压紧螺母

图 7-10 碟状阀

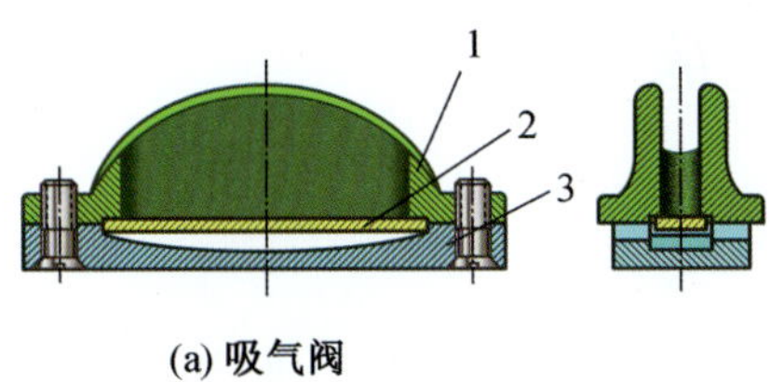

(a) 吸气阀

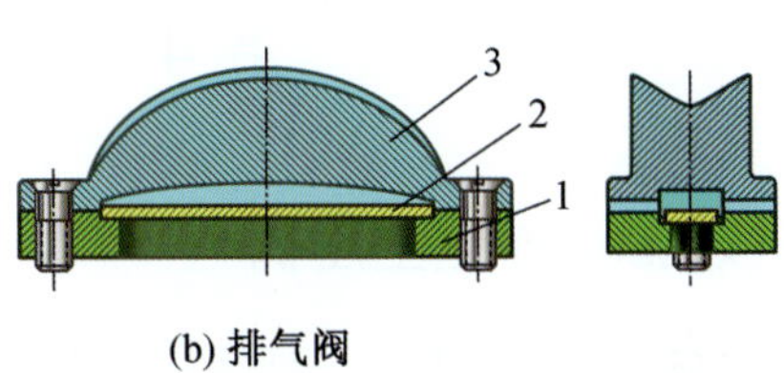

(b) 排气阀

1—阀座;2—阀片;3—升程限制器

图 7-11 条状阀

(2)积炭和锈蚀。润滑活塞的润滑油一部分会跑到气缸中,因为压缩过程产生的高温,使其中的轻馏成分挥发,而重质成分将沉积下来,部分会氧化分解与结焦,所以在气阀处会有累积并形成积炭。气阀处积炭轻的会造成漏气,严重的会使阀片不能顺利启闭,因此,要及时和定时对气阀处进行检查与清理。另外,空气中的水分对阀片也有腐蚀作用,阀片表面可能出现麻点和孔洞,因而影响密封引起泄漏。

2. 启闭不及时

影响气阀不及时启闭的因素有很多,如弹簧的张力大小和性能、阀片的开启高度、阀片的厚度、弹簧的质量和空气中的油水含量等。

(1)弹簧张力。弹簧的张力克服气缸内外压力差将阀片压向阀座。弹簧太硬,阀开启迟滞,阻力损失和阀片对阀座的冲击均大;弹簧太软,阀关闭不及时,空气回流,排气量降低,因此,气阀弹簧软硬应合适。严重的情况是,当排气阀阀片弹簧太软,由于阀片延迟落座,活塞已回程,此时气流作用力变成与弹簧力的作用方向一致,促使阀片以更大加速度落座,从而引起更大的冲击。应当指出,太软的弹簧对排气阀工作的影响尤甚。所以,一般排气阀的弹簧硬度比吸气阀的要大一些。

(2)阀片升程。阀片的开启高度太小,会使气阀流通能力变差,气流阻力增大;阀片的开启高度太大,容易造成气阀延迟关闭的现象。因此,阀片的开启高度太大或太小都不好,应按规定的要求调整升程限制器,保持阀片的开启高度为规定值。

(3)弹簧质量。如果阀片太厚和弹簧质量较大,在惯性力的影响下,必然会使气阀打开不及时,关闭时冲击也大。因此,阀片和气阀弹簧一般用优质合金钢制成,使得阀片薄一些,弹簧轻一些,并保证阀片和弹簧有一定的强度。

(4)油水含量。空气中的油和水会在气阀零件表面形成油膜,对阀片的运动起阻滞作用,影响气阀的及时开启或关闭。因此,空气中的油和水需要分离和吹除。

3. 气阀损坏

气阀是易损件,尤其是阀片和弹簧的损坏最多。

(1)阀片。阀片是气流通道的开关,工作中除受气流推力、弹簧力和惯性力的作用而周期性地与阀座和升程限制器冲击外,在阀关闭期间还承受压向阀座的空气压力,以及高温、高压等恶劣工作环境,因而易于疲劳、磨损、变形和损坏。可见,阀片损坏的主要原因是小能量多次撞击和弯曲变形引起的疲劳破坏,以及阀片的磨损与油水腐蚀等。

(2)弹簧。弹簧的主要作用是使气阀关闭及时,缓和阀片与升程限位器的冲击。在气阀全闭阶段,气阀弹簧承受一定的安装预压缩力;在气阀全开阶段,气阀弹簧承受的压缩力最大,这种脉动循环载荷会使弹簧疲劳破坏。另外,磨损和油水腐蚀也是弹簧损坏的原因。

第 4 节　空压机的实例

一、CZ60/30 型空压机

CZ60/30 型空压机是一种常用的船用空压机。它的特点是单列、二级、级差式、水冷,采用单环和双环的环片阀以及飞溅润滑方式。

CZ60/30 型空压机主要性能参数为:

①排出压力:一级额定排气压力为 0.64 MPa,二级额定排气压力为 3.0 MPa;

②额定转速:750 r/min;

③排量:60 m^3/h。

1. CZ60/30 型空压机的基本结构

图 7-12 所示为 CZ60/30 型空压机的结构图。

(1)基本构成

曲轴箱与气缸 8 为组合式。曲轴 17 的输入端装有兼作联轴器的飞轮 24,电动机通过弹性联轴器带动曲轴 17 旋转,再经连杆、活塞销带动活塞 6 在气缸 8 内上下往复运动。活塞 6 采用上大下小用铝合金铸造的级差式活塞。活塞顶部以上为气缸的一级的工作空间,不同直径段的过渡锥面以下环形空间为二级的工作空间。活塞的上段有六道活塞环,下段有六道活塞环和一道刮油环。活塞销与连杆小端为动配合,活塞销与销座在冷态时为过盈配合。

(2)气阀

一级和二级气缸各有一个吸气阀和排气阀。低压级的一级吸、排气阀装在气缸盖上,高压级的二级吸、排气阀横向对称地装在气缸体中部的阀室内。高压级的气阀结构如图 7-13 所示。

(3)安全阀

在二级的吸、排气阀室上分别装有一级安全阀 9 和二级安全阀 20,它们的开启压力分别为 0.7 MPa 和 3.3 MPa。

安全阀的结构如图 7-14 所示。当空压机的排气压力超过额定工作压力时,阀盘 2 升起,高压空气经阀体 9 上的排气口排至大气,使排气压力降低。当排气压力降至低于额定工作压力时,在弹簧 8 的作用下,阀盘 2 落下,关闭气道,空压机就恢复正常供气。调整螺钉 4 下旋,阀的开启压力升高;反之,开启压力降低。阀启闭压差值可以通过旋转调整环 10 进行调整，向上，间隙增加，阀启闭压差增大；反之，压差减小。

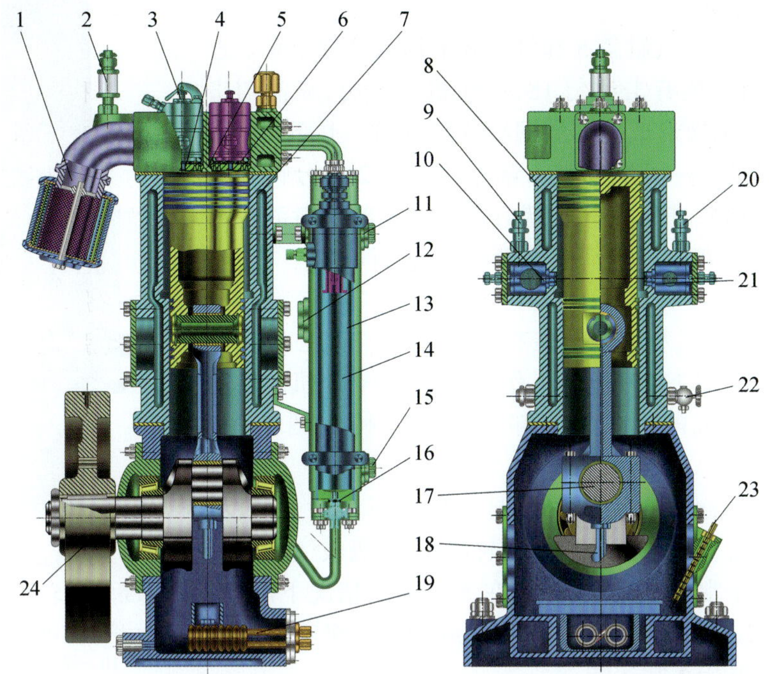

1—空气滤清器；2—滴油杯；3—卸载阀；4—一级吸气阀；5—气缸盖；6—一级排气阀；7—活塞；8—气缸；9—一级安全阀；10—二级吸气阀；11，15—防蚀锌棒螺塞；12—安全膜；13—冷却器；14—液气分离器；16—泄放阀；17—曲轴；18—击油勺；19—滑油冷却器；20—二级安全阀；21—二级排气阀；22—泄水旋塞；23—油尺；24—飞轮（兼联轴器）

图 7-12　CZ60/30 型空压机

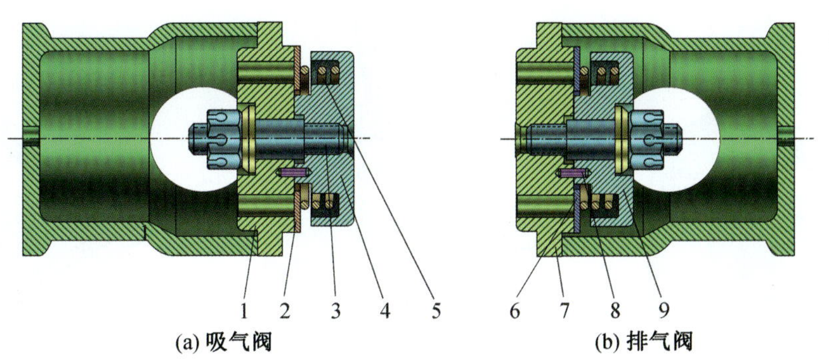

1—吸气阀阀座；2—吸气阀阀片；3—固定螺栓；4—吸气阀盖；5—阀弹簧；6—排气阀阀片；7—排气阀阀盖；8—定位销；9—排气阀阀座

图 7-13　高压级的气阀结构

2. CZ60/30 型空压机的系统组成

(1)冷却与润滑

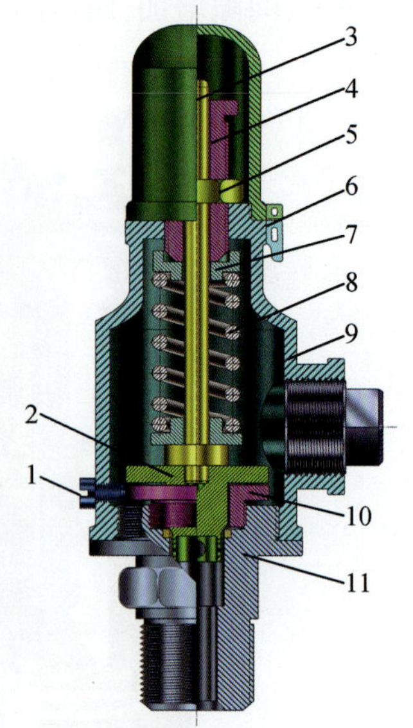

1—止动螺钉;2—阀盘;3—顶杆;4—调整螺钉;5—锁紧螺钉;6—铅封;7—弹簧座;8—弹簧;9—阀体;10—调整环;11—阀座

图 7-14　安全阀

如图 7-12 所示,气缸盖 5 和气缸 8 上均有冷却水套。连杆大头的轴承盖上装有击油勺 18,空压机工作时,靠油勺击溅曲轴箱的润滑油所形成的油雾润滑各摩擦面。上部大直径段的气缸壁,借助于一级空气吸入管上的油杯 2 每分钟滴入 1~2 滴油进行润滑,曲轴箱的底部有螺旋管式的润滑油冷却器 19,管内通以冷却水以冷却曲轴箱内的润滑油。

(2)卸载阀

如图 7-12 所示,气缸盖上装有卸载阀 3,与离心式自动启动释载配气阀(图 7-29)配合工作,用来减轻空压机的启动负荷和调节空压机的排气量。卸载阀的结构如图 7-15 所示。

人工操作:提起偏心手柄 2,顶杆 3 便向下移动,通过活塞 5、弹簧 6、导筒 7 和导顶爪 9 等,强行顶开一级吸气阀的阀片,使吸气阀处于常开,空压机即可在无载荷的情况下启动;放下偏心手柄 2,在弹簧力的作用下,卸载阀和一级吸气阀均复原,空压机即开始正常运转。

自动操作:如果通过控制机构将二级排出的高压空气从接头 1 引到活塞 5 的上部空间,通过活塞 5 和导顶爪 9 等同样可以把一级吸气阀强行顶开,使空压机卸载空转,停止排气;当储气瓶压力下降到一定值时,由于活塞 5 上部空间的压缩空气通过控制机构排至大气,在弹簧力的作用下,一级吸气阀复原,空压机又恢复供气。这样,通过控制机构和卸载阀,就能自动调节空压机的排气量。

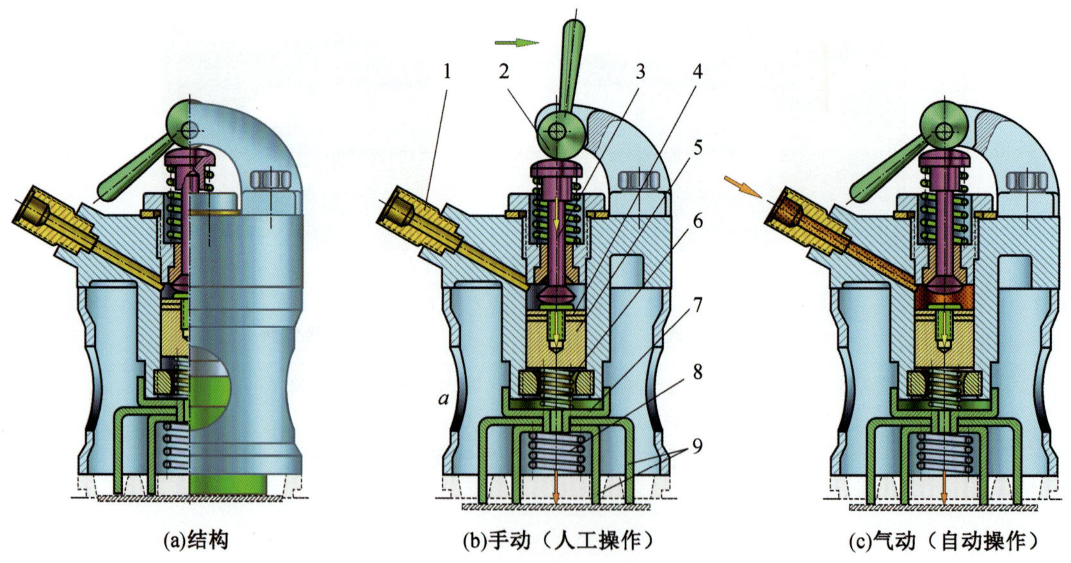

1—接头;2—偏心手柄;3—顶杆;4—密封垫;5—活塞;6—弹簧;7—导筒;8—弹簧;9—导顶爪

图 7-15　卸载阀

(3)冷却器

如图 7-12 所示,空压机的侧旁靠近自由端设有壳管式中间和压后冷却器 13,置于同一壳体中。压缩空气从上部进入,从管内流过,然后从下部排出,冷却水从下侧进入,从管外流过,然后从上侧排出。

(4)油水分离器

油水分离器结构如图 7-16 所示。当被冷却后的压缩空气从进口接头 1 进入壳体 6 内时,由于容积突然增大,流速也就突然降低,为空气与油滴和水滴的分离提供了充裕的时间;随后气流由于流向的改变和多次转折而撞击芯子 7 的壁面,油滴和水滴即黏附于壁面上,并在重力作用下积聚于壳体 6 的底部空间;分离后的压缩空气则经球阀 4(止回阀,用以防止压缩空气倒流)、限制器 3 和出口接头 2 充入下一级气缸或储气瓶。为了保证油水分离器分离油和水的效果,应定期开启泄放阀 8 排污。

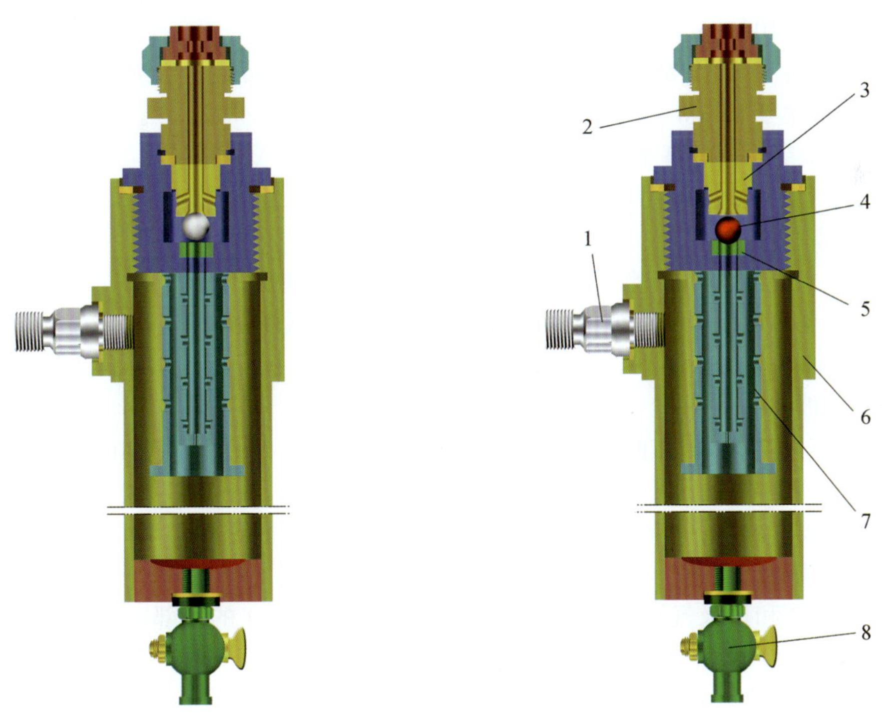

1—进口接头;2—出口接头;3—限制器;4—球阀;5—阀座;6—壳体;7—芯子;8—泄放阀

图 7-16　油水分离器

(5)余隙容积

余隙容积的大小可以调整,只要改变气缸体与曲轴箱之间的垫片厚度,如加厚垫片,二级气缸的余隙容积减小,一级气缸的余隙容积增大;反之,二级气缸的余隙容积增大,一级气缸的余隙容积减小。而加减气缸体与气缸盖之间的垫片,可以调节一级气缸的余隙容积。

由于该空压机的活塞采用差动级差式结构,二级的压缩空气除了从活塞下端的活塞环漏入曲轴箱外,还会从活塞上端的活塞环漏至一级的工作空间。所以,若活塞上端的活塞环因磨损或装配不当引起较大泄漏,一级气缸的吸气量就会大幅度下降。

二、66-10 型空压机

66-10 型空压机是一种典型的船用电动机驱动的四级压缩的高压空压机。活塞是串叠级差式，四个气缸分成Ⅰ-Ⅱ-Ⅲ和Ⅰ-Ⅱ-Ⅳ两列气缸与活塞组件，呈 V 形布置，Ⅰ级中间冷却器是单独的，Ⅱ级、Ⅲ级和Ⅳ级中间冷却器（也称为压后冷却器）合在一起，Ⅰ级和Ⅳ级冷却器后还设有油水分离器和吹洗阀，Ⅳ级油水分离器后则设有高压空气干燥装置和过滤器。

66-10 型空压机主要技术参数如下：

①排出压力：40 MPa。

②额定转速：1 330 r/min（直流电动机）；1 450 r/min（交流电动机）。

③排量：在吸气压力为标准大气压时，进气温度为 20 ℃，排气温度为 30 ℃，转速为 1 330 r/min，40 MPa 排出状态下的排量不小于 10 L/min；20 MPa 排出状态下的排量不小于 18 L/min。

④活塞行程：100 mm。

⑤气缸直径：Ⅰ级为 155 mm；Ⅱ级为 136 mm；Ⅲ级为 50 mm；Ⅳ级为 25 mm。

⑥功率：不大于 85 kW。

1. 66-10 型空压机的基本结构

图 7-17 所示为 66-10 型空压机的结构图。

(1)固定部件

固定部件主要由曲轴箱、气缸、气缸套、气缸盖等部件组成。

曲轴箱 1 是由钢板焊接而成的，两端有用螺栓固定的盖板 34（其上固定着润滑油泵和冷却水泵 33）和轴承座 35，底部外缘与机座连接，底部内缘用螺栓固定着承油盘 30，两侧壁上有检查孔及盖板 29。

Ⅰ-Ⅱ级气缸 25 和 4 在曲轴箱顶部的两个斜面上。各自的上部有 10 个Ⅰ级吸气阀阀孔，内装吸气阀 23，每个吸气阀外有一个网状过滤器；下部压入一个Ⅱ级气缸套 27，缸套外部套有两根橡胶密封环；中部开有 8 个Ⅱ级气阀孔，内装 4 个吸气阀，4 个排气阀，每个气阀外的安装孔由螺塞封住。

Ⅲ级气缸 22 和Ⅳ级气缸 5 分别位于Ⅱ-Ⅱ级气缸 25 和 4 的顶部。它们的内部分别压入各自的气缸套 20 和 6，气缸套外各有 3 根橡胶密封环。

Ⅰ级气缸盖由Ⅲ级、Ⅳ级气缸的底部兼作，每个Ⅱ级缸盖上有 9 个Ⅱ级排气阀孔，内装排气阀 14，气阀外的安装孔也由螺塞封住。

Ⅲ级气缸盖 18 和Ⅳ级气缸盖 11 分别位于Ⅲ级、Ⅳ级气缸的顶部。Ⅲ级气缸盖内装有两个Ⅲ级吸气阀 17 和两个Ⅲ级排气阀 15，一个Ⅲ级吸气阀的安装孔内装有Ⅲ级安全阀 16，其余 3 个安装孔用螺塞封住。Ⅳ级气缸盖内装有 2 个Ⅳ级吸气阀 10 和 2 个Ⅳ级排气阀 8，一个Ⅳ级吸气阀的安装孔内装有Ⅳ级安全阀，其余 3 个安装孔用螺塞封住。

(2)运动部件

空压机运动部件一般由曲轴、连杆、活塞等部件组成。其中，曲轴、连杆结构与柴油机的基本相同，不再赘述，这里仅介绍活塞组件。

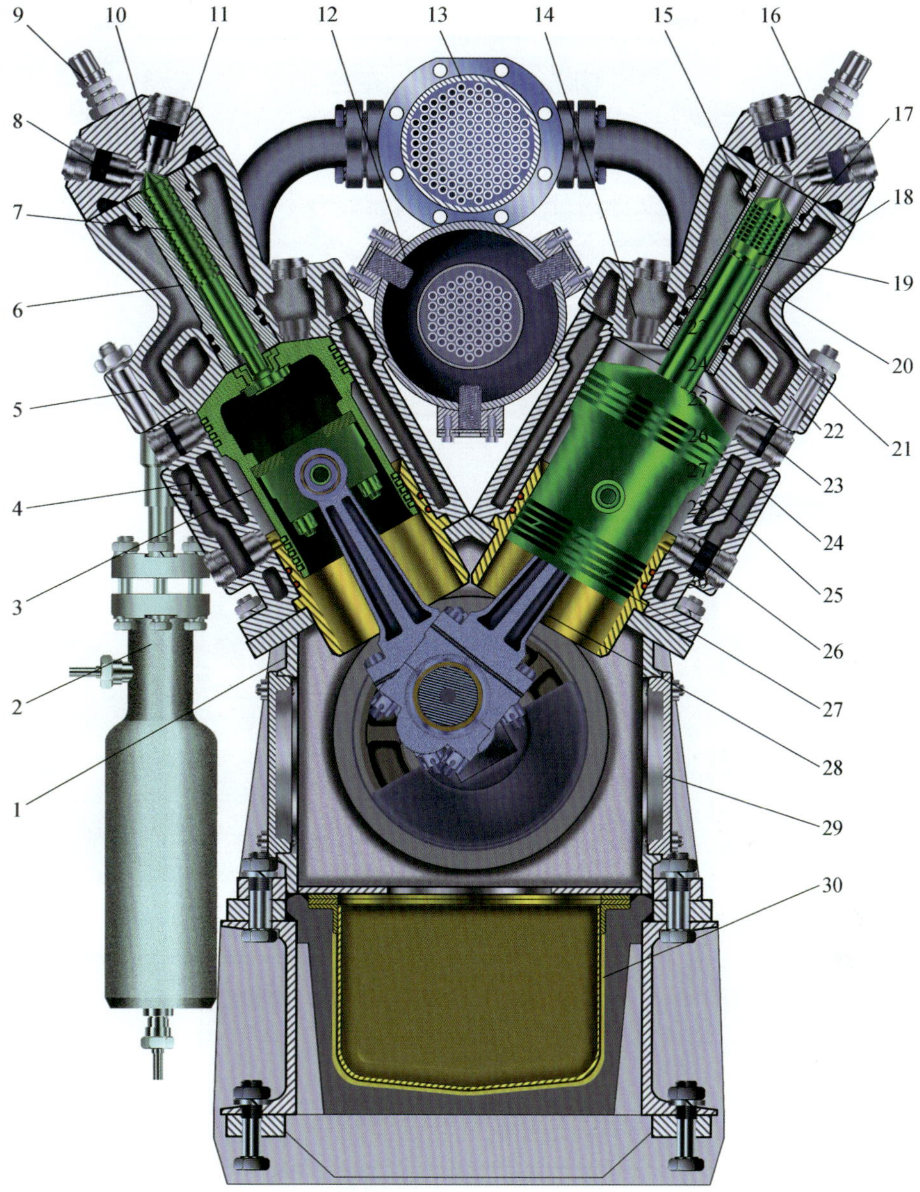

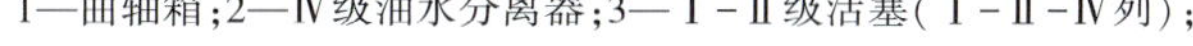

1—曲轴箱；2—Ⅳ级油水分离器；3—Ⅰ-Ⅱ级活塞（Ⅰ-Ⅱ-Ⅳ列）；
4，25—Ⅰ-Ⅱ级气缸；5—Ⅳ级气缸；6—Ⅳ级气缸套；7—Ⅳ级活塞；
8—Ⅳ级排气间；9—Ⅳ级安全阀；10—Ⅳ级吸气阀；
11—Ⅳ级气缸盖；12—Ⅱ-Ⅲ-Ⅳ级空气冷却器；
13—Ⅰ级空气冷却器；14—Ⅰ级排气阀；15—Ⅲ级排气阀；
16—Ⅲ级安全阀；17—Ⅲ级吸气间；18—Ⅲ级气缸盖；
19—Ⅲ级活塞；20—Ⅲ级气缸套；21—Ⅲ级活塞杆；
22—Ⅲ级气缸；23—Ⅰ级吸气阀；24—Ⅰ-Ⅱ级活塞（Ⅰ-Ⅱ-Ⅲ列）；
26—Ⅱ级气阀；27—Ⅱ级气缸套；28—连杆；
29—曲轴箱盖板；30—承油盘

图 7-17（a）　66-10 型空压机的横剖面图

动画演示

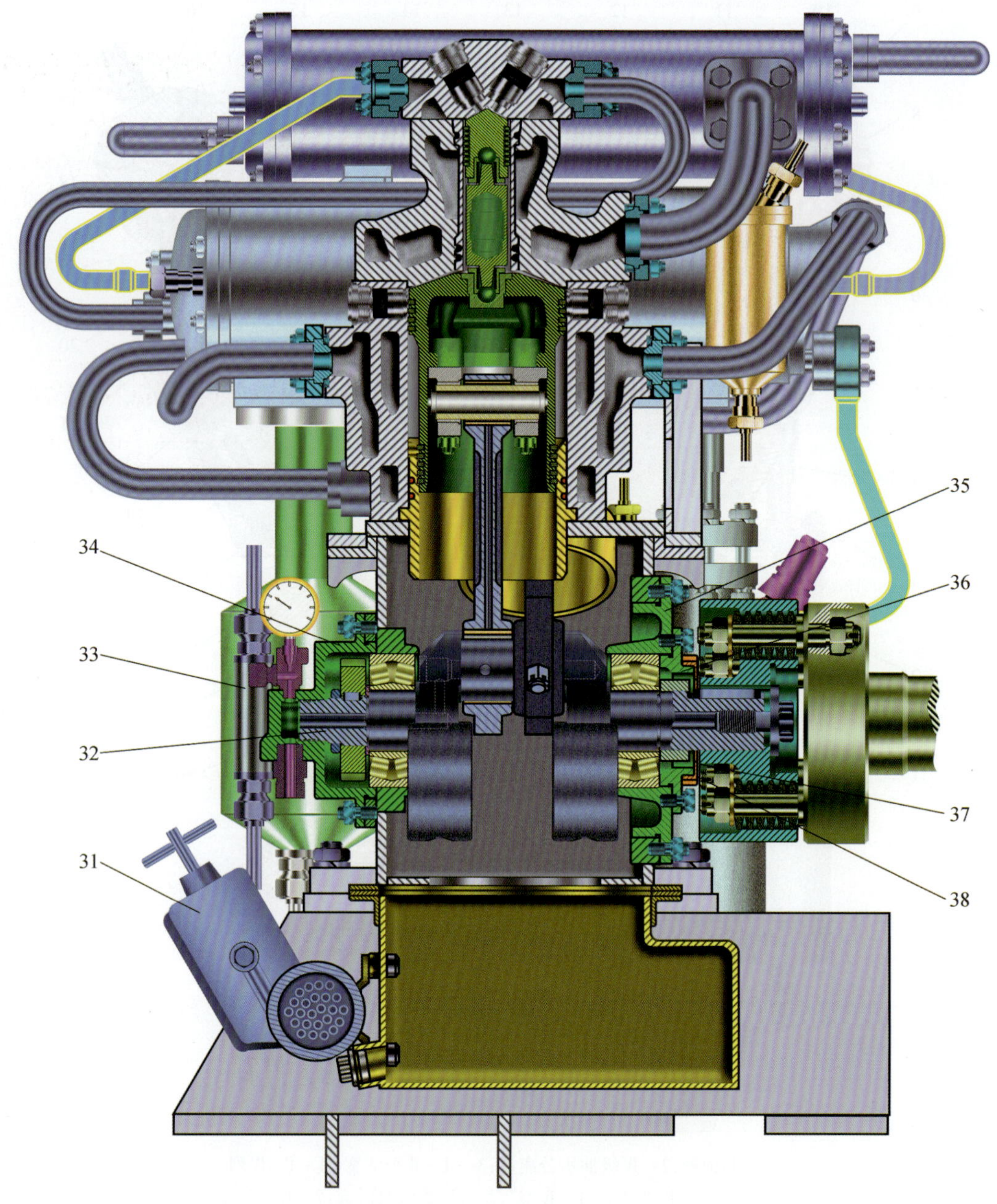

31—润滑油滤器-冷却器;32—曲轴;33—润滑油泵;34—曲轴箱;35—轴承座;
36—橡皮填料函;37—浸油麻绳填料;38—压紧螺母

图 7-17(b)　66-10 型空压机纵剖面图

活塞组件如图 7-18 所示。Ⅰ-Ⅱ级活塞各由铝合金铸成一个整体,直径大的部分为Ⅰ级活塞,上面装有 4 根活塞环;直径小的部分为Ⅱ级活塞,上面装有 5 根活塞环,最下面的活塞环兼起刮油环的作用,从Ⅱ级缸套上刮下过剩的润滑油。

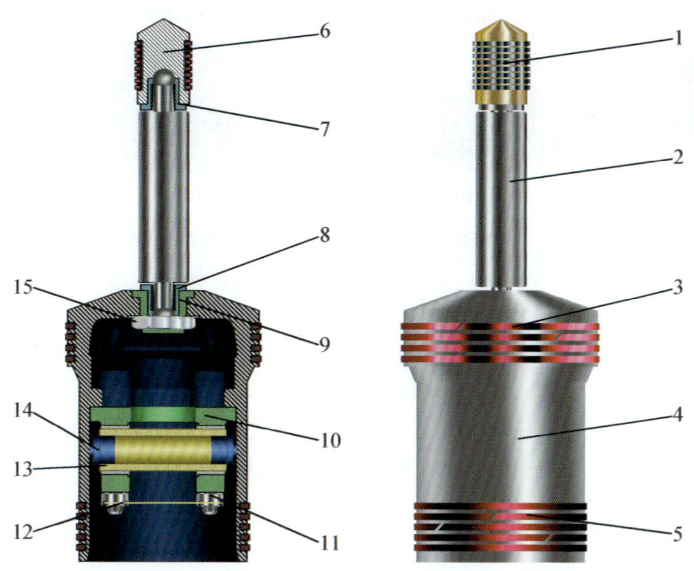

1—Ⅲ级活塞环；2—活塞杆；3—Ⅱ级活塞环；4—Ⅰ-Ⅱ活塞；5—Ⅰ级活塞环；6—Ⅲ级活塞；7，8—止动垫片；9—连接器；10—枢轴；11，15—螺母；12—止动钢丝；13—活塞销；14—塞子

图 7-18 66-10 型空压机的Ⅰ-Ⅱ-Ⅲ列活塞

Ⅰ-Ⅱ-Ⅲ列的Ⅰ-Ⅱ活塞的顶部用球形绞链连接第Ⅲ级活塞杆，Ⅳ级活塞与活塞杆也用球形绞链连接；Ⅰ-Ⅱ-Ⅳ列的Ⅰ-Ⅱ级活塞的顶部用球形绞链连接Ⅳ级活塞杆，Ⅳ级活塞杆与Ⅳ级活塞也用球形绞链连接。

Ⅲ级活塞由锻钢制成，用 8 根活塞环密封。

Ⅳ级活塞由铝白铜制成，采用曲径密封，不装活塞环，在活塞表面车 11 道环形槽，增加气体流动阻力，减少泄漏。

(3)气阀

66-10 型空压机各吸、排气阀的结构，如图 7-19 所示。Ⅰ级、Ⅱ级、Ⅲ级吸气阀的结构相似，均由阀体、升程限制器、弹簧、阀片及阀座 5 个零件组成；Ⅰ级、Ⅱ级排气阀的结构为一类，均由阀座、阀片、弹簧、升程限制器及压紧螺母 5 个零件组成；Ⅲ级排气阀、Ⅳ级吸气阀及Ⅳ级排气阀均由阀座、阀片、弹簧及升程限制器 4 个零件组成。

2. 66-10 型空压机的系统

(1)压缩空气系统

压缩空气系统如图 7-20 所示。空气经两个Ⅰ级气缸压缩和排出后，经Ⅰ级空气冷却器冷却和Ⅰ级油水分离器分离油水后，进入两个Ⅱ级气缸；经Ⅱ级压缩、Ⅱ级冷却、Ⅲ级压缩、Ⅲ级冷却、Ⅳ级压缩、Ⅳ级冷却及Ⅳ级油水分离器分离油水后，排出空压机。

(2)冷却系统

冷却系统如图 7-20 所示。空压机的冷却水泵为旋涡泵，由曲轴驱动，从舷外吸入水并提高压力后，分两路排出，一路先经Ⅰ级、Ⅱ级、Ⅳ级气缸套，Ⅱ级、Ⅲ级、Ⅳ级空气冷却器，Ⅰ级、Ⅱ级、Ⅲ级气缸套及Ⅰ级空气冷却器，冷却各级气缸和空气后排至舷外；另有流量很小的一路，直接由水泵排入润滑油冷却器，冷却润滑油后即排至舷外。

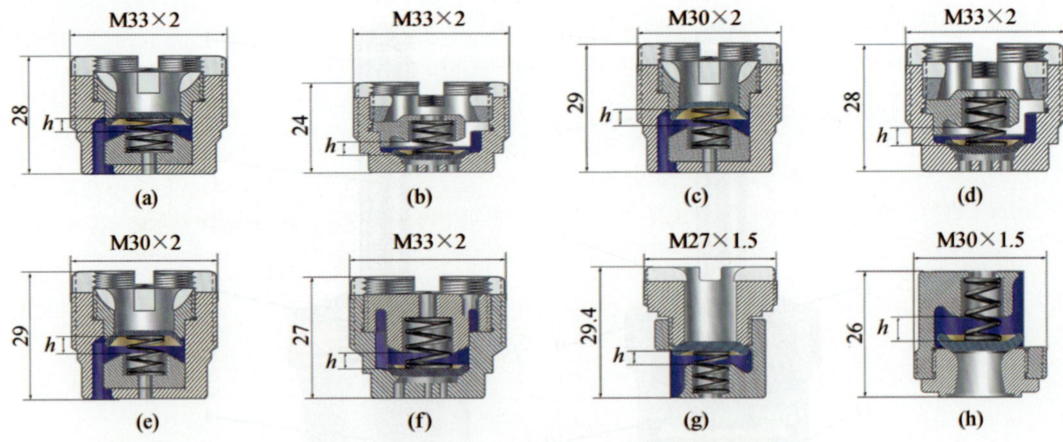

图 7-19　66-10 型空压机的吸、排气阀的结构

(3)润滑系统

①气缸润滑。空压机的Ⅰ级气缸润滑是靠吸进曲轴箱内空气中所带的油雾及由Ⅱ级、Ⅲ级、Ⅳ气缸中漏入的润滑油进行润滑的。曲轴箱带油雾的空气沿专门的导管进入节油器后,再沿两根导管分别进入两个Ⅰ级气缸进行润滑;Ⅱ级气缸润滑是靠曲轴连杆飞溅起来的润滑油润滑;Ⅲ、Ⅳ级气缸靠吸入空气中所带的润滑油润滑。

②曲轴、连杆轴承、活塞销润滑。其是采用压力润滑的润滑系统。润滑油泵(齿轮泵)由曲轴左端的斜齿轮驱动,从承油盘吸入润滑油并将其压力提高到 0.1 MPa~0.25 MPa,排入润滑油过滤器-滑油冷却器,经过过滤和冷却后沿导管进入曲轴箱左端的端盖,沿曲轴左端的轴颈及曲轴中央的钻孔进入曲轴内;接着沿曲轴颈上的钻孔进入连杆下头部润滑连杆轴承,并沿连杆杆身中的钻孔进入连杆上头部润滑活塞销。

③其他部位润滑。由图 7-17(b)空压机的纵剖面图可看出,在曲轴的右曲柄臂上朝着滚柱轴承的部位,钻有直径为 1 mm 的小孔;左曲柄臂上朝着滚柱轴承部位的加工孔,由一个螺塞封住,螺塞中央也钻有直径为 1 mm 的小孔,由此两小孔喷出的润滑油,润滑冷却曲轴的两个滚柱轴承、水泵轴承、润滑油泵和水泵的传动齿轮。

④密封与填料。在曲轴左端伸入端盖内的轴颈表面,开有 4 个环形槽,槽内装有 4 根Ⅲ级活塞的活塞环,以密封曲轴与端盖间的表面,阻止润滑油沿此间隙漏入曲轴箱。为了防止曲轴箱向电机端漏油,在曲轴右端滚柱轴承座上装一个橡胶填料函和一圈浸油麻绳填料,旋转压紧螺母,可调节浸油麻绳填料的压紧程度。

3. 66-10 型空压机的设备

(1)Ⅰ级空气冷却器

Ⅰ级空气冷却器结构如图 7-21 所示。冷却水在管内流动,管外流动空气。冷却器壳体 3 内有 121 根内径为 4.5 mm 的紫铜管组成的冷却管 2,冷却管 2 采用胀接固定在两端的管板 6 和 1 上,即根据紫铜管具有塑性变形这一特点,用胀管器将管子胀牢固定在管板上。工作过程是:将胀管器插入管子头,使管子头发生塑性变形,直至完全贴合在管板上,并使管板孔壁周围发生变形,然后拔出胀管器。由于管子发生的是塑性变形,而管板仍然处于弹性变形,这就是利用管端与管板孔沟槽间的变形来达到紧固和密封。

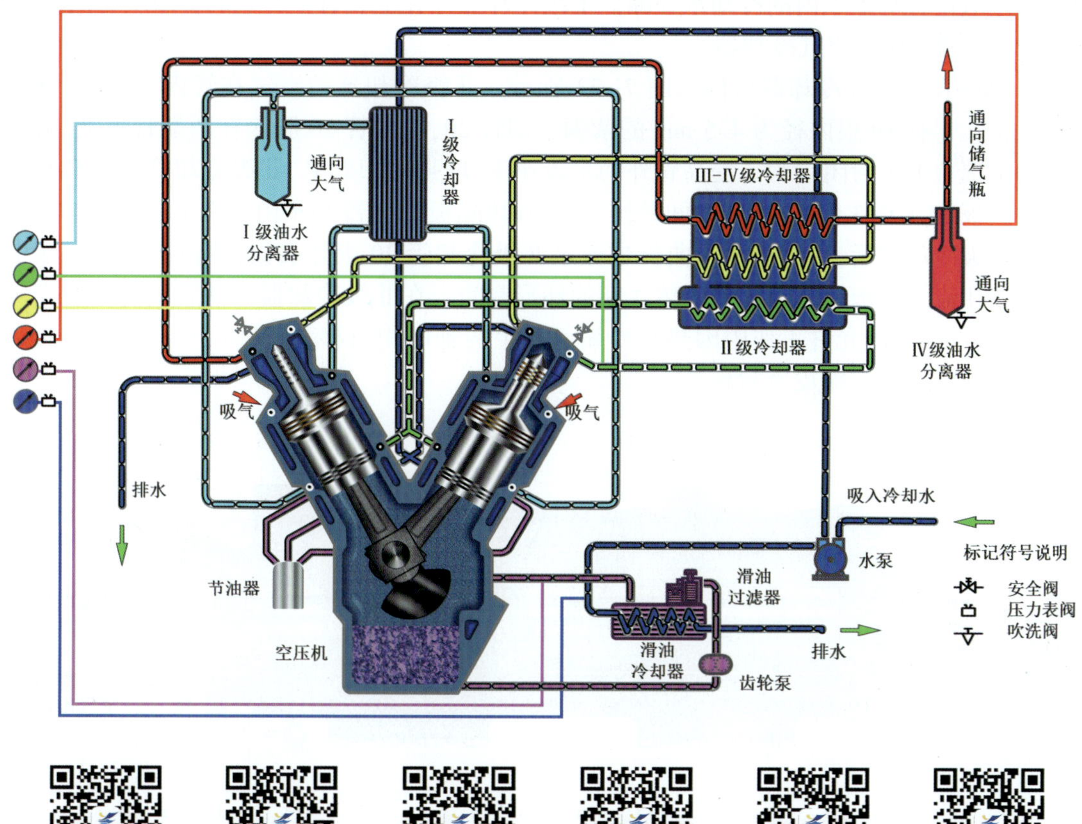

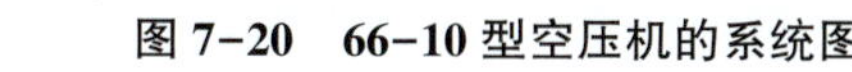
图7-20　66-10型空压机的系统图

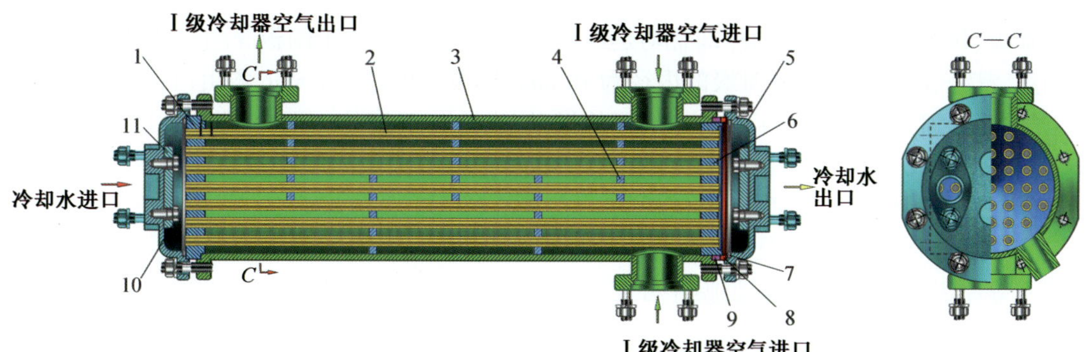

1—固定管板；2—冷却管；3—壳体；4—隔板；5—右端盖；6—活动管板；7—橡胶垫圈；8—压环；9—铅质密封环；10—防蚀锌板；11—左端盖

图7-21　66-10型空压机的I级空气冷却器

左端的固定管板1由螺栓夹紧在左端盖11与壳体3的法兰间，右端的活动管板6与壳体3间为非刚性连接，当冷却管2受热伸长时，可相对伸缩移动。拧紧右端盖5上的螺母时，右端盖5通过压环8压紧铅质的密封环9，便可阻止冷却器内的空气外漏。橡胶垫圈7

的功用是阻止右端盖 5 内的冷却水外漏。Ⅰ级冷却器外壳上装有空压机的Ⅰ级安全阀。

(2) Ⅱ-Ⅲ-Ⅳ级空气冷却器

Ⅱ-Ⅲ-Ⅳ级空气冷却器结构如图 7-22 所示。Ⅱ级冷却器的空气在管内流动,管外为冷却水腔。它有 89 根内径为 4.5 mm 的紫铜冷却管 20,冷却管 20 胀接在两端管板上,管板外分别用端盖 1,8 封闭。为了提高管外的水流速度,增强冷却效果,Ⅱ级冷却管束外套有圆柱形的围板 3,围板 3 内冷却管 20 间并排装有 10 块隔板 15。冷却水由左端上部的冷却水进口进入Ⅱ级冷却器后,在围板 3 内曲折地流过Ⅱ级冷却管 20 束外表面,并由围板 3 右端上下两个圆孔流入围板 3 与冷却器壳体 4 间的环形空间。在Ⅱ级冷却器活动管板与焊在壳体上的右法兰之间,既允许工作中因热胀冷缩而产生的轴向相对移动,又防止冷却水外漏,活动管板的外圆上套有橡皮密封环 6。

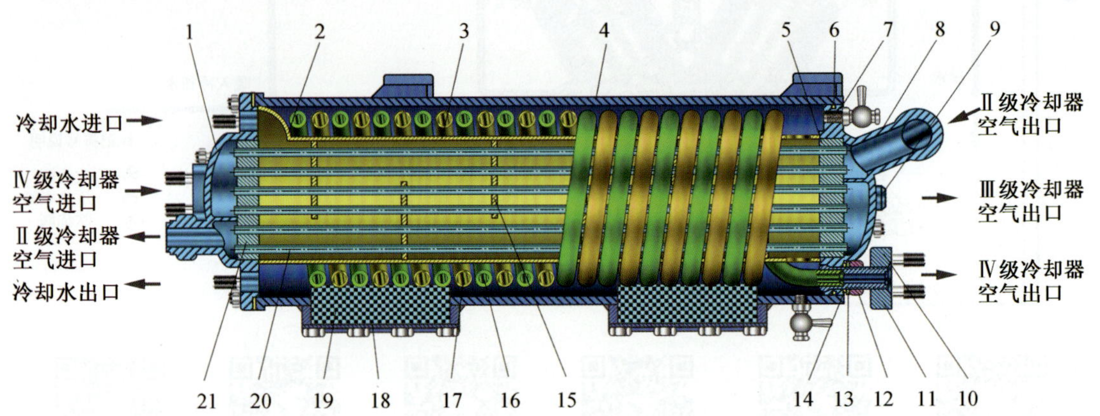

1—左端盖;2—挡板;3—围板;4—壳体;5—活动管板;6—橡皮密封环;7—右法兰;8—右端盖;
9—Ⅲ级冷却管接头;10—法兰;11—Ⅳ级冷却管接头;12—螺母;13—压环;14—橡胶密封环;15—隔板;
16—Ⅳ级冷却管;17—Ⅲ级冷却管;18—盖板;19—橡胶垫座;20—Ⅱ级冷却管;21—固定管板

图 7-22　66-10 型空压机的Ⅱ-Ⅲ-Ⅳ级空气冷却器

Ⅲ级、Ⅳ级空气冷却器的冷却管均是蛇形管式的,蛇形管位于围板 3 与壳体 4 间的环形空间内,其外径都是 16 mm,Ⅲ级的内径为 10 mm,Ⅳ级的内径是 7 mm,均由白铜制成。管内通空气,管外通冷却水。为了减少蛇形管的振动,在冷却器壳体内两个横断面上,相隔 120°安装了 6 块橡胶垫座 19(图上只剖到两块)。蛇形管与右法兰间的密封是通过压环 13 压紧套在冷却管外的橡胶密封环 14 来实现的。

Ⅱ-Ⅲ-Ⅳ级冷却器外壳上还装有一片橡胶安全膜片,当冷却器水腔内的压力因高压空气漏入等原因增至过高时,橡胶膜片首先破裂,以保护冷却器壳体及人员的安全。

(3) 油水分离器

Ⅰ级油水分离器结构如图 7-23 所示。壳体 1 是由无缝钢管及钢板焊成。空气由进气管 3 沿切线方向进入分离器壳体 1 的上部,并在壳体 1 上部以很高的速度一边旋转一边向下,空气中夹带的液滴在离心力的作用下被甩在周围壁面上,沿壳体壁面向下,经伞形板 4 与下部壳体壁间的缝隙流入分离器底部,并经接头 5 由放水旋塞定期排除。分离掉了油和水滴的压缩空气由油水分离器中央的排气管 2 排出。

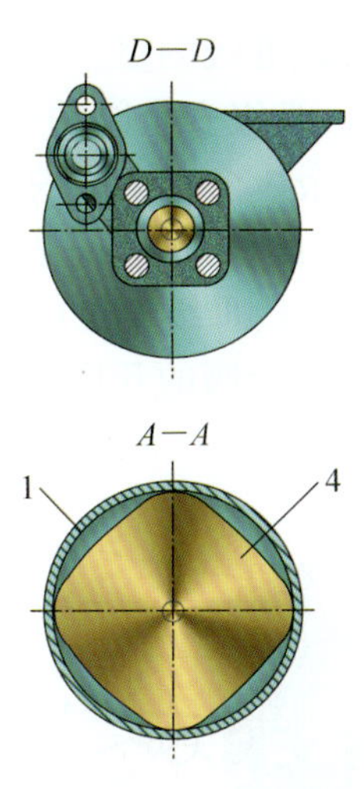

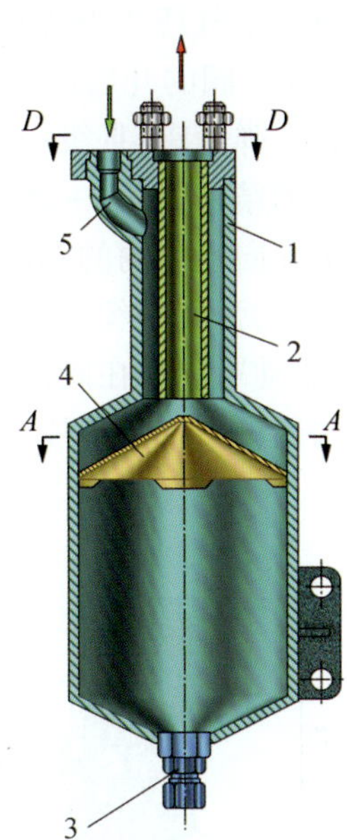

1—壳体；2—排气管；3—进气管；4—伞形板；5—管接头

图 7-23　66-10 型空压机的Ⅰ级油水分离器

Ⅳ级油水分离器结构如图 7-24 所示。在壳体 1 内，由下而上地装有分离器 2、钢球 3、限制器 4、杯状接头 5、密封圈 6 及排出管 8 等零件。分离器 2 的中央直径为 10 mm 的孔道，外表面有左旋的螺旋片，分离器顶部有用作止回阀的钢球 3 的阀座。限制器 4 的功用是限制钢球 3 的升程。空气由油水分离器的入口沿切线方向进入分离器后，沿分离器螺旋片间的流道，以高速一边旋转一边向下。由于离心力的作用，空气中夹带的液滴沿壳体 1 壁面向下，积蓄在分离器底部，并经管接头 10 由放水旋塞排出；分离掉油和水的压缩空气沿分离器中央的孔道向上，顶开止回阀，并经限制器 4 及排出管 8 排出油水分离器。空压机停车时，止回阀可防止排出管内的高压空气倒流入空压机。

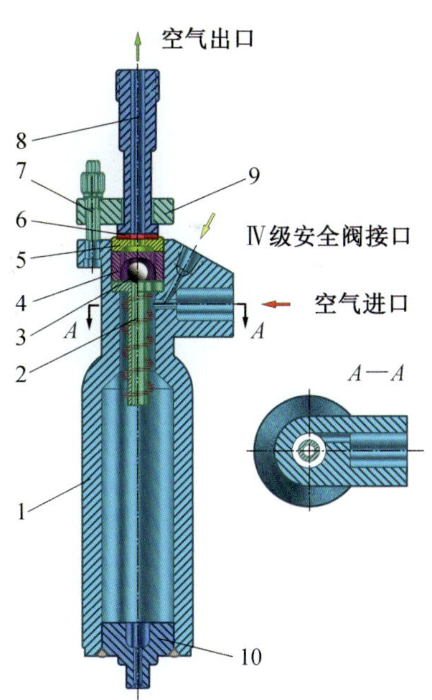

1—壳体；2—分离器；3—钢球；
4—限制器；5—杯状接头；
6—密封圈；7—螺栓；8—排出管；
9—压盖；10—管接头

图 7-24　66-10 型空压机的Ⅳ级油水分离器

（4）安全阀

为了防止各级的压力过高而发生事故，空压机各级都装有安全阀。各级安全阀均为弹簧式安全阀。Ⅰ级、Ⅱ级、Ⅲ级安全阀的结构基本相似。Ⅰ级安全阀位于Ⅰ级空气冷却器的外壳上，Ⅱ级和Ⅲ级安全阀分别位于Ⅲ级和Ⅳ级气缸盖的吸气阀的安装孔内，Ⅳ级安全阀位于Ⅲ级油水分离器上。

Ⅱ级安全阀结构如图 7-25（b）所示。它主要由阀体、阀座、浇注在导向套筒内的硬橡胶的阀芯、弹簧和调整帽等组成。空气压力升至开启压力时，气体由"A"腔克服弹簧的张力，顶开阀芯由"B"处溢出安全阀。阀的开启压力靠改变调整环的厚度，改变弹簧的张力来调节。Ⅰ级、Ⅲ级安全阀内没有上弹簧座；Ⅲ级安全阀弹簧的钢丝直径比Ⅰ级、Ⅱ级的粗。

Ⅳ级安全阀的结构如图 7-25(d)所示。它与Ⅰ级、Ⅱ级、Ⅲ级安全阀的主要不同是，Ⅳ级经安全阀装在导向套筒内的阀芯是由合金钢制成的，而其余 3 个安全阀的阀芯均是硬橡胶的；Ⅳ级安全阀的弹簧钢丝直径比Ⅰ级、Ⅱ级、Ⅲ级的都大。此外，Ⅳ级安全阀的调整帽调整好压力后，由止动罩锁紧在阀体上，并加以铅封，而Ⅰ级、Ⅱ级、Ⅲ级安全阀是没有止动罩的。Ⅳ级安全阀还可用改变垫片的片数调整开启压力。各级安全阀的开启压力应调到所规定的范围内。

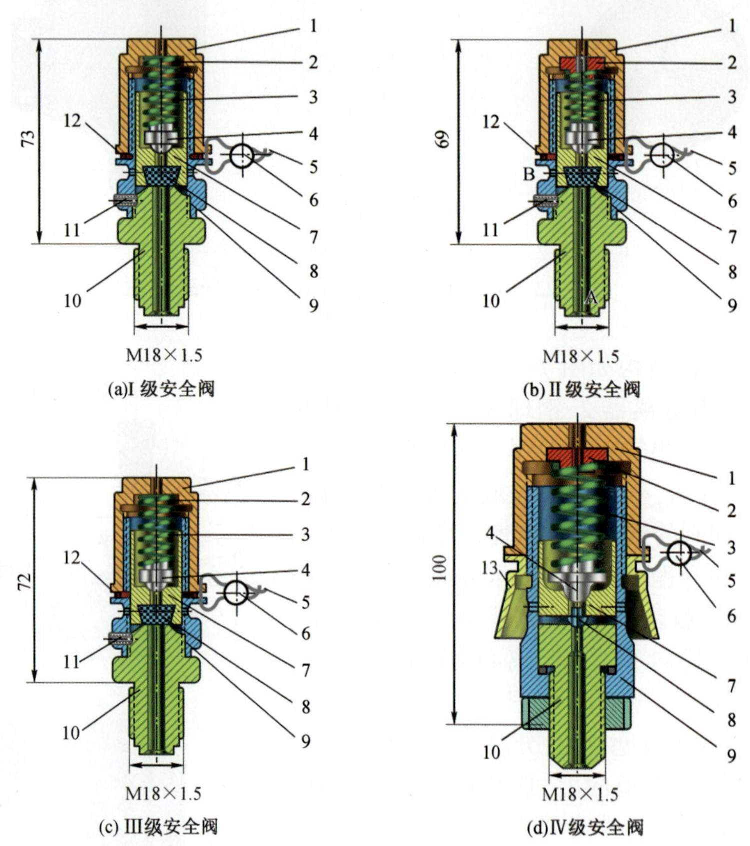

1—调整帽；2—上弹簧座；3—弹簧；4—下弹簧座；5—铅封；6—封环；7—导向套筒；8—橡胶(合金钢)阀芯；9—阀体；10—阀座；11—止动螺钉；12—调整环；13—止动罩

图 7-25　66-10 型空压机的安全阀

(5)节油器

节油器的结构如图 7-26 所示。节油器的功用是控制进入Ⅰ级气缸的润滑油量，其工作原理是，曲轴箱含油雾的空气由中央的导管进入节油器中，经铜丝滤网向上，从节油器顶部的另外两根导管进入两个Ⅰ级气缸润滑；被滤网阻挡下落的部分油滴，由底部的油管流回曲轴箱。可以改变滤网网眼大小或滤网的层数，调节润滑油量。

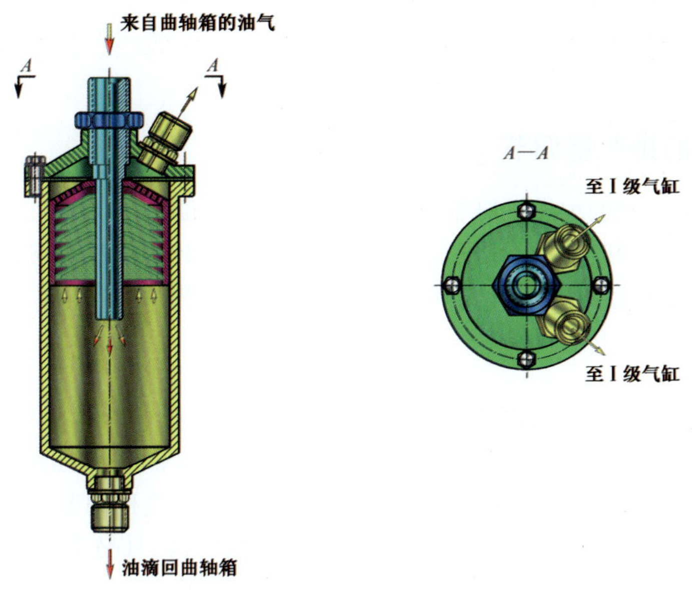

图 7-26　66-10 型空压机的节油器

(6)润滑油过滤器-冷却器

润滑油过滤器-冷却器的结构如图 7-27 所示。过滤器与冷却器装在同一个铝制壳体内。润滑油过滤器的过滤元件由 0.35 mm 厚的圆形滤片和 0.08 mm 厚的星状定距片交叉重叠组成,厚度为 0.05~0.06 mm 的清洁片插在滤片间的间隙内。润滑油进入过滤器后,流经过滤元件的缝隙时杂质被滤除,过滤后的润滑油经过滤元件底部的环罩中央的圆孔,向下流入冷却器。转动过滤器中心的螺杆即可清洁过滤器。为了防止当过滤器元件堵塞时停止供油,在过滤器壳体内装有旁通阀的钢球。过滤器元件堵塞时,润滑油可经旁通阀向下进入润滑油冷却器。

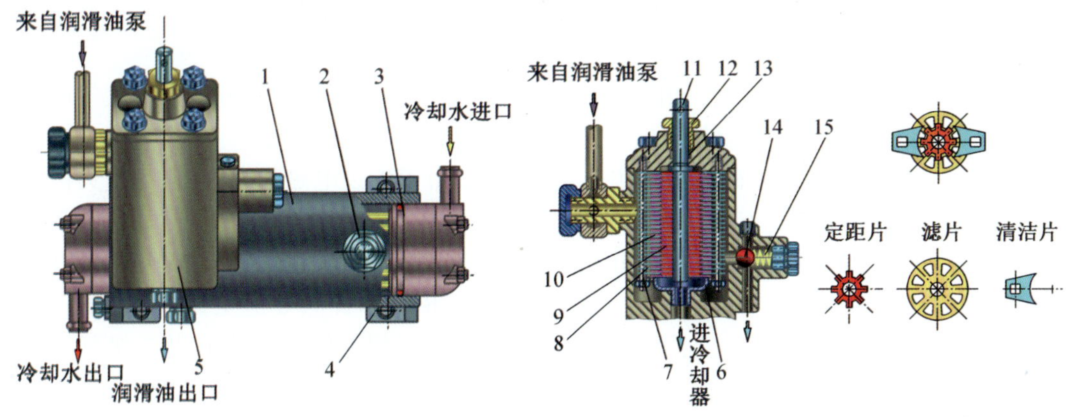

1—铝制壳体;2—螺纹接头(润滑油出口);3—密封环;4—冷却器;5—过滤器;6—环罩;7—四方螺钉;8—清洁片;9—定距片;10—滤片;11—填料(浸油麻绳);12—螺母;13—螺杆;14—钢球;15—弹簧

图 7-27　66-10 型空压机的润滑油过滤器-冷却器

第 5 节　排气量调节和启动释载装置

一、空压机的排气量调节

在以压缩空气启动的内燃机船舶上,一般规定储气瓶的压力维持在 2.5 MPa~3.0 MPa。这就要求气压升至上限时,空压机停止供气;气压降至下限时,空压机又恢复供气。所以有必要对空压机的排量进行调节,以便维持储气瓶的压力在规定范围内。空压机排气量调节方法有两种。

1. 停车调节

停车调节指的是当储气瓶内的压缩空气的压力达到上限值 3.0 MPa 时,停止空压机运转;当储气瓶的压缩空气因消耗而压力下降至下限值 2.5 MPa 时,空压机又自动启动运行供气,从而使储气瓶内的压力维持在 2.5~3.0 MPa 范围内。这种调节方法适用于电动空压机。停车调节,因空压机停车后便不再消耗动力,故比较经济,且易于实现自动控制,压缩机本身也无须设置专门的调节机构,因而其在船舶上广泛采用。

2. 空转调节

空转调节指的是空压机不停止运转,只是根据储气瓶压力的变化,时而供气,时而停止供气。实现这种调节的方法有余隙容积调节、压开吸气阀调节和旁通调节。空转调节多用于柴油机直接驱动的空压机。如 NVD 型系列柴油机所带的空压机就是采用这种方法调节排气量。

二、空压机的自动启动释载装置

空压机为了避免在有负荷的情况下启动而产生很大的启动电流,一般都设有手动或自动启动释载装置,以放出空压机停车后残留在管路和气缸中的压缩空气,或者通过压开机构使吸气阀处于常开状态,以降低空压机的启动背压,从而降低空压机的启动负荷。在船舶上常用的自动启动释载装置有电磁式和离心式两种,现分别介绍如下。

1. 电磁式自动启动释载装置

电磁式的自动启动释载装置如图 7-28 所示。它由电磁释载配气阀和气动放气阀所组成。电磁释载配气阀包括电磁线圈 1、铁芯 2、杠杆 3 及针阀 6 和 7 等。

当空压机停车时(a),电磁线圈 1 也失电,铁芯 2 由于失去电磁吸力,在自身重力的作用下落下,并带动杠杆 3 绕其支点逆时针偏转,解除了杠杆 3 对针阀 6 和 7 的压力,在弹簧 8 的作用下,针阀 7 向上移动,关闭了 A 与 B 路的通道。同时,针阀 6 也被针阀 7 顶起,使 B 路与大气相通,放气阀橡皮膜 5 下部空间的压缩空气即经 B 路和针阀 6 泄至大气中。放气阀 4 在高压空气和弹簧力的作用下,向下移动,使管路 C、止回阀上侧的管路 E 及二级气缸中的压缩空气经放气阀的放气口 D 泄至大气;随后,管路 A、中间冷却器(图中未画出)及一级气缸中的低压空气,也经二级气缸的吸、排气阀、管路 C 及放气阀的放气口 D 放至大气。至此,管路和气缸中的压缩空气全部放出,为空压机的重新启动作好了释载准备。

当空压机重新启动时(b),电磁线圈 1 通电,铁芯 2 被磁力吸上,并带动杠杆 3 绕其支点顺时针偏转,把针阀 6 压下,关闭了 B 路与大气的通路。同时,针阀 7 也被针阀 6 压下,开启了 A 与 B 路的通道。此时,一级气缸排出的压缩空气即可经管路 A 和管路 B 进入放气阀橡皮膜 5 的下部空间,并推动放气阀 4 向上移动,关闭 C 路与放气口 D 的通道,空压机就经管路 E 和止回阀开始向储气瓶供气。

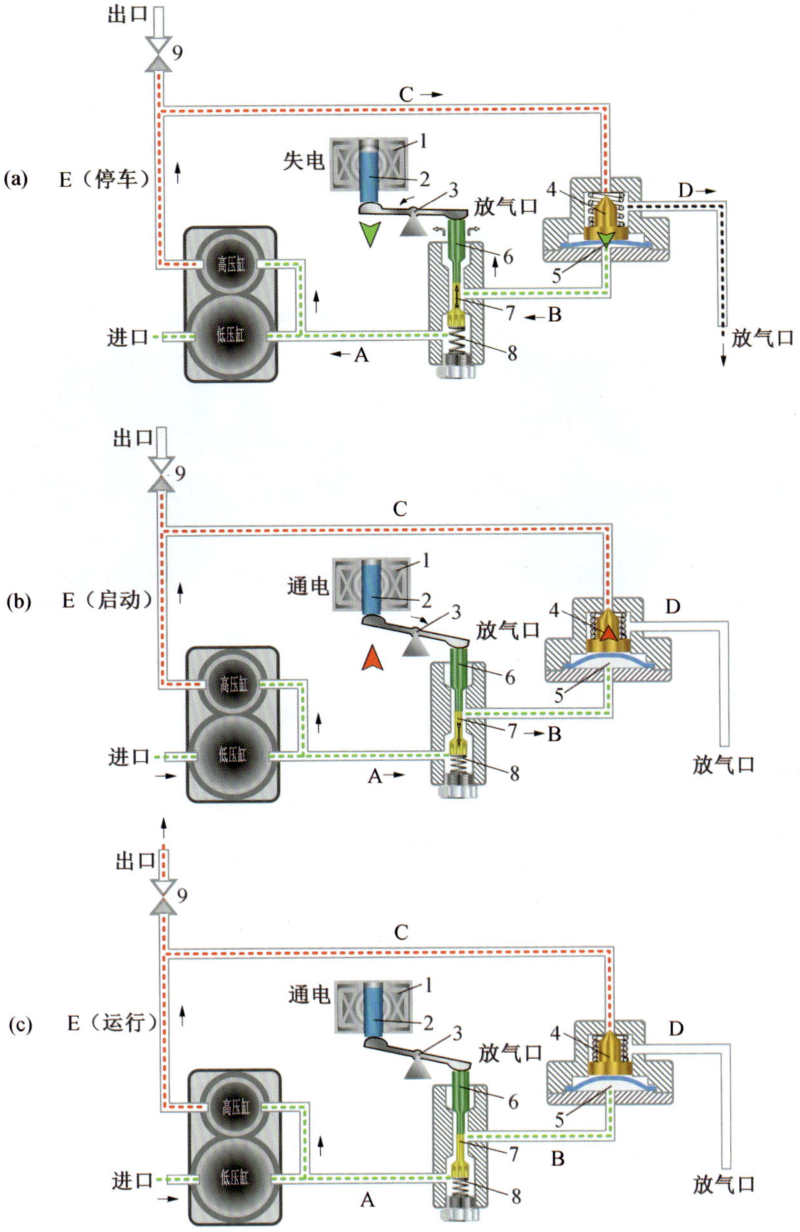

1—电磁线圈;2—铁芯;3—杠杆;4—放气阀;5—橡皮膜;6,7—针阀;8—弹簧

图 7-28　电磁式的自动启动释载装置

当空压机运行时(c)由于放气阀 4 关闭时,下部低压空气力的作用面积比阀上部的高压空气力的作用面积大得多,一级压缩空气使阀向上的力大于高压空气和弹簧使阀向下的力,因而,在空压机运行中,放气阀始终处于关闭状态,保证了空压机的正常供气。

2. 离心式自动启动释载配气阀

离心式自动启动释载配气阀结构如图 7-29 所示。离心式自动启动释载配气阀主要由装在主轴 1 上的飞球 3 和滑阀 4 等组成。空压机启动前,在弹簧 5 的作用下,滑阀 4 被推向右端(如图示位置)。储气瓶的压缩空气可经配气阀进入气阀的压开机构(如 CZ60/30 型空压机的释载阀),强行压开吸气阀或排气阀,使空压机在无压缩的情况下轻载启动。随着空压机转速升高,飞球 3 的离心力就增大,把滑阀 4 逐渐推向左端。一旦滑阀 4 遮蔽储气瓶来的压缩空气的进口,并使气阀压开机构(释载阀)与大气相通,气阀压开机构的压缩空气就经配气阀泄入大气,空压机的气阀就恢复正常,空压机投入正常运转。调整弹簧 5 的预紧力,可以改变飞球的离心力与弹簧力的平衡关系,使空压机在不同的转速下结束释载状态。

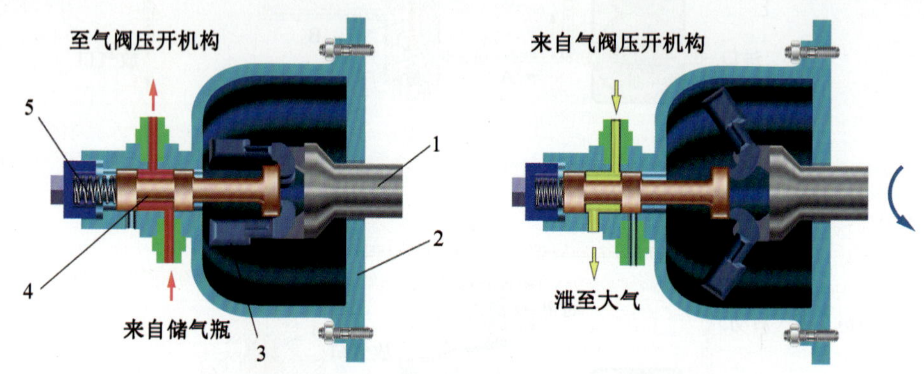

1—主轴;2—曲轴箱;3—飞球;4—滑阀;5—弹簧

图 7-29 离心式自动启动释载配气阀

离心式自动释载配气阀结构简单,不消耗电能,无论空压机由电动机还是其他的原动机驱动,均可以采用,但空压机本身必须设有释载阀并配合一起工作。

第 6 节 空气压缩机的拆装与检修

一、空压机气阀、气缸盖的拆卸

空压机拆卸前应切断电源;打开曲轴箱底部的旋塞,放出曲轴箱内的润滑油;打开冷却水的放水旋塞,放出空压机冷却水腔的冷却水。

1. 空压机气阀的拆卸(只拆一个气阀)

空压机气阀的拆卸步骤如下:

(1)用扳手卸下气阀顶杆的帽形锁紧螺母,拧松气阀顶杆;

(2)对角卸下气阀箱盖固定螺母,卸下气阀箱盖,取出压阀套和气阀;

(3)用钢丝钳将气阀紧固螺母的开口销扳直并取下,用台虎钳垫紫铜皮夹紧气阀,卸下气阀紧固螺母,轻轻打开气阀,取出阀片和弹簧(注意不要让弹簧弹掉),弹簧取出后可用细铁丝穿在一起存放,或用器皿存放,以防丢失。

2. 空压机气缸盖的拆卸

(1)拆掉与气缸盖相连接的冷却水管;

(2)拆掉低压级排气管与冷却器相连接的法兰盘固定螺母;

(3)按对角要求顺序分两次卸下气缸盖固定螺母;

(4)按两结合面的拆卸方法卸下气缸盖。

二、空压机气阀、气缸盖的装配

1. 气阀的装配

(1)将气阀的各个弹簧涂以黄油,装入阀盖的弹簧窝中;

(2)将气阀的阀片装入阀盖中,用无棱角的薄钢片压住阀片,使其进入阀盖的导向装置中;

(3)装上阀座(注意将阀座与阀盖之间的定位销插入定位孔中),拧上螺母,抽出薄钢片,拧紧螺母,用螺丝刀推动阀片,检查其是否可自由地活动,确认正常后,拧紧螺母,插入开口销,并将其分开、扳倒;

(4)正确判定吸、排气阀,将吸、排气阀装入相应的气阀箱内,装入压阀套,垫好紫铜垫,盖上阀箱盖,对角拧紧阀箱盖的固定螺母,轻轻地拧动气阀顶杆,顶住气阀(不可过紧),用扳手拧紧帽形锁紧螺母。

2. 气缸盖的装配

(1)卸下活塞顶部的吊环螺钉;

(2)确认气缸盖的密封垫完好无损,否则应按原密封垫的厚度换新,以免影响空压机的气缸余隙;

(3)盖上气缸盖,按说明书的要求,用扭力扳手由中间向两边分两次对角均匀地拧紧紧固螺母;

(4)接好冷却水管;

(5)抬起卸载机构的手柄,手动转动飞轮进行盘车,以转动自如、无卡阻、无异常响声为合格;

(6)开启冷却水管上的截止阀,供水,查看有无泄漏等不正常现象。

三、气阀的研磨与检查

1. 气阀的研磨

气阀易磨损的部位是阀片和阀座的密封面,发现了磨损就要及时地修复,否则将影响密封效果;若发现阀片翘曲变形,则应换新。气阀磨损可以通过研磨的方法修复,其步骤如下:

(1)先将拆下的阀座或阀片清洗干净,用油石或刮刀修平毛刺。

(2)研磨前,把研磨平板的工作面用煤油清洁干净,然后在平板上将适量粗研磨剂均匀地涂于平台及阀片或阀座的工作表面上,并滴少量的机油。

(3)粗磨,粗磨可采用180~280号研磨砂作为研磨剂。把阀座或阀片的研磨面合在平板上,用手均匀地施加压力,在平板的表面以“8”字形的推磨方式研磨。研磨时用力要均匀并周期性将研磨件转180°或分四个90°进行研磨,这样可防止研磨面偏斜,直到研磨面上无明显痕迹为止。

(4)精磨,精磨用400~600号研磨膏。将阀片或阀座和平台用煤油清洗干净,换用细研磨膏,用与粗研磨同样的方法进行研磨后,清洗干净。

2. 气阀的检查

气阀必须定期进行维护保养。拆卸、分解气阀,检查阀片、阀座、弹簧的磨损情况,根据气阀磨损的程度,决定气阀是否换新或修复使用。

经研磨修复后的阀座和阀片或重新更换的阀座和阀片组装后,其阀片升程应符合规范要求,然后再进行气密性、灵活性和牢固性检查。具体方法是,将装配好的气阀倒置于工作台上,用洁净的煤油注入气阀的气流通道,放置 5 min 以上,观察阀片与阀座以及四周等处,若无明显的渗漏,说明气密性良好。若煤油很快漏完,则说明气密性差,以每分钟渗漏不超过 20 滴为合格。如不合格,必须重新研磨,直至符合要求为止。从气流通道顶动阀片,阀片应能自由起落。螺帽螺钉等连接件应紧固,开口销应锁好。

课后习题

一、选择题

1. 船用活塞式空压机的理论排气量等于__________。

A. 低压缸的活塞行程容积　　B. 高压缸的活塞行程容积

C. A+B　　D. (A+B)/2

提示:排气量是以第一级单位时间内所吸的吸气状态气体体积计。

2. 活塞式压气机的余隙容积是指__________容积。

A. 气体余隙高度构成的圆柱型　　B. 气阀通气缸的气道

C. A+B　　D. 活塞在上止点时缸内残留气体的全部

3. 船用水冷活塞式空气压缩机最常采用__________。

A. 单级　　B. 双级　　C. 三级　　D. A 或 B 或 C

4. CZ60/30 型空压机__________。

A. 一级排气压力为 0.60 MPa　　B. 排气量为 30 m^3/h

C. 二级排气压力为 3.0 MPa　　D. 一级缸径为 60 mm

5. 两级活塞式船用空压机高、低压级安全阀开启压力一般可比该级排气压力各高出约__________。

A. 15%,15%　　B. 10%,10%　　C. 10%,15%　　D. 15%,10%

6. 空压机最后级排气冷却主要是可以__________。

A. 防止着火　　B. 减小比容　　C. 提高排气量　　D. 节省功率

7. 必要时可用__________方法检查活塞式空压机的余隙高度。

A. 塞尺测量　　B. 千分卡测量　　C. 游标卡尺测量　　D. 压铅

8. 空压机重要而且最易损坏的部件是__________。

A. 空气滤清器　　B. 气阀　　C. 活塞　　D. 轴承

9. 空压机__________不能靠飞溅润滑。

A. 主轴承　　B. 连杆轴承　　C. 气缸下部工作面　　D. 气缸上部工作面

10. 两台向空气瓶供气的船用空压机分别由两只压力继电器自动控制启停,如产生调节动作的压力值分别为 2.4,2.5,2.9,3.0(MPa),问优先工作的空压机启、停压力值是__________。

A. 2.4,3.0　　B. 2.5,2.9　　C. 2.4,2.9　　D. 2.5,3.0

二、思考题

1. 简述船用活塞式空压机气阀的结构、类型及其特点。
2. 什么是气缸余隙容积？如何调整，对排量有何影响？
3. 何为多级压缩、中间冷却和压后冷却，它们的作用是什么？
4. 简述安全阀的作用与工作原理。
5. 分析气阀常见故障的原因。
6. 活塞式空压机卸载启动方式有哪些？
7. 简述油水分离器的作用和原理。

课后习题数字资源

第 8 章 液压技术

第 1 节 概 述

液压技术有许多突出的优点，如传递能量大，易于传递及控制等，在民用和国防等领域从一般传动到高精确度的控制系统都得到了广泛应用。在船舶工业中，液压技术的应用非常普遍，如全液压挖泥船、打捞船、打桩船、采油平台、水翼船、气垫船和各类船舶甲板机械等。

一、液压传动的基本原理

液压传动的基本原理应用的是帕斯卡定律：即加在密闭液体上的压强，能够大小不变地由液体向各个方向传递。

如图 8-1 所示，因为压强 p 能够大小不变地由液体向各个方向传递，液压的传动就是通过压强 p 来传播，即 $F_1/S_1=F_2/S_2=p$。若图 8-1(*a*)左边小活塞的面积为 S_1，右边大活塞的面积为 S_2，则 $F_1=S_1\times p$，$F_2=S_2\times p$，所以当 $S_1<S_2$ 时，$F_1<F_2$。

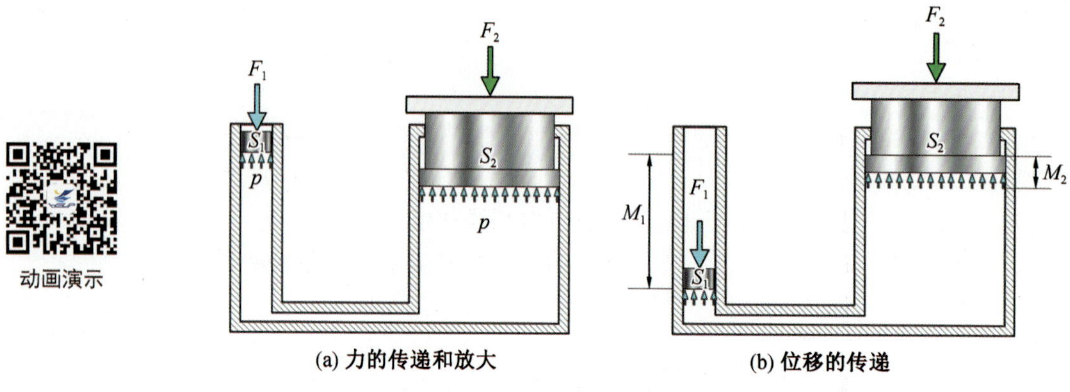

图 8-1 液压传动的原理

正因为传播中的压强是不变的，所以在一个面积小的活塞上施加一个很小的作用力，在另一边面积大的活塞上就会产生更大的作用力，并且力的大小变化是随着作用面积的变化成比例变化，即 $F_2=F_1\times S_2/S_1$。

二、液压系统的基本组成

为了叙述液压系统的基本组成，这里以一个船舶液压绞缆机为例，用液压职能符号表示液压系统，如图 8-2 所示。

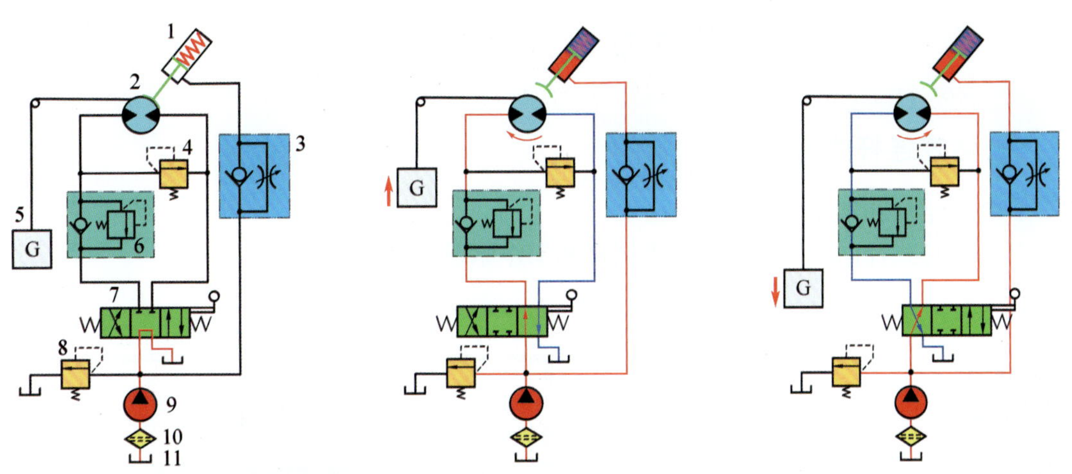

1—液压缸;2—液压马达;3—溢流阀;4—单向节流阀;5—重物;6—单向顺序阀;
7—三位四通阀;8—溢流阀;9—液压泵;10—滤油器;11—油箱

图 8-2　绞缆机液压系统

从图 8-2 中可以归纳出一个完整的液压系统由五个部分组成,即动力元件、执行元件、控制元件、液压辅助元件(附件)和液压油。

1. 动力元件

动力元件的作用是将原动机的机械能转换成液体的压力能,向液压系统提供足够流量和足够压力的液压油即液压泵,其结构形式可以分为齿轮泵、叶片泵、螺杆泵、柱塞泵(轴向式、径向式)。

2. 执行元件

执行元件(如液压缸和液压马达)的作用是将液体的压力能转换为机械能,驱动负载做直线往复运动或回转运动。执行元件分为液压缸、摆动液压马达和旋转液压马达三类。

(1)液压缸:实现直线往复机械运动,输出力和线速度。

(2)摆动液压马达:实现有限往复回转机械运动,输出力矩和角速度。

(3)旋转液压马达:实现无限回转机械运动,输出扭矩和角速度。

3. 控制元件

控制元件(即各种液压阀)在液压系统中控制和调节液体的压力、流量和方向。根据控制功能的不同,液压阀可分为压力控制阀、流量控制阀和方向控制阀,以及在此基础上研制出的电液比例控制阀。它的输出量(压力、流量)能随输入的电信号连续变化。电液比例控制阀按作用不同,可分为电液比例压力控制阀、电液比例流量控制阀和电液比例方向控制阀等。

4. 液压辅助元件

液压辅助元件包括蓄能器、油箱、滤油器、油管及管接头、密封圈、快换接头、高压球阀、胶管总成、测压接头、压力表、油位计、油温计等。

5. 液压油

液压油是利用液体压力能的液压系统使用的液压介质,在液压系统中起着能量传递、系统润滑、防腐、防锈、冷却等作用。

第2节 液压马达

一、活塞连杆式液压马达

1. 基本结构和工作原理

活塞连杆式径向液压马达的基本结构和工作原理如图 8-3 所示。

动画演示

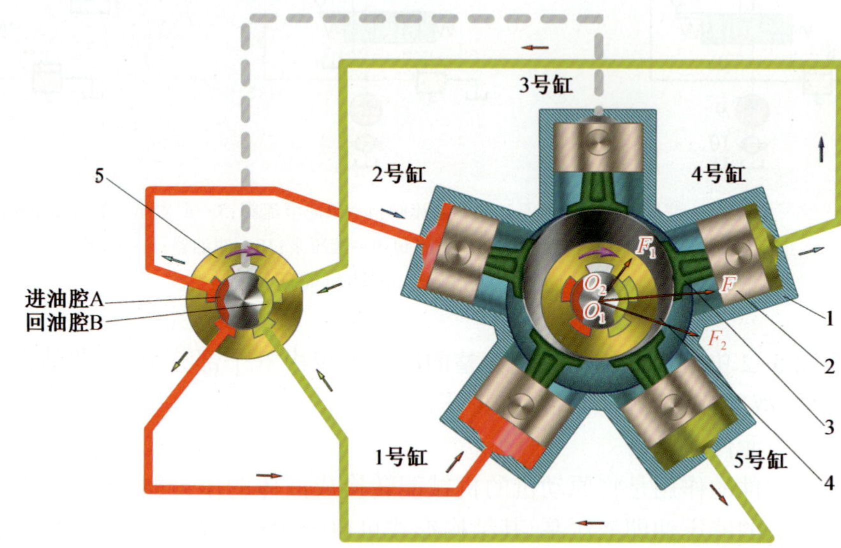

1—壳体;2—活塞;3—连杆;4—偏心轮;5—配油轴套

图 8-3 活塞连杆式液压马达工作原理

(1)基本结构

在壳体 1 的圆周沿径向均布五个油缸,油缸中的活塞 2 通过球铰与连杆 3 连接,连杆大端的圆弧形凹面与偏心轮 4 的外表面贴合,偏心轮 4 的一端是输出轴,另一端通过十字接头与配油轴套 5 连接,配油轴上的隔板两侧分别为进油腔 A 和回油腔 B。图 8-3 所示的工作状态为:1 号缸、2 号缸处于进油状态,3 号缸处于过渡状态(不进不出),4 号缸、5 号缸处于回油状态。

(2)工作原理

高压油经配油轴的进油腔 A 和缸体上的流道进入 1 号缸、2 号缸作用在活塞顶部,产生的作用力,通过连杆 3 传递到偏心轮 4 上,指向偏心轮 4 的中心 O_1。由于 3 号缸处于过渡位置,偏心轮 4 的中心 O_1 作用着由 1、2 号缸分别产生的作用力 F_1、F_2,其合力为 F。F 对输出轴中心 O_2 产生力矩,推动液压马达转动,输出扭矩。配油轴套 5 随偏心轮 4 一起旋转,进油腔 A 和回油腔 B 依次与各缸接通,从而保证偏心轮连续旋转。

改变进出液压马达的油流方向,可以实现液压马达反转。由于液压马达转动一圈,工作腔容积变化一次,故该液压马达为单作用式液压马达。

2. 典型结构实例

JMD 型活塞连杆式液压马达有新老两种结构。它们的额定工作压力为 21 MPa,最大工作压力为 31.5 MPa,转速为 0~400 r/min,每转排量为 0.20~6.14 L/r。

图 8-4 所示是 JMD 型一种老式的液压马达结构,马达外形呈五星状的壳体 1,内部由五个沿径向均匀布置的柱塞油腔,五组以球头铰接并以卡环 10 锁紧的连杆 2 与活塞 3 组成。连杆 2 大端做成鞍形圆柱面紧贴在偏心轮 5 上,并用两个挡圈 4 夹持住。偏心轮 5 由左右两个滚动轴承 6 支撑,其右端外伸成为输出轴,左端通过十字头联轴器 9 与配油轴 7 连接,使其和偏心轮一起转动。活塞上有两道活塞环,保证良好的密封。

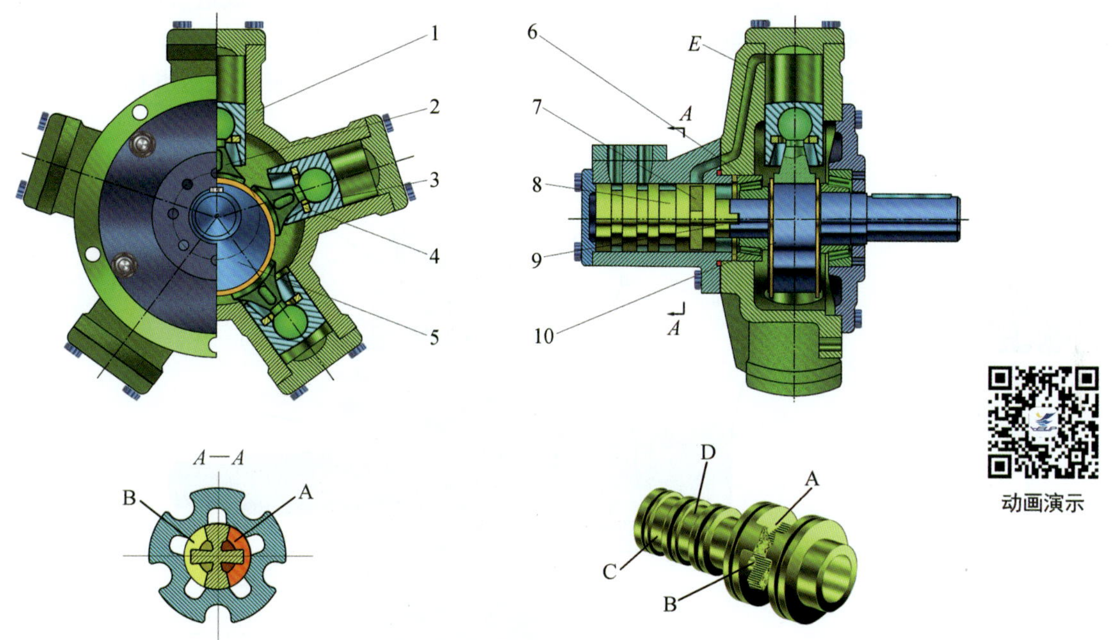

1—壳体;2—连杆;3—活塞;4—挡圈;5—偏心轮;6—滚动轴承;7—配油轴;8—滚针轴承;
9—十字头联轴器;10—卡环;A、B—配油轴槽;C、D—环槽;E—通道

图 8-4　活塞连杆式液压马达结构

配油轴 7 支承在两个滚针轴承 8 上,配油轴有两条槽 A、B(见剖面 *A—A*),经轴向孔分别通到环槽 D、C,继而通过轴套上的径向孔分别与马达壳上进、出油口相通。五个活塞油腔的顶部,各有一条径向通道 E 通到配油轴 A 或 B 槽,使其最终与壳体上的进出油口相通,结构见图中的立体图。

JMD 型新结构如图 8-5 所示,新结构中的连杆大小端采用静压支承,支承用油由活塞中心孔引至球铰 4,再经连杆中心油道经过阻尼器 3 引至大端;在配油轴上也以静压支承法取代老结构中的滚针轴承。因此,采用新的结构后液压马达在额定转速、容积效率、机械效率等方面均有较大的提高,最低稳定转速降低到 3 r/min 左右。在船舶机械中使用的活塞连杆液压马达以新结构为多。

二、静力平衡式液压马达

1. 基本结构和工作原理

图 8-6 所示为静力平衡式液压马达基本结构和工作原理示意图。液压马达的偏心轴 5 具有曲轴的形式,其既是输出轴,又是配油轴。五星轮 4 滑套在偏心轴的凸轮上,在它的五

个平面中各嵌装一个压力环3。压力环的上平面与空心柱塞2的底面接触,柱塞中间装有弹簧,以防液压马达启动或空载运转时柱塞底面与压力环脱开。高压油经配油轴中孔道通到曲轴的偏心配油部分,然后经五星轮中的径向孔、压力环、柱塞底部的贯通孔而进入油缸的工作腔内。在图示位置时,配油轴上方的三个油缸通高压油,下方的两个油缸通低压回油。此时,在每个高压油缸中各形成一个高压油柱,其一端作用在缸盖上,另一端作用在偏心轮表面上,并通过偏心轮中心,各缸形成一个合力,推动偏心轮绕着输出轴中心转动。输出轴回转时,五星轮做平面平行运动,柱塞做往复运动产生容积变化,使其完成进、回油。只要连续不断供油,就能使液压马达连续转动,改变液压马达的进、回油液流方向,液压马达就反向旋转。液压马达每转一转,每个工作容积变化一次,所以静力平衡式液压马达也称为单作用液压马达。

动画演示

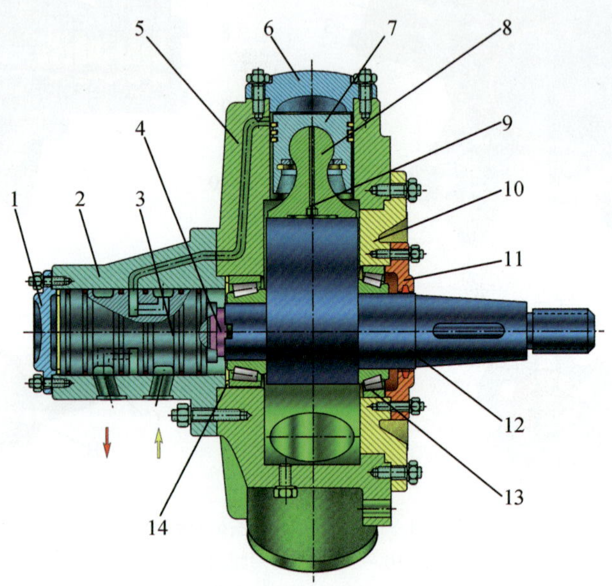

1—闷盖;2—配油缸体;3—配油轴;4—十字头;5—泵壳;6—缸盖;7—活塞;8—连杆;9—阻力孔;10—轴承端盖;11—轴封端盖;12—偏心轴;13—轴承;14—垫片

图8-5 采用静压支承的活塞连杆式液压马达结构

动画演示

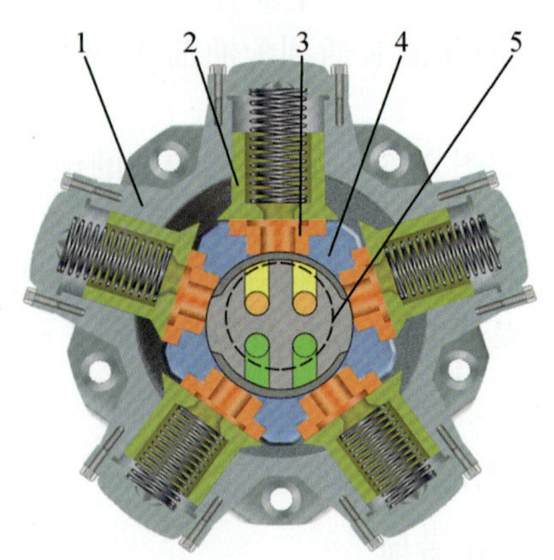

1—壳体;2—空心柱塞;3—压力环;4—五星轮;5—偏心轴

图8-6 静力平衡式液压马达的基本结构和工作原理

从以上结构与工作原理的分析中可知,柱塞和压力环之间,五星轮和曲轴偏心圆之间,基本上不靠配合表面金属直接接触传力,而是通过密封容积中的压力油柱产生的作用力直接作用于偏心轮表面和缸盖上。液压马达的柱塞、压力环和五星轮等在运动过程中仅起油压的密封作用。为改善这些零件的受力情况,减少摩擦损失,通常将它们设计成静力平衡状态,所以这种马达称为静力平衡式液压马达。

2. 典型结构实例

静力平衡式径向液压马达又称五连杆式液压马达。国外产品主要有“罗斯通”(Roston)。国内有 JYM 型,它的排量为 0.83~7.72 L/r,额定工作压力为 14 MPa~25 MPa,结构形式有轴转和壳转两种。它曾是国产船舶机械中使用最多的一种液压马达。

图 8-7 为船用起货机所用的 10JYM—135 型静力平衡式液压马达的结构。它的工作压力为 14 MPa~17 MPa,排量为 7.15 L/r,转速为 0~90 r/min,柱塞直径 d=135 mm,偏心轴的偏心距e=25 mm。这种液压马达是采用柱塞双排结构,两偏心轮偏心方向相差 180°,有利于改善轴承的受力条件,每排油缸有各自的进排油孔,液压马达既可单排工作,也可双排工作,在供油量相同的情况下,单排工作时转速可提高近一倍。

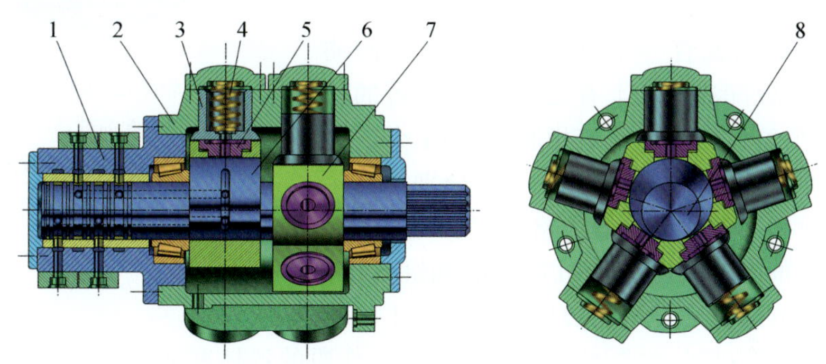

1—回转接头;2—壳体;3—空心柱塞;4—弹簧;5—压力环;
6—偏心轴;7—五星轮;8—配油轴颈

图 8-7　10JYM—135 型静力平衡式液压马达的结构

壳体 2 中两排每排各有 5 个沿圆周均匀分布的径向空心柱塞 3,用一个正五边形的五星轮 7 滑套在偏心轴 6 的偏心圆上,五星轮 7 和偏心轮可以相对自由转动。五星轮在工作时本身不转动,在液压马达壳体内做平动。在五星轮的 5 个沿圆周均布的径向孔中,各装一个压力环 5,压力环上面装有尼龙挡圈和 O 形密封圈,上面用定位套固定。定位套用弹性挡圈固定在五星轮中。空心柱塞依靠弹簧 4 和油压作用力紧紧压在压力环的端面上,并压紧 O 形密封圈,其最大压缩量由内套的高度确定。

偏心轴用一对滚动轴承支持,它的一端为输出轴,另一端有两个环形槽做配油轴的回转接头 1。从进油口输入的压力油,经回转接头和曲轴内部的轴向孔进入偏心圆(即配油轴颈 8)的切槽部分,再经过五星轮上的径向孔和柱塞底部的通孔进入油缸,同时,从其他油缸排出的油则经过相应的通道经回转接头排出。

静力平衡液压马达也可做成壳转液压马达,即偏心轴固定,壳体旋转,这样配油更为简单,可以省掉配油套。在偏心轴上直接开孔引油即可。应用时可将外壳和卷筒等旋转机构直接固定,布置极为方便。

三、内曲线液压马达

1. 基本结构和工作原理

内曲线式液压马达是一种多作用的径向柱塞式液压马达,其基本结构和工作原理如图8-8所示。它主要由凸轮环1(壳体,其内表面上分布有导轨曲面)、缸体2(布置有径向油缸,与输出轴固定为一体)、柱塞副3、配油轴4等组成。

凸轮环(壳体)内壁由x个(图中$x=6$)均匀分布的形状完全相同的曲面组成,每一个相同形状的曲面又可分为对称的两边,其中允许柱塞组向外伸的一边称为工作段(进油段),与它对称的另一边称为回油段。每个柱塞在液压马达转一转中往复的次数就等于凸轮环的曲面数x(x称为该马达的作用次数)。

缸体2的圆周方向有8个均匀分布的径向油缸5(又称柱塞孔),每个油缸的底部有一个配油窗口,并与配油轴4的配油孔道相通。

有一个吸排作用就有一个进油窗孔和一个回油窗孔与之相配,所以配油轴4上有$2x$个均匀布置的配油孔道,其中x个窗孔与进油孔道相通,另外x个窗孔与回油孔道相通,这$2x$个配油窗孔的位置分别与凸轮环曲面的工作段和回油段的位置严格对应。

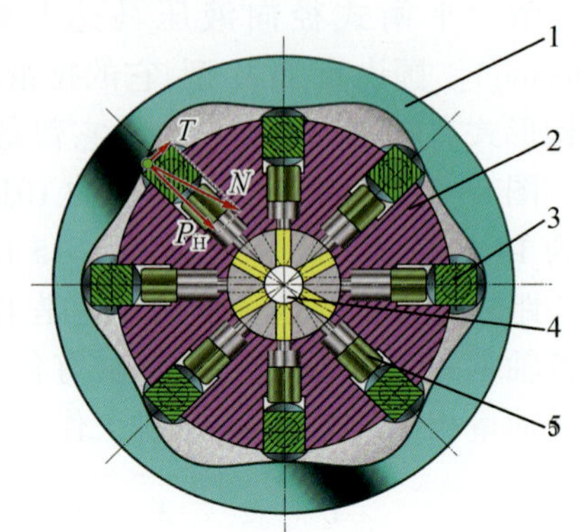

1—凸轮环;2—缸体;3—柱塞副;
4—配油轴;5—油缸

图8-8　内曲线式液压马达的基本结构和工作原理

柱塞组3以很小的间隙置于缸体2的油缸5中。作用在柱塞底部的液压力经滚轮传递到凸轮环1的曲面上。

当高压油进入配油轴,经配油窗口进入处于工作段的各柱塞油缸时,使相应的柱塞组顶在凸轮环的曲面的工作段上,在接触此凸轮环曲面给予柱塞一反力N,这个反力N是作用在凸轮环曲面与滚轮接触处的公法面上,此法向反力N可分解为径向力P_H和圆周力T,P_H与柱塞底面的液压力相平衡,而圆周力T则克服负载力矩驱使缸体2旋转。在这种工作状况下,凸轮环1和配油轴4不转动。此时,对应于凸轮环回油段的柱塞做反方向运动,通过配油轴将油液排出。

柱塞组3每经过一个曲面(工作段和回油段),柱塞在油缸中往复运动一次,进油和回油各一次。当改变进出液压马达的油流方向,液压马达的转向随之改变。

上述为轴转式内曲线液压马达的工作原理,轴转式的特点是油缸体与输出轴固定为一体,油缸体转动便带动输出轴转动,而配油轴与壳体(凸轮环)固定不转动。

若将缸体2固定,而允许壳体和配油轴旋转,则可做成壳转式内曲线液压马达。

2. 典型结构实例

图8-9所示为8作用轴转式内曲线液压马达结构图。该液压马达有10个柱塞,8段内曲面,配油轴上有8个进油窗孔和8个回油窗孔。进、回油窗孔相间排列,其位置与凸轮环严格对应,配油轴上的进、排油窗孔之间的区域为密封区,该区的小点对应于凸轮环工作段与回油段之间的过渡圆弧段中点,圆弧与配油轴同心,故柱塞处于该位置时,没有往复运动,故理论上讲没有困油现象,但一旦配油轴与凸轮环的相对位置出现误差便会出现严重的困油现象。

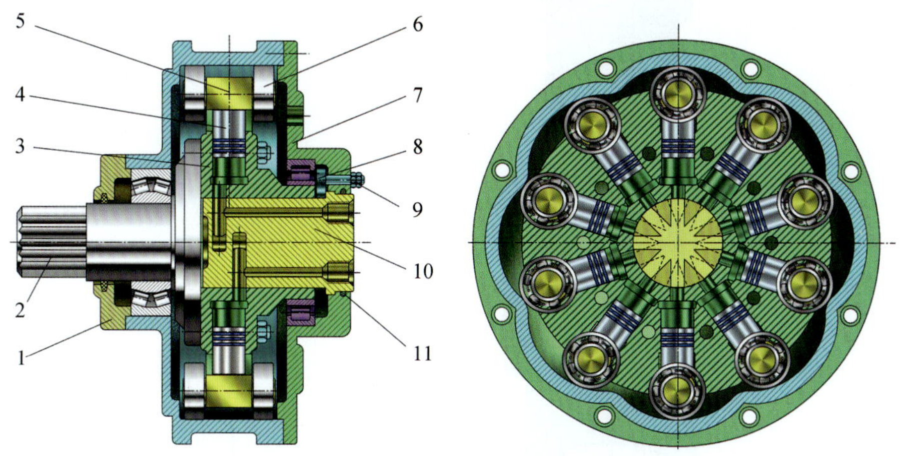

1—壳体;2—输出轴;3—油缸体;4—柱塞;5—横梁;6—滚轮;
7—端盖;8—偏心销;9—锁紧螺母;10—配油轴;11—密封圈

图 8-9 内曲线油马达结构

为补偿这种加工和安装上的误差,在配油轴与壳体之间设有偏心销 8,转动偏心销 8,使卡在配油轴凹槽中的偏心轮随之转动,即可对配油轴与壳体的相对位置进行微调。微调通常在试车时进行,应先将锁紧螺母 9 松开,然后稍稍转动偏心销至噪声和振动最小时再锁紧。为便于微调配油轴的轴向位置,在配油轴和端盖之间,仅设置了弹性的 O 形密封圈且并不固接,同时在进、排油口和外接油管之间以软管相连。

第 3 节 压力控制阀

压力控制阀又分为溢流阀(安全阀)、减压阀、顺序阀、压力继电器等。

一、溢流阀

溢流阀的作用是在阀前系统油压超过整定值时泄放油液,以保持阀前油压不超过一定值或保持油压基本稳定。溢流阀有直动式、差动式和先导式三种,以直动式和先导式最为常用。

1. 直动式溢流阀

直动式溢流阀的结构及其主要组成部件如图 8-10 所示。

P 是进油口,T 是回油口,进口压力油经阀芯 4 中的径向孔 f 与中心阻尼孔 g 作用在阀芯底部端面上,形成的启阀作用力为 F_0,弹簧 2 作用在阀芯上部端面上,形成的关阀作用力为 F_S。

当进油压力较小,$F_0<F_S$ 时,阀芯在弹簧 2 的作用下处于下端位置,将 P 和 T 两油口隔开;当进油压力升高,$F_0>F_S$ 时,阀芯上升,阀口被打开,P 腔和 T 腔接通,将多余的油排回油箱。

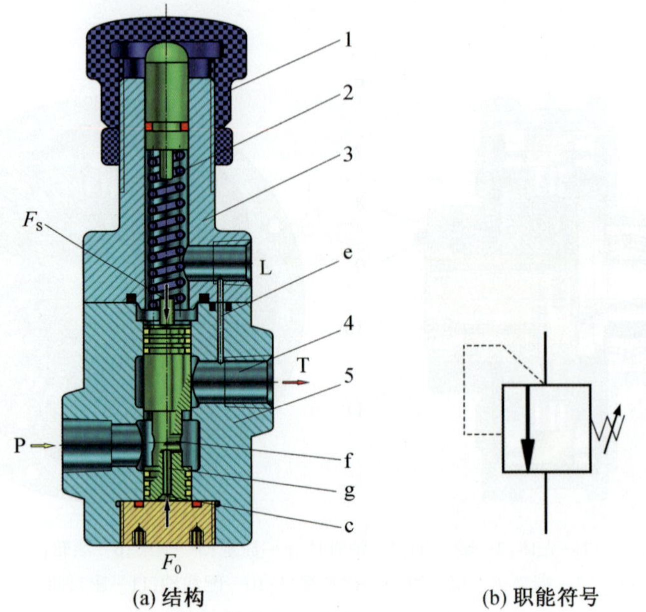

(a) 结构　　　　(b) 职能符号

1—调节螺母;2—弹簧;3—端盖;4—阀芯;5—阀体;

c—阀芯底面;e—外泄小孔;g—阻尼孔;f—径向孔;L—外泄口

图 8-10　直动式溢流阀的结构原理图

油压力超过调定值越多,弹簧压缩量越大,启阀力与关阀力达到新的平衡($F_0=F_S$)时,阀芯升程越大,阀的开度越大,泄往油箱的油就越多,从而抑制油压的进一步升高;同理,油压越低,阀的开度越小,直至关闭,从而抑制了油压的进一步降低。溢流阀就是这样来抑制阀前的油液压力(简称阀前压力)基本稳定或不超过一定值。

阀芯上的阻尼孔 g 用来防止阀口压力脉动时造成阀芯动作过快,以避免振动,提高阀的工作平稳性。通过调节螺母 1 可以改变弹簧的压紧力,这样也就调整了溢流阀的阀前油液压力 P。

直动式溢流阀结构简单,灵敏度高,但在高压、大流量工作时,阀的弹簧较硬较粗,阀前系统的压力随溢流量的变化较大,所以不适合在高压、大流量下工作。该溢流阀的最大调定压力一般不超过 2.5 MPa。

2. 先导式溢流阀

先导式溢流阀的结构如图 8-11 所示。该阀由先导阀和主阀两部分组成。先导阀实际上是一个小流量直动式溢流阀,其锥形阀芯 2 在调压弹簧 3 的作用下压在导阀座 1 上,旋转调压手轮 6 拧动螺钉 5 可以调节系统的工作压力。

主阀芯 7 的下部锥形阀面与主阀座 8 相配合,中部圆柱面(又称平衡活塞)与主阀体 9 相配合,上部圆柱面与导阀体(又称主阀盖)4 相配合,此三处均起密封作用。主弹簧 11 作用在主阀芯 7 的上方,将主阀芯 7 往下压,形成关阀作用力 F_S(即弹簧张力)。

工作时压力油从进油口 P 进入主阀下腔室,并经主阀芯上的阻尼孔 10 进入上腔室,再经通道 a 和缓冲小孔进入先导阀前腔。

当进油压力 P 低于导阀的开启压力 P_0 时,先导阀关闭,阀内无油流动。此时,主阀上下腔和先导阀前腔的压力均等于进油压力 P,又由于主阀上、下腔的承压面积 A 大小相等,所以主阀芯在主弹簧力的作用下压在阀座上,主阀也与导阀一样处于关闭状态。

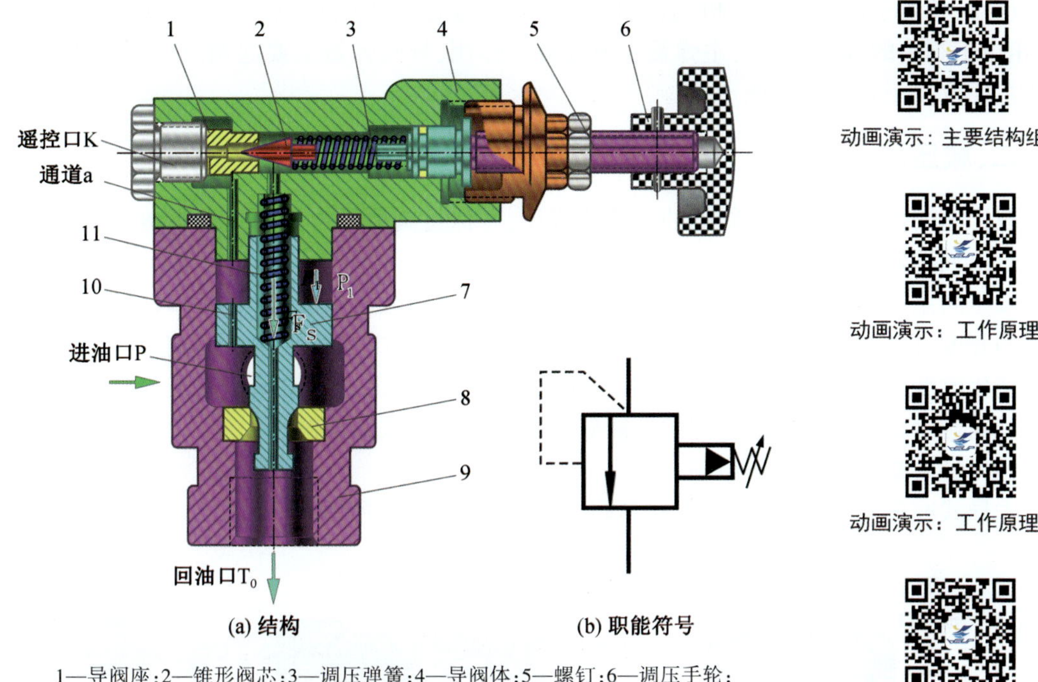

1—导阀座;2—锥形阀芯;3—调压弹簧;4—导阀体;5—螺钉;6—调压手轮;
7—主阀芯;8—主阀座;9—主阀体;10—阻尼孔;11—主弹簧

图 8-11　先导式溢流阀的结构与职能符号

当进油压力 P 超过导阀的开启压力 P_0 时,锥形阀芯 2 即被顶开,使少量油液经导阀座 1 和主阀中心孔流到回油口 T。由于阻尼孔 10 的孔径很小(一般为 0.8~1.2 mm),有节流减压作用,使主阀芯 7 上腔压力 P_1 小于下腔压力 P,主阀芯 7 在这个压力差($P-P_1$)的作用下便产生一个向上的主阀启阀作用力 $F_0=(P-P_1)\times A$,随着进油压力 P 的继续升高,锥形阀芯 2 开度增加,主阀芯上下腔的压力差($P-P_1$)也增加,主阀启阀作用力 F_0 也增加,当启阀作用力大到足以克服主阀芯重力、摩擦力和主弹簧 11 张力 F_S 时,主阀口就开启溢流。此后,只要主阀芯 7 进口压力稍有增加,导阀的开度和流量就增加,主阀芯上下腔的压力差就增加,主阀芯溢流口的开度就增加,主阀溢流量增加;同理,当主阀芯进口压力稍有减小,导阀开度就减小,主阀芯开度也随之减小,主阀溢流量减小,从而保持主阀进口的系统油压基本稳定。

由于主阀的开度是有限的,当主阀已经达到最大开度(即最大溢流量)时,若主阀进口的系统油压力再升高,就超出了主阀的调节范围,因此必须为液压系统配置额定溢流量足够的溢流阀。转动调压手轮 6,改变导阀调压弹簧 3 的初张力,可在规定范围内改变溢流阀的额定压力。

当溢流阀处于稳定的开启状态时,作用在主阀上的启阀作用力和关阀作用力(忽略重力和摩擦力)是平衡的,即 $P-P_1=F_S$。

由于与主阀弹簧的张力 F_S 相平衡的是油压差($P-P_1$),而非主阀进口系统压力 P,所以即使系统压力较高,主阀弹簧也可选得较软;由于阻尼孔很小,通过导阀的流量也很小,一般为溢流阀额定溢流量的 0.5%~1%,故导阀的承压面积很小,导阀的弹簧也比较软,所以先导型溢流阀所控制的阀前系统压力也就变化不大,故其适用于高压大流量系统。

在先导式溢流阀中主阀与导阀所起的作用是不同的,导阀的作用是根据油压来控制主阀的动作,相当于阀中的指挥机构;主阀的作用是根据导阀的控制信号开大或关小主溢流口,相当于阀中的执行机构。主弹簧主要起复位作用,导阀弹簧主要起调压作用。所以调压性能主要取决于导阀的性能。

二、减压阀

减压阀的作用是使流经阀的油液节流降压,并保持阀后压力或压差基本恒定,以便从系统中分出油压较低的支路。

减压阀主要有定值输出和定差输出两种。定值输出减压阀能根据阀出口压力的变化改变阀的开度,以使阀后油流减压并保持压力稳定。定差输出减压阀能根据阀的进、出口压力差的变化改变阀的开度,以使阀后油流减压并保持压差稳定。定值减压阀最为常用,故通常就将其简称为减压阀。下面将介绍性能好应用广的先导式减压阀。

1. 先导式减压阀的工作原理

先导式减压阀的结构、组成部件和职能符号如图 8-12 所示。

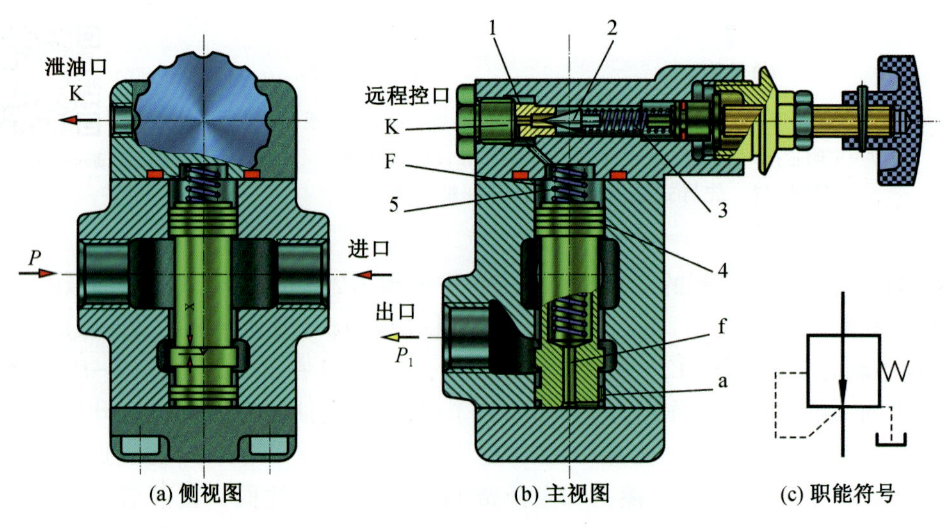

1—导阀阀座;2—导阀;3—导阀弹簧;4—主阀;5—主阀弹簧

图 8-12　先导式减压阀与职能符号

先导式减压阀也由主阀和导阀两部分组成。从进口来的压力为 P 的高压油流经主阀 4 的阀口 X 节流后,压力降为 P_1,由出口流出。出口端已经降压的油液,沿主阀下部的轴向沟槽 a 进到主阀下方的油腔,再经主阀中心的阻尼孔 f,到达主阀上方的油腔 F 和导阀 2 的左腔。正常工作时,出口压力大于导阀开启压力,导阀被顶开,少量油液经阻尼孔 f 和导阀 2 向泄油口泄油。由于阻尼孔 f 的节流作用,主阀下腔的油压就会高于上腔油压。如果 P_1 升高,导阀的开度将增加,泄油流量就会增加,主阀上下的油压差随之增大,主阀就会克服弹簧 5 的张力而关小,以阻止 P_1 增加;反之,如果 P_1 降低,则主阀就会开大,以阻止 P_1 的降低。这样,依靠主阀自动调整节流口的开度,即可使出口压力基本稳定在调定压力附近。转动手轮,改变导阀弹簧 3 的张力,即可改变减压阀的调定压力。当然,如果阀后的压力 P_1 过低,致使导阀关闭,则主阀上下腔油压相等,主阀也就会在本身弹簧的作用下处于最下端,使减压口全开,这时也就超出了阀的调节范围,因而也就无法维持阀出口压力的稳定。

减压阀的泄油口须直通油箱(外泄),这与溢流阀(内泄)不同,减压阀工作时导阀的外泄流量一般小于 1.5~2 L/min。先导式减压阀也有外控口 K 可实现远程控制。

2. 减压阀的应用

减压阀主要用在需要提供多种压力的液压系统油路中,例如在泵控型液压舵机中,泵的控制油路需要较高的压力,而补油油路则需要较低的压力,这就需要在油路中安装减压阀,通过调整来获得所需的压力。

三、顺序阀

顺序阀是一种用油压信号控制油路接通或隔断的阀,故也将其看成是一种液动的二位二通阀。这种阀常用来以油压信号自动控制液压缸或液压马达的动作顺序,故称为顺序阀。顺序阀也有直动式和先导式之分。

1. 顺序阀的工作原理

直动式和先导式顺序阀的典型结构和符号如图 8-13 所示。

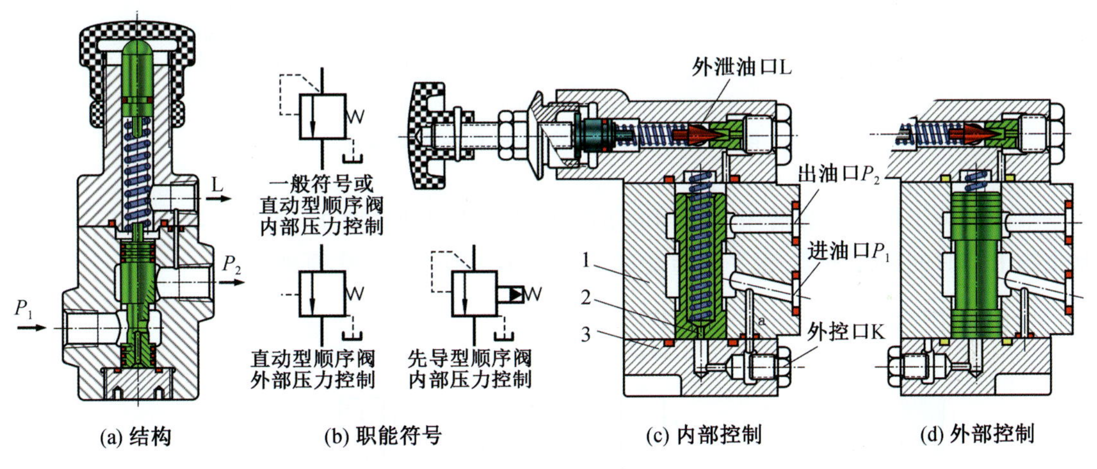

1—阀体;2—阀芯;3—端盖

图 8-13 顺序阀与职能符号

以先导式顺序阀图中(c)为例说明其工作原理。工作时,进口油压经控制油路 a、阻尼孔引至主阀上方,再经上盖的通孔作用于先导阀。

当进油压力低于导阀的开启压力时,导阀关闭,主阀上下油压相等,在弹簧力作用下关闭,进出油路即被隔断。

当进油压力超过导阀的开启压力时,先导阀即被顶开,主阀芯上腔泄压,主阀芯在上下油压差的作用下被顶到全开位置,进、出口油路即被接通,相应的执行机构便获得压力油而开始动作,从而实现油路系统的自动控制。

顺序阀根据控制信号来自阀的内部还是外部可有内部控制图中(c)(直控)和外部控制图中(d)(远控)两种控制方式。上述例子就是内控方式(也称直控方式)。如果该阀要采用外部控制方式,只需将该阀的下盖转 90°安装,以便把 a 油路堵住,同时卸除控制油口 K 的螺塞,并从该处接其他油压信号来控制阀的启闭即可。

2. 顺序阀的应用

(1)顺序阀用于控制多个执行机构的动作顺序。

(2)顺序阀与单向阀的组合称为平衡阀或单向顺序阀,其结构与职能符号如图 8-14 所示。

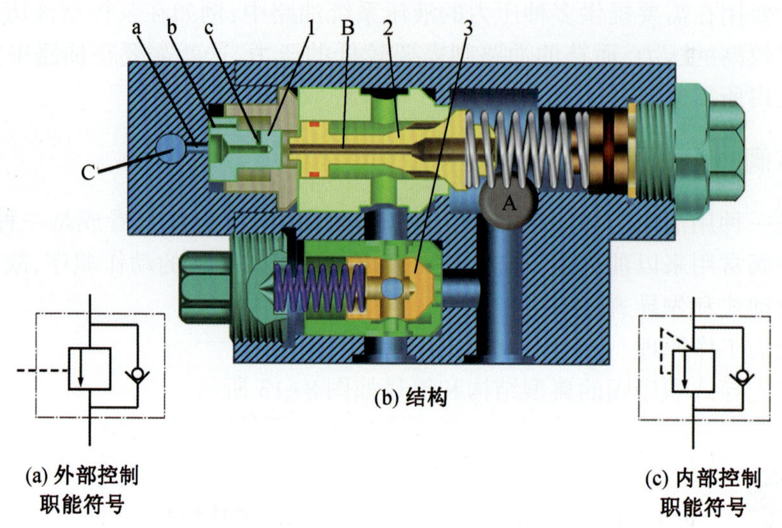

1—导控活塞;2—主滑阀;3—单向阀

图 8-14　组合式平衡阀结构与职能符号

平衡阀装于单向负载液压系统中的下降工况时的回油管路上,如图 8-15 所示,用于控制重物下降时的回油速度,起平衡重物和节流限速作用。其工作原理如下。

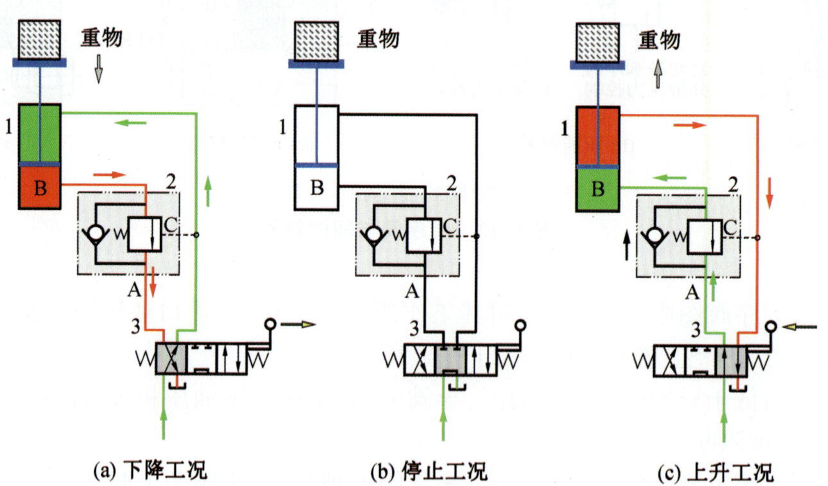

1—液压缸;2—平衡阀;3—手动三位四通阀;4—油箱

图 8-15　举升机液压系统

停止工况时，通往平衡阀 C 腔的控制油压力很低，内部顺序阀关闭，单向阀也关闭，故平衡阀闭锁，液压缸不能回油，重物被支撑住。

下降工况时，泵供油进入液压缸上腔和平衡阀 C 腔，当压力升高到调定值时，C 腔的控制压力使主阀打开，下腔得以回油，重物下降，若重物下降速度过快以至泵供油跟不上时，C 腔压力下降，主阀芯趋于关闭方向移动，增大回油节流效果，降低重物下降速度，以防止物重超速下降。

上升工况，泵供油正向通过平衡阀中的单向阀，进入液压缸下腔，推动重物上升，液压缸上腔的油经换向阀流回油箱。

目前船舶机械使用的平衡阀，从结构上分有锥阀式、滑阀式和组合式三种。

第 4 节　流量控制阀

流量控制阀包括节流阀、调整阀、分流集流阀等。

一、节流阀

节流阀的作用是利用移动或转动阀芯的方法直接改变阀口的通流面积与阻力，来控制流经阀口的液体流量。

节流阀的结构、职能符号以及与定量液压泵配合使用的情况如图 8-16 所示。

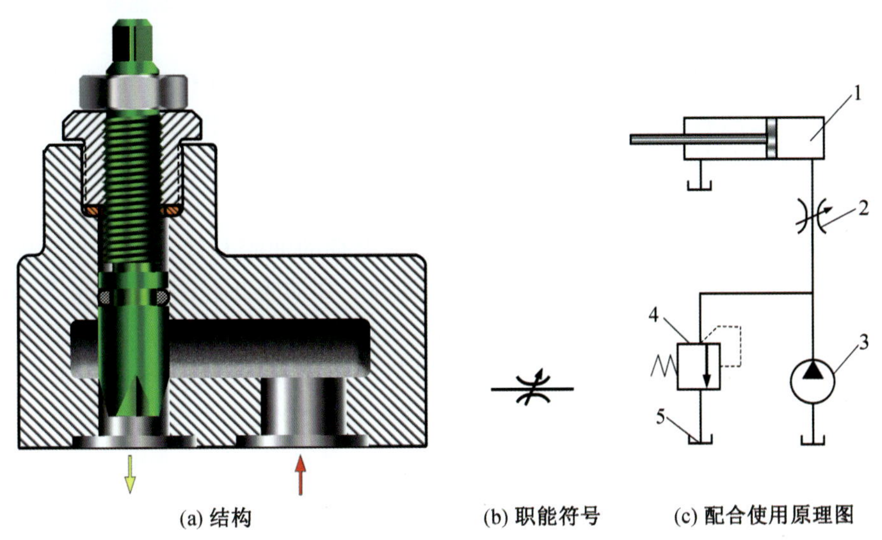

(a) 结构　　(b) 职能符号　　(c) 配合使用原理图

1—液压缸；2—节流阀；3—液压油泵；4—溢流阀；5—油箱

图 8-16　节流阀的结构与职能符号

节流阀节流口的形式采用的是轴向三角沟式。油从进油口流入，经阀芯左端的节流沟槽从出油口流出。调节阀芯的轴向位置可以调节节流程度。

节流阀只有装在定压液压泵后面的油路中或定量液压泵的分支油路上才能起流量调节作用。不要将节流阀装在定量液压泵的总管上，因为那样会导致阀前油压超高而损坏设备和管路。

二、串联式调速阀

串联式调速阀是由定差减压阀和节流阀串联而成的。串联式调速阀必须与定压液压泵配合使用。其结构图和职能符号如图 8-17 所示。

动画演示

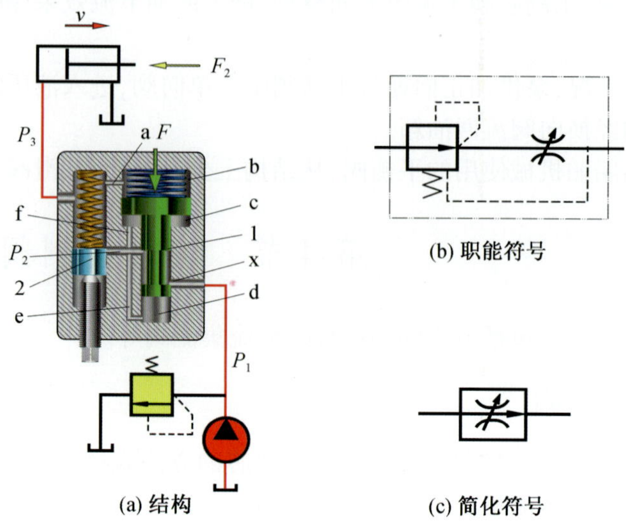

(a) 结构　　(b) 职能符号　　(c) 简化符号

1—定差减压阀阀芯；2—节流阀

图 8-17　串联式调速阀的结构与职能号

串联式调速阀的基本工作原理是：来自定压液压泵压力恒为 P_1 的油液，先经定差减压阀 1 节流降压至 P_2，然后再经节流阀 2 降压至 P_3。在此过程中，利用定差减压阀阀芯 1 的自动调节，使节流阀前后的压差（P_2-P_3）基本保持恒定，从而使节流阀的流量也大体保持稳定。

定差减压阀的工作原理是：定差减压阀阀芯 1 上端的油腔 b 经通道 a 与节流阀 2 后的油液相通，压力为 P_3；定差减压阀阀芯 1 一端的油腔 c 和油腔 d 经通道 f 和 e 与节流阀 2 前的油液相通，压力为 P_2。当载荷增大时，压力 P_3 也增大，这时 P_3 通过通道 a 作用在定差减压阀阀芯 1 上端的作用力增大，使定差减压阀阀芯 1 下移，减压阀的开口 x 加大，压力差减小，因此 P_2 也增大，结果保持节流阀前后的压力差（P_2-P_3）基本不变。相反地，如果载荷减小，则 P_3 减小，定差减压阀阀芯 1 上部的油压减小，于是定差减压阀阀芯 1 在油腔 c 和 d 中的压力油（压力为 P_3）的作用下上移，使减压阀的开口 x 减小，压力差增大，P_2 减小，所以仍能保持（P_2-P_3）基本不变。

因为弹簧很软，当定差减压阀阀心上下移动时 F 的数值变化不大，所以节流阀前后的压力差值 $\Delta P=P_2-P_3$ 基本上为一常量，也就是通过调速阀的流量可以基本不变，从而使执行机构的运动速度可以保持稳定。

三、并联式调速阀

并联式调速阀由定差溢流阀与节流阀并联组成。并联式调速阀必须与定量液压泵配合使用。其结构图与职能符号如图 8-18 所示。

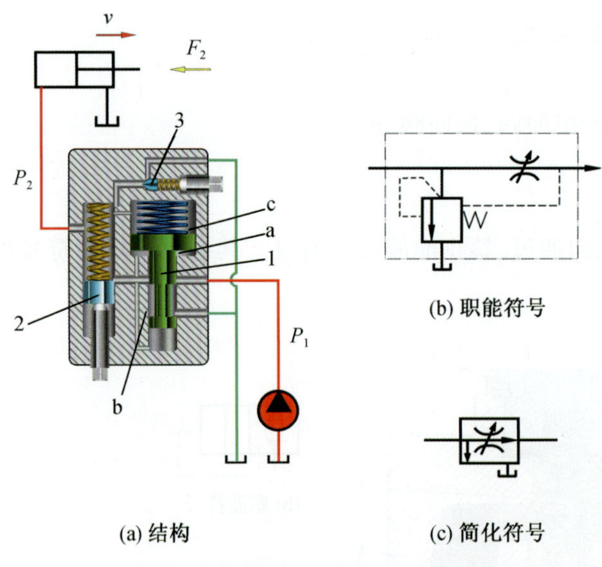

1—定差溢流阀;2—节流阀;3—安全阀

图 8-18　并联式调速阀的结构与职能符号

并联式调速阀的工作原理是:来自定量液压泵压力为 P_1 的油液,进阀后分成两路,一路经节流阀降压至 P_2 后进入执行机构;另一路经溢流阀的溢流口泄回油箱。在此过程中,定差溢流阀根据节流阀前后的压力差(P_1-P_2)来控制溢流阀阀芯的动作,自动调节溢流量,以保持节流阀前后的压差基本恒定,从而保持节流阀的流量基本恒定。

定差溢流阀的工作原理是:溢流阀阀芯上腔 c 与节流阀的出口相通,油压为 P_2;下腔 a 和 b 与节流阀的进口相通,油压为 P_1。当 P_2 因负载增加而升高时,会将溢流阀阀芯往下压,使溢流口减小,从而使节流阀前压力 P_1 增加,从而使节流阀前后压差(P_2-P_1)保持基本恒定。反之,当 P_2 减小时,溢流口增大,P_1 也减小,(P_2-P_1)仍保持基本恒定。

由上可知,与溢流阀弹簧力相平衡的是油压差,故即使工作压力较高,溢流阀弹簧力也不太高,所以溢流阀阀芯在不同开度时的油压差(P_2-P_1)变化不大。

由于并联式调速阀必须与定量泵配合工作,故当负载过大时或排出管堵塞时,P_1 和 P_2 可能会升得很高而危及设备安全,为此在阀内装有安全阀 3。

并联式调速阀与串联式调速阀相比,缺点是溢流阀阀芯的移动阻力较大,弹簧做得相对较硬,压差变化量相对较大,所以流量稳定性不如串联式的好;优点是泵油排压随负载变化,且比节流阀出口压力高出不多(0.3 MPa~0.5 MPa),故功率损耗较少,油液的发热程度较轻。该阀更适合对流量稳定性要求不高的场合。

第 5 节　方向控制阀

方向控制阀包括单向阀、液控单向阀、换向阀等。

一、单向阀

单向阀的作用是允许油液正向通过,禁止油液反向通过。其结构及职能符号如图 8-19 所示。

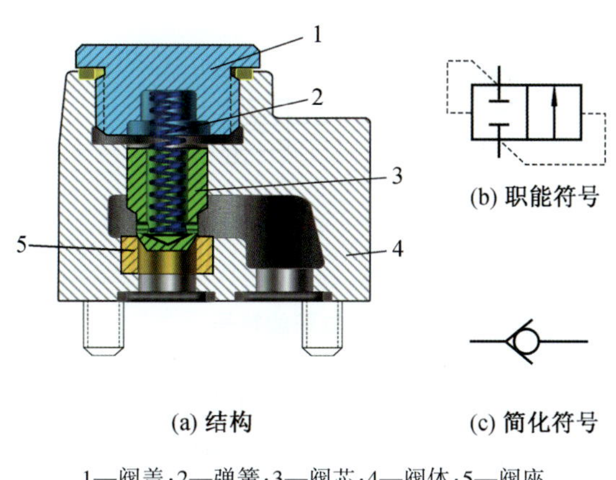

1—阀盖;2—弹簧;3—阀芯;4—阀体;5—阀座

图 8-19　单向阀的结构与职能符号

单向阀主要由阀体 4、阀芯 3、阀座 5 和弹簧 2 等组成。当液流正向通过单向阀时,只需克服弹簧力,阻力很小,而当液流企图反向流动时,阀芯 3 在油压与弹簧力的联合作用下被紧压在阀座 5 上,截断液流通道。

单向阀的弹簧刚度一般较小,以尽量减小油流正向通过时的压力损失,正向最小开启压力(单向阀的性能指标)为 0.03 MPa~0.05 MPa。

单向阀有时也做背压阀使用,常装在回油管中以保持一定的回油压力,或与细滤器等附件并联以便在滤器堵塞时能够自动地起到旁通作用。当单向阀作为背压阀使用时,弹簧的刚度按要求的回油压力来选择,比做单向阀用时要硬一些。目前生产的这类阀的开启压力一般为 0.3 MPa~0.4 MPa。

二、液控单向阀

液控单向阀的作用是无条件地允许油液正向通过,有条件地允许油液反向通过。其结构和职能符号如图 8-20 所示。它在正向过油时,不需控制油压,与普通单向阀一样动作;当需要油液反向通过时,接通控制油,顶杆 5 上升打开主阀芯 3,让油液反向流出。

两只液控单向阀可以组成液压锁。其功用是锁闭执行元件的进出油路。其结构和职能符号如图 8-21 所示。液压锁在船舶机械液压系统具有广泛的应用,如舵机液压系统用它来防止跑舵等。

液压锁中的液控单向阀的结构与单向阀的结构略有不同,即在主阀芯里再加一个卸荷阀芯。这样做的目的是便于在高压下使用时,用较小的控制油压力便能方便可靠稳定地打

开主阀芯，防止主阀芯跳动。因为液控顶杆先打开卸荷阀芯，主阀芯上的关阀压力被卸荷而下降，此时较低的控制油压也能打开大的主阀芯。

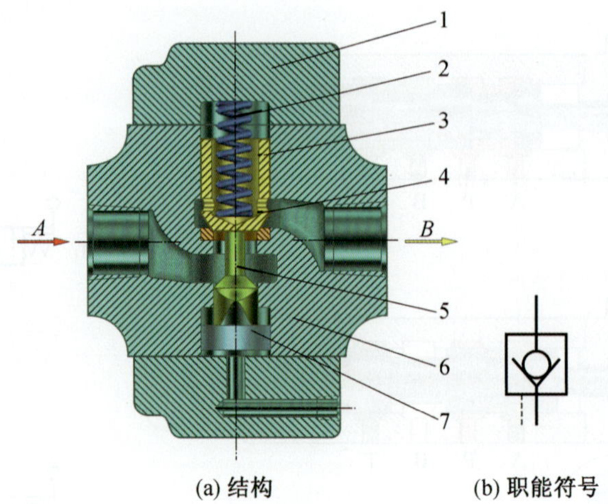

(a) 结构　　(b) 职能符号

1—上盖；2—弹簧；3—阀芯；4—阀座；
5—顶杆；6—阀体；7—控制活塞

图 8-20　液控单向阀的结构与职能符号

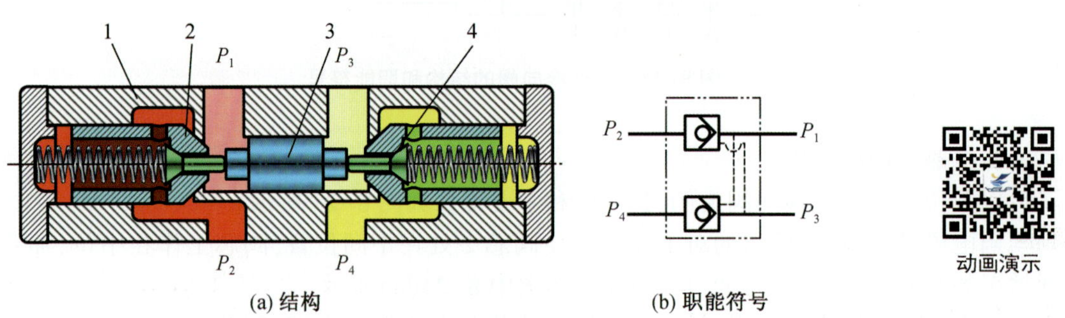

(a) 结构　　(b) 职能符号

1—阀体；2—控制活塞；3—卸荷阀芯；4—主阀芯

图 8-21　液压锁的结构与职能符号

三、换向阀

换向阀的作用是利用阀芯和阀间的相对运动来变换油液的流动方向，接通或关闭油路。

换向阀的种类有很多，根据控制方式的不同，换向阀有手动式、机械式、电磁式、液动式和电液式之分；按阀芯工作位置和控制油路的数目来分，有二位、三位和二通、三通、四通等。

1. 手动换向阀

图 8-22 所示为三位四通自动复位式手动换向阀的结构和职能符号。

当手柄向左扳时，阀芯右移（a），P 和 A 接通，B 和 T 接通；当手柄向右扳时，阀芯左移（c），这时 P 和 B 接通，A 和 T 接通，实现了换向。放松手柄时（b），换向阀的阀芯在对中弹簧的作用下回到中位。

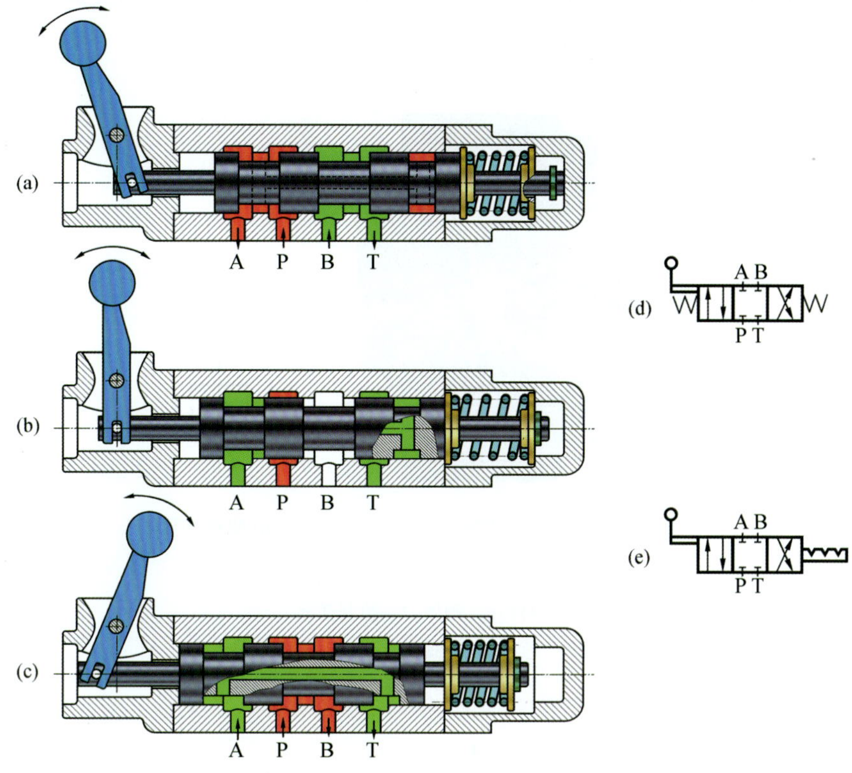

图 8-22 手动换向阀的结构和职能符号

2. 电磁换向阀

以三位四通电磁换向阀为例,其结构和主要部件如图 8-23 所示。

当电磁铁断电时,两边的对中弹簧 4 使阀芯 2 处在中间位置,阀芯工作在中位,油路沟通情况如符号中框所示,各油口互不相通如图中 8-23(a)所示。

当右边电磁铁通电时,衔铁 9 通过推杆 6 将阀芯 2 推向左端,阀芯右侧处在工作状态,油路沟通情况如符号右框所示,即油口 P、A 相通,B、T 相通如图中 8-23(b)所示。

当左边电磁铁通电时,阀芯推向右端,使阀芯左侧处于工作状态,油路沟通情况如符号左框所示,即油口 P、B 相通,A、T 相通,于是通往执行机构的油流方向也随之改变如图中 8-23(c)所示。

根据电磁铁适用电源的不同,电磁阀有交、直流两种。交流电磁阀代号为 O,所用电压一般为 220 V,也有 380 V 或 36 V 的;直流电磁阀代号为 E,使用电压一般为 24 V,也有 110 V 或 48 V 的,电源电压的波动范围一般不得超过额定电压的 85%~105%。

3. 液动换向阀

液动换向阀是靠压力油来改变阀芯位置的换向阀。图 8-24 所示为三位四通液动换向阀的结构与职能符号。

当控制油路的压力油从阀右边的油口 K_2 进入滑阀右腔时,阀芯被向左推,符号右框为工作位,油口 P 与 B 相通,A 与 T 相通如图中 8-24(a)所示。

当控制油路的压力油从阀的左边的油口 K_1 进入滑阀左腔时,阀芯被向右推,符号左框为工作位,油口 P、A 相通,B、T 相通,从而实现了油路的换向如图中 8-24(b)所示。

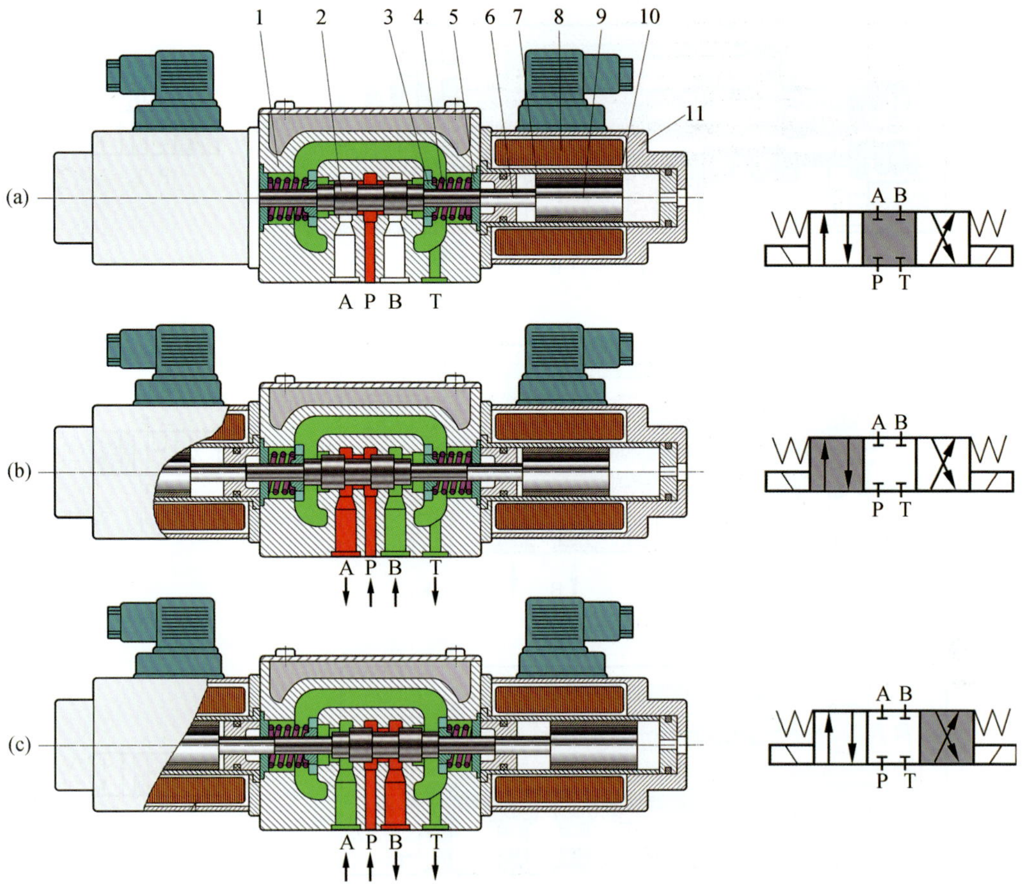

1—阀体;2—阀芯;3,5—弹簧座;4—弹簧;6—推杆;
7,11—电磁铁;8—电磁线圈;9—衔铁;10—滑套

图 8-23　电磁换向阀的结构与职能符号

当两个控制压力油口都不通压力油时,阀芯在两端弹簧作用下恢复到中间位置如图中8-24(c)所示。

为减缓液动换向阀的阀芯移动速度,减小换向冲击,提高换向性能,可在液动换向阀两端的控制油路中装设可调单向节流阀。

4. 电液换向阀

电液换向阀是电磁换向阀和液动换向阀的组合。电磁换向阀起导阀作用,用来改变液动阀(主阀)控制油路中的油液流向,以改变液动换向阀的阀芯位置,实现高压与大流量油路的液流方向控制。

电液换向阀常用的形式较多。图 8-25 所示为一种三位四通电液换向阀的结构与职能符号。

当左边电磁铁通电时,控制油路的压力油经单向阀进入主阀芯的左腔,将主阀芯向右推,这时主阀芯右端的油经节流阀和电磁阀流回油箱,主阀工作在左位,使油口 P、A 相通,B、T 相通。

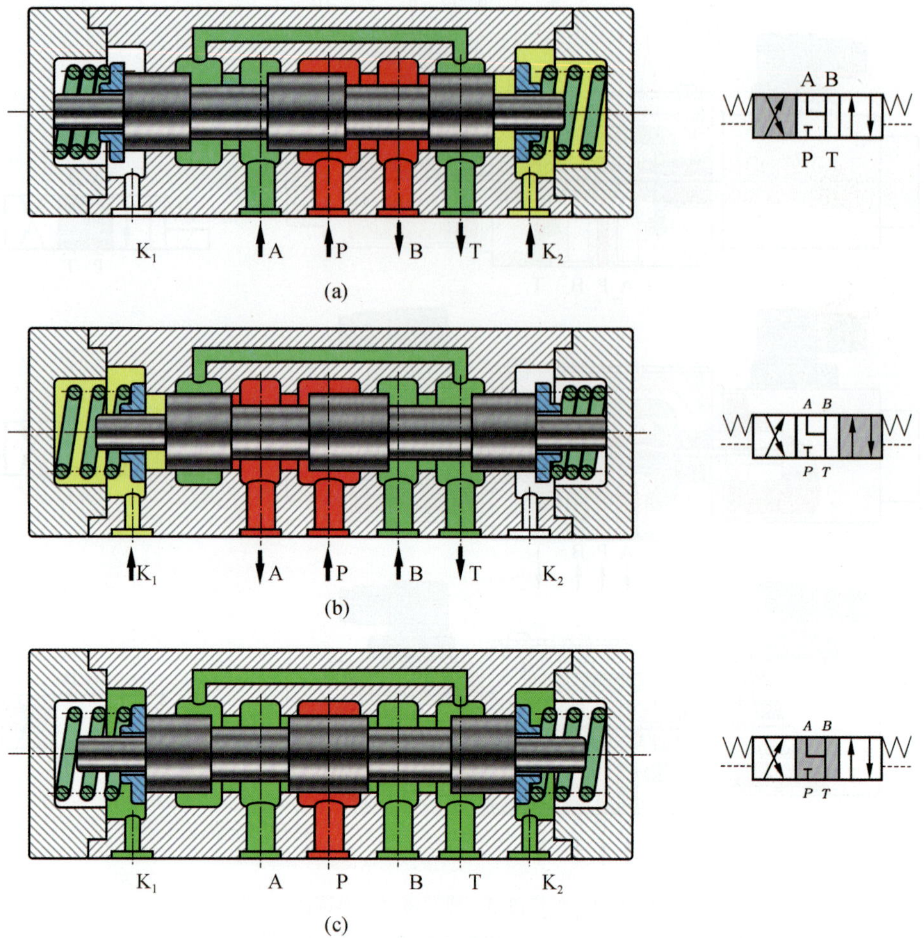

图 8-24　液动换向阀的结构与职能符号

当右边的电磁铁通电时,控制油路的压力油就将主阀芯向左推,主阀芯工作在右位,使油口 P、B 相通,A、T 相通,从而实现主油路换向。

当两个电磁铁都断电时,对中弹簧可使主阀芯处于中间位置。

主阀芯向左或向右的移动速度可以分别用两端回油路上的节流阀来调节,这样可控制执行元件的换向时间,并可使换向趋于平稳,以改善电液换向阀的换向性能。在液压各型号中,电液控制一般用字母 EY 或 DY 表示。

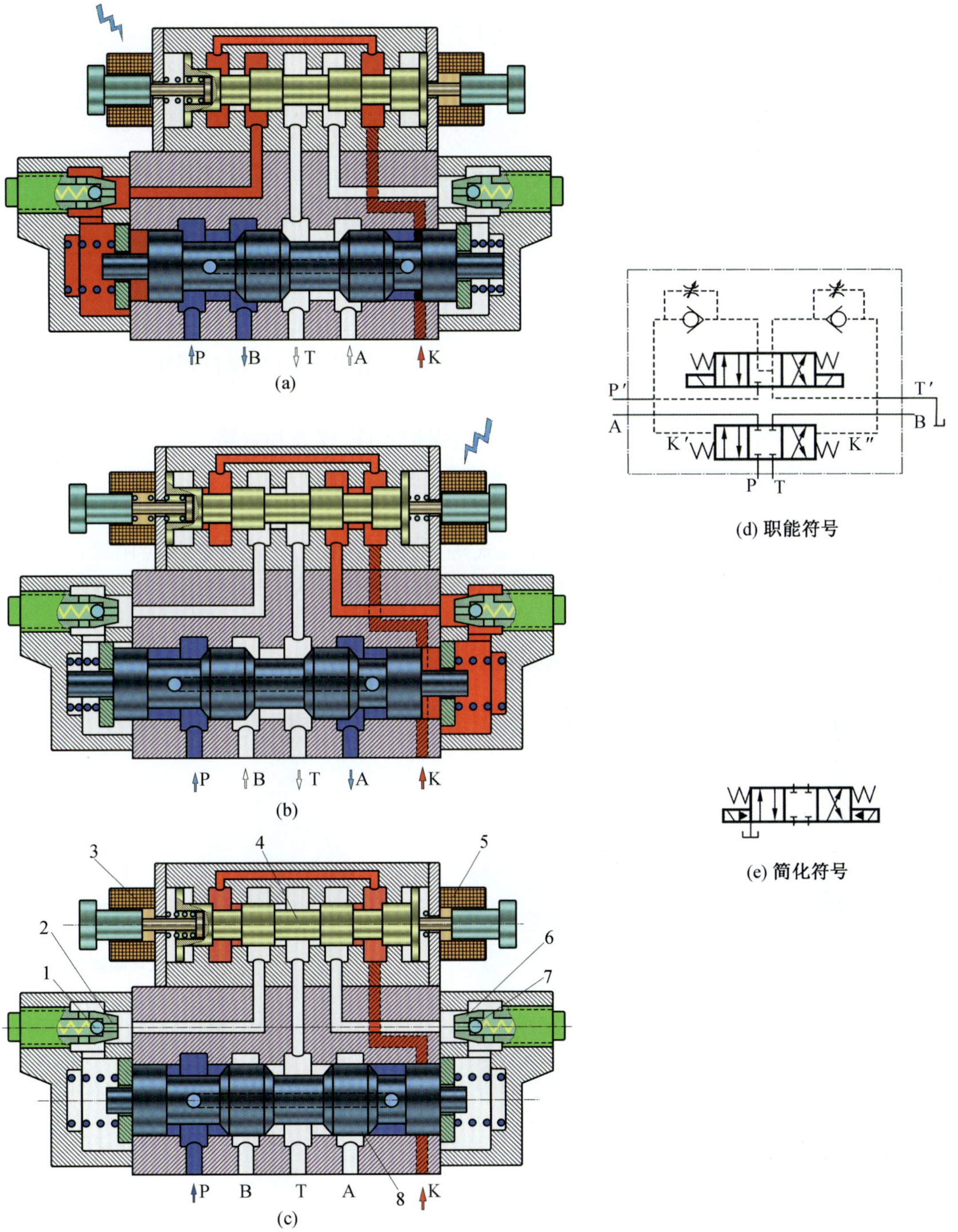

(a)

(b)

(c)

(d) 职能符号

(e) 简化符号

1,7—单向阀;2,6—节流阀;3,5—电磁铁;4—导阀阀芯;8—主阀阀芯

图 8-25　三位四通电液换向阀的结构与职能符号

第6节　辅助元件及液压油

一、液压辅助元件

油箱、油管及管接头、蓄能器、滤油器、密封件等属于液压系统的辅助元件，就其在液压系统中所起的作用而言，它们只起辅助作用，但又是组成液压系统与确保系统工作可靠性不可缺少的元件。这里只简单介绍蓄能器与滤油器。

1. 蓄能器

(1)功用

①系统保压。停电时短时保压，防止事故；停泵时，补偿漏油并保持回路压力，减少功耗和发热。

②吸收液压冲击和脉动。防止换向时冲击；保护元件、仪表和管路。

③短时间需要大量供油的场合做动力供给源(可配小排量泵)。

(2)类型

蓄能器的类型有重锤式、弹簧式和充气式等多种。目前充气式蓄能器应用最广泛。按其结构特点，又有油气直接接触式、隔膜式、气囊式和活塞式等几种，而其中后两种应用最广。

气囊式蓄能器结构及职能符号如图8-26所示。

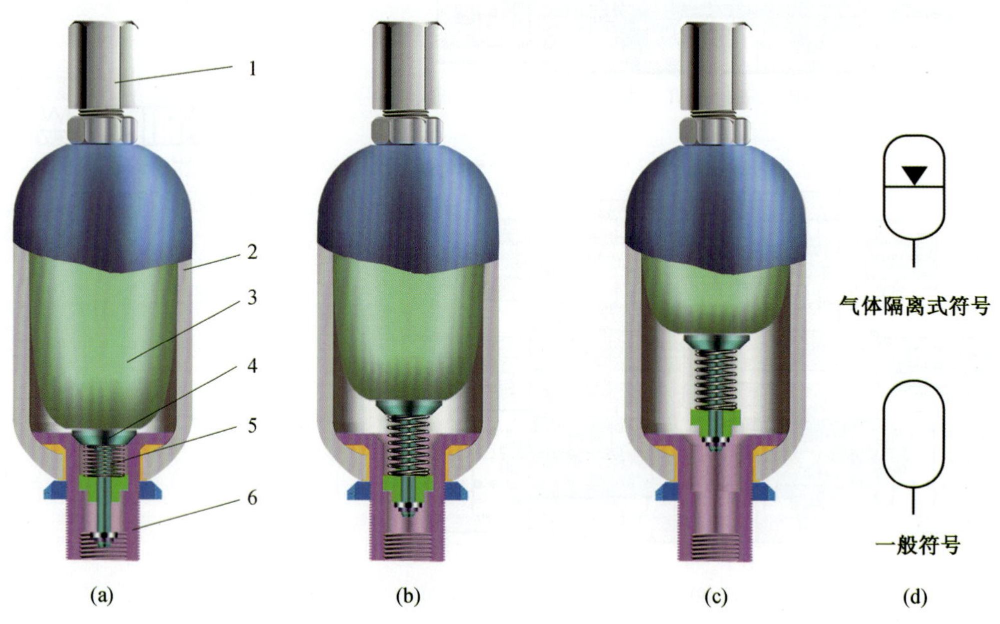

1—充气接头；2—外壳；3—气囊；4—菌形阀；5—弹簧；6—接口

图8-26　气囊式蓄能器的结构与职能符号

气囊式蓄能器内有一个耐油橡胶制成的气囊,内部常充以氮气。下部有一个用于控制的菌形阀。正常工作时,菌形阀常开,利用气囊的压缩与膨胀来存入或放出油液。当油液排空时菌形阀关闭,防止气囊被挤出。

2. 滤油器

①作用

滤油器的功用是在工作中不断滤除流经的液压油中的固体杂质,降低油液污染度,提高液压装置工作的可靠性和耐用性。图 8-27 所示为一种滤油器的结构和职能符号。

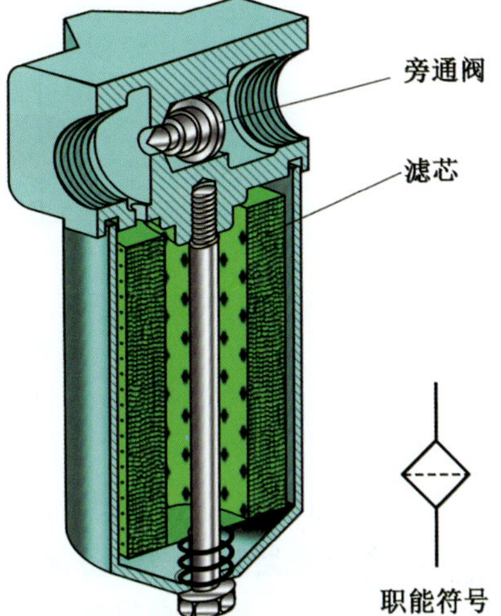

图 8-27 圆筒型滤油器的结构与职能符号

②类型

滤油器按其滤芯材料的过滤机制来分,有表面型滤油器、深度型滤油器和吸附型滤油器三种。

a. 表面型滤油器

表面型滤油器整个过滤作用是由一个几何面来实现的。滤除的污染杂质被截留在滤芯元件靠油液上游的一侧。在这里,滤芯材料具有均匀的标定小孔,可以滤除比小孔尺寸大的杂质。由于污染杂质积聚在滤芯表面上,因此它很容易被阻塞。编网式滤芯、线隙式(金属线绕在框架上)滤芯属于这种类型。

b. 深度型滤油器

这种滤芯材料为多孔可透性材料,内部具有曲折迂回的通道。大于表面孔径的杂质直接被截留在外表面,较小的污染杂质进入滤材内部,撞到通道壁上,由于吸附作用而得到滤除。滤材内部曲折的通道也有利于污染杂质的沉积。纸质、毛毡、烧结金属、陶瓷和各种纤维制品滤芯等属于这种类型。

c. 磁性滤油器

磁性滤油器滤芯材料具有永磁性,把油液中的铁磁性杂质吸附在其表面上。

③滤油器的应用

图 8-28 是滤油器在液压系统中的位置示意图。

二、液压油

1. 液压油的国标分类

(1) HH 类型

按 GB 7631. 2—1987—2003 有新国标分类,HH 液压油是不含任何添加剂的矿物油。这种油虽已列入分类之中,但在液压系统中已不使用。因为这种油安定性差、易起泡,在液压设备中使用寿命短。

(2) HL 类型

①规格

HL 液压油是由精制深度较高的中性基础油,加抗氧和防锈添加剂制成的。HL 液压油按 40 ℃运动黏度可分为 15,22,32,46,68,100 等六个牌号。

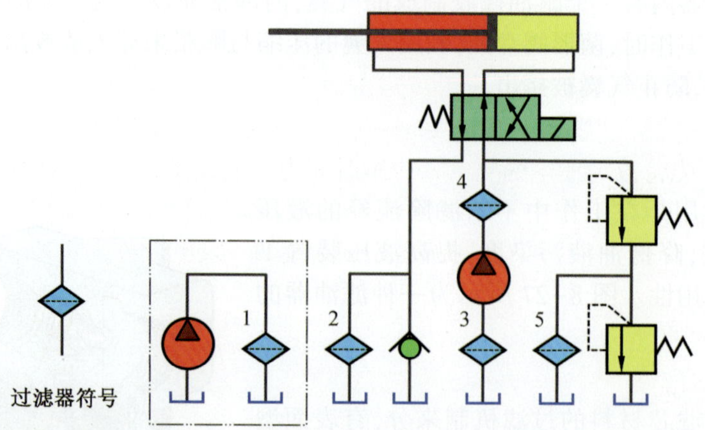

1—单独过滤系统;2—回油滤器;3—吸油滤器;4—排油滤器;5—泄油滤器

图 8-28　滤油器在液压系统中的位置

②用途

HL 液压油主要用于对润滑油无特殊要求,环境温度在 0 ℃以上的各类机床的轴承箱、低压循环系统或类似机械设备循环系统的润滑。它的使用时间比机械油可延长一倍以上。该产品具有较好的橡胶密封适应性,其最高使用温度为 80 ℃。

③质量要求

a. 适宜的黏度和良好的黏温性能。要求油的黏度受温度变化的影响小,即温度变化不致影响液压系统的正常工作。

b. 具有良好的防锈性、抗氧化安定性。

c. 其有较理想的空气释放值、抗泡性、分水性和橡胶密封适应性。

(3)HM 类型

①规格

抗磨液压油(HM 液压油)是从防锈、抗氧液压油基础上发展而来的,它有碱性高锌、碱性低锌、中性高锌型及无灰型等系列产品,它们均按 40 ℃运动黏度分为 22,32,46,68 等四个牌号。

②用途

a. 抗磨液压油主要用于重负荷、中压、高压的叶片泵、柱塞泵和齿轮泵的液压系统,如 YB-D25 叶片泵、PF15 柱塞泵、CBN-E306 齿轮泵、YB-E80/40 双联泵等液压系统。

b. 用于中压、高压工程机械、引进设备和车辆的液压系统,如电脑数控机床、隧道掘进机、履带式起重机、液压反铲挖掘机和采煤机等液压系统。

c. 除适用于各种液压泵的中高压液压系统外,也可用于中等负荷工业齿轮(涡轮、双曲线齿轮除外)的润滑。其应用的环境温度为-10~40 ℃。该产品与丁腈橡胶具有良好的适应性。

③质量要求

a. 合适的黏度和良好的黏温性能,以保证液压元件在工作压力和工作温度发生变化的条件下得到良好润滑、冷却和密封。

b. 良好的极压抗磨性,以保证油泵、液压马达、控制阀和油缸中的摩擦副在高压、高速苛刻条件下得到正常的润滑,减少磨损。

c. 优良的抗氧化安定性、水解安定性和热稳定性,以抵抗空气、水分和高温、高压等因素的影响或作用,使其不易老化变质,延长使用寿命。

d. 良好的抗泡性和空气释放值,以保证在运转中受到机械剧烈搅拌的条件下产生的泡沫能迅速消失;并能将混入油中的空气在较短时间内释放出来,以实现准确、灵敏、平稳地传递静压。

e. 良好的抗乳化性,能与混入油中的水分迅速分离,以免形成乳化液,引起液压系统的金属材质锈蚀和降低使用性能。

f. 良好的防锈性,以防止金属表面锈蚀。

(4) HR、HG 类型

HR 液压油是在环境温度变化大的中低压液压系统中使用的液压油。该类油具有良好的防锈、抗氧性能,并在此基础上加入了黏度指数改进剂,使油品具有较好的黏温特性。该类油由于用量小至今尚未大力开发,在此不做详细介绍。

①规格

HG 液压油原为普通液压油中的 32 G 和 68 G,曾用名为液压导轨油,该产品是在 HM 液压油基础上添加油性剂或减磨剂构成的一类液压油。该类油不仅具有优良的防锈、抗氧、抗磨性能,而且具有优良的抗黏滑性。

②用途

该产品主要适用于各种机床液压和导轨合用的润滑系统或机床导轨润滑系统及机床液压系统。在低速情况下,防爬效果良好。液压-导轨油属这一类产品。

(5) HV、HS 类型

①规格

HV、HS 液压油是两种不同档次的液压油,在 GB 7631.2—2003 中均属宽温度变化范围下使用的液压油。此二类油都有低的倾点,优良的抗磨性、低温流动性和低温泵送性。HV、HS 液压油按基础油分为矿油型与合成油型两种,按 40 ℃运动黏度,HV 油分为 15,22,32,46,68,100 等六个牌号,HS 油分为 15,32,32,46 等四个牌号。

②质量要求

a. 适宜的黏度。

b. 良好的极压抗磨性能。

c. 优良的低温性能,倾点较低,能保证工程机械或设备在寒区或严寒区环境下易于启动和正常运转。

d. 优良的黏温性能,黏度指数均在 130 以上,保证液压设备在温度变化幅度较大的情况下得到良好的润滑、冷却和密封。

e. 良好的抗乳化性和防锈性能。

f. 良好的氧化安定性、水解安定性和热稳定性能。

2. 液压油的性能要求

为了正确选择与使用液压油,需要了解液压油的使用要求,熟悉液压油的品种及其性能,掌握液压油的选择方法。这里以船用液压油为例,阐述如下:

(1) 黏度要适中

一般选用运动黏度为$(20\sim30)\times10^{-6}\,m^2/s$(50 ℃时),黏度指数在 90 以上的液压油。

(2)防锈性好

船舶液压管路不经常拆装,液压元件长期封闭于油路中,防锈性差的液压油,易使元件锈蚀,影响系统工作寿命。

(3)抗氧化性

防止经过工作一段时间后,液压油温度升高,氧化变质等原因造成胶泥沉淀。

(4)抗乳化性

要求液压油中安定性差的物质要少,减少与混入液压油中的水分形成有机酸和皂类,降低液压油的润滑性。

(5)抗泡沫性

液压油不应含有空气或其他易汽化的混合物,否则工作时会造成泡沫、液压系统爬行、颤动和发出噪声。

(6)凝固点要低

船用液压油的凝固点通常要求比最低环境温度低 10~15 ℃。

(7)闪点高

船舶的防火要求很高,其闪点至少高于 135 ℃。某些明火区域工作的液压系统,液压油要求用防火性能高的非燃性或难燃性液压油作为工作介质。

3. 液压油的选择与更换

(1)品种选择

液压油的选择,首先是油液品种的选择。选择油液品种时,优先选购产品推荐的专用液压油,这是保证设备工作可靠性和寿命的关键,如果确无专用液压油,可根据工作环境、工作压力及工作温度范围等因素进行考虑。

确定了液压油的品种之后,就要选择油的黏度等级(液压油的牌号)。黏度高的液压油流动时产生的阻力较大,克服阻力所消耗的功率较大,功率又将转化为热量造成油温上升;黏度太低,会使泄漏量增大,系统的容积效率降低,也会造成系统温升加快。

(2)类型选择

①根据摩擦副的形式及其材料

叶片泵的叶片与定子面在与油接触的运动中极易磨损,其钢-钢的摩擦副材料,适用于以 ZDDP(二烷基二硫代磷酸锌)为抗磨剂的 L-HM 抗磨液压油;柱塞泵的缸体、配油盘、活塞的摩擦形式与运动形式也适于使用 HM 抗磨液压油,但柱塞泵中有青铜部件,由于此材质部件与 ZDDP 作用会产生腐蚀磨损,故有青铜件的柱塞泵不能使用以 ZDDP 为添加剂的 HM 抗磨液压油。同时,选用液压油还要考虑其与液压系统中密封材料相适应。

一般叶片泵可选用含锌型抗磨液压油,柱塞泵最好选用无灰型油。叶片泵压力高于 15 MPa、柱塞泵压力高于 30 MPa,两种型号泵同时存在的液压系统,应选用符合 Denison HF—0 规格的油品。

②齿轮泵、叶片泵和柱塞泵是液压系统中主要的泵类型

液压油的润滑性对三大泵类减磨效果的顺序是叶片泵>柱塞泵>齿轮泵。故凡是以叶片泵为主油泵的液压系统不管其压力大小,选用 HM 油为好。液压系统的精度越高,要求所选用的液压油清洁度也越高,如对有电液伺服阀的闭环液压系统要求用数控机床液压油,此两种油可分别用高级 HM 和 HV 液压油代替。试验表明:三类泵对液压油清洁度要求的顺序是柱塞泵高于齿轮泵与叶片泵,而对极压性能的要求顺序是齿轮泵高于柱塞泵与叶片泵。

根据泵阀类型及液压系统特点选择液压油，见表 8-1。

表 8-1　船用液压油选择参照表

设备类型	系统压力	系统温度	润滑油类型	黏度等级
叶片泵	<7 MPa	5~40 ℃	HM 型液压油	32,46
	>7 MPa	40~80 ℃	HM 型液压油	46,68
	<7 MPa	5~40 ℃	HM 型液压油	46,68
	>7 MPa	40~80 ℃	HM 型液压油	68,100
螺杆泵	—	5~40 ℃	HL 型液压油	32,46
	—	40~80 ℃	HL 型液压油	46,68
齿轮泵	—	5~40 ℃	HL 型液压油，中高压以上时用 HM 型液压油	32,46,68
	—	40~80 ℃	HL 型液压油，中高压以上时用 HM 型液压油	100,150
径向柱塞泵	—	5~40 ℃	HL 型液压油，中高压以上时用 HM 型液压油	32,46
	—	40~80 ℃	HL 型液压油，中高压以上时用 HM 型液压油	68,100,150
轴向柱塞泵	—	5~40 ℃	HL 型液压油，中高压以上时用 HM 型液压油	32,46
	—	40~80 ℃	HL 型液压油，中高压以上时用 HM 型液压油	68,100,150

(3)液压油的更换

液压油一经生产出来就开始慢慢地氧化变质，而且随着使用时间的增长，其氧化变质的速度会大大加快，各种理化性能逐渐下降，直至不能再用。一般认为液压油的品质取决于油液的污染程度与氧化速度。因此液压油使用一段时间后，就需要更换。

目前，常用的换油方法有以下三种。

①固定周期换油法

这种方法是根据不同的设备、不同的工况及不同的油品，规定液压油使用时间为半年、一年，或者 1 000~2 000 工作小时后更换液压油的方法。这种方法虽然在实际工作中被广泛应用，但不科学，不能及时地发现液压油的异常污染，不能良好地保护液压系统工作，不能合理地使用液压油资源。

②现场鉴定换油法

这种方法是把被鉴定的液压油装入透明的玻璃容器中和新油比较，做外观检查，通过直觉判断其污染程度，或者在现场用 pH 试纸进行硝酸浸蚀试验，以决定被鉴定的液压油是否需更换。

③综合分析换油法

这种方法是定期取样化验，测定必要的理化性能，以便连续监测液压油劣化变质的情况，根据实际情况判断何时换油的方法。这种方法有科学依据，因而准确、可靠，符合换油原则；但是往往需要一定的设备和化验仪器，操作技术比较复杂，化验结果有一定的滞后性，而且必须交油料公司化验。国际上已开始普遍采用这种方法。

4. 液压油质量判断与处理

如发现存在不符合使用要求的质量问题，必须更换液压油。

以下从检查项目、检查方法、分析原因、基本对策四个方面扼要介绍液压油品质现场判定方法和处理措施。

①透明但有小黑点,看,混入杂物,过滤。

②呈现乳白色,看,混入水分,分离水分。

③颜色变淡,看,混入异种油,检查黏度,如可靠,继续使用。

④变黑,变浊,变脏,看,污染与氧化,更换。

⑤与新油比较,气味,闻,恶臭或焦臭,更换。

⑥味道,嗅,有酸味,正常。

⑦气泡,摇,产生后易消失,正常。

⑧黏性,与新油比较,考虑温度、混入异种油等,视情况处理。

⑨水分,分离水分。

⑩颗粒,硝酸浸泡法,观察结果,过滤。

⑪杂质,稀释法,观察结果,过滤。

⑫蚀,腐蚀法,观察结果,视情况处理。

⑬染度,点滴法,观察结果,视情况处理。

第 7 节　液压系统故障诊断

液压系统故障的诊断方法有多种,现列举几种。

一、利用液压系统图查找故障

液压系统图是表示液压系统设备工作原理的图,有的简单,有的复杂。它表示该系统各执行元件能担当的工作,能实现的动作循环、控制方式和各组成元件彼此的衔接。一般均配有电磁铁动作循环表和工作循环图,还会列举行程开关等发信元件。

利用液压系统图查找故障是最常用的方法,实例很多。此处列举某履带式液压挖掘机产生“斗杆提升无力或者根本不能提升”的故障排除步骤和方法,如图 8-29 所示。

一是从整个液压系统中分离出与该故障相关的局部回路,使问题变得简单,分析起来更有针对性,更能找准故障的准确部位。

二是“原因列举”。斗杆液压缸“提升无力”可能的故障原因和部位如下:

(1)斗杆液压缸,活塞密封圈损坏。

(2)安全溢流阀,调整压力过低或者阀芯卡死在打开的位置。

(3)吸入阀,内泄漏量太大。

(4)主溢流阀,调节压力调得太低,或者压力调不上去。

(5)泵,输出流量减少,泵内部损伤。

(6)吸油管,因破损或密封不良进气,使泵吸不上油。

(7)油箱,油量不够。

三是“逐步排查”:

(1)如油箱油量不够,肉眼容易观察出,根据情况可排除上述原因(7)。

(2)如果泵内部损伤或吸油管进气,则由泵供油的其他部位(如回转马达)也应不能动作。如果不是,则可排除上述原因(5)和(6)。

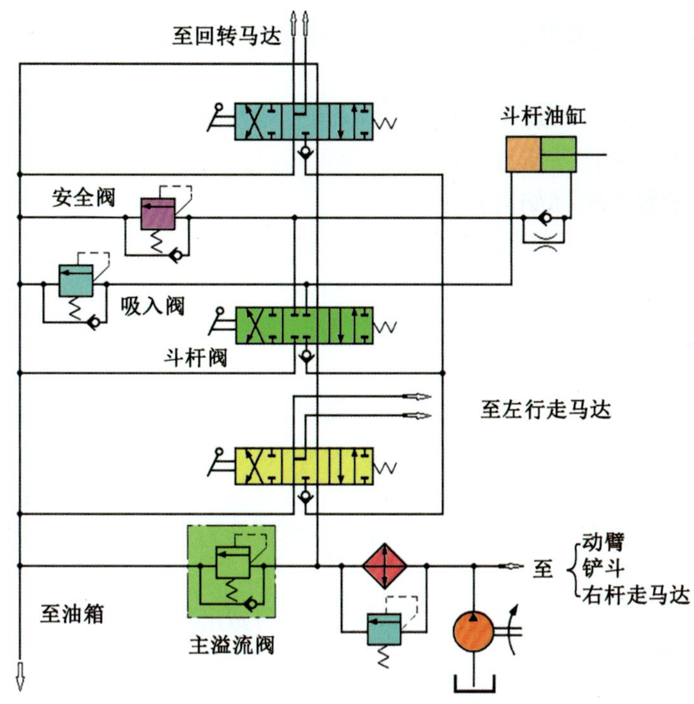

图 8-29　某液压挖掘机斗杆液压缸控制油路的局部油路

(3)将斗杆手动换向阀置于斗杆液压缸上升位置,调节主溢流阀,如果压力上不去,回转液压马达也难以转动和不能行走。如果是,故障原因为(4),如果否,排除原因(4)。

(4)安全阀和吸入阀有问题,仅影响斗杆液压缸,如果其他部位确实不受影响,则可考虑拆修安全阀和吸入阀。

(5)如果斗杆液压缸的活塞密封损坏,不仅斗杆举升力不足,即使举起来也会慢慢自然下落,即自然沉降量大。如果检查了自然沉降量,便不难做出举升无力是与斗杆缸活塞密封是否损坏有关的判断,拆修斗杆缸工作量稍大,必须认真确认。

至此,对“斗杆液压缸提升力不足”的故障诊断结束。

利用液压系统图查找液压故障是常用的方法之一,通常还采用“抓两头”(抓泵和执行元件)、“连中间”(连接中间的控制元件,即各种控制阀)的方法,这种方法可以理顺思路,对正确分析故障原因非常有益。

二、利用感官诊断法查找故障

感官诊断是直接通过人的感觉器官去检查、识别和判断设备在运行中出现故障的部位、现象和性质,然后由大脑做出判断和处理的一种方法,这与我国传统疾病诊断时的“望闻问切、辨证施治”一致,也是通过维修人员的眼、耳、鼻和手的直接感觉,加上对设备运行情况的调查询问和综合分析,达到对设备状况和故障情况做出准确判断的目的。

感官诊断的实用效果如何,完全取决于检查者个人的技术素质和实际经验。用这一诊断技术不仅要不断积累实际经验,还要注意学习他人的经验,才能有所成效。感官诊断的方法如下。

1. 询问

问清操作人员故障是突发的、渐发的,还是修理后产生的。通常可向操作者了解下述情况:

(1)液压设备有哪些异常现象,故障部位以及故障发生的经过等;

(2)故障前后加工的产品质量有何变化;

(3)维护保养及修理情况如何;

(4)使用中是否违规操作,油液的更换情况等。

2. 视觉诊断——眼睛看

(1)观察油箱内工作油有无气泡和变色(白浊、变黑等)现象,液压设备的噪声、振动和爬行常与油中有大量气泡有关。

(2)观察密封部位、管接头,液压元件各安装接合面等处的漏油情况,结合观察压力表指针在工作过程中的振摆、掉压以及压力调不上去等情况,可查明密封破损、管路松动以及高低压腔串腔等不正常现象。

(3)观察加工的工作质量状况并进行分析,观察设备有无抖动、爬行和运行不均匀等现象,并查出产生故障的原因。

(4)观察故障部位及损失情况,往往能对故障原因做出判断。

3. 听觉诊断——耳朵听

正常的设备运转声响有一定节奏并保持持续的稳定。因此,从实践中积累,熟悉和掌握这些正常的节奏,就能准确判断液压设备是否运转正常。同时根据节奏变化的情况以及不正常声音产生的部位可分析确定故障发生的部位和损伤情况,现举例如下。

(1)刺耳的啸叫声通常是吸进空气,如果有汽浊声,可能是滤油器被污物堵塞,液压泵吸油管松动,密封破损或漏装,或者油箱油面太低及液压油劣化变质、有污物、消泡性能降低等。

(2)"嘶嘶"声或"哗哗"声为排油口或泄漏处存在严重的漏油、漏气现象。

(3)"哒哒"声表示交流电磁阀的电磁铁吸合不良,可能是电磁铁内可动铁芯与固定铁芯之间有油漆片等污物阻隔,或者是推杆过长。

(4)粗沉的噪声往往是液压泵或液压缸过载产生的。

(5)液压泵"渣渣"或"咯咯"声,往往是泵轴承损坏以及泵轴严重磨损、吸进空气产生的。

(6)尖而短的摩擦声往往是两个接触面干摩擦产生的,也有可能是该部位拉伤。

(7)冲击声音低而沉闷,常是油缸内有螺钉松动或有异物碰击等。

4. 味觉诊断——鼻子闻

检查者依靠味觉辨别有无异常气味可判断电气元件有无绝缘破损、短路等故障,还可判断油箱内有无蚁、蝇等腐烂物。

5. 触觉诊断——用手摸

利用灵敏的手指触觉,检查是否发生振动、冲击及油温升、油缸爬行等故障,现举例如下。

手触摸泵壳或液压油,根据冷热程度判断是否液压系统有异常升温,并判明升温原因和升温部位。

熟练的手感测温人员可准确到3~5 ℃(参见表8-2)。

表 8-2　温度与手感情况

温度	手感	温度	手感
0 ℃左右	手指感觉冰凉，触摸时间较长，会产生麻木和刺骨感	50 ℃左右	手感较烫，摸的时间较长，掌心有汗
10 ℃左右	手感较凉，一般可忍受	60 ℃左右	手感很烫，一般可忍受 10 s 左右
20 ℃左右	手感稍凉，接触时间延长，手感渐温	70 ℃左右	手指可忍受 3 s 左右
30 ℃左右	手感微温，有舒适感	80 ℃以上	手指只能做瞬间接触，且痛感加剧，时间稍长，可能烫伤
40 ℃左右	手感如触摸高烧病人		

(1)用手摸运动部件和管子等有无振动。手感振动异常，可判断如“电机-泵”系统等回转部件安装平衡不好，紧固螺钉松动，系统内有气体等。

(2)用手摸油缸慢速运行时，手感其有一跳一停现象，则证明爬行。

6. 第六感官——熟能生巧

长期从事液压工作的人员，具有丰富的专业技术知识和实践经验，并且勤于思考，勇于实践，善于总结，在处理故障方面往往可达到炉火纯青、运用自如的地步，经常是“手到病除”。并非是“意念”“灵感”或特异功能，而是“熟能生巧”，肯钻研、事业心强的维修人员通过努力都可以做到这一点。

应该指出，故障的感官诊断具有简便快捷等独特优点，但它与现代诊断技术相比，受检测者的技术素质和实际经验制约，否则可能误诊或者难以确切诊断。因此，在实施故障感官诊断的同时，要与其他诊断方法结合起来。

三、利用对换诊断方法查找故障

对换诊断法是采用换上从库房新购置的液压元件，或将其他设备上同型号的正常液压元件，与怀疑有毛病的元件进行替换检查。如果故障被排除，则证明故障出在该液压元件上。这种对换诊断法简单易行，但须判断准确，且要备有相应的液压元件。

四、利用仪器诊断法查找故障

仪器诊断法是采用专门的液压系统故障检测仪器来诊断故障。仪器能够对液压故障做定量的监测。国内外有许多专用的便携式液压系统故障检测仪，测量流量、压力和温度，并能测量泵和马达的转速。

在一般的现场检测中，由于流量的检测比较困难，加之液压系统的故障往往又都表现为压力不足。因此在现场检测中，更多地是采用检测系统压力的方法。

五、利用电脑诊断查找故障

随着机电液一体化在工程机械上的广泛应用，单一的压力测试已不能满足现场检测的需要，现在越来越多的液压机械上均配备有电脑，能对部分故障进行自诊断，并在显示屏显示出来，可根据显示去排除故障。

课 后 习 题

一、选择题

1. 液压传动的动力元件通常是指＿＿＿＿＿。

A. 油泵　　B. 油马达　　C. 油缸　　D. A+B

2. 画液压泵图形符号时应注明泵的＿＿＿＿＿。

A. 供油量　　B. 配载功率　　C. 工作压力　　D. 转向

3. 液压传动与电气传动方式相比,缺点之一是＿＿＿＿＿。

A. 制造成本高　　B. 调速困难　　C. 工作不平稳　　D. 防过载能力差

4. 双向变量液压马达的图形符号是＿＿＿＿＿。

A.　　B.　　C.　　D.

5. 右图所示的图形符号表示的是＿＿＿＿＿阀。

A. 溢流　　B. 减压　　C. 卸荷　　D. 顺序

6. 下列液压控制阀中不属于压力控制阀的是＿＿＿＿＿。

A. 溢流节流阀　　B. 顺序阀　　C. 减压阀　　D. 背压阀

7. O 形机能换向间中位油路为＿＿＿＿＿。

A. P 口封闭,A、B、O 三口相通

B. P、A、B、O 四口封闭

C. P、A、O 三口相通,O 封闭

D. P、O 相通,A 与 B 均封闭

8. 滤油器在＿＿＿＿＿达到其规定限值之前可以不必清洗或更换滤芯。

A. 压力降　　B. 过滤精度　　C. 过滤效率　　D. 进口压力

9. 下列蓄能器中,在船上使用较多的是＿＿＿＿＿。

A. 活塞式　　B. 重锤式　　C. 弹簧式　　D. 气囊式

10. 下列滤油器中属易清洗的有＿＿＿＿＿。

A. 网式　　B. 纸质　　C. 线隙式　　D. A 与 C

二、思考题

1. 阐述各类阀的功能。

2. 什么是变向变量液压马达？举例说明。

3. 简述液压马达与液压泵的主要区别。

4. 阀控液压系统与泵控液压系统有何区别？

5. 液压油的特性与要求是什么,如何选择？

6. 液压系统的常见故障诊断方法有哪些？

课后习题数字资源

第 9 章　液 压 舵 机

第 1 节　概　　述

一、操舵装置的功用和组成

控制船舶航向(即保持既定航向或改变航向)的方法随船舶的装备情况不同而不同。装有直翼推进器的船舶,可利用推进器本身来控制航向;采用喷水推进的船舶,可利用改变喷水方向来控制航向;装有转动导管的船舶,可利用导管的偏转来控制航向;装有侧推器(横向喷流舵)的船舶,可利用侧推器和其他措施来控制航向。一般船舶上使用最普遍的是操舵装置。

操舵装置简称舵机,其功用是保证船舶按要求迅速可靠地将舵叶转到并保持在指定的舵角,以使船舶航行在给定的航线上。它是确保船舶安全航行的重要设备。

按舵机的动力源其可分为手动舵机、蒸汽舵机、气动舵机、电动舵机和电动液压舵机。由于电动液压舵机尺寸小、质量小、效率高、耐冲击、工作可靠,故在现代船舶上广泛采用。

完整的操舵装置(即舵机)由以下各部分组成,如图 9-1 所示。

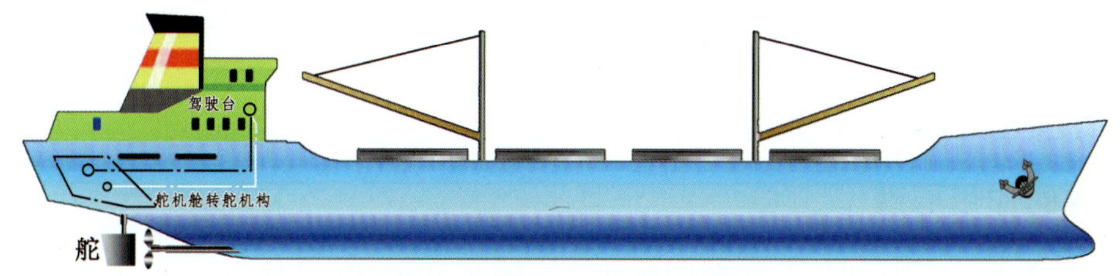

图 9-1　操舵装置布置示意图

1. 远距离操纵机构

远距离操纵机构由设于船首驾驶室的发送器和设于船尾舵机房的受动器组成,用以把舵令转换成对转舵动力的控制动作,以便提供转舵动力,停止转舵动力的供给或改变转舵动力供给方向。电动液压舵机的远距离操纵机构常见的有液压式、电力式和电液式三种。

2. 转舵动力机械

转舵动力机械是安装于舵机房或机舱,提供转舵动力源的机械设备,如电动液压舵机的转舵动力机械是电动液压泵组。

3. 转舵机构

转舵机构是安装于舵机房内,将转舵动力转换为转舵力矩的机构。如电动液压舵机中普遍采用的往复式转舵油缸。

4. 舵

舵是安装于舵机房的舵柱(或舵杆)上,产生转船力矩的设备。按舵杆轴线位置分,舵有平衡舵、半平衡舵和不平衡舵，其结构如图 9-2 所示。此外还有许多特种舵如襟翼舵、可转导管舵、转柱舵、喷射舵、反射舵、倒车舵、倒航舵、侧推器和主动舵等。

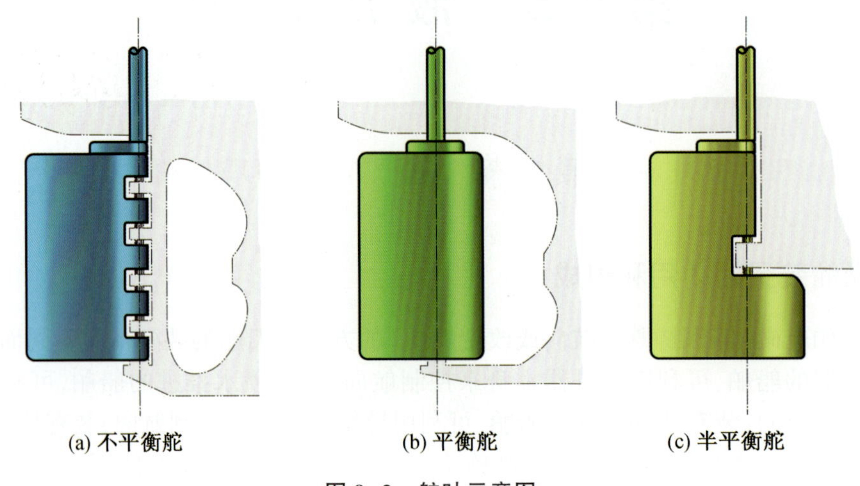

图 9-2　舵叶示意图

5. 追随机构

追随机构是安装于舵机房内，在舵转至舵令要求的舵角时，切断转舵动力的供给，自动使舵停止转动的机构。常用的追随机构有杠杆式（分不带副杆式和带副杆式）和电力式（分电桥式和自整角机式）。

6. 应急装置

应急装置是用以维持舵机正常工作的应急备用的操舵设备。在操舵装置失灵时使用。

7. 辅助装置

辅助装置包括舵角指示、最大舵角限位装置等。

二、舵的作用原理

如图 9-3 所示，转舵可以改变船舶航向。当转舵角 $\alpha=0$（又称为正舵）时，舵叶两侧的水流对称，水流压力相等，对航向不产生影响；当 $\alpha\neq0$ 时，舵叶两侧的水流压力不相等，其产生的水压力的合力为 F_N，作用于舵叶的压力中心，如不考虑水流摩擦力等次要因素，F_N 对船舶重心将产生转船力矩 M_s（由于 F_N 与船舶重心不在同一水平面上，故 F_N 还会对船舶产生横倾和纵倾力矩），使船舶转向；对舵杆将产生水动力矩 M_a，使舵叶力图向正舵方向转动。

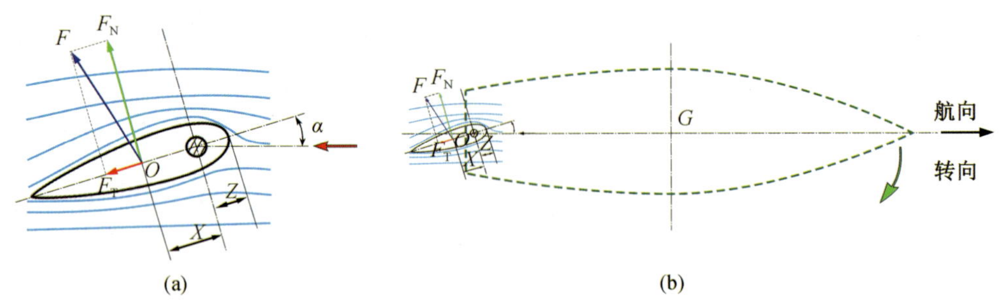

图 9-3　转舵变向原理

显然,要使船舶转向,就必须转舵。要转舵并保持一定航角,就必须有人力或机械(舵机)来对舵柱施加一定的转舵力矩 M,转舵力矩的大小等于舵的水动力矩 M_a 与转舵摩擦力矩 M_f 之和。

如图 9-4 所示,通过计算和实验表明,转舵角 α 与转船力矩 M_s、水动力矩 M_a(转舵力矩 M)之间存在如下关系:对于海船,转舵力矩和转船力矩在-35°~35°舵角范围内,随舵角的增加而增大,并在达到某一舵角时出现最大值 M_{max},此后又将逐渐减小。所以通常规定出现最大转船力矩时的舵角为最大转舵角,海船为±35°,江船稍大。在最大舵角时舵机所能输出的力矩为最大转舵力矩 M_{max}。

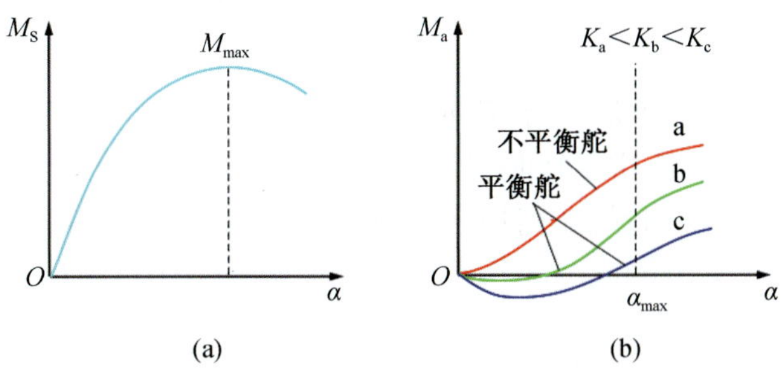

图 9-4 转船力矩和舵的水动力矩的关系

三、对舵机的基本技术要求

舵机是保持或改变船舶航向,保证船舶安全航行的重要设备,一旦失灵,船即会失去控制,甚至发生事故。因此,我国《钢质海船人级与建造规范》(1996 年)根据《国际海上人命安全公约》(SOLAS 公约)的规定,对舵机提出了明确的技术要求,其基本精神就是要求舵机必须具有足够的转舵力矩和转舵速度,并且在某一部分万一发生故障时,应能迅速采取替代措施,以确保操舵能力。其基本技术要求如下:

(1)必须具有一套主操舵装置和一套辅操舵装置;或主操舵装置有两套及以上的动力设备。当其中之一失效时,另一套应能迅速投入工作。

主操舵装置应具有足够的强度并能在船舶处于最深航海吃水并以最大营运航速前进时将舵自任何一舷 35°转至另一舷的 35°,在相同的条件下自一舷的 35°转至另一舷的 35°所需的时间须不超过 28 s。此外,在船以最大速度后退时应不致损坏。

辅操舵装置应具有足够的强度,且能在船舶处于最深吃水,并以最大营运航速的一半但不小于 7 kn 前进时,在不超过 60 s 内将舵自任一舷的 15°转至另一舷的 15°。

在主操舵装置备有两台及以上相同的动力设备且符合下列条件时,也可不设辅操舵装置(1 万总吨以上油船、化学品船、液化气体船和 7 万总吨以上其他船必须如此):即当管系或一动力设备发生单项故障时应能将缺陷隔离,以使操舵能力能够保持或迅速恢复;对于客船,当任一台动力设备不工作时,或对于货船,当所有动力设备都工作时,应能满足对操舵装置的要求。

(2)主操舵装置应在驾驶台和舵机室都设有控制器;当主舵装置设置两台动力设备时,应设有两套独立的控制系统,且均能在驾驶室控制。但如果采用液压遥控系统,除 1 万总吨以上的油轮(包括化学品船、液化气船,下同)外,不必设置第二套独立的控制系统。

(3)对舵柄处舵柱直径大于 230 mm(不包括航行冰区加强)的船应设有能在 45 s 内向操舵装置提供的替代动力源。这种动力源应为位于舵机室内的独立应急动力源,其容量至少应符合辅操舵装置要求的一台动力设备及其控制系统和舵角指示器提供足够的能源。此独力动力源只准专用于上述目的。对于 1 万总吨以上的船舶,它应至少可供工作 30 min,对于其他船舶为 10 min。

(4)操舵装置应设有有效的舵角限位器。以动力转舵的操舵装置,应装设限位开关或类似设备,使舵在到达舵角限位器前停住。

(5)对于 1 万总吨以上的油船、化学品船、液化气体运输船还有如下一些附加要求:

当发生单项故障(舵柄、舵扇损坏或转舵机构卡住除外)而丧失操舵能力时,应能在 45 s 内重新获得操舵能力。

为此,舵机可由两个均能满足主操舵装置要求的独立的动力转舵系统组成;或至少有两个相同的动力转舵系统,在正常运行时能同时满足主操舵装置要求,其中任一系统中液压流体丧失应能被发现,有缺陷的系统应能自动隔离,使其余动力转舵系统安全运行。

有的转舵机构虽不能分隔成两部分,但如经过严格的应力分析(包括疲劳和断裂分析)、密封设计、材料选用和试验,则也可允许用于 1 万总吨以上、10 万总吨以下的油船、化学品船、液化气体运输船。在这种情况下,只对管系或动力设备而不对转舵机构提出下列要求:即当发生单一故障时应能在 45 s 内恢复操舵能力。

(6)能被隔断的,由于动力源或外力作用能产生压力的液压系统任何部分均应设置安全阀。安全阀开启压力应不小于 1.25 倍最大工作压力;安全阀能够排出的量应不小于液压泵总量的 110%,在此情况下,压力的升高不应超过开启压力的 10%,且不应超过设计压力值。

第 2 节　液压舵机的工作原理

液压舵机是利用液体的压力能及流量、流向的可控性来达到操舵目的的。根据液压油流向变换方法中使用的液压元件的不同,液压舵机可分为泵控式和阀控式两类。

一、泵控式液压舵机

图 9-5 所示为泵控式液压舵机工作原理图。双向变量液压泵 2 设于舵机房,由电动机 1 驱动做单向持续回转,但液压泵的流量和吸排方向,则通过与浮动杠杆 14 的 C 相连接的变量控制杆 6 控制,即依靠控制浮动杠杆 C 偏离中位的方向和距离,来决定泵的吸排方向和流量。

舵机采用往复式推舵机构。它由固定在机座上的转舵油缸 4 和可在液压缸中做往复运动的撞杆(柱塞)5 等所组成。当液压泵按图示吸排方向工作时,泵就会通过油管从右侧液压缸吸油,排至左侧液压缸。这样,由于液压油的可压缩性很小,撞杆 5 就会在油压的作用下向右运动。撞杆通过中央的滑动接头与舵柄 8 连接,而舵柄 8 的一端又用键固定在舵杆 11 的上端,因此,撞杆 5 的往复运动就可转变为舵叶的偏转。显然,改变液压泵的吸排方向,则撞杆和舵叶的运动方向也就随之而变。

泵控式液压舵机较多采用浮动杠杆式追随机构。在图 9-5 中,浮动杠杆的控制点 A 系由驾驶室通过遥控系统来控制,但如把 X 孔处的插销转插到 Y 孔之中,则也可在舵机房用手轮来控制。浮动杠杆上的被控点 C 与变量泵的控制杆 6 相连;反馈点 B 经反馈杠杆 12 与舵柄相连。当舵叶和驾驶室上的舵轮都处于中位时，浮动杠杆即处在用点画线 ACB 所表示的位置，C 点恰使液压泵变量机构居于中位，故液压泵空转，舵保持中位不动。如果驾驶室给出右转舵令，那么，通过遥控系统，就会使控制点 A 移至 A_1。接着，由于 B 点在舵叶转动以前并不移动，所以 C 点移到 C_1，于是液压泵按图示箭头方向吸排，如图 9-5(b)所示，舵叶开始偏转，通过反馈杠杆带动 B 点向 B_1 方向移动。当舵叶转到与 C_1 位置所给出的指令舵角相符时，B 也移到 B_1，使 C 点重又回到中位，于是液压泵停止排油，舵就停止在所要求的舵角上。这时，浮动杠杆的位置如图 9-5(d)中的实线 A_1CB_1 所示。实际上，浮动杠杆的动作并不是分步进行的，而是在 A 点带动 C 点偏离中位后，由于液压泵排油，推动舵叶，B 点就要移动，只是 A、C 动作领先，舵叶和 B 点追随其后而已。

当驾驶室发出回舵指令时，A 点又会从 A_1 位置移回中位，于是 C 点也偏离中位向左移动，使液压泵反向吸排，因此，舵叶也就向中位偏转，使 B 点从 B_1 位置向中位移动。直到舵叶转到由 A 点位置所确定的指令舵角时，C 点重新回中，液压泵停止排油，舵叶也就停转。同理，如图 9-5(c)、图 9-5(e)所示为左转舵令的图解情况。

由于 C 点偏离中位的距离受变量泵变量机构最大位移的限制，故只有在舵叶偏转、带动 B 点从而使 C 点向中位回移后，才能使 A 点继续向大舵角的方向操舵。这样，大舵角的操舵动作就不能一次完成，并使液压泵的流量总在零与最大值间变动，这不仅会使操舵者感到不便，同时也会降低液压泵的效率和转舵速度。为了解决这一问题，在反馈杠杆上装设了可以双向压缩的储能弹簧 13。这样，当 A 点将 C 点带到最大偏移位置后，浮动杠杆就会以 C 点为支点而继续偏转，压缩弹簧，从而使 A 点得以一次到达所要求的较大操舵角。随着舵叶的偏转，被压缩的储能弹簧又会首先放松，并在其恢复原状后，才会将 B 点拉到与 A 点相应的位置，以停止转舵。可见，在储能弹簧完全放松以前，B 点不会移动，C 点也将一直停留在最大偏移位置，使液压泵得以在较长时间内保持最大流量. 从而加快转舵速度。

显然，储能弹簧的刚度必须适当，若弹簧太软，则可能使 B 点先于 C 点移动，操舵也就无法进行；但如果弹簧大硬，则大舵角操舵所需的操舵力又会太大，甚至使反馈杠杆实际上相当于刚性杆，因而使储能弹簧不起作用。

储能弹簧的工作原理如图 9-6 所示，图中 F 为弹簧承受的作用力，P 为弹簧的预紧力，弹簧无论是受拉力还是推力作用，弹簧总是受压，储存能量，但两点间距离变化不一样。

由于浮动杠杆式追随机构能使液压泵在开始和停止排油时流量逐渐增大和减小，因而其可减轻液压系统的冲击。

为了防止海浪或冰块等冲击舵叶时，造成舵柱上的负荷过大，系统油压过高而使电机过载，在油路系统中装设了安全阀(亦称防浪阀)9(图 9-5)。当舵叶受到冲击致使任一侧管路的油压超过安全阀的整定压力时，则安全阀就会开启，使液压泵的两侧管路旁通，于是，舵叶也就会偏离其原来所在位置，并同时带动浮动杠杆的 B 点，使 C 点离开中位，液压泵因而排油。当舵上的冲击负荷消失后，安全阀关闭，舵叶在液压泵的作用下，又会返回至原所在位置，并将 B 点带回原位。所以，液压舵机能够很好地适应外界的冲击负荷，这有利于提高其工作可靠性。

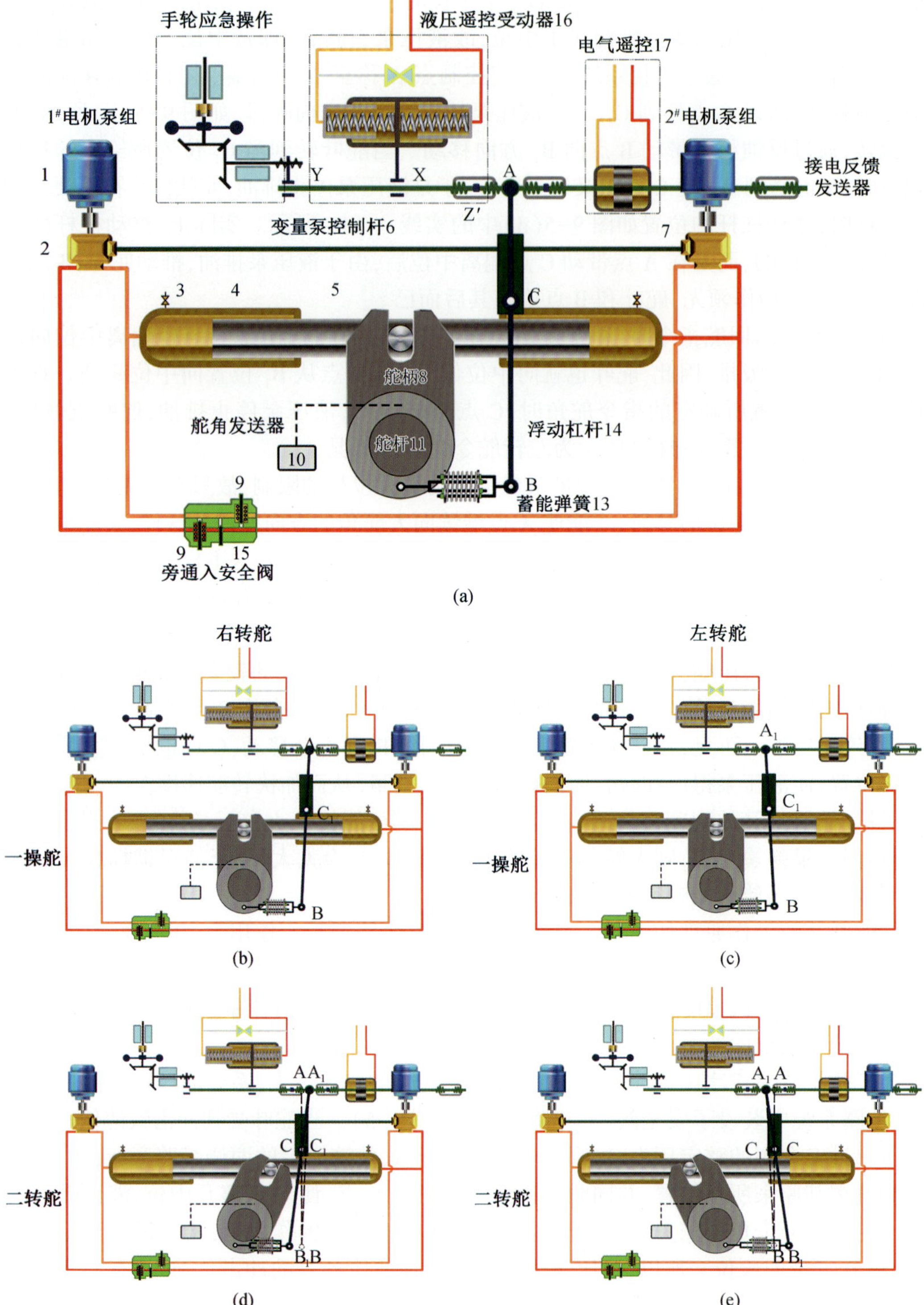

(a)

(b) (c)

(d) (e)

1—电动机;2—双向变量液压泵;3—放气阀;4—转舵油缸;5—撞杆;6—变量泵控制杆;7—调节螺母;8—舵柄;9—安全阀;10—舵角指示器的发送器;11—舵杆;12—反馈杠杆;13—储能弹簧;14—浮动杠杆;15—旁通阀;16—液压遥控受动器;17—电气遥控

图 9-5 泵控式液压舵机工作原理图

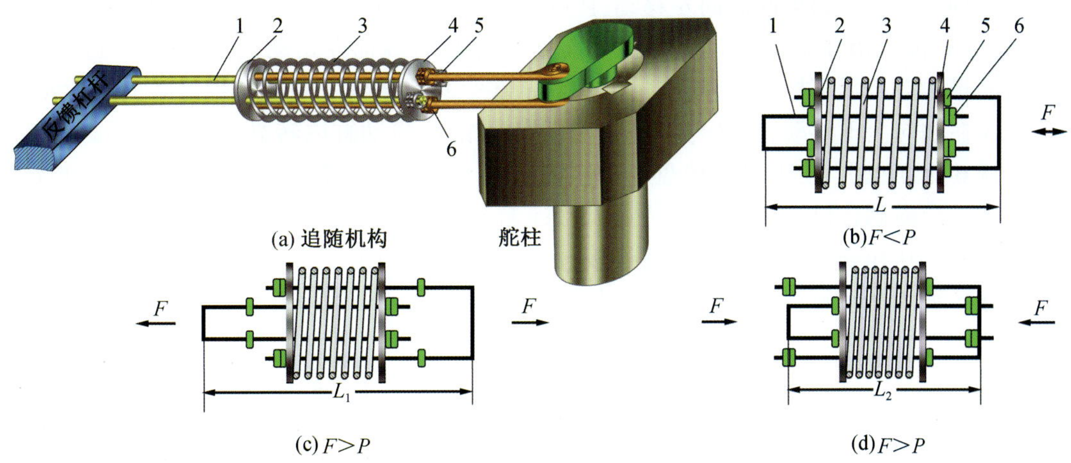

1—螺栓叉;2、4—圆盘;3—储能弹簧;5—螺栓凸缘;6—调整螺母

图 9-6 储能弹簧的工作原理图

二、阀控式液压舵机

阀控式液压舵机使用单向定量液压泵,其吸排方向不变,油液进出推舵液压缸的方向由驾驶室遥控的换向阀来控制,以达到改变转舵方向的目的。当换向阀处于中位,液压泵的排油将经换向阀旁通而直接返回液压泵的进口(闭式系统)或回油箱(开式系统);而转舵液压缸的进、出口油路处于锁闭状态而稳住舵叶。

阀控式舵机的液压泵和系统比较简单,造价相对较低。其缺点是用换向阀换向时,易导致液压冲击,工作可靠性也相对较差。但在相同的条件下,阀控式舵机的液压泵排量可选得比泵控式小一些。此外,阀控式舵机在停止转舵时,主泵仍以最大流量排油,故油液发热较多,经济性也差。所以,阀控式舵机适用的功率范围一般比泵控式小。但是,随着系统设计的改进,阀控式舵机的适用功率范围也正在不断扩大。

无论是泵控式还是阀控式舵机,尽管它们的工作原理不尽相同,但舵机不外乎是由推舵机构、液压系统和操纵系统等组成。

三、数字液压舵机

1. 数字液压油缸

目前的数字液压缸主要有两种:一是能够输出数字或者模拟信号的内反馈式数字液压缸。数字液压缸能够将液压缸运行的速度和位移信号传递出来,其运动控制依靠外部的液压系统实现,数字液压缸本身无法完成运动控制。二是使用数字信号控制运行速度和位移的数字液压缸,常见有开环控制系统数字液压缸和闭环控制数字液压缸。这里以闭环控制数字液压缸为例简述其原理。图 9-7 是一种闭环控制数字液压缸结构及工作原理图。

步进电动机 15 接到脉冲信号,其输出轴旋转一定的角度,旋转运动通过花键 14、万向联轴器 13、阀芯 12 传递给外螺纹 11,外螺纹 11 和沉入缸外转轴 10 右端的内螺纹相互配合,内螺纹位置固定,在旋转作用下外螺纹带动阀芯发生轴向的移动。本数字液压缸采用三位四通阀控制流量,阀口存在一定的死区,开始的几个脉冲产生的一小段位移并不能将 P 口处的高压油与 A 口或 B 口接通。死区过后,步进电动机再旋转一定角度,在旋转作用下阀芯又发生一定的轴向位移。如果阀芯向左移动,P 口和 A 口连通,B 口和 T 口连通。P 口处的高压油,通过 A 口流入液压缸的后腔。后腔增压,空心活塞杆就向左运动,前腔的油经过 B 口、T 口流回油箱。空心活塞杆向左移动时,带动固定在空心活塞杆上的丝杠螺母 4 向左运动,滚珠丝杆 3 在轴向上不移动,丝杠与步进电动机旋向相反,带动缸内转盘 5 旋转。后缸盖 7 两边的磁铁 6 相互吸引,使得缸外转盘 8 和缸内转盘 5 同时旋转相同的角度。反向旋转运动通过这样一个磁耦合机构被准确地传递到液压缸外。缸外转轴 10 和缸外转盘 8 是一个整体,缸外转轴 10 和编码器 9 通过平键连接,沉入缸外转轴 10 右端的内螺纹和外螺纹 11 配合。缸外转轴 8 反向旋转,外螺纹 11 向右移动,阀口关闭,一个步进过程结束。

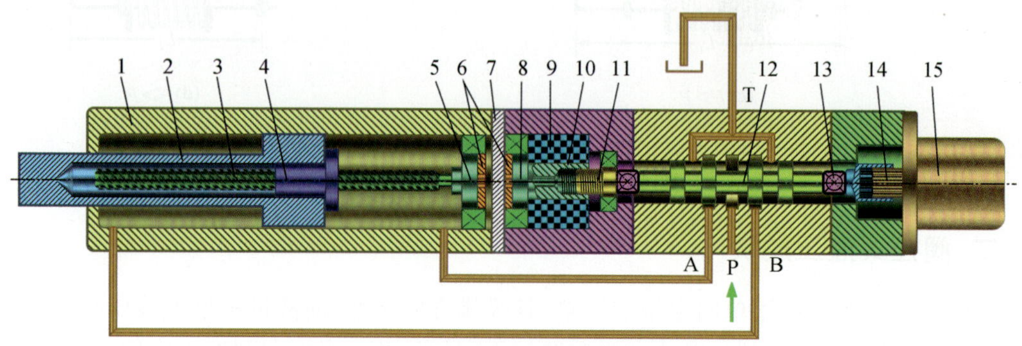

1—缸体;2—活塞杆;3—滚珠丝杆;4—丝杠螺母;5—缸内转盘;6—磁铁;7—后缸盖;8—缸外转盘;9—编码器;10—缸外转轴;11—外螺纹;12—阀芯;13—万向联轴器;14—花键;15—步进电动机

图 9-7 闭环控制数字液压缸结构及工作原理

滚珠丝杠旋转的角度被平键连接于缸外转轴 10 上的编码器 9 检测到,此旋转角度和空心活塞杆角度位移对应,此信号传给以单片机为核心的控制系统,控制系统根据运行位移和速度要求,对步进电动机进行闭环控制。阀芯的两端使用万向联轴器 13 连接,不限制径向的小位移,防止阀芯被拉伤,同时保证轴向运动、旋转运动的双向传递。数字液压缸在向前运动的同时不断关闭阀口,形成一个伺服控制系统。该闭环控制数字液压缸既可以由发送的脉冲完成对数字液压缸的运动控制,又可以对由于系统温度、压力负载、内泄及死区等因素引起速度和位移的变化进行补偿,进一步提高运动精度。

从以上所述可看出,数字液压油缸是将液压油缸、数字液压阀和位置反馈、电信号转换单元结合为一个整体并全部装在油缸内,对外仅需连接液压回路(高、低压油管)和控制用电脉冲信号,便可方便地根据每一个电脉冲信号对应固定的油缸行程而完成不同脉冲数量和频率控制下的不同运动效果。数字液压油缸内部带有数字阀、传感器、驱动装置等。

2. 数字液压舵机系统原理及优点

在充分考虑《钢制海船入级规范》对船舶舵机要求的情况下,利用数字液压缸搭建的数字液压舵机系统如图 9-8 所示。

数字液压油缸接受自动驾驶仪发出的脉冲信号,其内部构成位置闭环,无须位置传感器,角度仪信号输出到自动驾驶仪,完成角度显示。该系统采用定量泵对蓄能器供油,正常情况下两缸同时工作,一缸出现故障的情况下另一缸可以单独工作,满足《钢制海船入级规范》对舵机的要求。在发生停电等紧急故障的情况下,可以采用人工控制。另外,数字液压油缸具有自锁定功能,只要不输出数字信号,油缸即使在外力作用下也不会摆动。在液压泵停泵期间,依靠蓄能器的压力能锁定舵机,即使海浪拍打也不会飘舵。该系统还可以设置 UPS 电源,即使短时停电,也能实现远程控制。

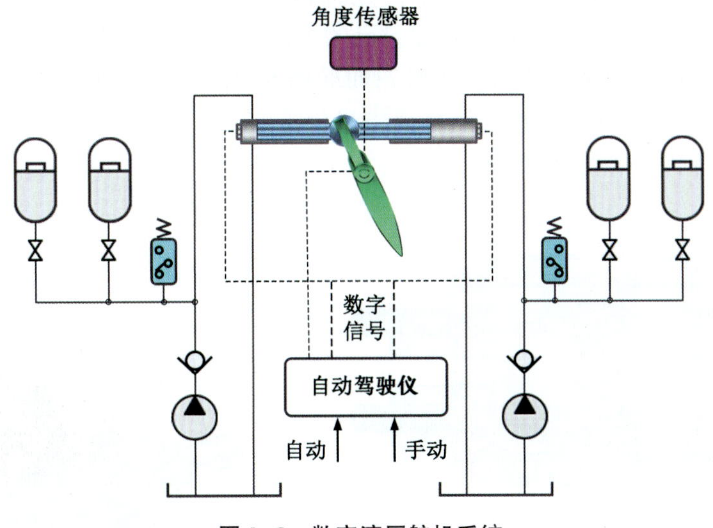

图 9-8 数字液压舵机系统

数字液压舵机系统将控制、执行、反馈集成在数字液压缸内部,无须任何参数给定和算法调整,仅送入电脉冲信号和连接好液压管路,系统通过改变脉冲的频率和数量就能实现对舵机的控制。该系统能量传递由液压完成,信号传递由电脉冲信号完成,这种柔性数字液压舵机系统原理简单,功能强大,便于机务人员管理和使用。数字液压舵机系统通过计算机或专用控制器控制,具有与外界通信的能力。如与卫星定位系统通信,整个航线均可交给自动驾驶仪完成长距离自动导航控制。

利用新型数字液压缸搭建的新型液压舵机系统具有系统简单、维护方便、操作容易、安全可靠、控制精度高等特点,可手动、半自动、全自动多种操作,特别适合大型船舶舵机控制系统。

第 3 节 液压舵机的转舵机构

在液压舵机中,转舵机构将液压泵供给的液压能转变成推动舵柱的机械能,以推动舵转。根据动作方式的不同,转舵机构可分为往复式和回转式两大类。

一、往复式转舵机构

往复式转舵机构较常见的有滑式、滚轮式、摆缸式等几种。

1. 滑式转舵机构

滑式转舵机构是目前在船舶舵机中应用最广的一种传统结构。它又可分成十字头式与拨叉式两种。

(1)十字头式转舵机构

十字头式转舵机构主要由转舵液压缸、液压缸中的撞杆(柱塞)以及与舵柄相连接的十字形框架滑动接头等所组成。

一般当转舵扭矩较小时,常采用如图 9-9 所示的双缸单撞杆(一对液压缸)的形式,而当转舵扭矩较大时,则多采用四缸、双撞杆(二对液压缸)的结构,如图 9-9(a)所示。为了将撞杆的往复运动转变为舵叶的摆动,在撞杆与舵柄的连接处,设有如图 9-9(b)所示的十字形框架滑动接头,由图可见,两撞杆 3 通过自己的半圆形端部,用螺栓连在一起,形成上下两个轴承。两轴承环抱着十字头的两个耳轴 7;而舵柄 8 则与耳轴 7 垂直,并横插在十字头轴承 6 中。因此,当撞杆 3 在油压推动下移离中央位置时,十字头就会一面随撞杆 3 移动,一面带动舵柄 8 偏转,继而带动舵杆 4 转动。

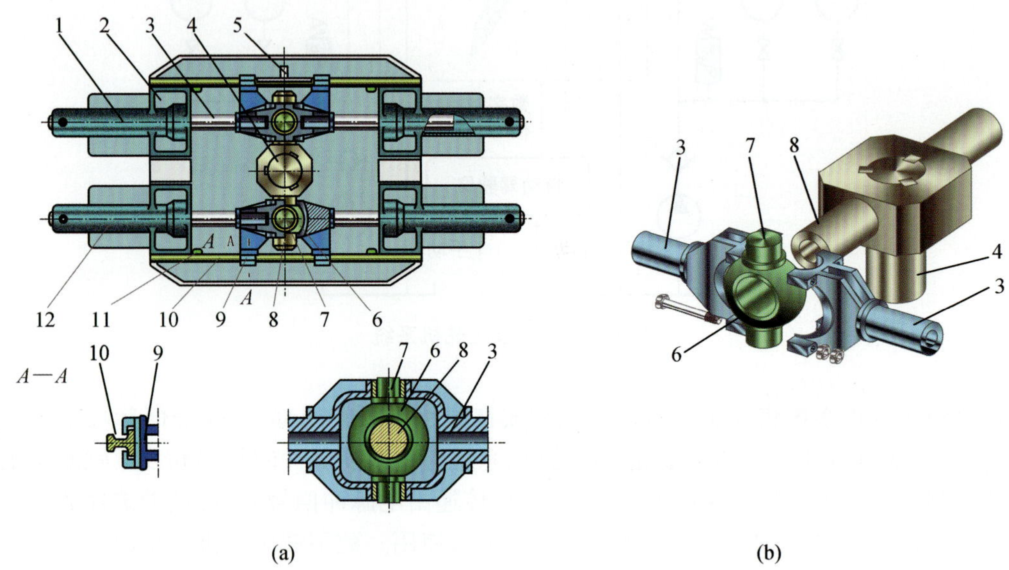

1—油缸;2—底座;3—撞杆;4—舵杆;5—机械式舵角指示器;6—十字头轴承;7—十字头耳轴;8—舵柄;9—滑块;10—导轨;11—撞杆行程限制器;12—放气阀

图 9-9 十字头式转舵机构

撞杆的极限行程由行程限制器(挡块)11 加以限制,它能在舵角超过最大舵角 1.5°时限制撞杆的继续移动。这时液压缸底部的空隙应不小于 10 mm。在导板的一侧还设有机械式舵角指示器 5,用以指示撞杆在不同位置时所对应的舵角。此外,在每个转舵液压缸的上部还设有放气阀 12,以便驱放液压缸中的空气。

十字头式操舵机构具有以下特点:

①扭矩特性良好,承载能力较大,能可靠地平衡舵杆所受的侧推力;可用于转舵扭矩很大的场合。

②撞杆和液压缸间的密封大都采用 V 形密封圈,如图 9-10 所示。这种密封圈由夹有织物的橡胶制成。其安装时开口应面向压力油腔,以使工作油压越高,密封圈撑开越大,从而更加贴紧密封面,故密封可靠,磨损后还具有自动补偿能力。此外,密封泄漏时较易发现,更换也较方便。

③液压缸内壁除靠近密封端的一小段外,都不与撞杆接触,故不经加工或仅作粗略加工即可。

④液压缸为单作用,必须成对工作,故尺寸、质量较大。而且撞杆中心线通常都按垂直于船舶纵线方向布置,故舵机房也需要较大的宽度。

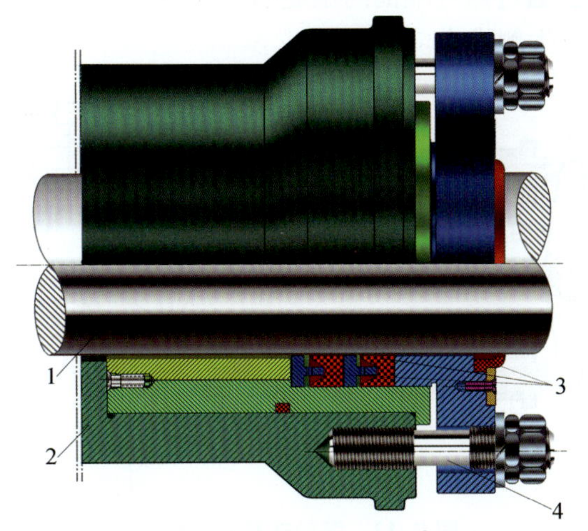

动画演示

1—撞杆；2—缸体；3—密封圈；4—螺栓

图 9-10　柱塞式液压缸的密封

⑤安装、检修比较麻烦。

(2)拨叉式转舵机构

在滑式转舵机构中，拨叉式也得到了广泛的应用。如图 9-11 所示，拨叉式转舵机构使用整根的撞杆，并在撞杆的中部带有圆柱销，销外套有方形(或圆形)滑块。撞杆移动时，滑块一面绕圆柱销转动，一面在舵柄的叉形端部中滑动(或滚动)。

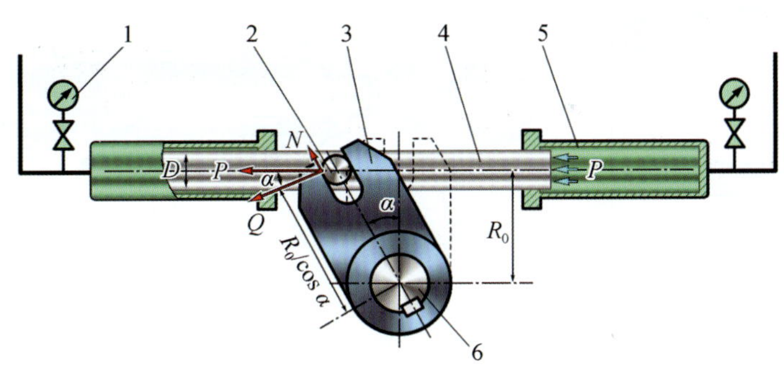

1—压力表；2—耳轴；3—拨叉；4—撞杆；5—舵缸；6—舵杆

图 9-11　拨叉式转舵机构

与十字头式转舵机构相比，拨叉式与其转矩特性相同。但使用拨叉式时，侧推力可直接由撞杆本身承受而无须导板，故结构简单，加工及拆装都较方便；此外，当公称扭矩较小时，由于以拨叉代替十字头，撞杆轴线至舵柱轴线间的距离 R_0 就可缩减 26%，撞杆的最大行程也因而得以减小，所以，在公称转舵扭矩和最大工作油压相同的情况下，拨叉式的占地面积比十字头式减少 10%~15%，质量减小 10%左右。

2. 滚轮式操舵机构

如图 9-12 所示，滚轮式转舵机构的结构特点是用装在舵柄端部的滚轮代替滑式机构中的十字头或拨叉。工作时受油压推动的撞杆，以其顶部直接顶动滚轮，迫使舵柄转动。这种

机构不论舵角 α 如何变化，通过撞杆端面与滚轮表面的接触线作用到舵柄上的推力 P，始终垂直于撞杆端面，而不会产生侧推力。

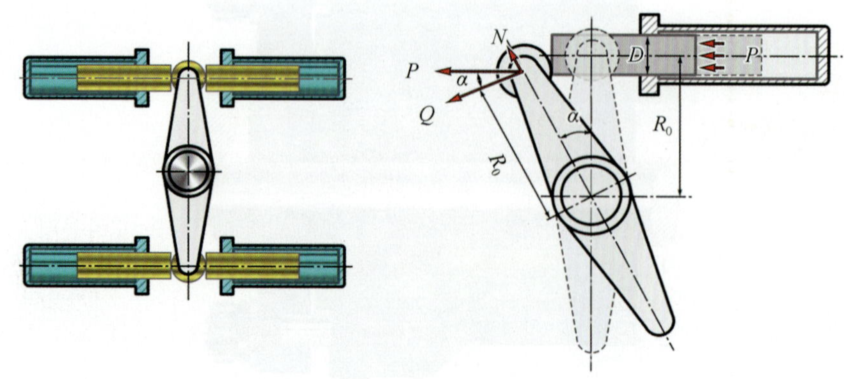

图 9-12　滚轮式转舵机构

3. 摆缸式操舵机构

如图 9-13 所示为摆缸式操舵机构。它的主要结构特点在于采用了与支架铰接的两个摆动式液压缸。转舵时，利用活塞在油压作用下所产生的推力与往复运动，并通过与活塞杆铰接的舵柄，推动舵柱偏转。由于转舵时缸体必须做相应的摆动，故液压缸两端的油管必须采用具有挠性的高压软管。

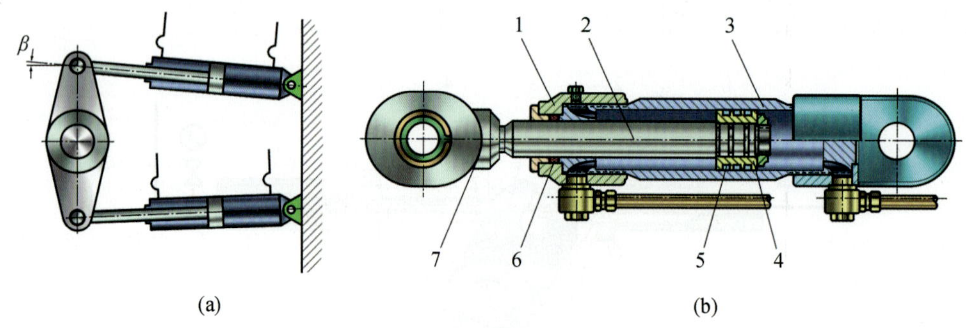

1—端盖；2—活塞杆；3—油缸；4—活塞；5—活塞环；6—密封环；7—接头

图 9-13　摆缸式转舵机构与双作用液压缸

摆缸式操舵机构转舵时，液压缸摆角 β（即任意舵角时液压缸中心线与中舵时舵柄的垂直线间的夹角）将随液压缸的安装角（即中舵时的液压缸摆角）和舵转角 α 而变。

二、回转式转舵机构

在回转式转舵机构中比较常见的是转叶式。图 9-14 所示为三转叶式转舵机构的原理图。该机构内部装有三个定叶 1 的液压缸 5，通过橡皮缓冲器安装在船体上。而用键与舵柱上端相固接的转毂 4 则镶装着三个转叶 2，在装于转叶与液压缸体内壁及上、下端盖之间，定叶与转毂外缘和上、下端盖之间，均有保持密封的密封条；转叶和定叶将液压缸内部分隔成六个工作腔。当液压泵经油管 3 分别从三个工作腔吸油，并把油液排入另外三个工作腔，则转叶就会在液压能作用下通过轮毂带动舵柱 6 和舵叶 7 偏转。

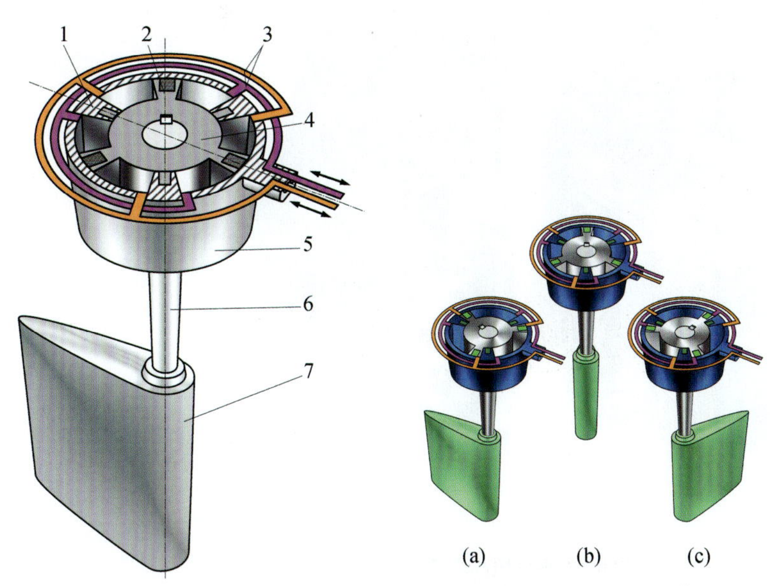

1—定叶;2—转叶;3—油管;4—转毂;5—液压缸;6—舵柱;7—舵叶

图 9-14　三转叶式转舵机构

转叶式转舵机构的内部密封问题是其主要的薄弱环节,通常所用工作油压都不超过 4 MPa,这限制了它在大功率舵机中的应用。近年来,随着密封材料、密封形式与端盖结构(常用的有浮动端盖式与翻边式两种)的不断改进,最大工作油压已可达 10~15 MPa,转舵扭矩也提高到 3 000 kN·m 左右。目前转叶式舵机已经成功地应用于 10 万总吨的油轮上。

图 9-15 所示的是 AEG 型的转叶油缸。其特点是将翻边端盖与空心转子 15 制成一体,然后用 V 形密封圈 6 和压盖 1 防止油外漏。这种结构的端盖能够承受较高的油压而不易变形,同时又可避免转叶和端盖间的泄漏。而用球墨铸铁制造的转叶 5 和定叶 7,则用由高强度钢制成的定位销和内六角螺钉分别固定在铸钢的转子 15 和缸体 2 上,并用在背后装有 O 形橡胶条的钢制密封条 12 来保证各工作腔室间的密封。所以,该型结构的耐压能力较强,工作油压一般可达到 10 MPa 或更高,同时可保持 96%~98%的容积效率。

在这种机构中,整个转子的重力完全由舵杆轴承来承担,而油缸本体 2 则通过螺栓 11 和橡皮缓冲器 10 支撑于两缓冲架 9 上,同时在缸体凸缘的内侧与固定支架的顶部与底部之间预留一定的间隙(一般上下共 38 mm 左右),以便吸收油缸在工作中可能产生的微量窜动和横向振动。

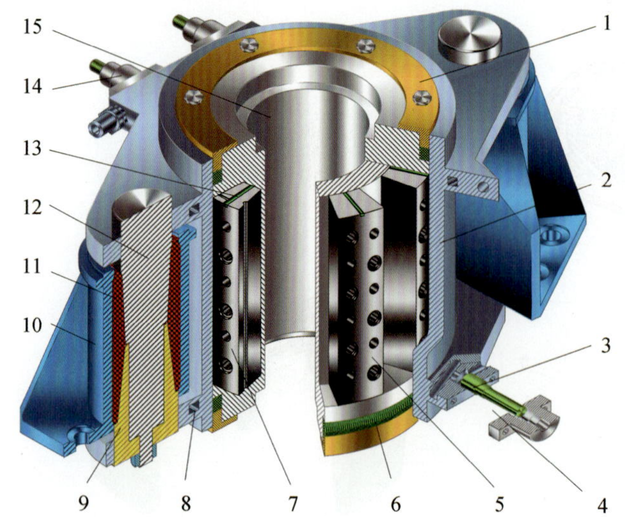

1—压盖；2、14—缸体；3—阀杆；4—截止阀壳体；5—转叶；6—密封圈；7—定叶；
8—上、下主油路；9—缓冲架；10—缓冲橡皮；11—螺栓；12—钢制密封条；13—截止阀；15—空心转子

图 9-15　AEG 型的转叶油缸

第 4 节　液压舵机的遥控系统

船舶舵机一般都同时装备有驾驶室遥控的随动操舵系统和自动操舵系统，舵机房还设有机旁操舵（非随动操舵）。

1. 随动操舵系统

当操舵者发出舵角指令后，不仅可使舵叶按指定方向转动，而且在舵叶转到指令舵角后还能自动停止操舵的系统。

2. 自动操舵系统

自动操舵系统是当船舶长时间沿指定航向航行时使用，它能在船因风、流及螺旋桨的不对称作用等造成偏航时，靠罗经测知并自动发出信号，使操舵装置改变舵角，以使船舶能够自动地保持既定的航向。

3. 非随动操舵系统

非随动操舵系统只能控制舵机的起停和转舵方向，当舵转至所需要的舵角时，操舵者必须再次发出停止转舵的信号，才能使舵停转。非随动操舵系统通常既可在驾驶室，也可在舵机房操纵，以备应急操舵或检修、调试舵机之用。

舵机遥控系统根据远距离传递操舵信号的方式不同，主要有机械式、液压式和电气式。现代船舶大多采用电气遥控系统。泵控式舵机的电气遥控系统常以伺服液压缸或伺服电机等作为在舵机房的控制元件，去控制舵机主泵的变向变量机构；阀控式舵机则以电磁换向阀作为控制元件，直接去控制主油路油液流向。

一、伺服液压缸式遥控系统

图 9-16 所示为典型的伺服液压缸式遥控系统原理图。这种遥控系统适用于带浮动杠

杆追随机构的泵控式舵机。

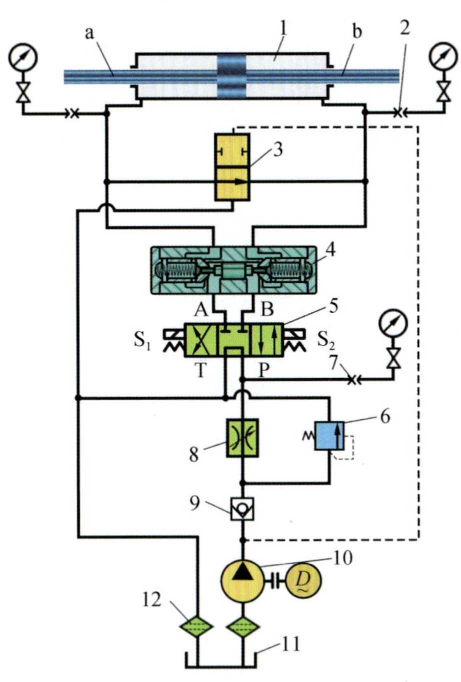

1—伺服液压缸;2—压力表接头;3—液控旁通阀;4—油路锁闭阀;5—电磁换向阀;6—安全阀;7—表接头;8—溢流节流阀;9—单向阀;10—变量定向液压泵;11—油箱;12—过滤器

图 9-16 伺服液压缸式遥控系统原理图

控制用液压泵 10 定向排出压力油,经单向阀 9、溢流节流阀 8 供至电磁换向阀 5。电磁换向阀 5 的阀芯位置取决于由驾驶室经电气遥控系统控制的电磁线圈 S_1 和 S_2 的通电情况(必要时也可借助设在这两个线圈外端的短轴直接顶动),压力油经 P、A 或 P、B 导入伺服液压缸 1 的相应空间,使伺服活塞向相应方向移动。伺服活塞杆的一端 a 经浮动杠杆及追随机构操纵舵机变量液压泵。活塞杆的另一端 b 与电反馈装置(自整角机)相连,随时将活塞位置的信号反馈到驾驶室的操舵设备。此外,在活塞杆的相应部位还设有最大操舵角的机械限位器。

当电磁换向阀阀芯处于中位时,液压泵卸荷,A、B 油路不通,液压缸锁闭,伺服活塞不动。

当驾驶室发出指令舵角时,设电磁线圈 S_1 通电,电磁换向阀 5 阀芯被推至极左位置,来自液压泵的压力油经 P、A 供入油路锁闭阀 4 左端,顶开左端锥阀,进入液压缸 1 的左侧,同时还使油路锁闭阀的右端锥阀被顶开,使液压缸右侧油液经锁闭阀 4 和电磁换向阀 5 的 B、T 油路,回到油箱 11。这样,伺服活塞在两侧油压差作用下右移,一方面通过浮动杆追随机构操纵舵机液压泵使舵发生偏转,另一方面则输出电反馈信号。当活塞行至相当于指令舵角的位置时,由于电反馈装置送回的信号正好与舵角指令信号相抵消,电磁线圈 S_1 断电,电磁换向阀 5 回中,油路锁闭阀 4 的两锥阀关闭,形成液压锁,将伺服活塞锁住。于是,舵叶在浮动杠杆追随机构的作用下,将自动地把舵转到并稳定在与指令舵角一致的舵角上。

若操舵指令要求与上述相反时,则电磁线圈 S_2 通电,油路 P 与 B 相通及 A 与 T 相通,伺服活塞左移。

系统中主要阀件的作用叙述如下：

(1)油路锁闭阀4　当伺服活塞位置与指令舵角相对应时换向阀回中，锁闭阀4锁闭伺服液压缸油路(换向阀中位密封可能不够严密)，防止浮动杠杆传来的反力使活塞移动。在装有两套使用同一伺服液压缸的遥控系统的装置中，它能把备用系统的换向阀和液压缸隔断，减少换向阀漏泄对工作的影响。

(2)溢流节流阀8　控制输往伺服液压缸的流量，使伺服活塞有合适的移动速度。

(3)安全阀6　当液压泵排出压力超过整定值时，将油泄回油箱，防止液压泵过载。

(4)液控旁通阀3　它靠液压泵排油压力截断液压缸旁通通路使之投入工作。因此，当改用其他控制方式(例如机旁控制)操纵浮动杠杆时，则因泵10停止排油，液压缸通过阀3旁通，柱塞即可自由移功，不致防碍其他控制机构的工作。

(5)单向阀9　启阀压力为0.6 MPa~0.8 MPa，保证工作时即使换向阀在中位，单向阀前的油压仍能使液控旁通阀3截断。

阀控式舵机的遥控系统与此类似，只不过用电磁换向阀直接控制主油路的转舵液压缸而已，电反馈信号发送器直接与舵柄相连，反馈舵角信号。

二、伺服电机式遥控系统

以伺服电动机为执行元件的舵机遥控系统可以采用直流伺服电机，也可采用交流伺服电机。图9-17所示为用平衡电桥控制的直流伺服电机式遥控系统的原理图。它也用于带浮动杠杆追随机构的泵控式舵机。

舵机房设有变流机组。交流电动机14驱动直流发电机15发出直流电，再去驱动直流伺服电机12。直流伺服电机12经蜗杆11、蜗轮9及行星齿轮10带动丝杆6转动。丝杆上所套滑块螺母8因受导杆7的限制不能转动，但可在丝杆上移动，从而拉动浮动杠杆的操纵点A(见图9-5)，控制变量泵，使其向相应方向排油转舵。与此同时丝杆6的转动还经锥齿轮副5和齿轮齿条机构4使反馈电位计3的触点移动，向遥控系统送出电反馈信号。

当操舵电位计2和反馈电位计3的触点处于相应的位置(例如中位0与0′)时，直流发电机激磁绕组16没有电流通过，输出电压为零，直流伺服电机12不动。当舵轮1转动某一角度，给出相应的指令舵角时，操舵电位计上滑动触点从0移到a点，电桥失去平衡，a与0′之间出现电位差，此偏差信号经放大器17放大，使发电机激磁绕组16流过一定方向的电流，直流发电机15产生一定方向的电压，于是直流伺服电机12转动，并移动浮动杠杆操纵点A。当A点移动到与指令舵角相应的位置时，反馈机构带动反馈电位计3的滑动角点从0′移到a′。因为a′与a是等电位点，电桥重新平衡，偏差信号消除，直流伺服电机12因励磁消失而停止转动。另外，浮动杠杆机械追随机构将使舵叶转到与A点位置相应的舵角上。

当舵轮带动操舵电位计触点反向移动时，直流发电机激动绕组16的激磁电流方向相反，直流伺服电机12将接受直流发电机15产生的反向电压而反转，带动A点做与上述操舵方向相反的运功。操纵点A偏离中位的方向和大小，始终准确地与舵轮给出的指令舵角的方向和大小相对应，再通过浮动杠杆机械追随机构将舵转到与指令舵角相对应的舵角。

三、液压式操纵系统

液压式操纵系统是利用油液来传递操舵信号的系统，它由发送器和受动器两部分组成。

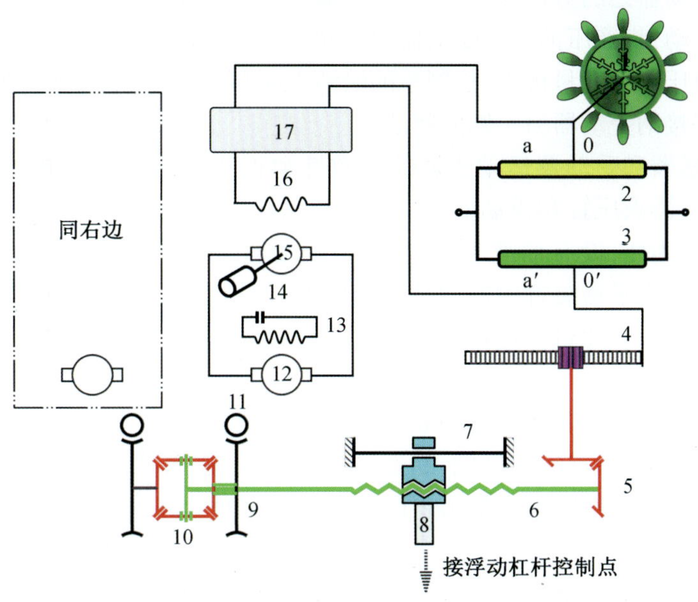

1—舵轮;2—操舵电位计;3—反馈电位计;4—齿轮齿条机构;5—锥齿轮副;6—丝杆;7—导杆;8—滑块螺母;
9—蜗轮;10—行星齿轮;11—蜗杆;12—直流伺服电机;13—直流电动机激励绕组;14—交流电动机;
15—直流发电机;16—直流发电机激励绕组;17—放大器

图 9-17　直流伺服电机式遥控系统原理图

图 9-18 所示为发送器和受动器原理图。发送器设置在驾驶室,受动器设置在舵机房,如图 9-5 所示。

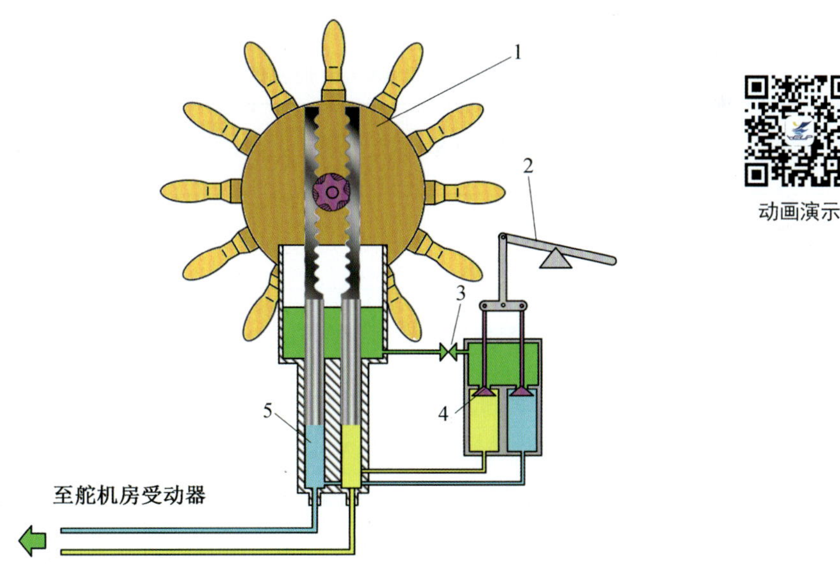

1—舵轮;2—主柄;3—截土阀;4—平衡阀;5—液压缸

图 9-18　发送器和受动器原理图

操舵时,将受动器处的旁通阀关闭,然后转动舵轮,发送器中的两根柱塞在小齿轮的带动下,一根向下运动,将液压油排至受动器的一侧,克服弹簧力使其运动,并通过杠杆带动浮动杠杆,并带动液压泵的变量机构,控制泵的输油方向和排油量,从而实现操舵;另一根柱塞则向上运动,正好接纳受动器另一侧的回油。

为了保证发送器和受动器运动步调的一致性和正确性,两者的工作位置要互相对应。为此必须保证发送器液压缸和受动器液压缸严格密闭,若有泄漏,应及时充满油液,保证不会产生空舵现象。为此,设有油液平衡装置,当受动器、发送器均位于中位时,可打开截止阀,再将手柄提起开启平衡装置中的两只平衡阀,使油箱中的油液补充到液压缸中去,待油液充满后再关闭截止阀,此时发送器、受动器与舵角都应位于零位,工作时应保持三者动作一致。

液压式操舵装置管路布置麻烦,操舵时的扭矩大,舵工的劳动强度大,舵令信号的正确性易受到装置泄漏与油中空气的影响,易造成空舵现象,泄漏易污染环境,需经常开启平衡阀(舵角在零位时开启)来平衡管路中的压力,并需经常对管路进行放气与充液。

第 5 节　泵控式液压舵机实例

泵控式液压舵机大多用双向变量泵做主泵,一般采用闭式液压系统。

一、392 kN · m 舵机液压系统

392 kN · m 的舵机一般用在舰船上。它采用电气控制系统进行操纵,具有自动和随动两种操纵方式,并设有应急手动操舵和应急电动操舵系统备用。

392 kN · m 舵机的主要性能参数见表 9-1。

表 9-1　392 kN · m 舵机的主要性能参数

最大转舵力矩/(kN · m)	电动-液压操舵为 392 kN · m; 应急手动操舵为 288 kN · m
舵数	2
舵角范围/(°)	-35 ~ +35
电动-液压操舵从一舷 35°到另一舷 35°所需时间/s	单机组工作:<30 双机组工作:<15
应急手动操舵从一舷 15°到另一舷 15°所需时间/s	<60
主油路系统安全溢流阀调定压力/MPa	18
液压伺服系统溢流阀调定压力/MPa	4
补油系统溢流阀调定压力/MPa	0.7

如图 9-19 所示为 392 kN · m 舵机液压系统工作原理图。它是由液压传动系统和液压伺服系统组成的。液压传动系统采用闭式液压系统,由双向变量柱塞泵去驱动转舵液压缸,达到转动双舵的目的。液压伺服系统则通过电液伺服阀去控制变量柱塞泵的斜盘倾角,从

而控制转舵的速度和转舵方向。液压传动系统又是由主油路系统、补油路系统、舵角行程限位系统和应急操舵系统等组成的。

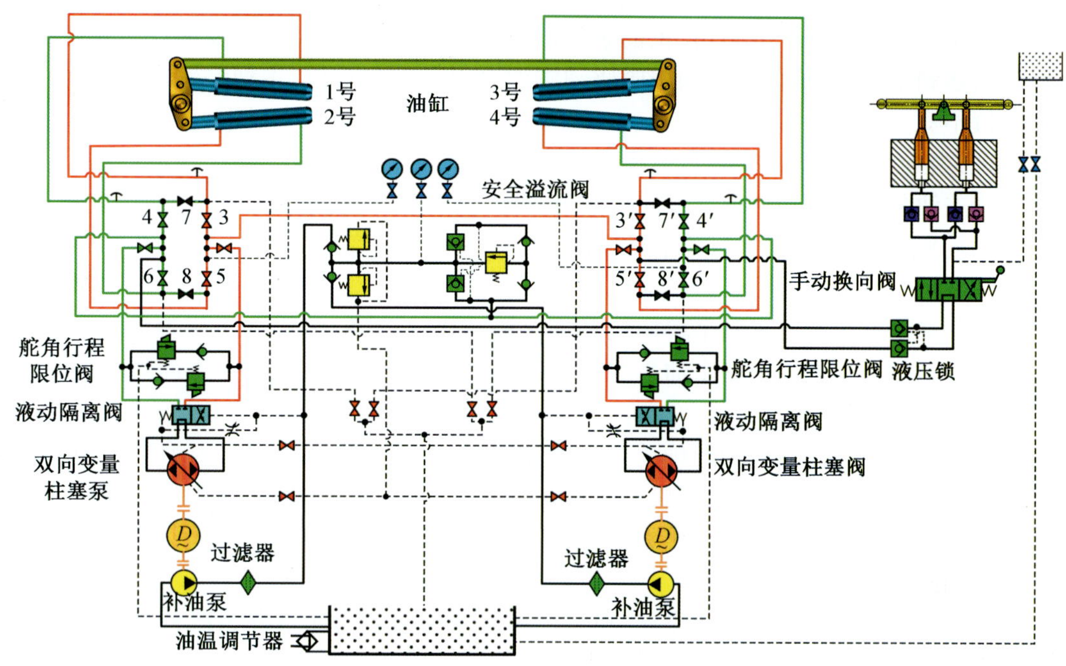

3,4,5,6,7,8,3′,4′,5′,6′,7′,8′—截止阀

图 9-19　392 kN · m 舵机液压系统工作原理图

1. 主油路系统

主油路系统中有两套电动机-变量泵-补油泵机组,两套机组分别或同时供给四个单活塞杆双作用油缸,由这四个油缸分别去驱动两个舵转动,并且通过机械拉杆连接两舵柄,保证两个舵同步转动。

在使用舵机时,可选择单机组工作,也可选择双机组工作。正常操舵使用工况下,四个油缸是同时工作的。当任何一个油缸发生故障时,可通过截止阀组 3,4,5,6,7,8 或 3′,4′,5′,6′,7′,8′的开启或关闭,将故障油缸隔离开,而且不影响其他油缸的正常工作,从而保证舵机有较强的生命力,即可以借助于截止阀组的有序调整,实现单油缸、双油缸和三油缸工作的不同工况。具体操作可见舵机装置上的阀箱说明板。现举例来说,若 1 号油缸出现故障,可将 3,4 号截止阀关闭,7 号截止阀打开,从而将 1 号油缸从系统中隔离开。一般情况下不允许出现单油缸、双油缸或三油缸工作的工况,除非在特别紧急的情况下。

下面以单机组工作和 4 个油缸同时工作的工况为例,介绍舵机的工作过程。启动右机组,主油泵和补油泵由同一台电动机驱动而投入运转。一旦补油泵出口的油压建立起来(补油压力由定压溢流阀调定在 0.6 MPa~1.0 MPa),将推动二位四通液动换向阀(也称为隔离滑阀)换向,使主油泵的吸、排油口与主油管路接通,驱动四个油缸实现转舵。转舵的方向,即转左舵、转右舵或保持舵角,取决于主油泵斜盘的倾斜方向,转舵速度则取决于主油泵斜盘的倾角大小。

当自动操舵仪送来的偏差信号为零,即实际舵角达到了指令舵角时,电液伺服阀将控制主油泵斜盘的倾角为零。此时,虽然主油泵处于高速运转之中,但其排量为零,将保持舵角不变。

当自动操舵仪送来转左舵的指令信号即指令舵角与实际舵角之间存在偏差时,电液伺服阀将控制主油泵斜盘产生倾角,主油泵排出的油液将驱动四个油缸,使两舵转左舵,直到实际舵角达到指令舵角时,电液伺服阀驱动主油泵斜盘回到零位,主油泵输出排量为零,舵角则保持不变。

同理,当自动操舵仪送来转右舵指令时,指令舵角与实际舵角之间存在偏差,电液伺服阀将控制主油泵斜盘产生一个反方向的倾角变化,主油泵的吸、排油口反向,使两舵转右舵,直到实际舵角达到指令舵角时,电液伺服阀又驱动主油泵斜盘回到零位,保持新的指令舵角不变。

在两主油管之间设置了两个单向阀和安全溢流阀,安全溢流阀调定压力为 18 MPa,构成安全保护系统。一方面限制主油泵的最高工作压力低于 18 MPa;另一方面防止舵受到冲击负载时损坏油缸和管道。

为了保证转舵的稳定性和准确性,在主油路系统中不允许有空气。因为空气的可压缩性会影响液压系统响应的稳定性、快速性和准确性。为此,在主油路系统中位置最高处设置了放气阀。使用管理中应注意在排除空气后,将放气阀关死。

2. 补油路系统

因为主油路系统是闭式液压系统,所以需要补油路系统为主油路系统补油。补油系统是由补油齿轮泵、单向阀和溢流阀等组成。补油压力由定压溢流阀调定在 0.7 MPa 左右。补油泵的流量一部分通过单向阀向低压主油管路补油,另一部分作为二位四通液动换向阀的控制油压,再一部分经定压溢流阀溢流,对主油泵进行冷却,然后流回油箱。

在单油缸或三个油缸工作的紧急情况下,由于单活塞杆双作用油缸的不对称性,将导致奇数个工作油缸的回油量大于主油泵吸、排流量的情况发生。为此,在主油管路之间设置的补油单向阀采用两个液控单向阀组成。正常工作时,两个液控单向阀选择主油管路的低压管路补油;单缸或三缸工作的紧急情况下,主油泵排出压力顶开液控单向阀,使转舵油缸内过剩的回油经补油溢流阀流向油箱,从而保证舵机正常工作。

3. 舵角行程限位系统

从舵的作用原理可知,舵角在一定范围内增加时,转船力矩随之增加,转舵负载增大,达到设计最大舵角 35°时,转船力矩最大;若再进一步增加舵角,转舵负载进一步增大,而转船力矩反而下降,有可能使舵机超负荷工作。为此,在主管路之间设置了舵角行程限位阀(带单向阀的二位二通机动换向阀),使主油泵的吸、排口旁通而卸载,舵角不再增大。若反向操舵时,由于行程限位阀串联有单向阀,主油泵的吸、排油方向改变后,旁通的行程限位阀失去作用,主油泵驱动油缸实现反向转舵,行程限位阀恢复中位。若达到反向 35°舵角时,另一行程限位阀起作用,实现最大舵角的行程限位。

4. 应急手动操舵系统

当主油泵、补油泵或电液伺服阀发生故障时,可启用应急电动操舵系统;若出现停电时,可启用应急手动操舵系统。

应急手动操舵系统是由手摇往复泵、三位四通手动换向阀、四个单向阀和两个液控单向阀组成。当四人同时操作往复泵的压杆时,两台往复泵一上一下往复运动,一台往复泵通过单向阀吸油时,另一台往复泵通过另一单向阀排油,从而连续供给操舵所需的压力油。在手动换向阀处于中位时，由于其机能为 M 型，两台往复泵卸载。当手动换向阀换向时，往复泵提供的压力油经过两个液动换向阀（构成双向液压锁），送入操舵油缸，使舵转动。手动换向阀手柄位置不同时，转舵的方向也不同；其三个工作位置分别实现转左舵、保持舵角和转右舵。两个液控单向阀交叉配置，起着两个作用：一是在应急手动操舵系统不工作时，使应急系统与主油管路系统隔离；二是在应急手动操舵系统工作时，起负载平衡作用，保证操舵的稳定性，防止跑舵。应急手动操舵系统还设置了补油油箱，在应急操舵时应将补油油箱通至往复泵吸入口的截止阀打开，利用静压差向低压油管补油。此外，在单缸或三缸工作的紧急情况下，油缸内过剩的油液可通过截止阀流回补油油箱。

5. 应急电动操舵系统

有的舵机上还装有应急电动操舵系统，如图 9-20 所示。它由齿轮泵、三位四通 M 型机能电液换向阀、安全溢流阀和两个液控单向阀（构成双向液压锁）等组成。两个电磁铁控制转左舵、转右舵和保持舵角。安全溢流阀调定安全压力为 18 MPa，限制转舵时的最高工作压力。

6. 液压伺服系统

液压伺服系统为电液伺服阀提供压力油，去操纵主油泵的变量机构，控制转舵速度，如图 9-21 所示。其可以单机组工作，也可以双机组同时工作。它是由伺服油泵 10、定压溢流阀 8、磁性过滤器 7、蓄能器 1 和电液伺服阀 3 等组成的。溢流阀调定压力为 4 MPa，用于控制液压伺服系统压力；蓄能器用于稳定电液伺服系统压力，防止液压冲击。

二、637/735 kN · m 舵机液压系统

图 9-22 所示为泵控式舵机的液压系统原理图。

舵机的公称扭矩为 637/735 kN · m。它用斜盘式轴向柱塞双向变量泵作为主泵，齿轮泵作为系统的辅泵，采用直流伺服电机式电气遥控系统和浮动杠杆追随机构。

1. 工况的选择

本系统设有两台主泵，四个柱塞液压缸。其中 1#、3#和 2#、4#缸各成一对，分别与主泵的两根主油管相连。为提高系统的工作可靠性，系统中设有专门用于应急工况下使用的工况选择阀箱。

工况选择阀箱中共包括了 12 个单阀座截止阀。其中与液压缸相接的 $C_1 \sim C_4$ 称缸阀，平时常开；$O_1 \sim O_4$ 称旁通阀，平时常闭。如果某液压缸因故不能工作（例如严重漏泄），可将它与另一只液压缸（只要不是对角布置的——如 1#和 4#或 2#和 3#）一起停用。这时应将停用的一对缸的缸阀关闭，相应的旁通阀要开启。$P_1 \sim P_4$ 称泵阀，平时常开，以便随时能在驾驶台启用任何一台泵。只有当主泵损坏需要修理时才将其一对泵阀关闭。船舶管理人员总结出的阀箱操作口诀为：油泵泵阀要常开；缸阀一开油缸动；撤出油缸要旁通。阀箱可使该型舵机具有五种工况可供选择，常用的有：

（1）单泵四缸工况　适于开阔水面正常航行，其最大转舵扭矩等于公称转舵扭矩，转舵时间能满足规范要求。

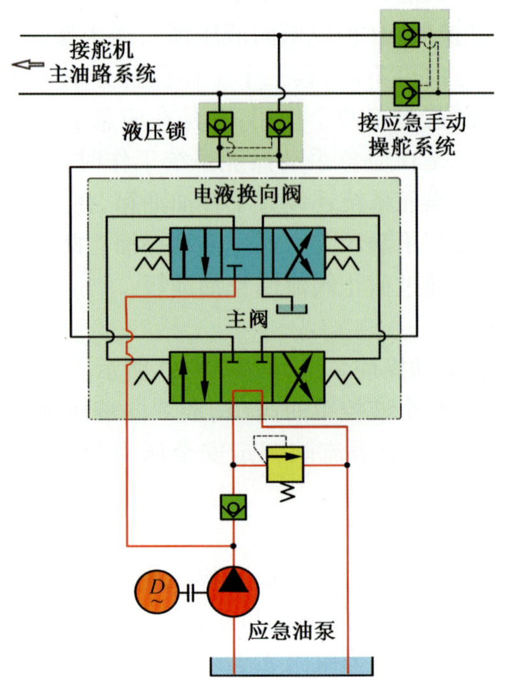

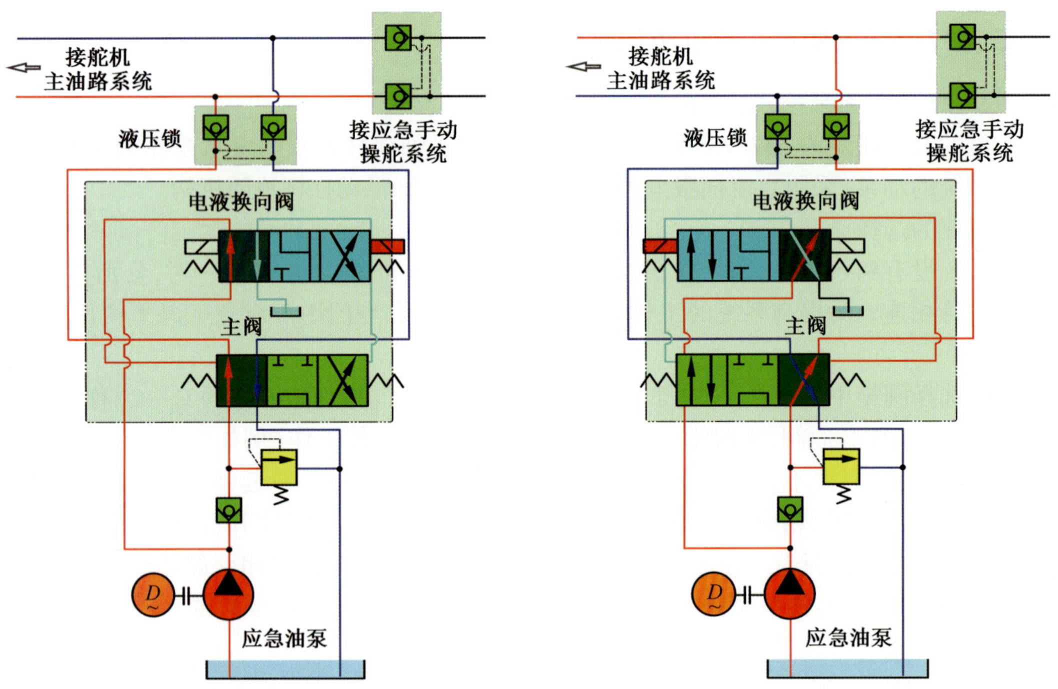

图 9-20　392 kN · m 舵机应急电动操舵系统

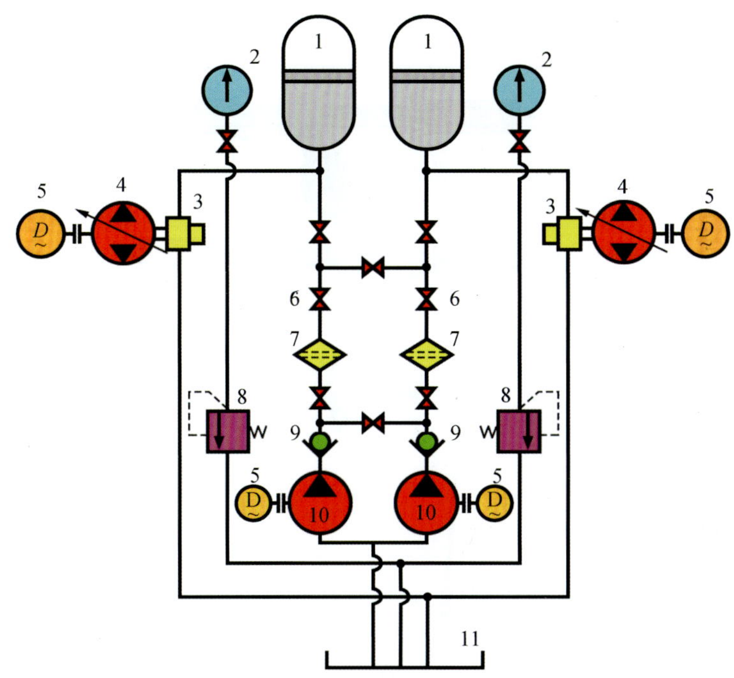

1—蓄能器;2—压力表;3—CDY2 型电液伺服阀;4—双向变量柱塞泵;5—电动机;
6—截止阀;7—磁性过滤器;8—定压溢流阀;9—单向阀;10—伺服油泵;11—油箱

图 9-21　392 kN · m 舵机液压伺服系统

(2)双泵四缸工况　适于进出港、窄水道航行或其他要求转舵速度较快的场合。转舵速度约较单泵四缸工况提高一倍,而转舵扭矩与上述工况相同。

(3)单泵双缸工况　在某个缸有故障时采用。这时转舵速度约较单泵四缸工作时提高一倍,转舵扭矩则比四缸工作大约减小一半。故必须用限制舵角(或降低船速)来限制水动力矩,否则工作油压可能超过最大工作压力而使安全阀开启。

2. 主油路的锁闭

在液压舵机主泵的主油路上,通常装有成对的主油路锁闭阀。本系统中采用双联液控单向阀 12a、12b,当任何一台主泵离开中位向任何一方排油时,其主油路上的那对液控单向阀便能同时开启,保证油路畅通;而当主泵停用或处于中位时,这对阀能自动关闭。这种锁闭阀属主泵启阀式。其可调节流阀 11a、11b 用来调节液控单向阀中控制油的流速,既能使主油路上的单向阀及时开启回油,又使它能在舵叶受负扭矩作用时关闭的速度尽可能减缓。但是当舵叶上负扭矩较大时,回油侧单向阀仍然难免骤然关闭而产生撞击。

主油路锁闭阀(锁舵阀)的作用:

(1)锁闭备用泵油路,防止工作泵排油设备用泵倒流旁通,妨碍转舵。这是因为这种浮动杠杆追随机构,备用泵与工作泵的变量机构是彼此连接同步动作的,二者同时偏离中位。如果不将备用泵油路锁闭,它便会因压力油倒灌而反转,造成油路旁通。

(2)工作泵回到中位时,将油路锁闭,以防跑舵。当舵停在某一舵角时,在水压力作用下,两组转舵液压缸仍存在油压差。此时,泵虽处于中位,但泵内难免有泄漏,如果主油路不锁闭,舵停久了就可能因漏油而跑舵。

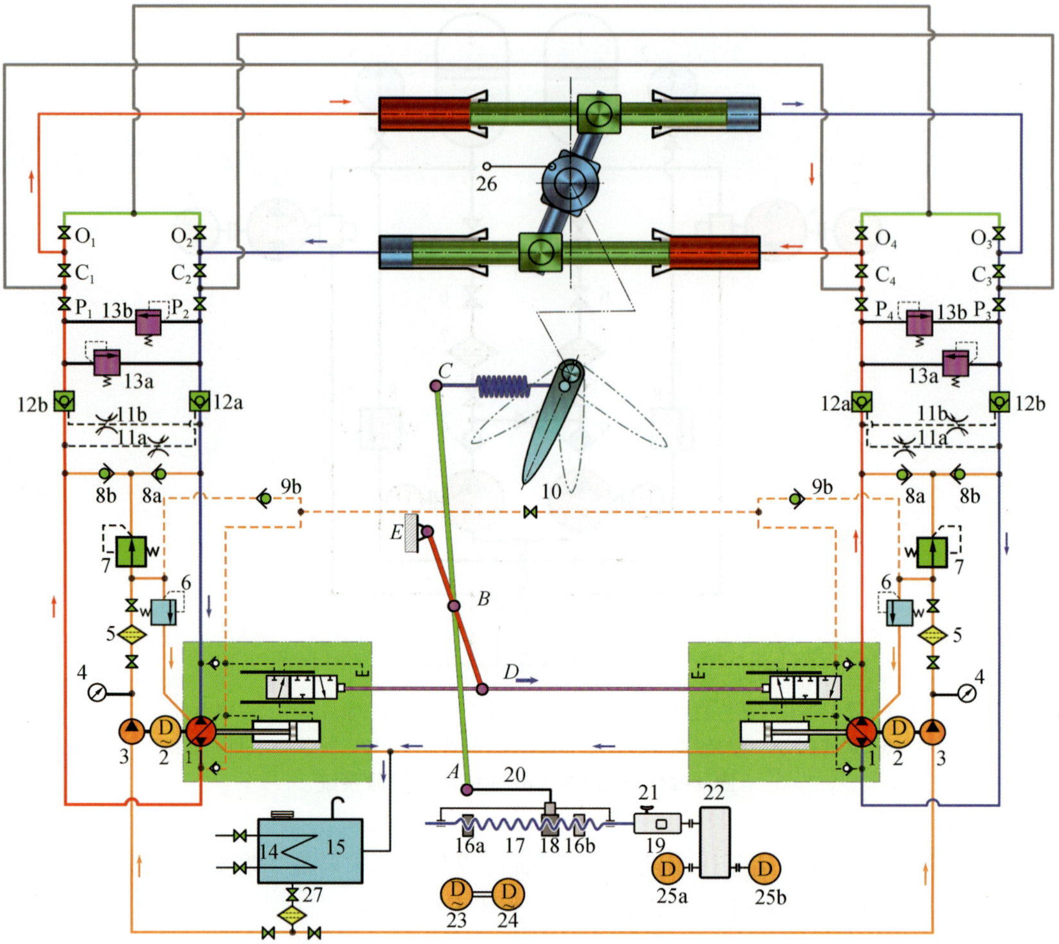

1—主泵；2—电动机；3—辅泵；4—压力表；5—细过滤器；6—溢流阀；7—减压阀；8—单向阀；9—单向阀；10—旁道阀；11—可调节流阀；12—液控单向阀；13—安全阀；14—冷却器；15—油箱；16—限位螺母；17—螺 杆；18—导块；19—操舵角反馈机构；20—连杆；21—手轮；22—减速器；23—交流电动机；24—直流发电机；25—伺服电动机；26—舵角发讯器；27—粗过滤器

图 9-22　637/735 kN · m 舵机液压系统工作原理图

以上两点前者是主要的，后者在泵密封性较好时影响不明显。有的舵机主油路锁闭阀采用辅泵启阀式——由与主泵同时工作的辅泵排油来开启。这样主油路压力损失较小，又可在辅泵失压时停止转舵，这时锁闭阀在主泵回中时，不起油路锁闭作用。当主泵装有机械防反转装置——如防反转棘轮时（例如海尔休泵），可不设主油路锁闭阀。

3. 补油、放气和压力保护

在闭式系统中，因为主泵排出油液难免有外漏（如主泵内漏油液经泵壳而泄回油箱），所以需要解决补油问题。若不补充转舵液压缸中柱塞的位移容积，则不足以补偿主泵吸油所需油液容积，从而造成吸入压力降低，以致产生气穴（或漏入空气），造成流量减小，噪声增加，甚至泵的零部件损坏（例如导致轴向柱塞球铰拉坏）。为此本系统设辅泵 3，经减压阀 7 以及单向阀 8a、8b 向低压侧油路补油。若舵机主泵吸入性能好，允许有较低的吸入压力时，也可不用辅泵补油，而只设高位补油柜在吸入侧压力降低时进行补油。

系统还在各液压缸顶部和油管高处设放气阀,以便在初次充油或必要时放气,这对闭式系统是必不可少的。

液压系统设有安全阀 13a、13b,其作用是:

在转舵时防止液压泵排油侧压力超过最大工作压力过多,以免液压泵过载;在停止转舵时,当海浪或其他外力冲击舵叶而导致管路油压过高时开启,使油路旁通,保护管路、设备安全。

4. 辅泵的作用

泵控式舵机液压系统大多设有辅泵,其流量一般不低于主泵流量的 20%。本系统所设辅泵 3 是齿轮泵,其主要作用为:

(1)为主油路补油,补油压力由减压阀 7 调定为 0.8 MPa 左右。

(2)为主液压泵伺服变量机构供油,所供控制油压由溢流阀 6 调定为 15 MPa 左右。

(3)冷却、润滑与冲洗主泵。系统中经溢流阀 6 的溢油进入主泵壳体再流回油箱,起冷却和润滑主泵的作用。

有的舵机辅泵还起下述作用:为伺服液压缸式遥控系统或电液换向阀提供控制油;用油压开启主油路锁闭阀。

第 6 节　阀控式液压舵机实例

阀控式液压舵机采用定量液压泵为主泵,一般都使用电气遥控系统操纵电磁换向阀或电液换向阀,控制油液流向和转舵方向。油路可以采用闭式、半闭式或开式。

一、245 kN · m 舵机液压系统

245 kN · m 舵机采用电气控制系统进行操纵,具有自动和随动两种操纵方式,并设有应急手动操舵装置备用。245 kN · m 舵机的主要性能参数见表 9-2。

表 9-2　245 kN · m 舵机的主要性能参数

最大转舵力矩/(kN · m)	电动-液压操舵为 245; 应急手动操舵为 288
舵数	2
舵角范围/(°)	-35～+35
电动-液压操舵从一舷 35°到另一舷 35°所需时间/s	单机组工作:<30 双机组工作:<15
应急手动操舵从一舷 15°到另一舷 15°所需时间/s	<60
主油路系统最高工作压力/MPa	12.5
主油路安全阀调定压力/MPa	14

图 9-23 所示为 245 kN · m 舵机液压系统的工作原理图。它是采用单向定量泵与电液换向阀配合工作的闭式液压系统。从图 9-23 可以看出,两个舵叶通过一套拉杆机构与液压缸中的柱塞相连接。柱塞可以在油缸中左右移动。当右边油缸中通入压力油而左边的油缸

通入回油时，柱塞便向左移动，它带动舵叶向左舷转动（转左舵）。反之，如果左边的油缸通压力油而右边油缸通回油时，则柱塞带动舵叶向右舷转动（转右舵）。

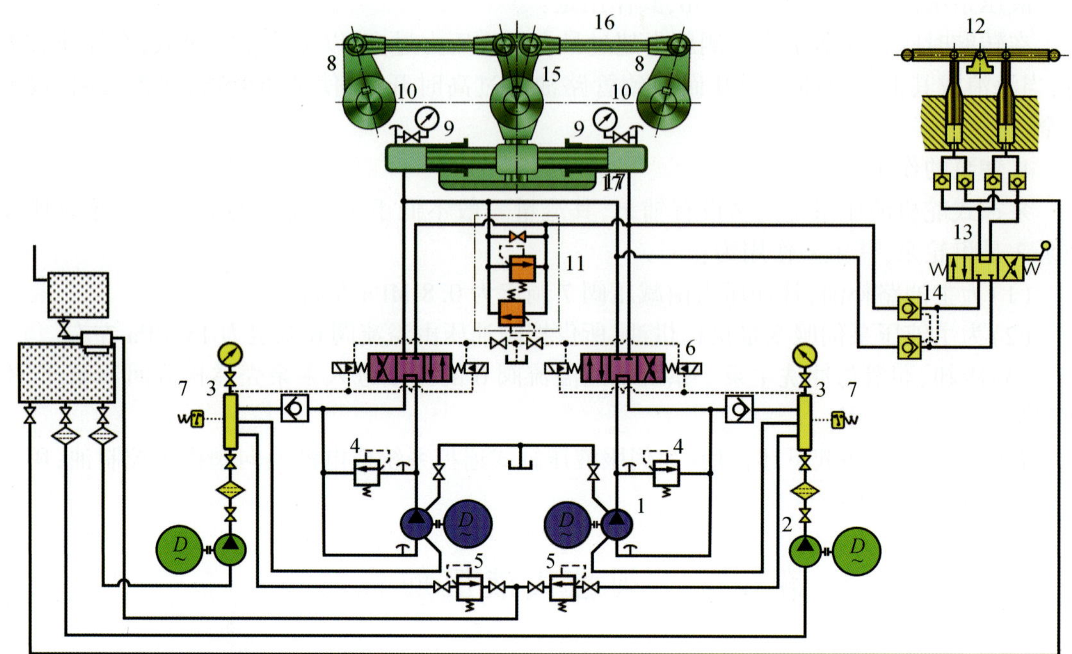

1—主油泵；2—辅助油泵；3—集油器；4—安全溢流阀；5—定压溢流阀；6—电液换向阀；7—压力继电器；8—舵柄；9—转舵油缸；10—放气阀；11—安全溢流阀组；12—手动柱塞泵；13—手动换向阀；14—双向液压锁；15—中间传动轴；16—同步拉杆机构；17—滑块

图 9-23　245 kN · m 舵机液压系统的工作原理图

245 kN · m 舵机液压系统是由主油路系统、辅助油泵系统和应急手动操舵装置等组成。其中，主油路系统采用闭式液压系统，配置两套电动机-定量柱塞泵机组，辅助油泵系统提供主油路系统所需要的补油、冷却主油泵用油并提供电液换向阀的控制油压，也配置了两套电动机-齿轮油泵机组。一般情况下，一套机组工作时，另一套机组备用，也可以两套机组同时工作，则其转舵速度将加大一倍。一旦电气控制系统失灵或失电时，可改用应急手动操舵装置进行应急操舵。

1. 主油路系统

主油路系统是由主油泵、电液换向阀、柱塞缸和转舵机构组成的闭式液压系统。舵机电气控制系统根据实际舵角与指令舵角的差值和极性控制电液换向阀左电磁铁通电、右电磁铁通电或两个电磁铁都不通电，实现转左舵、转右舵或保持舵角不变。两个单作用柱塞缸通过滑块 17、中间传动轴 15、同步拉杆机构 16 和舵柄 8，去驱动两个舵轴转动，达到修正舵角误差，实现自动或随动控制舵角的目的。

主油泵采用定量轴向柱塞泵，在其排出口和吸入口之间设有安全溢流阀。安全溢流阀的调定压力为 12.5 MPa。主油泵的工作压力随转舵角度和转舵负载大小而变化，其最高工作压力由该安全溢流阀限制在 12.5 MPa 以下。

控制转舵方向的电液换向阀采用 M 型中位机能的三位四通电液换向阀。当舵角达到指令舵角后，左右电磁铁均断电，电液换向阀处于中位。此时，接液压缸的两个油口封闭，因而两个柱塞缸封闭自锁，保持舵角位置不变；同时，电液换向阀的进油口与回油口旁通，使主油泵旁通卸载，从而节省能量消耗和减少油液的发热。在两根主油管之间设置了两个安全溢流阀和一个旁通截止阀。其中，旁通截止阀在向管路系统充油和排气时打开，正常工作时应处于关闭状态。两个安全溢流阀反向并联安装在主油管路之间，调定安全压力为 14 MPa，用于当电液换向阀处于中位时，防止柱塞缸和主管路受冲击（如海浪、冰块及其他撞击对舵叶产生的冲击）而损坏。当电液换向阀处于中位时，如果冲击负载使得主油管压力超过 14 MPa 时，安全溢流阀开启溢流，防止主管路系统和柱塞缸的压力进一步上升而造成破坏。

2. 辅助油泵系统

辅助油泵系统是由辅助油泵（齿轮泵）、压力继电器、溢流阀、储油器、滤油器、单向阀和油箱等组成的开式液压系统。每套电动机-主油泵机组都配置一套电动机-辅助油泵机组。辅助油泵系统具有以下功能：

（1）向主油路系统补油　因为主油路系统是闭式液压系统，所以，需要补油系统配合其工作，以补偿主油路系统中的漏泄损失（包括油缸、油泵和控制阀等处的漏泄）。辅助油泵从油箱吸油，经过滤油器、集油器和单向阀，向主油泵吸入管路补油，补油压力由补油溢流阀调定为 0.6 MPa～1.0 MPa。

（2）供油给主油泵壳体进行冷却　辅助油泵排出的压力油有一分支管路通主油泵的壳体上的下漏油口，冷却主泵后，从主泵的上漏油口流出，经过一截止阀后再回到油箱。调节截止阀就可调节主泵所需要的冷却油的流量大小。

（3）供给电液换向阀的控制油压　辅助油泵排出的压力油有一支管路通电液换向阀，供给其先导电磁阀，去控制液动换向阀主阀芯的换向。

辅助油泵系统中还装有压力继电器，用来保证辅助油泵机组与主油泵机组的协同动作。即当辅助油泵机组启动并建立起 0.6 MPa～1.0 MPa 的油压时，压力继电器动作，合上触头，控制主油泵机组投入运行状态。若辅助油泵停车，则压力继电器触头断开，主油泵机组也随之停车。另外，两套辅助油泵机组共用同一个油箱。

3. 应急手动操舵装置

应急手动操舵装置是由两台手摇往复泵、三位四通 M 型中位机能的手动换向阀、四个单向阀和两个液控单向阀等组成。当主油泵机组、辅助油泵机组、电气控制系统失灵或失电时，可用手动操舵装置进行转舵。

首先，要打开应急油路截止阀，使手摇往复泵能从油箱正常吸油。四个单向阀分别控制手摇往复泵的两个往复油缸的进油和排油，即进行配油，形成两个并联工作的往复泵，两者交替吸油和排油。

通过三位四通手动换向阀，可控制往复泵提供的压力油是否供给转舵油缸，去实现转左舵、转右舵或保持舵角不变。当手动换向阀处于中位时，因为该阀的中位机能为 M 型，所以，中位时往复泵处于卸载状态。两个液控单向交叉配置，形成双向液压锁。由于舵机采用平衡舵，因此，在操舵时可能出现负的操舵负载，即舵叶上的水动力推着舵减小舵角，因此，双向液压锁就可用来平衡这种负载，防止在应急手动操舵时可能出现的舵角失控。

应急手动操舵时的最高工作压力则由主油管路之间的两个安全溢流阀限制在 14 MPa 以下。

4. 操纵系统的工作过程（以随动舵为例）

在使用舵机时，可选用单机组工作，也可选用双机组工作。首先，启动辅助油泵机组，当建立起油压时，相对应配置的主油泵机组在辅助油泵出口的压力继电器控制下也投入运转。辅助油泵供给的油压，一路供给电液换向阀控制油压，一路去冷却主油泵，一路给主油路系统补油，另一路经低压溢流阀溢流回油箱，从而保证辅助油泵排出压力稳定在 0.6 MPa～1.0 MPa 范围内。

当船舶需要保持一定的航向时，操纵系统的指令舵角为零，实际舵角也应为零，偏差信号为零，电液换向阀的左、右电磁铁均断电，电液换向阀处于中位，主油泵卸载，而两柱塞缸油路封闭，舵将被固定在零位舵角上，船舶才能保持一定的航向。

当船舶需要改变航向时，操纵系统发出转左舵或转右舵指令，因存在偏差信号，使电液换向阀的一个电磁铁通电（假设是左电磁铁通电），电液换向阀换向到左位，主油泵供油给两个单作用柱塞缸进行转舵，直到舵角转到指令舵角位置，使偏差信号到零为止。此时，两个电磁铁断电，电液换向阀回到中位，主油泵再次卸载，舵保持在指令舵角位置上，船舶进行转向。

当船舶接近于转到要求的航向时，操纵系统将发出回舵复零指令，这时将产生一个极性相反的偏差信号，电液换向阀的另一个电磁铁通电，即换向阀换向到右位，舵将反转到偏差信号消失为止。此时，实际舵角和指令舵角均为零，两个电磁铁均断电，电液换向阀回到中位，主油泵再次卸载，舵将被锁定在零位舵角上，至此就完成了一次操舵过程。

综上所述，在操舵过程中主油泵机组和辅助油泵机组一直处于运转之中，依靠操纵系统去控制电液换向阀，实现舵左转、舵右转或停止转舵三种工作状态。在使用随动舵时，有把舵摆出和回舵复零两个操作动作，转舵过程包括把舵摆出、维持所需要的舵角和回舵复零三个工作阶段。

二、73.5 kN · m 电动液压舵机

73.5 kN · m 电动液压舵机的主要性能参数见表 9-3。

表 9-3　73.5 kN · m 电动液压舵机的主要性能参数

公称扭矩/(kN · m)	73.5
最大舵角/(°)	±35
转舵时间/s	≤12
最大工作压力/MPa	7.84
操纵系统工作油压/MPa	0.98
动力泵型号	10OSCY14-lB 或 CB-H50C-FL
辅泵型号	CB-B25 或 HY01-18×25
电动机功率/kW	10～13 或 7.5

1. 液压系统的特点

图 9-24 所示为 73.5 kN · m 电动液压舵机液压系统，属间接控制式，由低压操纵系统和高压动力系统组成，两系统皆采用开式循环。

常用的远程操纵机构为液压式。设于操纵台的操纵阀（三位四通旋阀或 H 型换向阀）只是控制设于舵机房的动力油路的 M 型换向阀；应急系统的的远程操纵机构为电液式，设

于操纵台的转换开关只是控制设于舵机房的电液动换向阀 1,通过 Y 型的电磁换向阀控制动力油路的 M 型主换向阀。在正常和应急的操纵油路上分别设有可调液动换向阀 14 和单向节流阀(在电液换向阀内),用以调整主换向阀的换向速度,以减小油路换向时的液压冲击。

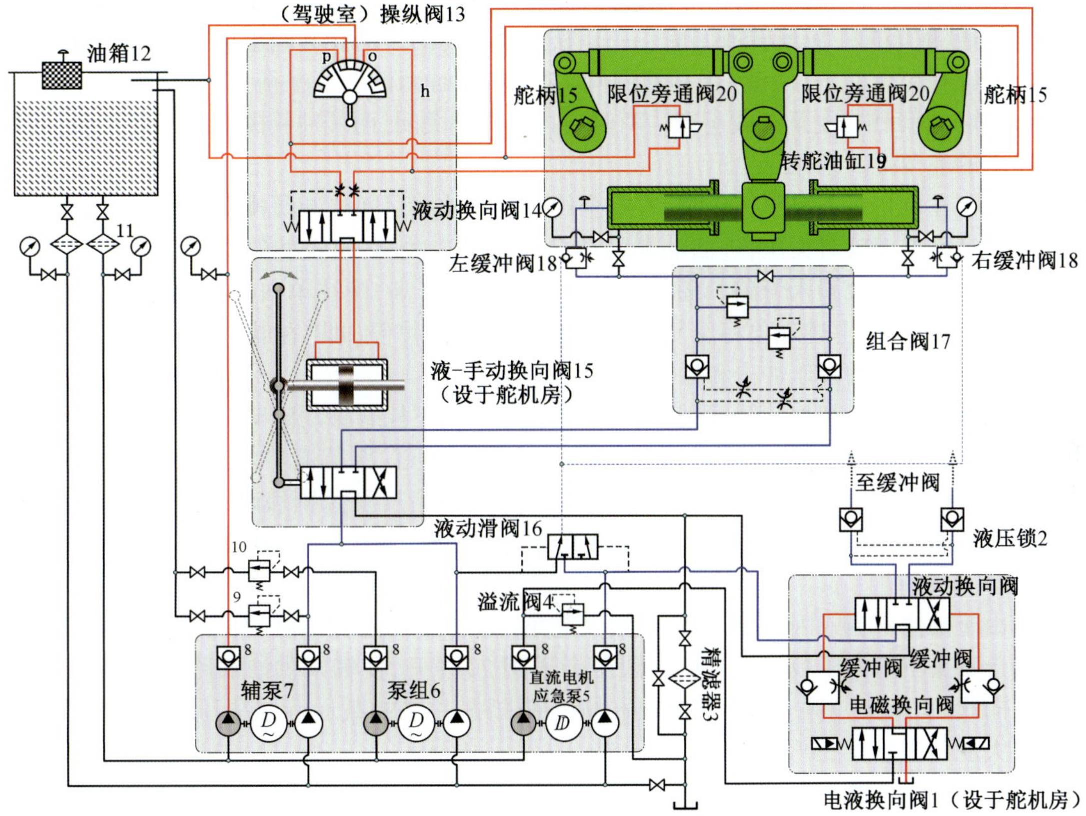

1—电液动换向阀;2—液压锁;3—精滤器;4,9,10—溢流阀;5,6—泵组;7—辅泵;8—单向阀;
11—过滤器;12—油箱;13—操纵阀;14—液动换向阀;15—液-手动换向阀;16—液动滑阀;
17—组合阀;18—缓冲阀;19—转舵油缸;20—限位旁通阀;21—舵柄

图 9-24　73.5 kN · m 舵机液压系统工作原理图

在液-手动换向阀 15 与转舵油缸 19 之间装有组合阀 17 和缓冲阀 18。组合阀中的液控单向阀,在不用舵时用以“锁舵”,转舵时用以防止在负扭矩工况下发生舵机失控和空气漏入管路;安全阀用于过载保护。缓冲阀用以改善舵机在负扭矩工况下转舵时产生的柱塞走走停停的“吞舵”现象。

正常操舵的最大舵角由限位旁通阀 20 限位,属液压式;应急操舵的最大舵角由行程开关(图中未示出)限位,属电气式。

2. 液压系统工作过程

当驾驶室操纵台上的操纵阀 13 处于中位时,常用泵组 6 或辅泵 7 的供液全部经操纵阀回油箱 12,液动换向阀 14 和液-手动换向阀 15 因阀芯两端或控制油缸两侧油压平衡均处于中位,主泵的供油全部经液-手动换向阀 15 和精滤器 3 回油箱,组合阀 17 中的两液控单向阀处于关闭状态,转舵油缸 19 内的油液被锁闭,舵稳定在既定舵角上。主、辅泵均卸载运行。

当向左或向右操舵时,辅泵的供油即经操纵阀 13 进入液动换向阀 14 并推动阀芯换向,把控制压力油引进液-手动换向阀 15 的控制油缸,同时接通控制油缸的回油通路,在液压力的作用下,液-手动换向阀换向,在主泵供油压力作用下组合阀中左右侧液控单向阀开启;经液动滑阀 16 引至缓冲阀 18 的压力油,把两侧缓冲阀的阀芯推向左侧,于是转舵油缸的进回油路均畅通,舵即向一舷偏转或回舵。一旦松开操纵阀的手柄让其阀芯回中,操纵油路即卸压,液动换向阀 14 回中,使液-手动换向阀 15 控制油缸两侧油压平衡,在弹簧力的作用下,液-手动换向阀回中,主泵卸载运行。两侧液控单向阀关闭,两缓冲阀的阀芯仍处左位,舵即停在要求的舵角上。

当舵机在负扭矩工况下工作时,若组合阀与转舵油缸之间未装缓冲阀,则供油压力会因柱塞的移动失控而瞬时失压,进回油侧的单向阀将被迫关闭,阻止舵的继续转动,以免供油油路出现真空使空气漏入管路。随着主泵供油压力的升高,液控单向阀再次开启。如果高负扭矩继续存在,则上述现象将反复发生,导致柱塞走走停停(即“吞舵”现象),并伴之因油路急剧启闭而产生的液压冲击和振动。

转舵油缸与组合阀加装缓冲阀后,当在负扭矩作用下柱塞移动瞬时失控时,一旦回油压力升高至高于供油压力,回油侧的缓冲阀即关小回油通道,靠节流口与限制油缸的回油量(即转舵速度),使主泵供油侧不致失压,液控单向阀不会反复急剧启闭,变“柱塞的走走停停”为“时快时慢”。因而只要节流口与调节合适,就能改善“吞舵”现象,减小液压冲击和振动。

当由于操作不当或因故障,舵转至最大舵角(如 35°)而转舵油缸的供液仍不隔断时,转舵机构十字头下部的压板就把一侧的限位旁通阀 20 压开,使辅泵供油油路通油箱而失压,液动换向阀 14 和 15 回中,切断转舵油缸的供回油路,主泵卸载运行,舵即停止转动,从而把左右最大舵角限制在 35°。

当船上交流电源失电(泵组 6 和辅泵 7 停止运行)时,直流电动机泵组(应急主泵组 5)自动启动,只要扳动设于操纵台上的转换开关的手柄,就可使电液换向阀 1(原理详见图 8-25)中的操纵油路上电磁换向阀和主油路的液动换向阀换向,在主泵供油压力作用下,液压锁 2(原理详见图 8-21)开启;液动滑阀(即二位三通换向阀)换向,把应急主泵压力油引入左右侧缓冲阀。于是,转舵油缸的供回油路畅通,舵即按操舵方向偏转或回舵,只要松开操纵手柄,转换开关复位,电液动换向阀 1 就会因电磁线圈失电而回中,从而切断转舵油缸的供回油路,液压锁 2 自动关闭,舵即停在要求的舵角上。此时,应急泵组 5 的辅泵在溢流阀 4 调定的回油压力下运行,供油全部经溢流阀泄回油箱,主泵则经液动换向阀由精滤器 3 回油箱卸载运行。若舵转至一舷最大舵角,转舵油缸的供回油路仍不隔断,则柱塞的继续移动就会顶动一侧的行程开关(图中未示出),使电磁换向阀通电侧的电磁线圈断路而失电,电磁换向阀回中,液动换向阀也随之回中,切断转舵油缸供回油路,舵即停止转动而实现最大舵角限位。

3. 液压系统的充液调试

该舵机液压系统的充液调试步骤与前述类同,只是向转舵油缸充液前可开启组合阀中的旁通阀,以防操作不当柱塞撞击油缸。转舵油缸充液后再关闭旁通阀,以便油缸排除空气和试舵。有关液压阀件的调试叙述如下:

(1)分别调节操纵系统的溢流阀 10 和 4,使其调定压力为 0.78 MPa~1.18 MPa。

(2)分别调节动力系统的溢流阀 9 和组合阀中的两个安全阀,使它们的调定压力分别为 7.84 MPa 和 8.33 MPa。调整时应先把转舵油缸的柱塞抵住,压紧溢流阀 9 的调压弹簧,把主换向阀置于一侧换向位置,然后逐渐压紧安全阀的调压弹簧,直至主油路油压上升至 8.33 MPa 并稳定;把主换向阀置于另一侧,调整另一安全阀;两安全阀调整完后再调整溢流阀。

(3)调节液动换向阀 14 的两节流针阀的开度,使主换向阀换向时既不会产生过大的液压冲击,又满足滞舵时间的要求。两节流针阀的开度应一致,否则会一边来舵快,一边来舵慢。

(4)调节组合阀 17 中的两节流针阀,使开始和停止转舵时既不会产生过大冲击,又能满足滞舵时间的要求。适当调小节流阀的开度,提高单向阀启闭的阻尼作用,可减小液压冲击。但开度不能调得过小,以免回油侧的单向阀因启阀油路阻塞而无法开启。两节流针阀的开度应力求一致。

(5)调节缓冲阀 18 的节流口,使舵机在负扭矩工况下运行时,转舵油缸的柱塞不会产生明显的“爬行”现象。节流口过大,不能限制转舵油缸柱塞的移动速度;节流口过小,缓冲阀就会完全变成液控单向阀,均不能改善柱塞爬行现象。左右缓冲阀的节流口应力求一致。

(6)调整电液动换向阀 1 中的两节流阀,使应急系统工作时,电液动换向阀换向不会产生过大液压冲击,两节流阀的开度应力求一致,开度不能过小,以免阻塞液动换向阀换向时的泄油油路。

(7)分别调整限位旁通阀 20 和行程开关的位置,使左右最大舵角限位于 35°。

课 后 习 题

一、选择题

1. 海船最大舵角一般定为__________。

A. 28° B. 30° C. 35° D. 45°

2. 主操舵装置应能在最深航海吃水,并以最大营运航速前进时,将舵在__________内从一舷__________转至另一舷__________。

A. 28 s,35°,35° B. 28 s,35°,30° C. 30 s,35°,35° D. 30 s,35°,30°

3. 舵机防浪阀的主要作用是__________。

A. 当舵叶受风浪冲击时防机械装置受损 B. 减少换向冲击

C. 防止液压主泵过载 D. A+B

4. 以下各项不符合主操舵装置规范要求的是__________。

A. 有两台动力设备共同工作能满足主操舵装置要求的客船可不设辅操舵装置

B. 一般应设两套能在驾驶台控制的独立的控制系统。

C. 一万总吨以上油船舵机管系或动力设备发生单项故障时能在 45 s 内恢复操舵能力

D. 其他船发生上述单项故障应能迅速恢复操舵,但不提具体时间要求。

5. 最适用大功率的转舵机构是__________。

A. 拨叉式 B. 十字头式 C. 转叶式 D. 摆缸式

二、思考题

1. 完整的操舵装置由哪些部分组成?

2. 简述泵(阀)控式液压舵机的性能、系统组成和工作原理。
3. 通常船舶上操舵装置安装有几套,各自的用途是什么?
4.《钢质海船入级规范》对舵机的技术要求有哪些?
5. 泵控式和阀控式液压舵机常见的故障有哪些?
6. 液压舵机常见故障诊断的方法是什么?

课后习题数字资源

第 10 章　锚机、绞缆机和起货机

第 1 节　锚装置与锚机

一、锚装置的功用

锚装置是船舶在营运中等待货物、泊位、引水、联捡、避风或驳载装卸时，通过向水底抛锚，利用卧在水底的锚和足够长度的锚链所产生的抓附力使船舶停泊，称为锚泊。因此锚装置的主要作用为：

(1)防止在风浪、水流作用下漂移，保持船位不变；

(2)帮助船舶移动船位；

(3)在航行中因故暂时停航或遇到紧急情况时固定船位；

(4)其他特殊用途，如登陆艇的冲滩或退滩等。

二、锚装置的组成

锚装置主要由锚、锚链、掣链器、锚链筒和锚机五部分组成，如图 10-1 所示。

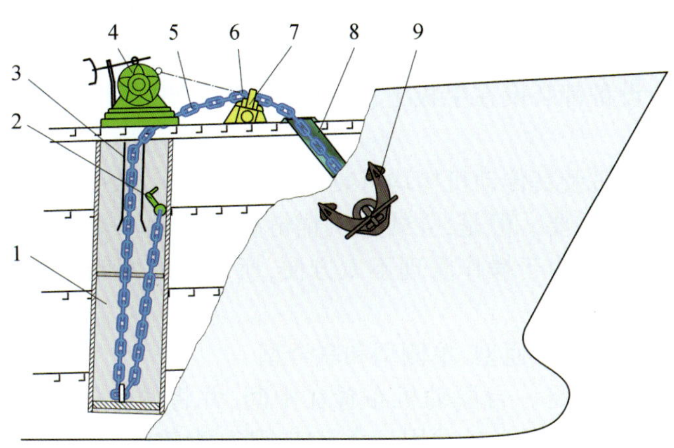

1—锚链舱；2—弃锚器；3—锚链管；4—锚机；5—掣链钩；6—锚链；7—掣链器；8—锚链筒；9—锚

图 10-1　锚装置的组成

1. 锚

锚是一种特殊形状的金属重物，它在水底能牢牢地抓住泥沙，使得与之相连的锚的那一端固定下来。锚的抓力与其重力有关，一般要求锚能以最小的锚重获得最大的抓力。多数船舶的锚设在船首，左右舷各一个，可以共用一台锚机，也可以分用两台锚机。此外还有些船舶在船尾设有艉锚。

锚的类型很多，按其结构可分为以下两类：固定锚爪式、活动锚爪式。

2. 锚链

锚链是锚与船体的连接件,可把船舶拉住,便船舶不致因风浪、水流等作用而漂移。

3. 掣链器

掣链器位于锚机与锚链筒之间的甲板上,用以夹住锚链。抛锚后,闸上掣链器,可将锚链的拉力传给船体,使锚机不处于受力状态。航行时,掣链器承受锚和部分锚链的重力,并将收到锚链筒内的锚贴紧船体,使其不致发生撞击。

4. 锚链筒

锚链筒是斜穿过甲板与舷侧,引导锚链灵活地通向舷外的通道。收锚时锚杆应不受阻碍地进入锚链筒,锚爪与船体贴紧;抛锚时锚必须能在其自重的作用下自由地脱离锚链筒。

5. 锚机

锚机是锚装置中最重要的组成部分,其主要由原动机、传动机构和链轮组成。它的主要目的是收放锚链以便起锚和抛锚。此外锚机通常还兼用于船首绞缆,实际是锚缆两用机。因此锚机除了设有锚链轮外,还有绞缆卷筒。

三、锚机的类型

1. 按动力分主要有电动锚机和液压锚机

电动锚机具有结构简单,制造、管理和维修方便,能实现自动化操作等优点,在船舶上一直长期使用。

液压锚机与电动锚机相比具有体积小,占地面积少,容易实现正反转、无级调速和恒功率驱动与启动,制动迅速、平稳,对电站冲击负荷小等优点。但它效率低,耐超负荷能力差,噪声大,制造和维修困难。随着液压技术的逐步推广,液压锚机应用将更为广泛。

2. 按链轮轴线布置分主要有卧式锚机和立式锚机

卧式锚机的所有设备都装设在甲板上,故操作比较方便,但也常常遭受风浪的侵蚀,并占据较大的甲板面积。

立式锚机由于原动机及其传动机构均可装设在甲板以下,从而避免了卧式锚机的缺点。对军舰而言,这显得尤为重要。但是,立式锚机锚链轮的立轴承受很大弯矩,因此锚链轮在布置时,要尽量靠近甲板。由于操作管理不太方便,所以一般商船多采用卧式锚机,而军舰则采用立式锚机。

3. 按布置形式分主要有普通型、单侧型和联合型

所谓普通型锚机,就是将一台原动机布置在中间,并将两个锚链轮分别配置在它的两侧。这种形式中,若原动机与锚链轮共用一个底座,则称为整体型;而当底座分开时,则称为分离型。

所谓单侧型锚机就是指一台原动机只配置一个锚链轮,并在船首甲板的两侧各布置同样的一台。目前,大型船舶多采用单侧型。至于联合型锚机则为两个单侧型锚机的组合。在这种形式中,一个锚链轮即可由一台原动机驱动,也可由两台原动机同时驱动。

四、锚机的结构

现以卧式电动液压锚机为例介绍锚机的结构。锚机主要由液压装置、传动机构和锚链轮等所组成,如图 10-2(a)所示。锚机通常还带有系缆卷筒,当用于系缆时可借助手柄使锚链轮的牙嵌式离合器处于脱开状态。浅水抛锚可脱开离合器靠锚链自重进行,用制动手柄

调节制动带松紧来控制抛锚速度。在深水抛锚时,为了控制抛锚速度,可将离合器合上,由于减速齿轮箱中的蜗轮蜗杆机构有自锁作用,抛锚速度可由原动机转速来控制。

电动锚机与液压锚机大同小异,将图 10-2(a)中的液压马达及其液压系统换成电动机就成为电动锚机,如图 10-2(b)所示。

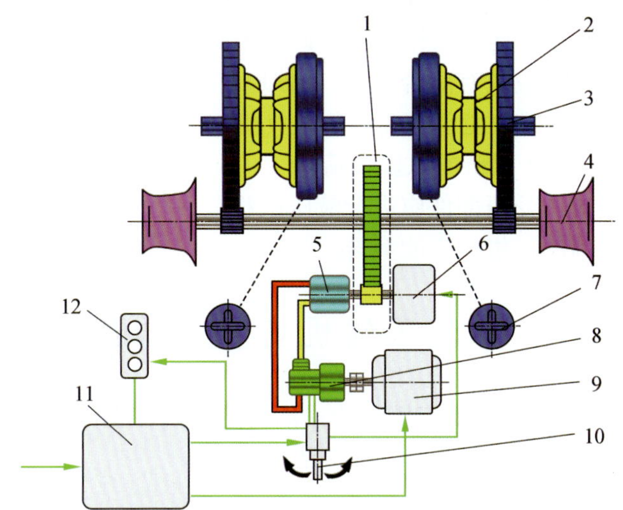

1—齿轮箱;2—链轮;3—离合器;4—绞缆机;5—油马达;6—电磁制动;7—制动手柄;8—油泵;9—电动机;10—手柄;11—电源箱;12—控制按钮

图 10-2(a) 卧式电动液压锚机

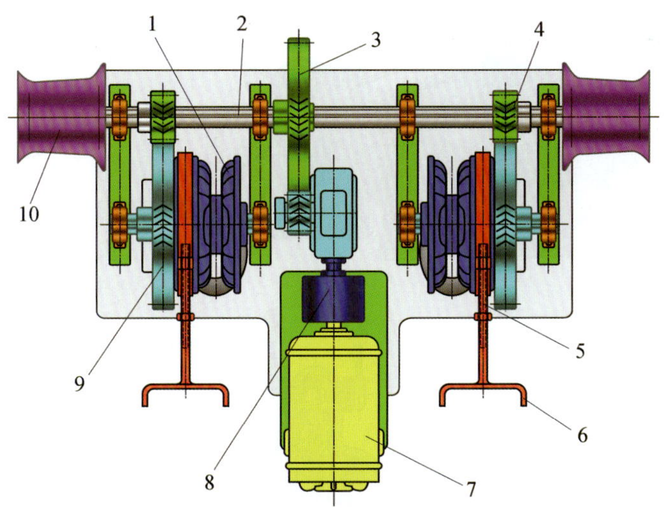

1—链轮;2—传动轴;3—齿轮;4—齿轮;5—螺杆;6—手柄;7—电动机;8—联轴器;9—大齿轮;10—绞缆机

图 10-2(b) 卧式电动锚机

对于锚机有以下几点要求：

(1)必须由独立的原动机或电动机驱动；

(2)在船上试验时，锚机应能以平均速度不小于 9 m/min 将 1 只锚从水深 82.5 m 处(三节锚链入水处)拉起至 27.5 m(一节锚链入水处)；

(3)在满足规定的平均速度和工作负载时，应能连续工作 30 min，应能在过载拉力(不小于工作负载的 1.5 倍)作用下连续工作 2 min，此时不要求速度；

(4)链轮与驱动轴之间应装有离合器，离合器应有可靠的锁紧装置，链轮或卷筒应装有可靠的制动器，制动器制动后应能承受锚链断裂负荷 45%的静拉力；锚链必须装设有效的止链器，止链器应能承受相当于锚链的试验负荷；

(5)液压锚机的系统和受压部件应进行液压试验；

(6)所有由动力操纵的锚机均应能倒转。

第 2 节　液压锚机安装与调试实例

下面以采用定量叶片泵和二级变量叶片式油马达的阀控型闭式系统的液压锚机为例，说明其液压系统的组成、工作原理及其安装与调试。

一、液压锚机结构

锚的液压系统结构，如图 10-3 所示。其主要有：

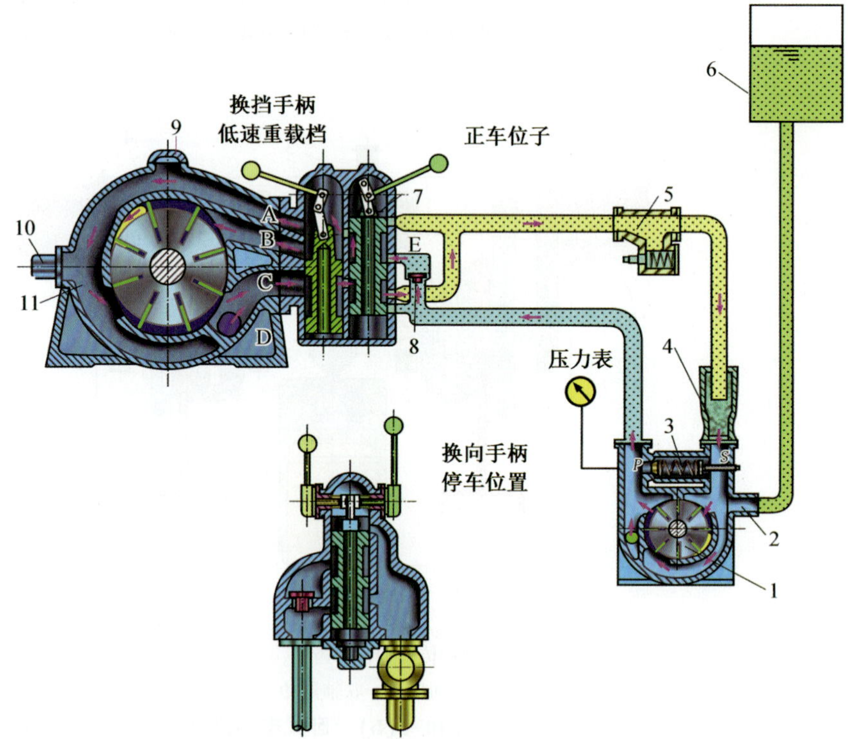

1—液压泵；2—补油阀；3—安全阀；4—回油滤油器；5—磁性滤油器；6—重力油箱；7—换向阀；8—单向阀；9—放气阀；10—液压马达安全阀；11—液压马达

图 10-3　叶片式液压锚机结构图

(1)液压泵　液压泵1为双作用叶片式液压泵,由电动机带动恒速回转,最大使用压力为6.86 MPa。

(2)液压马达　液压马达11采用双作用叶片式液压马达,结构与双作用叶片泵类似,由定子、转子和叶片等所组成。在转子上均匀分布的8个叶片槽中设置有叶片,为使叶片能紧贴在定子的内表面上,在转子端面的弧形凹槽中,每两个叶片之间,设有矩形截面的弧形推杆。工作时,叶片在压力油的作用下,带动转子在定子中转动。由于转子是用键与轴相连,所以,当转子转动时,即可直接带动锚链轮回转,从而完成起锚或抛锚任务。

(3)控制阀　控制阀具有两个阀腔:一个是换向阀腔,内装换向阀7和单向阀8,用以控制液压马达的正转、反转或停转;同时,它又是一个开式过渡滑阀,可通过并联节流,对液压马达进行无级调速。另一个是换挡阀腔,内装换挡阀,控制液压马达的低速或高速工况。

(4)重力油箱　重力油箱6中的液压油依靠重力产生的静压保持液压泵的吸入压力,并对系统进行补油。

(5)磁性滤油器　叶片式液压马达叶片与定子内表面的比压较大,会产生一定的磨损,另外其他摩擦副在运行中也会产生磨屑,而叶片与叶片槽是选配偶件,对磨屑很敏感,因此必须配置磁性滤油器。

(6)带式制动器　液压锚机的限速和制动除控制换向手柄做液压能耗限速和液压制动外,还在锚链轮旁设有带式机械制动器。机械制动器由手动的制动手柄控制。制动时可能出现的高压由液压马达安全阀10泄放,起制动溢流阀的作用。

二、液压锚机工作原理

1. 低速挡

(1)正车工况(起锚)　换挡手柄向左,换向手柄向右,油液流向泵出口→单向阀8→换向阀→换挡阀→油口A、B→油口C→换挡阀→换向阀→磁性滤器→滤网→泵吸入口。拔锚破土或入水锚链多、负载大时用,以及锚将就位时使用。

(2)倒车(放锚)　换挡手柄向左,换向手柄向左,油液流向泵出口→单向阀8→换向阀→换挡阀→油口C→油口A、B→换挡阀→换向阀→磁性滤器→滤网→泵吸入口。控制入水锚链长度时用,以及停车前用。

(3)停车　换挡手柄中位,换向手柄中位,油液流向泵出口→单向阀8→换向阀→油路被阀芯封闭。液压制动和停车时用。

2. 高速挡

(1)正车(起锚)　换挡手柄向右换向,手柄向右,油液流向泵出口→单向阀→换向阀→换挡阀→马达油口A→马达油口B、C、D(马达油口B和C为一有效作用工作组,A和D为另一有效作用工作组。B、C相通,自我循环、使该作用失效;A口进油,D口回油,因而马达仅按单作用工作,扭矩减小一半,转速提高一倍)→换挡阀→换向阀→磁性滤器→滤网→泵吸入口。常在收系锚链时或系缆时用,不可在拔锚破土或重负载时用,否则会造成高压,安全阀起跳。

(2)倒车(放锚)　换挡手柄向右换向,手柄向左,油液流向泵出口→单向阀→换向阀→换挡阀→马达进出口B、C、D(由于B、C相通,自我循环,油仅从D口进入,马达呈单作用,扭矩减小一半,转速提高一倍)→马达油口A→换挡阀→磁性滤器→滤网→泵吸入口。放锚初期或系缆时使用。

(3)停车　换挡手柄中位,换向手柄中位,油液流向泵出口→单向阀→换向阀→油路被阀芯封闭。液压制动时用。

三、电动液压锚机的安装与调试

1. 电动液压锚机安装

(1)确保锚绞机机械零件能够没有任何问题地正常工作,不会对轴承造成破坏,核对是否根据锚绞机基座图对甲板的硬度进行加强。

(2)加工基座接触面:

①基座面板的不平度,1 m 长度内不得大于 3 mm,全长或全宽中均不得超过 6 mm;

②基座面板的长度及宽度公差为-5~+10 mm;

③在基座面板上做对角线检查时,两对角线应相交,其不相交度应符合下列规定:长度或宽度等于或小于 2 m 时,不得超过 4 mm;长度或宽度大于 2 m 时,不得超过 6 mm。

(3)锚绞机基座在船上的安装及焊接:

①必须在甲板电焊、火工校验全部结束后,方可吊上基座安装。

②将锚绞机基座吊运到船舶相应的部位后找准中心,用钢丝、玻璃联通水管检查并调整基座上平面,使其保持水平,画出基座上需要气割的部位并做好记号。

③用气割修整基座,使基座肘板下沿平面与甲板密接,间隙应不大于 5 mm,同时检查基座上平面的水平要求,保证基座焊接到甲板上的时候不会发生弯曲。

④基座与甲板焊接,先点焊定位,接着把基座完全焊接到甲板上,由两个焊工同时完成,从基座的一侧开始焊接,一个顺时针焊接,另外一个逆时针焊接。连续焊接,不能中断。

(4)止链器的放置:

①止链器放到甲板上,检查并确保止链器的中心线与链轮成一直线。止链器与主轴的角度必须是 10°。

②确认止链器的润滑油是否注入,油从轴承的两边都能流出来。

③检查焊接高度,为连续焊接。

(5)安装电气(略)。

2. 电动液压锚机调试

(1)锚机不低于公称速度空载运行 30 min,每一转向各 15 min。过程中检查外漏情况,测量轴承温度,检查有无噪音。

(2)检查核实起锚机的负载、公称速度和过载拉力是否符合规定要求。过程中检查外漏情况,测量轴承温度,检查有无噪音。

工作负载:

一级锚链	$F=37.5\times d^2$
二级锚链	$F=42.5\times d^2$
三级锚链	$F=47.5\times d^2$
过载拉力	$=1.5\times F$
公称速度	$n=9$ m/min

其中:F 为工作负载,N;d 为锚链直径,mm。

(3)控制制动装置和锚链轮制动装置,进行抛锚、起锚。脱开离合器,将每个锚分别抛出。下抛时用锚链轮制动器制动 2~3 次,再将锚升起,做 2~3 次停止、再启动。用来检验离合器、锚链轮制动器和原动机控制制动器动作可靠性。

(4)锚泊。每个锚单独进行抛锚、起锚 1 次。

机动抛锚。主锚没入水中,转入手动控制抛锚。继续抛出半节锚链时,操作制动器,锚链滑移不超过 2 m。锚链抛出一节后,再作制动,锚链滑移不超过 3~4 m,再抛出一节,再作制动,锚链滑移不超过 4~5 m。

起锚时,在锚链处于自由悬挂状态测量起锚公称速度。测量距离海船从深度 82. 5 m (3 节锚链)上升至 27. 5 m(1 节锚链)。

第 3 节　绞　缆　机

一、绞缆机的作用及分类

1. 系泊设备的作用

船舶停靠码头或系浮筒时,需靠缆索将船舶固定在码头上,称为系泊。缆索和用于固定、导引缆索的设备以及用于收卷和放出缆索的机械总称为系泊设备。

系泊设备的作用是使船舶与地面(水下地面、码头、浮筒等)牢固地系位以保持船位,并在船舶靠离码头和进出船坞时,还可以利用系泊设备,通过收卷或放出不同的缆索使船舶移动或调整位置。系泊设备主要包括缆索、带缆桩、导缆孔和导缆钳、系缆机和缆车。

2. 绞缆机分类

绞缆机按动力可分为电动系缆机和液压系缆机;按张力是否自动调节可分为普通系缆机和恒张力系缆机(自动系缆机);按轴线布置可分为卧式和立式系缆机。

在船首,常用锚机兼作系缆机。此时,系缆卷筒通常和锚机一起,用同一动力驱动,并可以通过离合器啮合或脱开。有的起货机也同时带有系缆卷筒,但在船尾则大多设置独立的系缆机。

3. 对绞缆机的基本要求

(1)足够的强度。应能保证船舶在受到 6 级风以下作用时(风向垂直于船体中心线)仍能系住船舶。

(2)足够的拉力。其拉力大小应根据船舶尺寸,按《钢质海船入级规范》所推荐的值选取。

(3)足够的速度。系缆速度一般为 15~30 m/min,最大可达 50 m/min,达到额定拉力时速度取下限值。

二、液压恒张力系缆机的工作原理

现代船舶大都使用液压恒张力系缆机。因为这种系缆机在船舶吃水变化或受潮水涨落影响使缆索所受张力变化时,可自动收放缆索,其所受张力保持在一定限度内,从而防止绳索拉断,保证系泊安全,而且可以减少值班和操作人员及其工作量,有利于船舶自动化。

恒张力的液压系缆机类型很多,就其控制方式而言,可分为阀控式和泵控式。

1. 阀控式恒张力系缆机

阀控式定量泵式恒张力系缆机原理,如图 10-4 所示。双向油马达 3 用来驱动绞览卷筒 4,油马达的动力油由定量油泵 1 提供,油泵工作压力由压力调节阀 2 调定。

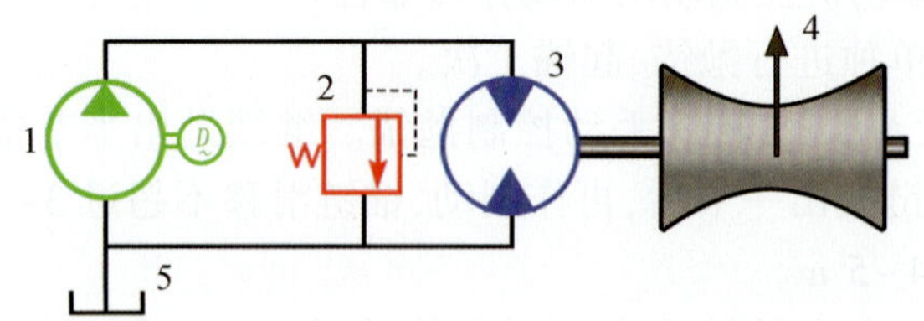

1—定量油泵;2—压力调节阀;3—双向油马达;4—绞缆卷筒;5—油箱

图 10-4　用压力调节阀控制的定量泵式恒张力系缆机原理图

当缆绳处于松弛状态时,定量油泵 1 的工作压力低,压力调节阀 2 处于关闭状态,定量油泵 1 排出的油全部供入双向油马达 3,双向油马达 3 驱动绞缆卷筒 4 快速收绞缆绳,随着缆绳的收紧,缆绳的张力和工作油压就逐渐增大。当油压上升至调定值时,压力调节阀 2 开启,变量油泵 1 排油部分经压力调节阀 2 旁通至油双向马达 3 的回油侧,双向油马达 3 减速,绞缆卷筒 4 收绞缆绳的速度降低。缆绳的张力越大,工作油压越高,压力调节阀 2 的开度越大,压力油的旁通量就越多,收绞缆绳的速度就越低。当缆绳的张力达到调定值时,变量油泵 1 的供油除少量用于补给油马达 3 的泄漏外,几乎全部经压力调压阀 2 旁通至回油侧,双向油马达 3 便停止转动。

当因某种原因缆绳的张力超过调定值时,双向油马达 3 就会因张力产生的力矩大于油压和摩擦力产生的阻力矩而反转,双向油马达 3 变成油泵工作,绞缆卷筒 4 施放缆绳,直至缆绳恢复调定张力为止。

当缆绳的张力因伸长而减小时,油压瞬时下降,压力调节阀 2 关小,油压升高,双向油马达 3 因有油供入而转动,收紧缆绳,直至油压恢复原调定值为止。

这种液压恒张力绞缆机结构简单,但高压油经调压阀旁通,节流损失大,油液易发热,油需良好冷却。压力调节阀工作不够稳定,使用中应注意。

2. 泵控式恒张力系缆机

图 10-5 所示为带压力伺服器的变量泵式恒张力系缆机原理图。变量油泵 1 给驱动绞缆筒的油马达 5 供油,变量油泵 1 的变量机构由感应系统工作压力的压力伺服器 3 控制,系统工作压力越高,压力伺服器 3 控制油泵的排量越小。

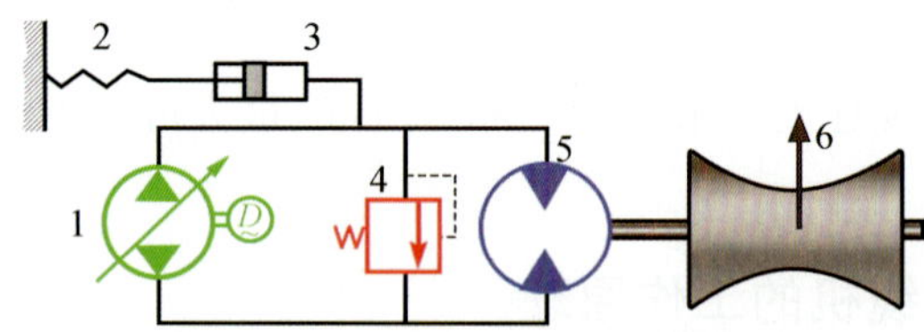

1—变量油泵;2—弹簧;3—压力伺服器;4—压力调节阀;5—油马达;6—卷筒

图 10-5　用压力伺服器的变量泵式恒张力系缆机原理图

当缆绳的张力减小时,油马达 5 就带卷筒 6 收紧缆绳。随着缆绳的卷入,张力增大,油压升高,压力伺服器 3 的活塞推动变量油泵 1 的变量机构,使变量油泵 1 的排量逐渐减小,卷筒 6 收卷缆绳的速度也逐渐降低,直至缆绳的张力达调定值时,变量油泵 1 的排量减小至只是来弥补油马达 5 的泄漏,油马达 5 停转。

若由于某种原因,缆绳的张力超出定值,缆绳张力产生的转矩就克服油压力和摩擦阻力矩使油马达反转而放松缆绳,缆绳的张力随即下降。此时油马达5变成油泵,其排油与工作泵的排油经压力调节阀4旁通至低压侧,直至缆绳的张力恢复至原调定值,压力调节阀及压力伺服器3关闭,油马达5停转。

第4节　液压恒张力系缆机的实例

图10-6所示为奈尔-三菱重工恒张力系缆机液压系统,它在手动收缆工况下采用的是泵控式张力自动控制方式,在自动张力调节工况下采用的是阀控式张力自动调节方式,现将有关情况介绍如下:

1. 主要工作部件与功能

(1)主油泵11　恒功率控制轴向柱塞式定向变量泵,工作压力为13.7 MPa,排量范围为0~389 L/min。手动操纵缆机和锚机时用,起恒功率供油作用。

(2)油马达1　既驱动锚机又驱动系缆机,为活塞连杆式,转速范围为0~111 r/min,起锚时工作油压为10.8 MPa,系缆时工作油压为13.7 MPa。起执行机构作用。

(3)自动系缆工况转换阀3　为手动二位四通换向阀,起手动操纵工况和恒张力控制工况转换作用。

(4)手动操纵阀4　为手动K型三位四通换向阀。起换向与调速作用。

(5)张力自动调节阀组9　起恒压补油和超压泄油作用,起恒张力控制作用,调定最大收放缆张力。

(6)辅油泵10　高压小排量内齿轮式定量泵,工作压力为13.7 MPa,排量为54.5 L/min。起恒张力控制作用。

2. 工作原理

(1)手动收放缆工况

正车收缆工况:转换阀左位,手动操作阀右位,主油泵运转,辅油泵不运转,油液流向主油泵11排油口→手动操纵阀4右位(收缆位)→自动系缆转换阀3左位→平衡阀2中的单向阀→油马达正转时进油口→油马达正转时回油口→手动操纵阀4右位→冷却器15→截止阀13→滤器12→油泵吸油口。收缆速度决定于缆索张力,即工作油压,张力越大,油压越高使变量油泵的排量越小,油马达转速越低,直至停转,主泵溢流阀16开启,从而也可实现泵控式张力自动限止,防止收缆时张力过大。

停车工况:转换阀左位,手动操作阀中位主油泵运转,辅油泵不运转,油液流向泵出口→手动操纵阀4中位,从此分①,②两路:

①手动操纵阀4中位→冷却器15→油箱;

②手动操纵阀4中位→液压马达(同时进平衡阀外控口,油压很低,平衡阀不开)→平衡阀→油路被阀芯封闭。

倒车放缆工况:转换阀左位,手动操作阀左位,主油泵运转,辅油泵不运转,油液流向主泵排油口→油马达正转时的回油口(同时经节流阀进入平衡阀2的控制油口,使平衡阀开启)→液压马达正转时的进油口(使液压马达反转)→平衡阀2→自动系缆工况转换阀3左位→手动操纵阀4左位→冷却器15→油泵吸口。

动画演示（1）

动画演示（2）

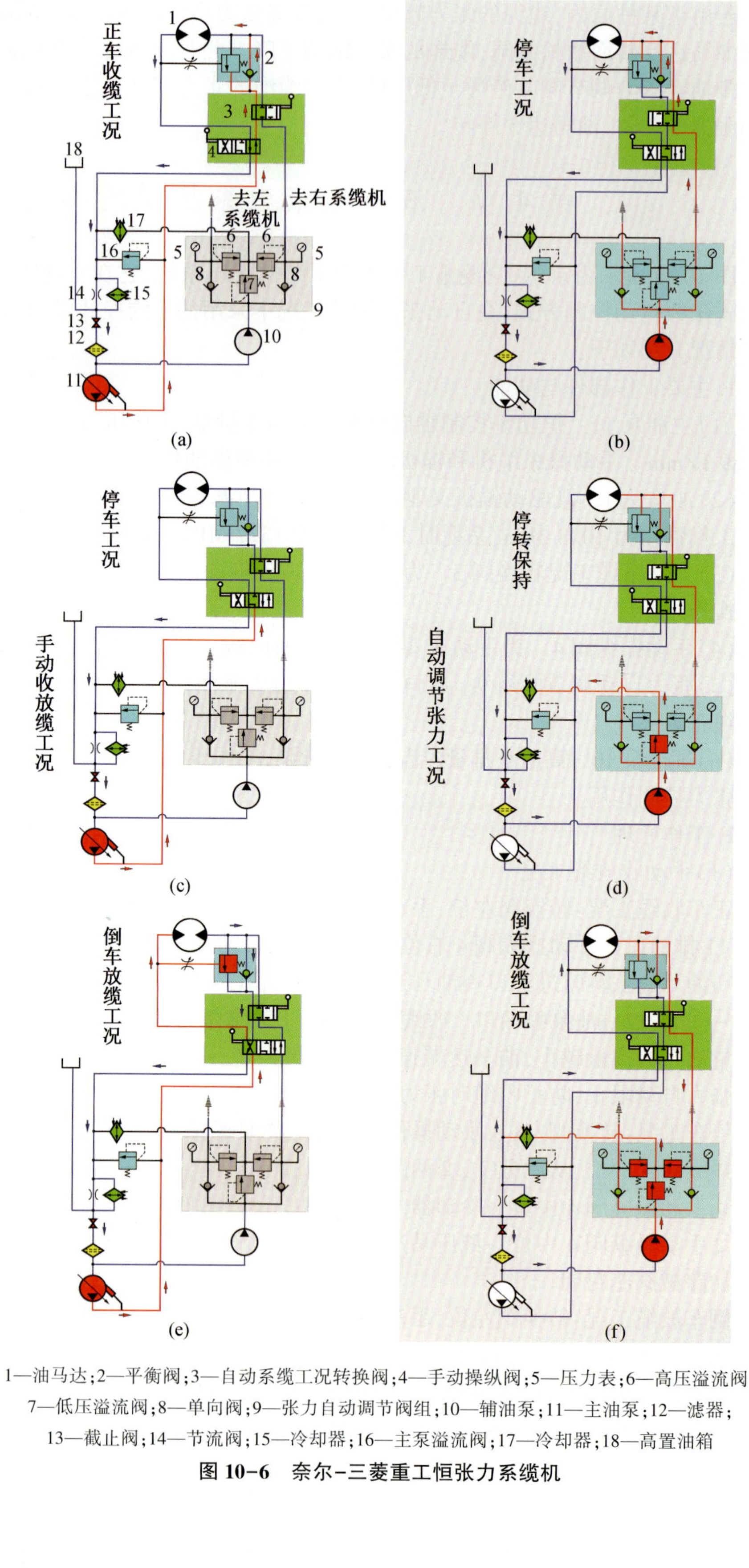

正车收缆工况 (a)

停车工况 (b)

停车工况 手动收放缆工况 (c)

停转保持 自动调节张力工况 (d)

倒车放缆工况 (e)

倒车放缆工况 (f)

1—油马达；2—平衡阀；3—自动系缆工况转换阀；4—手动操纵阀；5—压力表；6—高压溢流阀；7—低压溢流阀；8—单向阀；9—张力自动调节阀组；10—辅油泵；11—主油泵；12—滤器；13—截止阀；14—节流阀；15—冷却器；16—主泵溢流阀；17—冷却器；18—高置油箱

图 10-6　奈尔-三菱重工恒张力系缆机

平衡阀2限制油马达反转不能过快,当其反转过快变成油泵运行时,进口油压降低使平衡阀关闭迫使油马达停止,直至进口油压恢复才能重新开启,继续反转。

(2)自动调节张力工况

正车收缆:转换阀右位,手动操作阀中位,主油泵不运转,辅油泵运转,油液流向辅泵出口→张力自动调节阀组9→单向阀8→液压马达→冷却器15→辅泵进口。此工况仅发生在缆索张力对应的液压马达高压侧油压小于辅泵定压阀(低压溢流阀7)的调定压力10.8 MPa阶段。缆绳张力低于9.5 t;对应的油压低于10.8 MPa,收缆速度恒为2.5 m/min。

停转保持:转换阀右位,手动操作阀中位,主油泵不运转,辅油泵运转,油液流向辅泵出口→辅泵定压阀(低压溢流阀7)→冷却器17→冷却器15→辅泵进口。液压马达被单向阀8和张力调节阀(高压溢流阀6)锁闭。此工况发生在张力对应的油马达高压侧油压大于辅泵定压阀(低压溢流阀7)开启压力(10.8 MPa),小于张力调节阀(高压溢流阀6)开启压力13.8 MPa阶段。相应的张力在9.5~18 t之间,辅泵排出压力保持10.8 MPa不变。

倒车放缆:转换阀右位,手动操作阀中位,主油泵不运转,辅油泵运转,油液流向液压马达→张力调节阀(高压溢流阀6)→冷却器17→液压马达。辅泵出口→辅泵定压阀(低压溢流阀7)→冷却器17→冷却器15→辅泵进口。张力大于张力调节阀(高压溢流阀6)的调定压力13.8MPa时,相应的缆索张力稍大于18 t。

第5节　锚机、绞缆机的检修

一、检验

1.进厂前检查

船舶进厂前航行试验(或码头试验)时,对起锚机的工作状况进行下列检查,检查应做好记录。

(1)锚机运行中有无异常响声和振动。

(2)锚链轮有无滑链、跳链等现象。

(3)锚链轮在抛锚过程中制动的可靠性和灵活性。

(4)离合器的工作灵活性和可靠性。

(5)各轴承温度是否正常。

(6)开式齿轮的运转噪声和啮合情况。

(7)船舶靠码头时,检查绞缆滚筒绞缆时工作的可靠性及制动和离合器的工作灵活性和可靠性。

(8)检查液压系统工作。记录工作压力及安全阀起跳压力,当安全阀起跳后应注意压力是否有继续上升现象。安全阀起跳后检查各处有无泄漏现象。

2.拆验检查

(1)检查锚链轮、绞缆滚筒、辅滚筒外表是否有过度磨损,必要时对磨损处进行堆焊或设备换新。

(2)检查各轴与轴承或衬套的间隙,如间隙≥0.004d(d为轴径)时,轴承内衬或衬套应予换新。

(3)一般情况下不必解体,当发现有严重磨损或咬死现象出现时则应解体,检查轴颈是否有不均匀磨损或咬痕。当轴颈出现不均匀磨损或咬痕时,应进一步检查:轴有无裂纹及弯曲变形等;牛油孔是否堵塞。

(4)检查开式齿轮有无过度磨损、裂纹等缺陷(在节圆上检查齿厚度,其最大允许磨损量应不超过原齿厚的15%),必要时对缺陷进行修理或换新。

(5)检查蜗轮减速箱(如有时)蜗轮、蜗杆在节圆上的磨损情况,磨损量应不超过原齿厚的15%;检查滚筒轴承是否有磨损、麻点、凹陷、裂纹、锈蚀及松动等情况,如有其中一项时滚筒轴承应换新。

(6)检查制动片的磨损情况,如磨损超过制动片原厚度25%时应换新。

(7)检查各牙嵌离合器工作表面有无磨损、锈蚀、裂纹和接合情况。

(8)检查轴承支架及底座锈蚀情况,如锈蚀超过原厚度25%时应予换新或加强,并检查地脚螺栓及止动块损坏情况。

二、液压系统的修理和换油

(1)液压马达和高压油泵的修理应按Q/CSG 64-601的规定。

(2)液压滤器、滤芯及阀件的修理,一般应使用船上备件,如无备件更换可与船方商定采用工作性能、容量、压力等级相同的阀件代用,并对连接管子及接头做适当修改。

(3)液压管的更新或改制必须按液压管新制程序执行;清洗时,工艺性辅助管亦按此同样要求执行。

(4)系统清洗前要求将膨胀油箱,循环油箱、滤器、蓄能器、冷却器等清洗干净。油箱最后应用面团粘除残留颗粒。

(5)液压系统管路循环清洗。

①系统管路清洗持续时间约需1~2昼夜,清洗过程中开始每小时拆检一次滤器,清除颗粒污物。随循环时间进行及颗粒污物的减少可延长到2~4 h拆检一次滤器。当滤油器检查不出颗粒污物时再循环4 h,如仍保持清洁,可认为清洗结束。此项工作必须经船方和验船师确认。

②管路清洗合格后,拆去辅助管路泄放清洗油,更换管口密封圈,注入工作油,接入液压泵,液压马达及所有阀件,使系统完整。

③空载运行2 h,在运行过程中应每隔5 min变换方向及速度,每隔1 h检查工作滤器,应清洁无颗粒污物,如有问题则需延长清洗时间。

三、锚机、绞缆机修理

1. 锚链轮、绞缆滚筒、辅滚筒及离合器的轴颈

(1)轴颈工作表面的磨损、锈蚀、咬痕、裂纹等缺陷一般可用油石打磨光滑,如缺陷程度较深,应进行强度校核,如强度允许可采用镀铬、喷涂等方法修复。

(2)对于非工作表面轴段上面的缺陷,允许用手工修整,且遗留残痕,但应光滑过渡。深度较深时应进行强度校核,不允许补焊。

2. 锚链轮工作表面

锚链轮工作表面的严重磨损可采用堆焊方法修复,但应制订工艺防止裂纹产生,如局部预热、堆焊程序、保温方法、焊条牌号、消除应力等,而且应得到验船师认可,最后打磨整形。

3. 绞缆滚筒及辅滚筒

绞缆滚筒及辅滚筒工作面的磨损、锈蚀、裂纹等缺陷可采用焊补方法修复，但应避免裂纹出现。

4. 牙嵌离合器

牙的工作表面裂纹、磨损、变形、损伤等缺陷允许用焊补方法修复，但应避免裂纹出现。经修理后的牙与牙槽任一接合面应具有50%以上的面接触。牙槽中心角应大于牙中心角1°~2°。

5. 制动装置

拆去制动片后，检查制动片的弧度是否变形（用样板）。如有变形，应先校正后再装制动片，先用螺栓固定然后铆接，铆钉头应埋入制动片内不少于30%的制动片厚度。

6. 开式传动齿轮的修理

齿轮接触面差可用手工进行修正，修正后的接触面齿高不少于30%，齿宽不少于40%。齿面有严重凹槽及过度磨损等情况出现时，可用齿轮变位修复，大齿轮负变位滚齿修复，小齿轮换新采用正变位，但变位后的齿轮副的重合系数必须大于1.35，并应验算大齿轮齿根的弯曲强度。

7. 主要分体滑动轴瓦

主要分体滑动轴瓦经换新加工后与轴承的接触面，可用手工修正，使轴瓦背面均匀着色不得小于80%；轴瓦与轴颈间工作表面在径向轴承中心线左、右各30°~45°范围应均匀着色，不得小于60%；在轴向沿工作面全长均匀着色，不得小于80%。

8. 总装

①锚链轮、绞缆滚筒、轴颈与衬套的安装间隙为0.0015d（d为轴颈直径），轴向间隙为0.5~1.0 mm。

②轴颈与轴承径向间隙为0.0015d+0.10 mm安全间隙（d为轴颈直径），轴向间隙为0.5~1.0 mm。

③总装后用手盘动，应灵活无松紧现象。

④各注油孔注入润滑脂，直到从两侧挤出为止。

⑤开式齿轮的齿侧间隙 $C_n=0.2m+\delta_{max}$（mm）。其中，C_n为齿顶间隙，m为齿轮模数，δ_{max}为大齿圈径向跳动最大公差。

⑥紧固地脚螺栓，检查止推垫块有无松动。

第6节　船舶起货机

一、船舶起货机的分类

船舶起货机是船舶自行装载货物的主要设备。根据船舶装卸货物的特点要求，船舶起货设备必须能携带货物起、落，同时还必须能够携带货物在船舶和码头之间的上空做横向移动。

船用起货机类型很多。按其结构及作业方式，可分为吊杆式起货机和回转式液压起货机（克令吊）。按其驱动机械的能源不同，可分为蒸汽起货机、电动起货机和液压起货机。克令吊的动力源为液压形式，在现代船舶上广泛应用。现主要介绍液压克令吊。

1. 吊杆式起货装置

(1)吊杆按承载能力的不同分为轻型和重型两类。

①轻型吊杆装置。吊货杆的起货质量在 10 t 以内。

②重型吊杆装置。吊货杆的起货质量在 10 t 以上。目前在新建的大型运输船舶上的重型起货装置,起吊的安全工作负荷达 60~120 t,有的甚至高达 300 t。

(2)按作业使用吊杆数来分可分为单吊杆起货装置及双吊杆起货装置。

如图 10-7 所示为用支索回转的单吊杆式起货设备。起货绞车 7 收放控制吊钩;回转绞车 6 上装有绕绳方向相反的两个卷筒,两卷筒上的绕绳方向相反,当回转绞车 6 带动两直径相同卷筒做同向旋转时,则两卷筒就分别卷入和放出支索 4,可以控制吊货杆 3 旋转角度;变幅绞车 5 卷入或放出可以控制变幅索,从而控制吊货杆 3 的幅度。

单吊杆式起货装置能较快地投入工作,但其装卸的效率较低,且货物在空中易产生较大的振荡。

如图 10-8 所示为双吊杆起货设备作业情况。先将吊货杆 6 调整在货舱口上方,它称为船中吊杆。另一根吊货杆 5 调整伸出舷外,它称为船外吊杆。起货绞车 7,8 控制吊货杆的吊货索 1,2 从而控制吊钩。

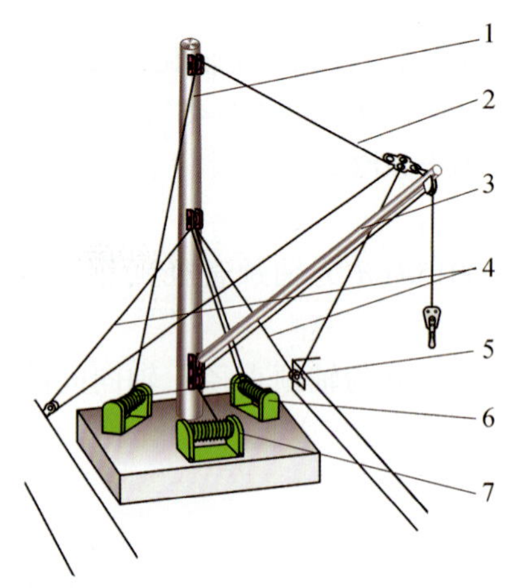

1—起货柱;2—变幅索;3—吊货杆;
4—支索;5—变幅绞车;6—回转绞车;7—起货绞车

图 10-7 用支索回转的单吊杆式起货设备

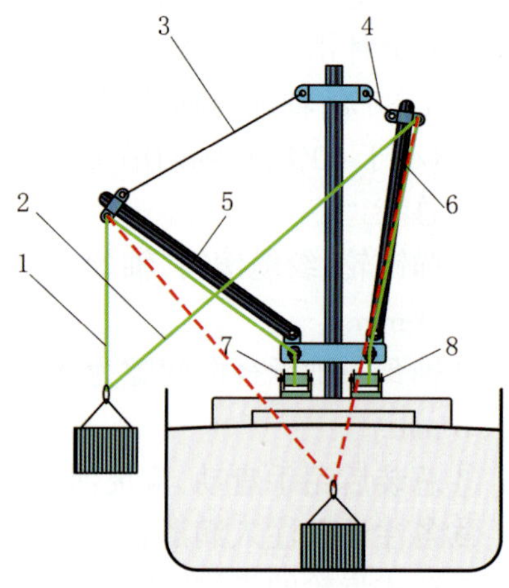

1,2—吊货索;3,4—顶货索;
5,6—吊货杆;7,8—起货绞车

图 10-8 双吊杆起货设备作业情况

双吊杆起货装置因吊杆不摆动,因而提高了装卸效率,消除了货物在吊运时的振荡,能增加吊杆伸向舷外的跨距,减轻港区内的装卸作业量。其缺点是,伸出吊杆需要调整位置时,装卸作业必须中断;可以起吊的货重小于吊杆的安全负荷;作业前准备时间较长。

2. 克令吊

图 10-9 所示为双塔克令吊。在回转式起货机中,起货绞车、变幅绞车、回转绞车以及吊杆和索具等装在一个共同的回转座台上,所有各组成部分都可随座台一起回转。旋转起货设备通过旋转马达驱动小齿轮与装在座台上的大齿轮啮合运动,带动旋转平台和整个起货设备一起进行旋转运动,旋转可在 360°范围内进行,除固定式旋转起货设备外,还有其安装座台可沿甲板上铺设的轨道移动的走行式旋转起货设备。另外,也有将两个旋转起货设备安装在同一旋转平台,既可分别独自进行装卸作业,也可并在一起用机械装置连锁同步动作

并联工作,使其起重能力大约提高一倍。这样可以把货物调运到要求的位置。

图 10-9　双塔克令吊

与吊杆式起货设备相比,克令吊具有质量小、占地少、操作灵活、装卸效率高、能准确地把货物放到货舱的指定地点,并能迅速地投入工作等优点,但其也存在结构复杂、投资高、吊臂的横动幅度和起升高度较小以及需要三台绞车等缺点。

3. 悬臂式起重机

悬臂式起重机是一种比较新型的甲板起重机,如图 10-10 所示。其主要用于集装箱船或可装载集装箱的多用途船装卸集装箱。它利用伸出舷外的水平悬臂和在悬臂上行走的滑车组小车来完成装卸货作业。

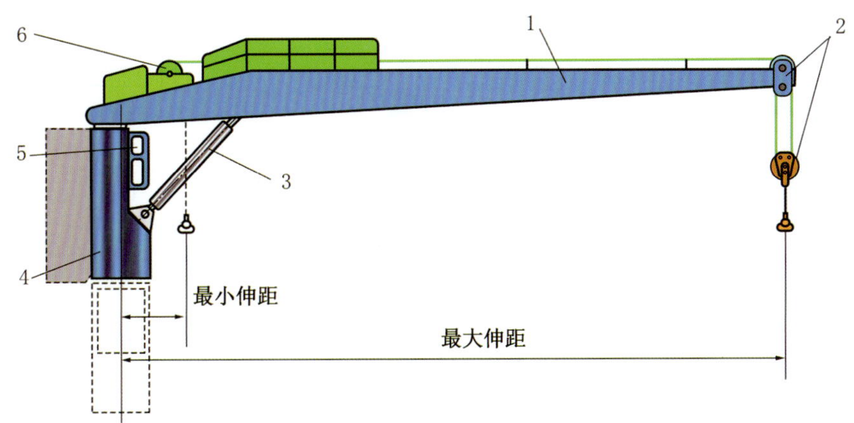

1—悬臂;2—吊货滑车组;3—液压千斤顶;4—立柱;5—控制室;6—起货机

图 10-10　悬臂式起重机

4. 船舶对起货机的基本要求：

(1)功率足够，即能以额定的起货速度吊起额定的负荷。

(2)起降灵敏，即能依据操作者的要求，方便灵敏地起、降货物。

(3)速度可调，即能依据吊货轻重、空钩升降和货物着地等不同情况，在较广的范围内调节运行速度。

(4)制动可靠，即能依据操作者的要求，在起、降过程中随时停止，并握持货重。

(5)操作简便，即能在保证高效安全的情况下减轻操作者的体力和脑力劳动。

二、起货机液压系统

液压起货机具有工作平稳、操作轻便、能实现无级调速、能抗冲击负荷及防止过载，而且制动能力良好，由于运动部件是在油中工作，其磨损小、传动效率高，且环境温度、湿度的变化对其工作性能影响较小等其他类型起货机不能类比的优点，这使得它的应用越来越广泛。

常见的起货机的液压系统有两种类型：一类是定量泵、定量马达的开式系统，另一类是变量泵、定量马达的闭式系统。

1. 采用定量泵与定量油马达的开式起货系统

图 10-11 所示是采用定量泵与定量油马达的开式起货机系统图，其工作过程包括换向、调速、限速、制动及限压保护等几个过程。

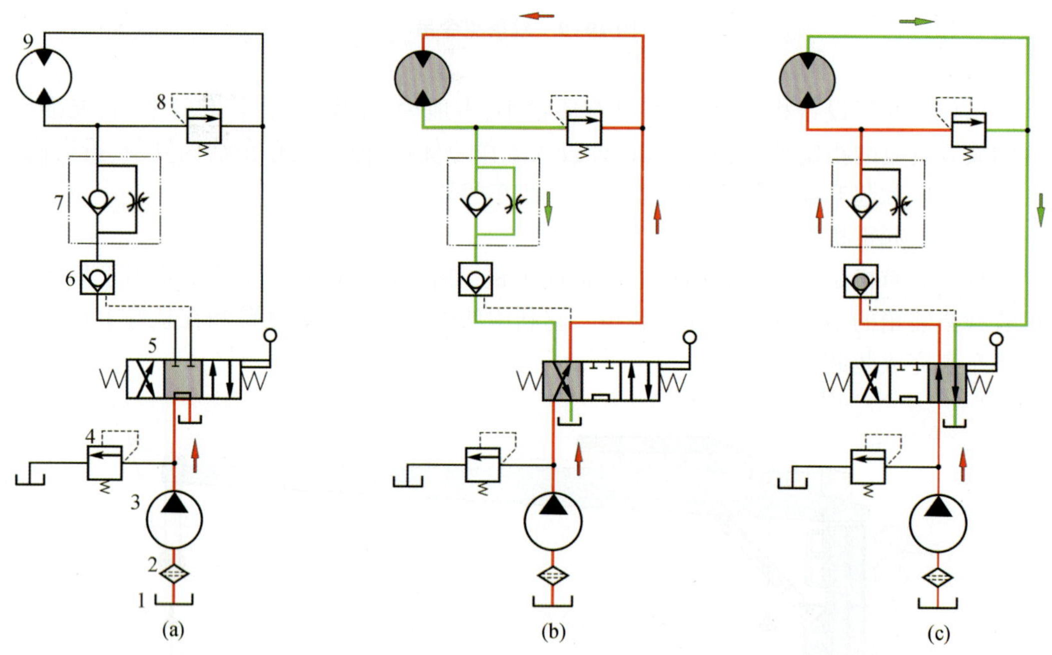

1—油箱；2—滤器；3—定量定向油泵；4—溢流阀；5—换向阀；
6—液控单向阀；7—单向节流阀；8—制动溢流阀；9—油马达

图 10-11　采用定量泵与定量油马达的开式起货系统图

(1)换向和调速

为了实现变工况,液压油马达的速度应能够调节,在这个采用定量泵和定量油马达系统中,要实现换向和调速是通过操纵换向阀5,以改变流入油马达9油液的流量大小和方向实现油马达9的换向和调速。

本系统的转速只随输入到定量油马达9中压力油流量的变化而变化。要实现定量泵3排量不变情况下调节油马达9的速度,以适应不同起落速度的需要,就需操纵换向阀5使用节流调速法进行调速。根据所用换向阀结构形式不同,节流调速可分为串联节流、并联节流和溢流节流。

(2)限速和制动

起货机在起货、落货时,起货卷筒上都将承受着由于货重而造成的单向静负荷。如果落货时油马达排油直通油箱,在重力作用下,货物下降速度就会达到危险的程度。所以必须采取限速措施。常使用的限速方法有:

①用单向节流阀限速;

②用直控平衡阀或远控平衡阀限速。

图10-11所示的系统采用的是用直控平衡阀限速。

直控平衡阀装于靠近执行机构的下降工况时的回油管上。起升时,液压泵的来油直接顶开单向阀,输往液压马达。下降工况时,液压马达的排油,不能反向通过单向阀,只有在油压达到主阀的开启压力时,才能打开主阀芯,使液压马达的排油得以通往油箱。

液压制动是通过具有中位锁闭机能的换向阀回中实现的。换向阀回中时,执行机构因进出油路被锁闭而制动。由于换向阀密封性有限,易产生泄漏,造成货物慢慢移动,即不能可靠握持货重。因此需提高换向阀回中后的下降工况时执行机构回油管路的密封性。对于采用单向节流阀限速的系统,需在单向节流阀和换向阀之间的管路上串联液控单向阀,如图10-11所示。

(3)限压保护

为了防止起货机超负荷时因液压泵排压过高导致原动机过载或装置损坏,故在液压泵的出口处,设有溢流阀4。

起货机在下降制动时,执行机构的排油油压,会因换向阀回中、排油路突然锁闭以及货重和惯性力的影响而瞬间升高。这时为了防止油压因液压制动而过分升高,在高低压管路之间,设置有制动溢流阀8。为缩短制动时间,制动溢流阀的整定压力可以比油泵出口处的安全阀提高5%~10%。

阀控式开式液压系统虽然设备简单,油液在油箱中亦能较好地散热和沉淀,但必须采用节流调速(能耗限速),工作时能量损失较大,油液容易发热,而且空气渗入机会较多,也易导致油液变质,故多应用于压力较低,功率较小或不经常工作的场合。

2. 采用变量泵与定量油马达的闭式系统

如图10-12所示为变量泵与定量油马达的闭式系统。

(1)换向和调速

该系统采用变向变量泵供油,所以,只要改变油泵的吸排方向,就可以实现油马达的换向。由于油泵在变向过程中,其排量总是由大变小,然后再向反方向由小变大,所以采用变量泵的液压系统，减小了换向时的液压冲击，换向比较平稳。通过对泵流量的改变，可以实现对起货机的调速。这种调速方法称为容积调速，它与节流调速比较没有节流损失，经济性较好，油液发热较少。

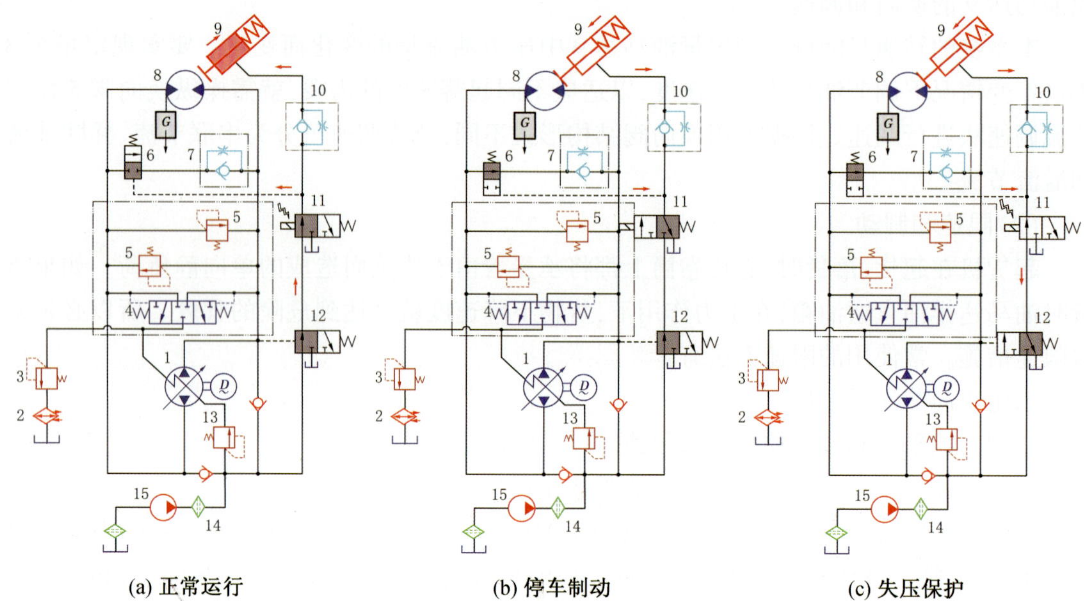

1—变量变向油泵；2—冷却器；3—背向阀；4—低压选择阀；5—双向安全溢流阀；6—中位阀；7—单向节流阀；8—油马达；9—制动器；10—单向节流阀；11—二位三通电磁阀；12—失压保护阀；13—溢流阀；14—细滤器；15—辅油泵

图 10-12　采用变量泵与定量油马达的闭式系统

(2)限速和制动

变量泵组成的闭式系统，可进行再生限速，即这种闭式系统能在重物下降时回收利用，其位能的限速方式称为再生限速。当速度需要限制时，油马达 8 变成油泵，排出高压油输送给变量变向油泵 1，变量变向油泵 1 变成油马达回转拖动同轴的电动机回转而变成发电机工况，将电能反馈给电网输出给其他电器设备使用。电动机产生的反力矩使液压系统中油压升高，以平衡负载，达到限速的目的。

当油泵的排量减少为零时，理论上油马达的下降转速也应降为零。然而，实际上当油泵变量机构采用机械杠杆式远距离操纵时，由于各传动部件之间难免存在一定的间隙，就可能导致油泵回中时产生误差，因此，在系统中加设了中位阀，实现回中后的准确回位。

停车制动：即当操纵手柄回到中位时，二位三通电磁阀 11 随之断电，控制油液泄往油箱，制动器油缸在此时迅速泄油而制动器 9 在其中弹簧力的作用下立即抱闸制动；中位阀 6 在阀中弹簧的作用下，开启变量变向油泵 1 的吸排油路，从而使油泵旁通卸荷。

启动运行：即当操纵手柄离开中位时，二位三通电磁阀 11 随即通电，控制油液就推动中位阀 6 阀芯使吸排油路隔断，旁通卸荷停止；制动器油缸在单向节流阀 10 的节流影响下进油较缓，而让中位阀 6 先行动作，并待主管路中建立起油压后再松闸，使起货机得以正常工作，也避免重物的瞬间下坠。

二位三通电磁阀 11 的作用是在失电、失压、停车的情况下，使制动器 9 迅速泄压而抱闸，从而防止货物的跌落。

为防止启动松闸后因中位阀失灵不能隔断或停车时因制动器失灵不能抱闸而发生坠货事故,系统中还设有单向节流阀 7。当发生上述情况时,由于油马达的排油必须经过单向节流阀 7 的节流才能旁通,因此可限制货物的坠落速度。此外,单向节流阀 7 在下降停车时还将产生液压制动作用,借以减轻制动器的负担。

(3)失电保护

失电保护由二位三通电磁阀 11 实现。失电时,电磁阀动作,使制动器泄油抱闸。此外,二位三通电磁阀还起使制动器、中位阀与油泵中位联锁的作用。

(4)失压保护

失压保护由液控二位三通阀(失压保护阀 12)实现。在起重类泵控闭式液压系统中,油泵到液压马达之间的高压管路较长,一旦管路破裂或泵突然失压,可能发生重物坠落事故。此时,失压保护阀因控制油路也失压而动作,使制动器泄压抱闸,液压马达被锁住。

(5)限压保护

起重类液压系统属于单向静负载系统,只有下降工况时液压马达的回油管才是高压管,从理论上讲限压保护只要在这根管上设置安全阀即可,但为了防止意外,常常仍装设双向安全溢流阀 5。

(6)补油与散热

补油主要是由辅油泵 15、溢流阀 13 和油箱组成的定压源和一对单向阀(自动补油阀)来实现的。当闭式油路系统发生油液外漏或人为外泄时,会造成低压侧管路压力降低,此时定压源所供油液就会自动顶开相应侧的单向阀进入主系统,补充漏掉的油量。

散热主要是由低压选择阀 4、背压阀 3 和冷却器 2 并在补油回路的配合下实现的。工作时,低压选择阀在两侧主管路油压差作用下,阀芯总是被推向低压侧一端,并将低压侧主管路中的部分油液经背压阀和冷却器释放回油箱。而冷却油则由补油回路不断补入低压侧。由于低压选择阀能选择低压侧主管路释放热油,所以也称低压选择阀。这种能不断用主系统外的冷却油替换主系统中的热油的闭式油系统也称为半闭式油系统。半闭式油系统在工作频繁、负载较重的液压装置中应用广泛。

补油压力由辅泵定压阀调定,一般为 0.6 MPa~1.0 MPa。低压选择阀的背压由背压阀调定,一般比补油压力低 0.1 MPa~0.2 MPa。辅油泵的流量一般为主油泵流量的 20%~30%。

对于工作不频繁、负载较轻的阀控式闭式系统也可不设专门的散热回路,并用高位油箱来代替补油回路中的辅油泵。闭式系统的特点是结构紧凑,能实现无级调速和无冲击换向,系统的工作稳定性高,利用再生限速,使能量的利用率提高,所以得到了广泛的应用,但系统的组成比较复杂,如一台液压泵只能驱动一个机构,并需设置一台辅油泵、低压选择阀和补油回路。

三、克令吊安装

1. 下筒体的船上装焊

(1)前期准备

①下筒体及过渡段对接完成并校验合格,并在距法兰面上表面 1 m 的下方位置画出一个辅助定位面。

②筒体下端和克令吊甲板延伸结构坡口形式正确并焊前处理完毕。

③标记好与图纸对应的筒体编号,并标记好艏艉及左右方向。

④破断力为 200 kN,长度约为 6 m 的两端带套环钢丝绳 2 根,破断力 200 kN 的卸扣 2 个;相对船体主甲板起吊高度约 13 m 的起吊设备两台。

⑤选取 2 名熟练的并具有船级社认可焊接证书的焊工。

⑥测量工具:水平管 1 根、游标卡尺 1 个、铅锤 2 个、细钢丝绳若干、其他相关工具若干。

(2)对接

①利用吊车将正确编号的下筒体及过渡段焊接体吊运到正确的甲板基座延伸上,调整好方向,特别注意吊臂托架的方向。

②方向调整好后,以甲板水平面为基准面调整定位高度,用点焊固定(点焊长约 70 mm,间隔约 300 mm),打上定位马板,撤离吊车。

③检查对接坡口之间的间隙值是否满足图纸和厂家要求,对于间隙值过大的,按照克令吊装焊工艺中坡口的处理方式进行处理。

(3)焊后检查和清理

对接焊缝要求做 100% UT,确保焊缝合格。

2. 塔身及其他部分的船上安装

(1)准备工作

①搭建一个工作台。

②塞尺、游标卡尺、水平仪等安装测量工具。

③破断力 100 kN,长度约 4 m,两端带套环的钢丝绳 4 根,起吊能力 20 t,相对船体主甲板面起吊高度约为 23 m 的起吊设备 1 台,牵引钢丝绳 2 根(约 15 m/根)。

④人员准备。

⑤对基柱法兰面做好清洁处理。

(2)安装前检查

①基柱的检查

a. 检测并记录基柱安装法兰的厚度。

b. 检测并记录基柱安装法兰的平面度。

c. 检测并记录基柱法兰上螺孔孔径及垂直度。

d. 检测并记录基柱安装螺孔的分度偏差。

e. 检测并记录基柱安装螺栓的节圆径。

f. 确认法兰面清洁没有损坏。

②滑环安装台的检查

a. 检查并记录安装台上表面与吊车安装法兰面之间的距离。

b. 检查并记录安装孔的间隔。

c. 检查并记录安装孔孔径。

(3)安装步骤

①将滑环箱吊入基柱并妥善保护。

②塔身的安装:

a. 根据吊车编号将塔身平稳地吊运到对应编号的基柱上。

b. 调整好方向,确认塔身正面面向吊臂托架。

c. 根据船体倾斜情况,在基柱法兰的最高点放入导向螺栓;同样,在分隔 120°的其他两点也放入导向螺栓。

d. 平稳降下塔身,利用导向螺栓对准螺栓孔,当塔身下平面上一点接触转盘法兰上表面,并且其他点的最大间隙不超过 10 mm 时,穿好并旋入所有地脚螺栓,放下塔身,然后拔掉导向螺栓并拧紧地脚螺栓。拧紧螺栓前确认塔身下平面与转盘法兰上表面间隙值满足厂家要求,且不接触点少于 3 处。

③滑环的安装。先将滑环箱与塔身连接好,并将主电缆穿入,具体步骤如下:

a. 将滑环放在滑环安装台上,并将上部法兰用装配螺栓和弹簧垫圈紧固在吊车塔身的地板面的中心。

b. 定好滑环中心,使刷子和环圈接触良好,接触不好时用 No. 320 砂纸研磨刷子。

c. 参照电气图纸正确接线。

d. 根据实际的高度和位置调整滑环支座,过长可将地脚跟部割除,过短可在地脚跟部增加垫板。

④吊臂的安装:

a. 在吊臂两端系上牵引绳,在吊臂外侧吊耳上装上起吊钢丝绳,并稍微使吊臂头部向上,将吊臂平稳地吊运到安装位置。

b. 用铁棒等辅助工具使吊臂和吊臂轴承上的螺栓孔相对。

c. 从吊臂侧插入螺栓并拧紧到规定扭矩。

d. 穿钢丝绳需要用引绳,依据钢丝绳缠绕图,先将引绳穿好。引绳可用直径 10 mm 左右的细钢丝绳或者其他等效绳索。

⑤其他散件的安装,可卸梯子、排油管的安装。

四、液压克令吊故障检修

1. 常见故障

吊钩下滑;吊臂下滑;旋转底盘自转;制动油缸制动片断碎;控制油压低;制动打不开;控制阀不能换向;系统漏油严重。

2. 故障分析

(1) 吊钓下滑的原因

①控制阀杆磨损或密封损坏致使系统漏油导致吊钓下滑。

②制动机构调整不好,制动带磨损严重,系统的漏油滴在制动带上或制动油缸部分弹簧片损坏。

(2) 吊臂下滑的原因

①控制吊臂的单向止回阀弹簧损坏,阀与阀座不严密或阀被卡死将导致吊臂下滑。

②控制阀阀杆拉毛密封被破坏,不能封死油马达的进出油路将导致系统泄漏,吊臂下滑。

(3) 旋转底盘自转的原因

控制阀上的止回阀弹簧断裂,阀与阀口不严密或被卡死将导致自转。

(4) 制动油缸制动弹簧片断碎的原因

主要原因:主油路没有自锁,停住钩头靠机械制动,因此克令吊在工作时制动油缸工作频繁,当克令吊满负荷工作时要将重物及钩头制动,制动油缸需要近 2 t 的制动力,同时每次制动带来很大振动,因此造成弹簧片的断碎及整个管系的振动。

(5)制动打不开克令吊无法工作的原因

①控制油泵溢油阀调整不当或弹簧断碎致使进入伺服器和制动油缸的油不足 40 kg,因此导致控制阀不能换向,制动油缸不能松闸使整台克令吊无法工作。

②三个控制阀伺服器和三个制动油缸任何一个液压活塞上的密封损坏将导致高低压油腔串通致使制动打不开,控制阀不能换向。

(6)控制油压低的原因

①控制油泵溢油阀调整不当或出现故障。

②滤器堵塞。

③单向阀卡死。

④制动油缸液压活塞损坏造成高低压串通。

⑤伺服液压活塞损坏造成高低油压串通。

3. 维修管理

修理前一定要进行试吊,确认存在问题及制订修理方案,经过对油马达的油泵进行抽查验证。

(1)控制油压。如油压过低,对制动油缸及伺服器解体更换密封。

(2)钩头吊重情况及制动情况。一般油马达均能吊起试验负荷,如钩头下滑应对制动油缸解体更换弹簧片密封及制动带,控制阀解体。

(3)吊臂是否下滑。应在打开制动情况下试验,如下滑应解体控制阀,检查止回阀并研磨更换控制阀各道密封件。

(4)旋转底盘是否自转。应在打开制动的情况下试验,如自转,修理内容同吊臂。

课后习题

一、选择题

1 起货机液压系统采用高、低速挡的主要目的是__________。

A. 轻载时提高装卸效率并提高电机功率利用率

B. 重载时减少功耗,无须配太大电机

C. 改善操作可靠性　　　　D. A+B

2. 液压起货机与电动起货机相比在性能方面具有的主要优点有__________。

A. 起重能力大　　　　B. 耐冲击负载

C. 调速性能好　　　　D. B 与 C

3. 目前船用自动系缆大多采用__________驱动。

A. 电动　　B. 蒸汽　　C. 液压　　D. A 或 C

4. 自动绞缆机一般是自动控制__________。

A. 液压马达转速　　　　B. 油泵流量

C. 液压马达工作油压　　　　D. 油泵功率

5. 自动绞缆机指自动控制__________的绞缆机。

A. 缆绳纠放速度　　　　B. 绞缆机功率

C. 缆绳张力　　　　D. A+B+C

二、思考题

1. 锚装置的功用是什么，锚装置主要由哪几部分组成？

2. 什么是锚泊？

3. 系缆机的功用是什么？

4. 简述起货机的分类，起货机有哪些基本要求？

5. 简述与吊杆式起货机相比克令吊的优点。

6. 在液压起货机系统中，为防止重物突然下落的方法有哪些？

课后习题数字资源

第 11 章　船舶制冷装置

第 1 节　概　　述

一、制冷技术在船舶上的应用

制冷是从某一物体或空间吸取热量,并将其转移给周围环境介质,使该物体或空间的温度低于环境温度,并维持这一低温过程的技术。用于完成制冷过程的设备称为制冷装置。在船上,居住舱室的空调以及粮食和货物的冷藏都需要制冷装置。

(1)船舶伙食冷藏　船舶航程越远,所需携带的食品越多,储藏时间也越长。一般船舶为了储存易腐食品,几乎都设有伙食冷库,用于船员、旅客的伙食冷藏。一般食品腐坏的原因主要是微生物(细菌、霉菌、酵母菌等)活动繁殖所分泌的物质使食物中的有机物水解变质。而水果、蔬菜等在采摘后仍有新陈代谢的呼吸作用,吸收氧气,放出二氧化碳和热,这种呼吸作用可保护它们不受微生物侵害,但又会使它们继续成熟,消耗养分,以至腐烂,叶菜呼吸作用较强,熟烂也就较快。用冷藏法保存食品,是创造条件尽量抑制微生物活动,并适当减弱蔬菜、水果的呼吸作用,可延缓食品变质而较少改变其原有风味。冷库所创造的保存食品的条件主要有温度、湿度、二氧化碳和氧气浓度以及臭氧浓度。

(2)船舶空气调节　船舶为了能向船员和旅客提供适宜的工作条件和生活环境,一般都设有空气调节装置,制冷装置为空气调节提供了必需的冷源。

(3)冷藏运输　如货物的冷藏运输、鱼类保鲜、冷藏集装箱等。

(4)专门用途　天然气液化储运、"冷藏链"运输以及舰艇的弹药储存、隐藏潜航等。

迄今为止,船上广泛采用装有压缩机的压缩式制冷装置。目前正在开发准备装船的吸收制冷装置。

二、制冷类型和方法

1. 蒸汽压缩制冷

蒸汽压缩式制冷系统是由压缩机、冷凝器、节流装置、蒸发器等四个主要部分组成,工质循环其中,用管道一次连接,形成一个完全封闭的系统,制冷剂在这个封闭的制冷系统中以流体状态循环,通过相变,连续不断地从蒸发器中吸取热量,并在冷凝器中放出热量,从而实现制冷的目的。

2. 气体绝热膨胀制冷

气体膨胀制冷是人工制冷方法中发明最早的方法之一。目前,在气体液化装置及低温制冷机中,主要采用的膨胀制冷方法有:压缩气体绝热节流、等熵膨胀和等温膨胀。前两种方法造成气体降温,有时称为内冷法,后一种方法使气体在等温下吸热。

3. 半导体制冷

半导体制冷又称电子制冷,或者温差电制冷,是从 20 世纪 50 年代发展起来的一门介于制冷技术和半导体技术边缘的学科,它利用特种半导体材料构成的 P-N 结,形成热电偶对,产生珀尔帖效应,即通过直流电制冷的一种新型制冷方法,与压缩式制冷和吸收式制冷并称为世界三大制冷方式。

除此之外,工业活动中制冷方法还包括:涡流管制冷、绝热放气制冷、绝热退磁制冷、化学方法制冷、蒸汽喷射式制冷、吸收式制冷、吸附式制冷等。

第 2 节　制冷剂、载冷剂和冷冻机油

一、制冷剂

制冷剂又称制冷工质,它是在制冷系统中不断循环并通过其本身的状态变化以实现制冷的工作物质。制冷剂在蒸发器内吸收被冷却介质(水或空气等)的热量而汽化,在冷凝器中将热量传递给周围空气或水而冷凝。船舶常用制冷剂有以下几种。

1. 氨(R717)

氨是目前使用最为广泛的一种中压中温制冷剂。氨有很好的吸水性,即使在低温下水也不会从氨液中析出而冻结,故系统内不会发生“冰塞”现象。氨对钢铁不起腐蚀作用,但氨液中含有水分后,对铜及铜合金有腐蚀作用,且使蒸发温度稍许提高。因此,氨制冷装置中不能使用铜及铜合金材料,并规定氨中含水量不应超过 0.2%。

纯氨对润滑油无不良影响,但有水分时,会降低冷冻油的润滑作用。氨在润滑油中不易溶解,故要在装置中设置油分离器,减少润滑油进入冷凝器和蒸发器,防止热交换表面被油污染后传热性能降低。

液氨透明无色,氨蒸气无色,有强烈的刺激臭味。氨对人体有较大的毒性,当氨液飞溅到皮肤上时会引起冻伤。当空气中氨蒸气的容积达到 0.5%~0.6%时可引起爆炸。故机房内空气中氨的浓度不得超过 0.02 mg/L。

2. 氟里昂

氟利昂是一种透明、无味、无毒、不易燃烧爆炸和化学性稳定的制冷剂。不同的化学组成和结构的氟利昂制冷剂热力性质相差很大,可适用于高温、中温和低温制冷机,以适应不同制冷温度的要求。

氟利昂对水的溶解度小,制冷装置中进入水分后会产生酸性物质,并容易造成低温系统的“冰堵”,堵塞节流阀或管道。

常用的氟利昂制冷剂有 R12、R22、R134a 及 R502。

(1)氟利昂 R-12(代号:R12)

R12 是一种无色、透明、没有气味,几乎无毒性、不燃烧、不爆炸,很安全的制冷剂。只有在空气中容积浓度超过 80%时才会使人窒息。但与明火接触或温度达 400 ℃以上时,则会分解出对人体有害的气体。

R12 能与任意比例的润滑油互溶且能溶解各种有机物,但其吸水性极弱。

(2)氟利昂 R-22(代号:R22)

R22 的许多性质与 R12 相似,但化学稳定性不如 R12,毒性也比 R12 稍大;R22 对水的溶解度大,能部分与润滑油互溶,但在低温制冷系统仍然可能产生“冰塞”或集油现象,因此在制冷系统中必须安装过滤干燥器和分油器。但是,R22 的单位容积制冷量却比 R12 大得

多,接近于氨,且不燃、不爆,使用安全可靠。当要求-70~-40 ℃的低温时,利用R22比R12适宜,故R22被广泛应用于-60~-40 ℃的双级压缩或空调制冷系统中。

(3)R-134a(代号:R134a)

R134a是一种替换R-12的HFC类制冷剂。可应用于新型中高温固定式商业制冷系统,如冷水机组及家用制冷器具。另外,还可以用于替换现有的R12制冷系统及空调系统。同时R134a也是新型移动式空调的全球标准,其臭氧耗减潜值(ODP)为0,全球变暖潜能值(GWP)为0.26,可用于替换现有的R-12移动式空调系统。

R134a的毒性非常低,在空气中不可燃,安全类别为A1,是很安全的制冷剂。

R134a的化学稳定性很好,然而由于它的溶水性比R22高,所以对制冷系统不利,即使有少量水分存在,在润滑油等的作用下,将会产生酸、二氧化碳或一氧化碳,将对金属产生腐蚀作用,或产生"镀铜"作用,所以R134a对系统的干燥和清洁度要求更高。

(4)R-404A制冷剂(代号:R404A)

物化特性:R404A是一种不含氯的非共沸混合制冷剂,常温常压下为无色气体,储存在钢瓶内是被压缩的液化气体。R404A主要用于替代R22和R502,具有清洁、低毒、不燃、制冷效果好等特点,大量用于中低温冷冻系统。

(5)R-410A制冷剂(代号:R410A)

R410A是一种不含氯的氟代烷非共沸混合制冷剂,无色气体,储存在钢瓶内是被压缩的液化气体,是不破坏大气臭氧层的环保制冷剂。其大量用于家用空调、小型商用空调、户式中央空调等。

二、载冷剂

在以间接冷却方式工作的制冷装置中,将被冷却物体的热量传给正在蒸发的制冷剂的物质称为载冷剂。载冷剂通常为液体,在传送热量过程中一般不发生相变。

1. 载冷剂的种类

常用的载冷剂有:水、盐水、乙二醇或丙二醇、二氯甲烷和三氯乙烯。

(1)水

水的性质稳定、安全可靠,无毒害和腐蚀作用,流动传热性较好,还是廉价易得物质。其不足之处在于凝固点为0 ℃,相对而言比较高。由于较高凝固点的限制使之只适用于工作温度在0 ℃以上的高温载冷场合,即在0 ℃以上的人工冷却过程和空调装置中,水是最适宜的载冷剂。

(2)盐水

盐水即氯化钙或氯化钠的水溶液。盐水的凝固温度随浓度而变,当溶液浓度为29.9%时,氯化钙盐水的最低凝固温度为-55 ℃;当溶液浓度为22.4%时,氯化钠盐水的最低凝固温度为-21.2 ℃。使用时按溶液的凝固温度比制冷机的蒸发温度低5 ℃左右为准来选定盐水的浓度。

(3)乙二醇或丙二醇溶液

乙二醇或丙二醇溶液的性质稳定,与水混溶,其溶液的凝固温度随浓度而变,通常用它们的水溶液作为载冷剂,适用的温度范围为-20~0 ℃。虽然乙二醇或丙二醇溶液的凝固点低,可达-50 ℃,但是低温下溶液的黏度上升非常迅速,因此,一般具有工业应用价值的温度为-20 ℃以上。其水溶液也有腐蚀性。

(4)二氯甲烷和三氯乙烯

通常用二氯甲烷和三氯乙烯的液体作为载冷剂。二氯甲烷的凝固温度为-97 ℃,适用温度范围为-50~-90 ℃。

2. 载冷剂的优势

载冷剂可以使制冷机系统聚集在较小的范围内,便于整个装置的制造、安装、运行管理,提高制冷效率,同时可将冷量传送到远处。另外其还将减少制冷剂系统制冷剂的充灌量和减少制冷剂泄漏的可能性。便于对冷量的分配和控制,特别是对集中供冷的大容量空冷装置。

所用的载冷剂热容量较大,因此被冷却对象的温度易于稳定。

三、冷冻机油

制冷压缩机的润滑油是专门的冷冻机油,润滑油在制冷压缩机中,所起的作用是:

(1)润滑。滑油可润滑压缩机运动件的摩擦面,减小零件磨损。

(2)冷却。滑油能够带走摩擦热,使摩擦零件的温度保持在允许范围内。

(3)密封。在活塞环与气缸镜面间,轴封摩擦面等密封部分充满滑油,以阻挡制冷剂的泄漏。这是制冷机润滑油与空压机润滑油要求不一样的地方,所以,制冷压缩机的润滑油比空压机润滑油黏度要大一些。

(4)兼作压缩机卸载-能量调节的液压动力油。

压缩机的制冷工况和所用冷剂不同,则选用的冷冻机油也不同,冷冻机油应满足的主要要求如下:

(1)倾点(油能流动的最低温度,比凝固点高 2~3 ℃应低于最低蒸发温度。冷冻机油会被冷剂带入蒸发器,为了能被冷剂带回压缩机,在低温下保持良好的流动性很重要。

(2)闪点应比最高排气温度高 15~30 ℃,以免引起排气管爆炸危险和滑油结焦变质。

(3)应根据蒸发温度和排气温度选用适当的黏度,制冷压缩机轴承负荷不高,黏度容易满足润滑的要求,而主要应满足密封要求。黏度过低则活塞环与缸壁间的油膜容易被气体冲掉,氟利昂在较高温度大多易溶于油,溶入 5%就会使油的黏度降低一半,所以氟利昂压缩机所用冷冻机油黏度应适当高些。黏度高的油分子链较长,倾点和闪点相对也会高些。

(4)含水量要低。这是为了避免在低温通道处引起“冰塞”和防止腐蚀金属。含水的润滑油与氟利昂的混合物还会溶解铜,而与钢铁部件接触时,铜又会析出形成铜膜,称为“镀铜”现象,会妨碍压缩机正常运行。

(5)化学稳定性和与所用材料(如橡胶、分子筛等)的相容性要好。如果油在高温下受金属材料催化而分解,会产生积炭和酸性腐蚀物质。

(6)用于封闭式和半封闭式压缩机时电绝缘性要好,电击穿强度一般要求在 10 kV/cm 以上。油中有杂质会降低电绝缘性能。

其他对冷冻机油的要求还包括酸值和腐蚀性低、氧化安定性好、机械杂质和灰分少等。

第3节　蒸气压缩制冷原理

一、蒸气压缩式制冷原理

1. 基本组成及工作原理

蒸气压缩式制冷装置是由压缩机、冷凝器、节流阀、蒸发器四大基本部分所组成，如图11-1所示。冷剂工质在以上四个基本部件所组成的装置中循环。压缩机抽吸由蒸发器出来的气态冷剂，压缩成高温高压气态，并送到冷凝器冷却冷凝，移出热量后呈液态，再经节流阀节流降压降温后送至蒸发器汽化吸热，使被冷物温度下降，最后气态冷剂被抽吸进压缩机，以此构成一个制冷循环。

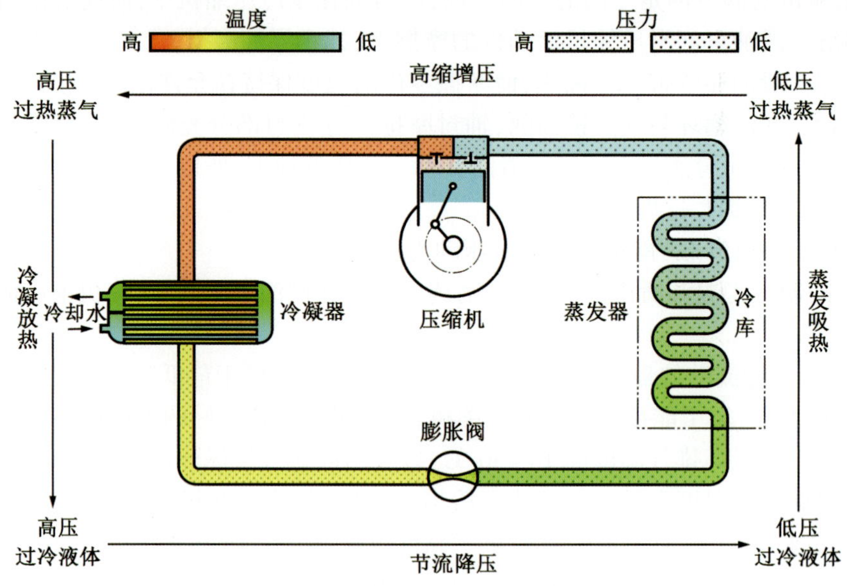

图11-1　压缩机制冷工作原理图

(1)制冷压缩机

制冷压缩机是制冷循环的动力，它由原动机(如电机)拖动而工作，它的作用是及时抽出蒸发器内的蒸气，维持低温低压，再通过压缩过程提高制冷剂蒸气的压力和温度，创造将制冷剂蒸气的热量向外界环境介质转移的条件，即将低温低压制冷剂蒸气压缩至高温高压状态，以便能用常温的空气或水做冷却介质来冷凝制冷剂蒸气。

(2)冷凝器

冷凝器是热交换设备，它利用环境冷却介质，如空气或水，将来自制冷压缩机的高温高压制冷蒸气的热量带走，使高温高压制冷剂蒸气冷却，并冷凝成高压常温的制冷剂液体。冷凝器向冷却介质散发热量的多少，与冷凝器的面积大小成正比，与制冷剂蒸气温度和冷却介质温度之间的温度差成正比。所以，要散发一定的热量，就需要足够大的冷凝器面积，也需要一定的换热温度差。

（3）节流元件

将高压常温的制冷剂液体通过降压装置的节流元件，得到低温低压制冷剂，再送入蒸发器吸热汽化。目前，蒸气压缩式制冷系统中常用的节流元件有膨胀阀和毛细管。高压常温的制冷剂液体不能直接送入低温低压的蒸发器。根据饱和压力与饱和温度一一对应原理，降低制冷剂液体的压力，从而降低制冷剂液体的温度。

（4）蒸发器

蒸发器也是一个热交换设备。节流后的低温低压制冷剂液体在其内蒸发（低温沸腾）变为蒸气，吸收被冷却介质的热量，使被冷却介质温度下降，达到制冷的目的。蒸发器吸收热量的多少与蒸发器的面积大小成正比，与制冷剂的蒸发温度和被冷却介质温度之间的温度差成正比。当然，也与蒸发器内液体制冷剂的多少有关。所以，蒸发器要吸收一定的热量，就需要与之相匹配的蒸发器面积，也需要一定的换热温度差，还需要供给蒸发器适量的液体制冷剂。

制冷剂在蒸发器和冷凝器内，主要是物态变化，其作用是将冷库的热量传递给舷外海水，实现制冷。制冷剂在压缩机、膨胀阀内，主要是热力参数的变化，一是使制冷剂压力降低，为保证制冷剂在蒸发器内能够汽化，二是使制冷剂压力升高，为在冷凝器内液化提供了条件。

2. 分析制冷循环的工具——压焓图

压焓图是帮助我们了解和掌握工质的热力状态的一种简单直观而有效的工具。压焓图（$\lg p-h$ 图）是以焓值 h（kJ/kg）作为横坐标，以压力 p（MPa 或 kPa）的对数值作为纵坐标而绘制的坐标图。纵坐标采用压力的对数值作为度量刻度的原因是便于缩小图形尺寸，并使低压区内的线条交点清晰。压焓图（$\lg p-h$ 图）如图 11-2 所示。

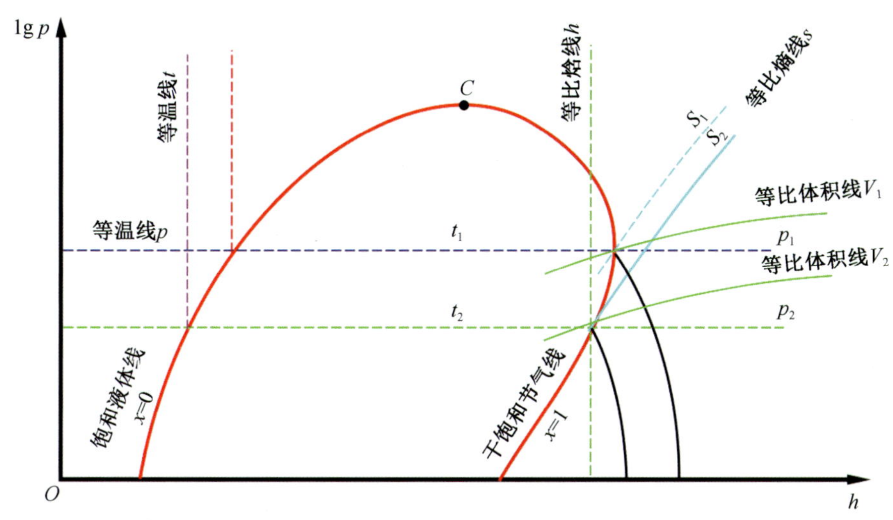

图 11-2　制冷剂的压焓图

$\lg p-h$ 图中有两条较粗的曲线，左边一条叫饱和液体线，右边一条叫干饱和蒸气线，这两条曲线向上延伸交于 C 点称为临界点（一线三区五态）。因为一般制冷循环都在远离临界点下进行的，故在一些制冷剂的 $\lg p-h$ 图中，临界点都未表示出。饱和液体线与干饱和蒸气线将 $\lg p-h$ 图分成三个区域：

(1)饱和液体线的左边　过冷液体区。

(2)饱和液体线与干饱和蒸气线之间　湿饱和蒸气区(湿蒸气区)。

(3)干饱和蒸气线的右边　过热蒸气区。

饱和状态下制冷剂蒸气与液体的混合物称为湿饱和蒸气。在湿饱和蒸气中制冷剂蒸气所占的质量百分比称为干度,用代号 x 表示。显然,饱和液体的干度 $x=0$,干饱和蒸气的干度 $x=1$,湿饱和蒸气的干度为 $0<x<1$。在饱和液体线与干饱和蒸气线之间绘有等干度线。

在 $\lg p-h$ 图的纵坐标上,等温线在湿饱和蒸气区域内与等压线相重合;过热蒸气区内,等温线与等压线分开,而成为往右下倾斜的一组曲线;在过冷液体区,等温线是垂直线,即与等焓线相重合。在图中还有等比熵线以及等比体积(等比容线)。共 8 种:

(1)饱和液体线($x=0$)。

(2)干饱和蒸气线($x=1$)。

(3)等干度线,参数 x(x=定值)。

(4)等压线,参数 p(p=定值)。

(5)等温线,参数 t(t=定值)。

(6)等焓线,参数 h(h=定值)。

(7)等熵线,参数 s(s=定值)。

(8)等容线,参数 v(v=定值)。

上述参数中的饱和压力和饱和温度,两者是互不独立的状态参数,知道其中一个的值,即可从制冷剂的饱和热力性质中查得第二个值。除此以外,一般只要知道上述参数中任何两个,即可在 $\lg p-h$ 图中找出相对应的状态点,在这个点上可以读出其他有关参数。我们可以借助于压焓图来描述制冷循环。

二、单级蒸气压缩式制冷的热力循环

1. 单级压缩式制冷的基本理论循环

实际的制冷循环极为复杂,难以获得完全真实的全部状态参数。因此,在分析单级蒸气压缩式制冷循环时,通常采用理论制冷循环,如图 11-3 所示。理论循环是在以下假设基础上建立的:

(1)压缩过程为等熵过程,即在压缩过程中不存在任何不可逆损失。

(2)在冷凝器和蒸发器中,制冷剂的冷凝温度等于冷却介质的温度,蒸发温度等于被冷却介质的温度,且冷凝温度和蒸发温度都是定值。

(3)离开蒸发器和进入制冷压缩机的制冷剂蒸气为蒸发压力下的饱和蒸气,离开冷凝器和进入节流元件的液体为冷凝压力下的饱和液体。

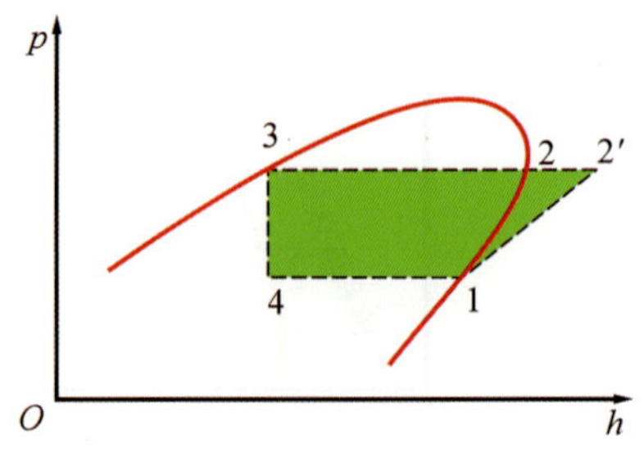

图 11-3　单级压缩式制冷的理论循环

(4)除节流元件产生节流降压外,制冷剂在设备、管道内的流动没有阻力损失,与外界环境没有热交换。

(5)节流过程为绝热过程,即与外界不发生热交换。

2. 单级蒸气压缩式制冷的实际循环

对于单级蒸气压缩式制冷来说，实际制冷循环与理论制冷循环的差异主要表现在：

(1)制冷压缩机的压缩过程不是等熵过程，且有摩擦损失。

(2)实际制冷循环中压缩机吸入的制冷剂往往是过热蒸气，节流前往往是过冷液体，即存在气体过热、液体过冷现象。

(3)热交换过程中，存在着传热温差，被冷却介质温度高于制冷剂的蒸发温度，环境冷却介质温度低于制冷剂冷凝温度。

(4)制冷剂在设备及管道内流动时，存在着流动阻力损失，且与外界有热量交换。

(5)实际节流过程不完全是绝热的等焓过程，节流后的焓值有所增加。

(6)制冷系统中存在着不凝性气体。

3. 分析在其他条件不变时，蒸发温度变化对循环的影响

冷凝温度相同，蒸发温度不同的两个理论制冷循环如图 11-4 所示。当蒸发温度从 T_0 降为 T'_0，循环从 $A-B-C-D-A$ 变为 $A-B'-C'-D'-A$，可见，蒸发温度降低，单位质量制冷量和制冷系数均减小，而单位绝热压缩功增大，这是由于蒸发压力相应降低，液态冷剂流经膨胀阀节流降压时，蒸发量增大，在蒸发器中的吸热量减小，而压缩比的增大却提高了单位绝热压缩功。由于吸气压力的降低，使装置中冷剂的循环量 G 减小，故装置的制冷量 Q_0 和制冷系数会明显下降。

4. 分析在其他条件不变时，冷凝温度变化对循环的影响

冷凝温度不同，蒸发温度相同的两个理论循环如图 11-5 所示。当冷凝温度 T_K 升高至了 T'_K，制冷循环由 $A-B-C-D-A$ 改变为 $A'-B'-C-D'-A'$。可见蒸发温度相同的情况下，随冷凝温度的升高，单位质量制冷量和制冷系数均降低，而绝热压缩功却增大，其原因与蒸发温度降低时类同。一方面，由于膨胀阀前后压差的增大使制冷剂循环量增大，另一方面，排气压力的升高导致余隙容积影响的增大，会使压缩机排气量减小，制冷剂的循环量减小。两方面的影响相互抵消后，制冷剂的循环量 G 没有明显的变化，所以，冷凝温度提高后，装置制冷量 Q'_0 也会降低。可见，采取措施降低冷剂的冷凝温度，既能提高装置的制冷量，又能提高其运行的经济性。但冷凝温度过低，可能会因膨胀阀前后压差明显下降而导致制冷剂流量不足，反而使装置制冷量下降。

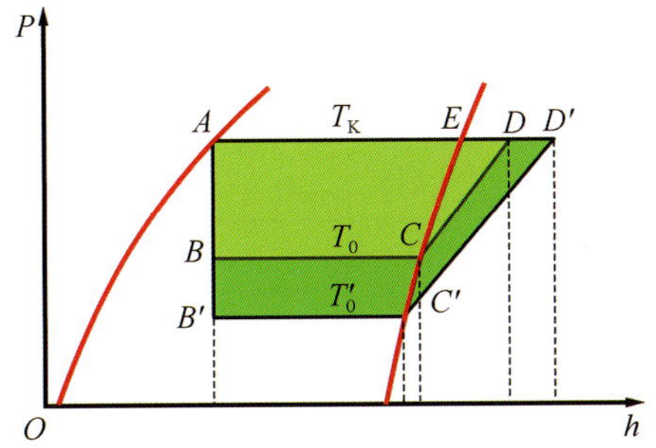

图 11-4　蒸发温度不同的两个理论制冷循环

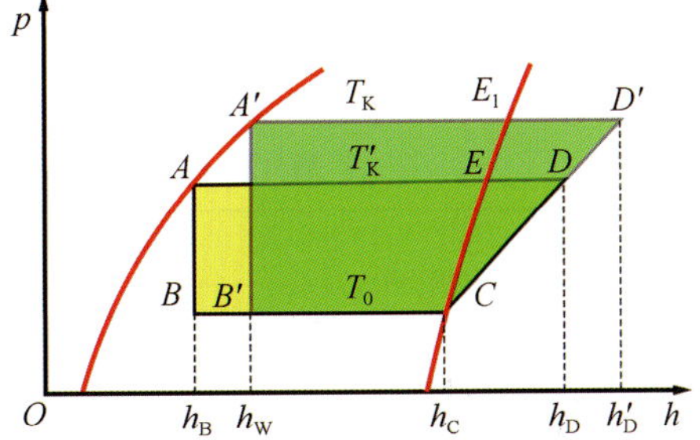

图 11-5　冷凝温度不同的两个理论制冷循环

5. 过冷循环、过热循环及回热循环

(1)液体过冷将节流前的制冷剂液体冷却到低于冷凝温度的状态,称为液体过冷。带有过冷的循环,叫作过冷循环。

液体制冷剂节流后进入湿蒸气区,节流后制冷剂的干度越小,它在蒸发器中汽化时的吸热量越大,循环的制冷系数越高。在一定的冷凝温度和蒸发温度下,采用使节流前制冷剂液体过冷的方法可以达到减小节流后制冷剂干度的目的。

(2)吸气过热制冷压缩机吸入前的制冷剂蒸气温度高于蒸发压力下的饱和温度时,称为吸气过热,两者温度之差称为过热度。具有吸气过热的循环,称为过热循环。

实际循环中,为了不将液滴带入压缩机,通常制冷剂液体在蒸发器中完全汽化后仍然要继续吸收一部分热量,这样,在它到达压缩机之前已处于过热状态。

过热分为有效过热和有害过热两种。过热吸收的热量来自被冷却介质,产生了有用的制冷效果,这种过热称为有效过热;反之,过热吸收的热量来自被冷却介质之外,没有产生有用的制冷效果,则称为有害过热。

(3)回热循环参照液体过冷和吸气过热在单级压缩制冷循环中所起的作用,可在普通的制冷循环系统中增加一个回热器。回热器又称气—液热交换器,是热交换设备,它使节流前常温下的制冷剂液体同制冷压缩机吸入前低温的制冷剂蒸气进行热交换,同时达到实现液体过冷和吸气过热的目的,这样便组成了回热循环。

在氟制冷系统实际应用中,回热循环的过冷可使节流降压后的闪发性气体减少,从而使节流机构工作稳定、蒸发器的供液均匀,同时回热循环的过热又可使制冷压缩机避免"湿冲程",保护制冷压缩机。但氨制冷系统不采用回热循环,不仅是由于循环的制冷系数降低,同时还因为采用回热循环后将使压缩机的排气温度过高。

6. 制冷工况

实际上,制冷机或制冷压缩机在试制定型之后,要进行性能测试(称为形式试验),以便能标定名义制冷量和功率,因此需要有一个公共约定的工况条件。另一方面,对制冷机的使用者来说,在比较和评价制冷机或制冷压缩机的容量及其他性能指标时,也需要有一个共同的比较条件。因此,对制冷机规定了几种"工况",以作为比较制冷机性能指标的基础。

所谓工况,是指规定制冷机工作状态的工作条件,通常是制冷剂在机内各特定点的温度和机器所处的环境温度。现行工况标准有标准工况、空调工况、最大功率工况以及最大压差工况,见表 11-1。

表 11-1 我国常用制冷机工况(通常适用于开启式)

工况种类	工作温度/℃	制冷剂			工况种类	工作温度/℃	制冷剂		
		R717	R12	R22			R717	R12	R22
标准工况	冷凝温度/t_k	30	30	30	最大压差工况	冷凝温度/t_k	40	50	40
	蒸发温度/t_0	-15	-15	-15		蒸发温度/t_0	-20	-3(-8)	30
	过冷温度/t_{sc}	25	25	25		过冷温度/t_{sc}	40	50	40
	吸气温度/t_{sh}	-10	15	15		吸气温度/t_{sh}	-15	0(15)	15

表 11-1(续)

工况种类	工作温度/℃	制冷剂			工况种类	工作温度/℃	制冷剂		
		R717	R12	R22			R717	R12	R22
空调工况	冷凝温度/t_k	40	40	40	最大功率工况	冷凝温度/t_k	40	50	40
	蒸发温度/t_0	5	5	5		蒸发温度/t_0	5(0)	10	5
	过冷温度/t_{sc}	35	35	35		过冷温度/t_{sc}	40	50	40
	吸气温度/t_{sh}	10	15	15		吸气温度/t_{sh}	10(5)	15	15

注:括号内的数字相当于最大压差≤980 kPa 或最高蒸发温度为 0 ℃的压缩机工况。

现在的新标准对各种形式的制冷压缩机规定了三种名义工况,即高温工况、中温工况和低温工况。与名义参数(通常规定在有关标准、产品标牌或样本上)所相应的温度条件称为名义工况。我国机械行业标准 JB/T 7666—1995《制冷和空调设备名义工况一般规定》规定了容积式制冷压缩机及机组、冷水机组和空调机(器)的名义工况。

第 4 节　蒸气压缩式制冷压缩机

一、制冷压缩机的分类

制冷压缩机根据其工作原理可以分为容积型和速度型两大类,如图 11-6 所示。

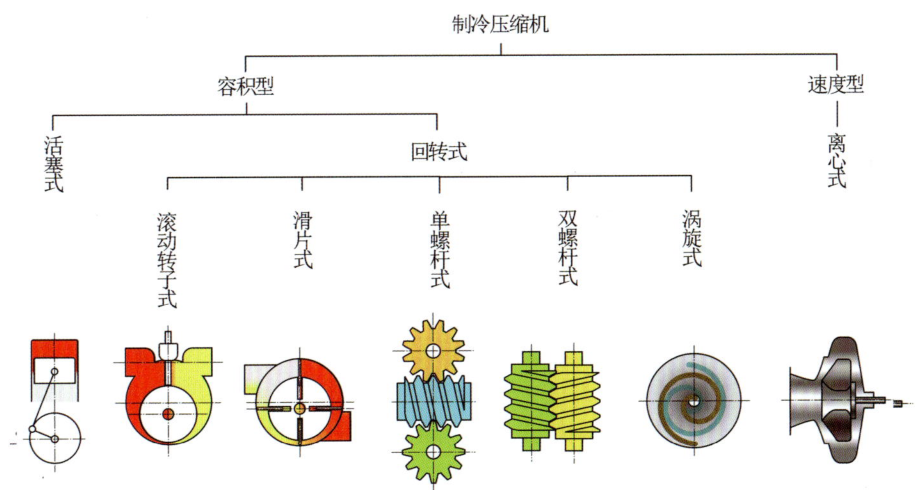

图 11-6　制冷和空调用压缩机的分类及结构示意图

1. 容积型压缩机

用机械的方法使密闭容器的容积变小,使汽体压缩而增加其压力的机器,称为容积型压缩机。它有两种结构形式:往复活塞式(简称活塞式)和回转式。

2. 速度型压缩机

用机械的方法使流动的汽体获得很高的流速，然后在扩张的通道内使汽体流速减小，使汽体的动能转化为压力能，从而达到提高气体压力的目的，这种机器称为速度型压缩机，属于这一类的有离心式制冷压缩机。

综上所述，制冷压缩机的分类可概括如下：

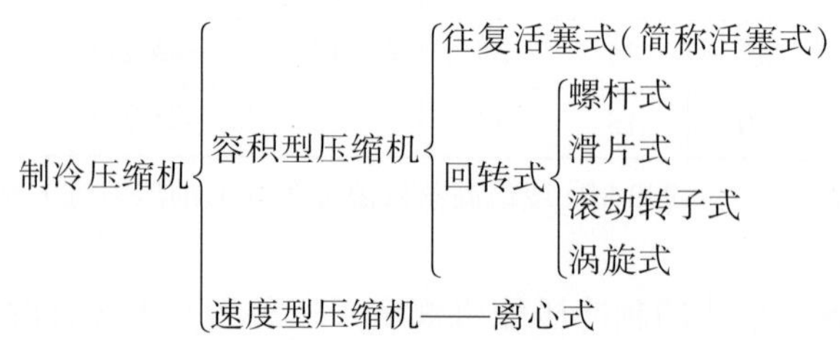

此外，按工作的蒸发温度范围分类为：高温、中温和低温压缩机三种；按密封结构形式分类为：开启式压缩机、半封闭式压缩机和全封闭式压缩机。

二、活塞式压缩机的分类及其特点

活塞式制冷压缩机的形式和种类较多，而且有多种不同的分类方法，除了按工作的蒸发温度范围以及密封结构形式进行分类外，目前常见的分类方法还有以下几种：

（1）按制冷量的大小分类。迄今为止，制冷量的划分界限尚无统一标准。一般认为，单机标准工况制冷量在 58 kW 以下的为小型制冷压缩机；58～580 kW 的为中型制冷压缩机；580 kW 以上的为大型制冷压缩机。

（2）按压缩级数分类，分为单级和单机双级压缩机。单级压缩机是指制冷剂气体由低压至高压状态只经过一次压缩；单机双级压缩机是指制冷剂气体在一台压缩机的不同气缸内由低压至高压状态经过两次压缩。

（3）按压缩机转速分类，分为高、中、低速三种。转速高于 1 000 r/min 为高速，低于 300 r/min 为低速，在两者之间为中速。

（4）按气缸布置方式分类，通常分为卧式、直立式和角度式三种类型。

（5）按气阀布置方式分类可分为顺流式和逆流式两种。

此外，按使用的制冷剂不同可分为氨压缩机、氟利昂压缩机和使用其他制冷剂（如二氧化碳、乙烯等）的压缩机；按气缸作用方式分为单作用式、双作用式；按气缸数分为单缸、双缸和多缸压缩机；按运动机构形式分为曲柄连杆式、曲柄滑块式和斜盘式；按气缸的冷却方式分为空气冷却式、水冷却式和进气冷却式；按传动方式分为间接传动式和直接传动式等。

三、活塞式压缩机结构

目前船舶制冷装置广泛采用活塞式压缩机，本节以 8FS10 型制冷压缩机为例，来说明制冷压缩机的主要结构。

8FS10 型制冷压缩机总体结构如图 11-7 所示。八个缸分两列，呈扇形布置，相邻两缸的中心线夹角为 45°，缸径为 100 mm，行程为 70 mm，转速为 1 440 r/min，采用 R12 作为制冷剂，标准制冷量为 97. 7 kW；采用 R22 时，标准制冷量为 156. 3 kW，属中型压缩机。

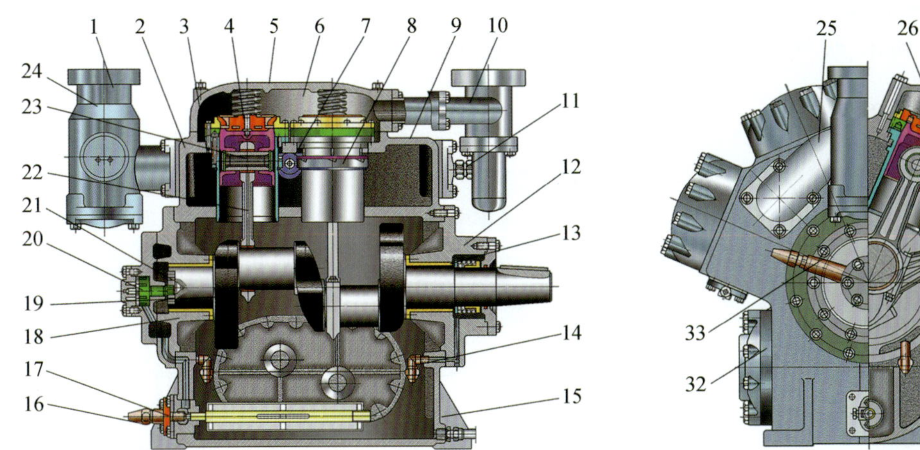

1—吸气接管;2—气缸体;3—吸气腔;4—缸头气阀组件;5—气缸盖;6—排气腔;7—能量调节机构;8—气缸套;9—下隔板;10—排气集管;11—安全阀;12—轴承座;13—轴承;14—滑油管;15—曲轴箱;16—滑油三通阀;17—吸入滤油器;18—轴承座;19—曲轴;20—油泵传动机构;21—油泵;22—连杆;23—活塞销;24—吸气滤网;25—吸气集管;26—假盖弹簧;27—活塞;28—假盖;29—卸载油缸;30—回油均压孔;31—视油镜;32—曲轴箱侧盖;33—油压调压阀

图 11-7　8FS10 型制冷压缩机总体结构

1. 机体

该机机体由高强度铸铁整体浇铸而成,上有缸盖,下有底板,前后有轴承盖,构成一个封闭的空间。机体由上下两隔板分成三层,隔板上各镗有八个缸孔,装有气缸套 8。上隔板以上空间为排气腔,缸套组件用螺栓固定在上隔板,缸套上部凸缘和上隔板间设有垫片,以防隔板上下空间(吸排气腔)漏气。该垫片厚度影响气缸余隙容积,不可随意变动。余隙高度一般为 0.5~1.5 mm。下隔板 9 上部是吸气腔 3,下部是曲轴箱,下隔板上开有回油均压孔 30,使吸气腔与曲轴箱相通。

2. 活塞

活塞 27 采用铝合金制造,其上装有三道密封环和一道刮油环。图 11-8 所示为逆流式机型的活塞,活塞本体从上至下分为活塞顶、环槽部和裙部几部分。

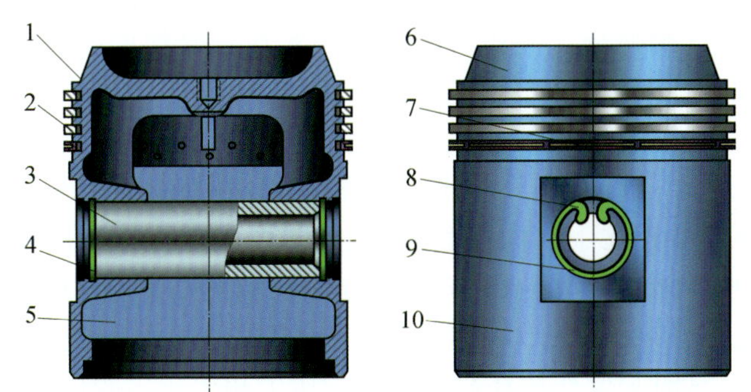

1—活塞头;2—密封环;3—活塞销;4—卡簧槽;5—活塞裙;6—活塞顶部;7—刮油环;8—卡簧;9—活塞销端面;10—活塞本体

图 11-8　活塞部件结构

3. 双阀座截止阀

如图 11-9 所示,吸气管和排气管上分别装有吸气截止阀和排气阀。

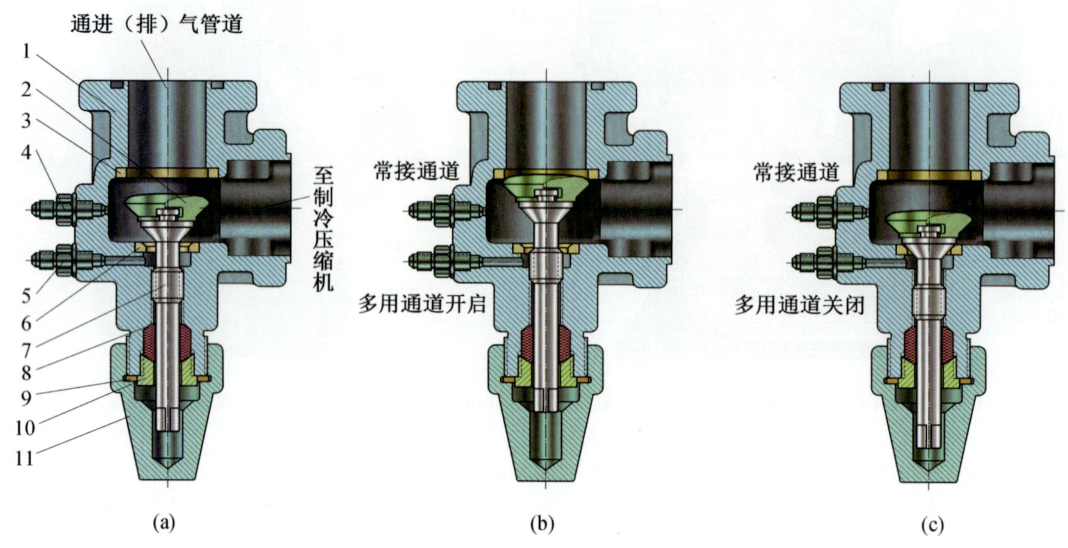

1—阀体;2—阀盘;3—主阀座;4—常接通道;5—多用通道;6—阀座;
7—阀杆;8—填料;9—垫片;10—填料压盖;11—阀罩

图 11-9　双阀座截止阀

该阀为双阀座结构,设有常接通道和多用通道,分别用于接压力表、压力继电器以及用于充、抽冷剂,充气、排气及添加滑油等。当阀杆朝里旋进,阀处于关闭位置,压缩机与系统截止,多用通道开启;若将阀杆退足,主阀全开,压缩机与系统相通,多用通道关闭,如阀杆退足又反过来旋进一圈,则主阀与多用通道却开启。常接通道不受主阀位置的影响,与压缩机常通。

4. 缸套和缸头气阀组件

如图 11-10 所示为 8FS10 型压缩机由缸套组件和假盖组件构成的缸套和气阀组件。其吸、排气阀皆用环阀,在气缸套 6 的上端面上有两圈阀座线(图 11-10(a)),阀座线间钻有 24 个吸气孔,使气缸与缸套外围的吸气腔相通。缸套上端紧靠吸气阀片限位器 18,限位器上有 6 个座孔,内置吸气阀弹簧 2,将吸气阀片 3 压紧在缸套端面的吸气阀座上。排气阀片 15 的阀座也分内外两圈,外圈位于吸气阀限位器 18 上端面的内边缘,而内圈则位于排气阀座芯 13 的外边缘。排气阀的限位器 12 称为假盖,其下端面上开有座孔,内置排气阀弹簧 1,将排气阀片压紧在阀座上。而在排气环阀内外两侧,假盖都有通道与排气腔相通。假盖与排气阀座芯由阀座螺栓 9 连在一起构成假盖组件,并由假盖弹簧 7 压紧在吸气阀片限位器上。假盖导圈 17 与吸气阀片限位器 18 和气缸套 6 是由内六角螺钉 14 连在一起构成缸套组件,并由螺栓 16 固定在气缸体上。万一缸内吸进较多的液体冷剂或滑油,在活塞上行接近死点时就会发生液击,这时只要作用在假盖底部的压力超出排出腔压力 0.3 MPa 时,假盖组件即被顶起,使缸内压力不致过高而损坏零件。这时假盖导圈 17 起导向和定位作用,在缸内压力降低时帮助假盖落到原来位置,恢复正常工作状态。

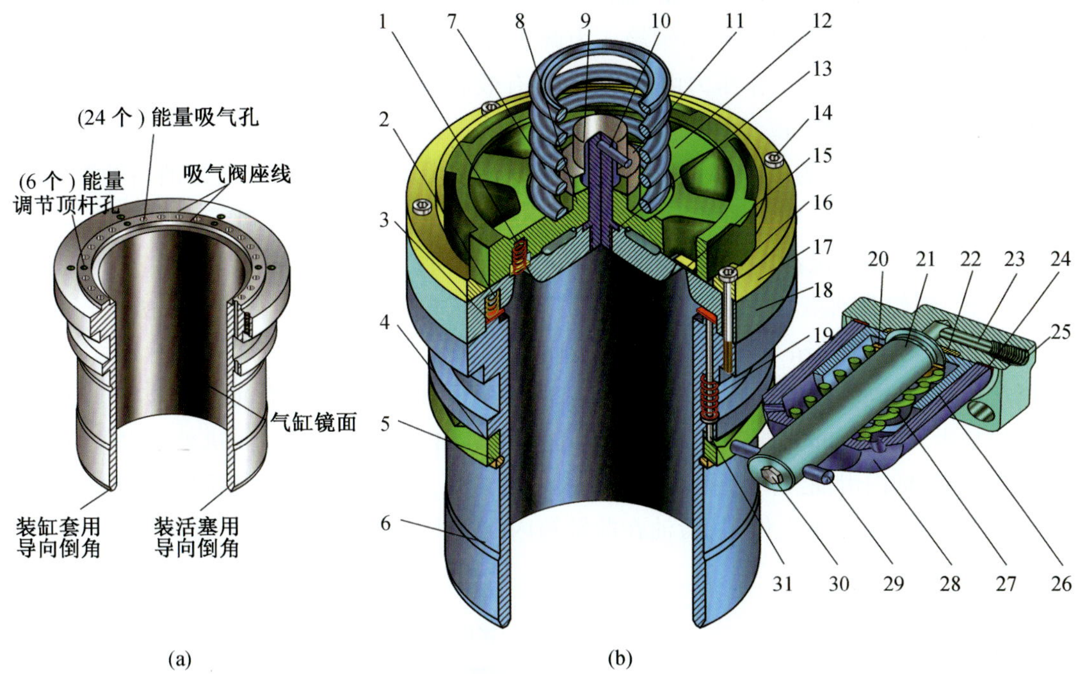

1—排气阀弹簧;2—吸气阀弹簧;3—吸气阀片;4—转环;5—卡环;6—气缸套;7—假盖弹簧;8,24—垫片;9—阀座螺栓;10—开口销;11—铁皮套圈;12—假盖(排气阀片限位器);13—排气阀座芯;14—内六角螺钉;15—排气阀片;16—螺栓;17—假盖导圈;18—吸气阀片限位器;19—顶杆弹簧;20—挡圈;21—卸载活塞杆;22—调整垫片;23—卸载油缸盖;25—油管接孔;26—卸载活塞;27—弹簧;28—卸载油缸;29—横销;30—制动螺钉;31—启阀顶杆

图 11-10 8FS10 型压缩机的缸套和气阀组件

5. 安全器件

船用制冷压缩机装有高压继电器,当排气压力超过正常数值时它能使压缩机自动停车。但为了防止高压继电器失灵或误调而使排气压力过高,活塞式压缩机无一例外地都装有安全阀或安全膜片等安全保护器件。

安全阀或安全膜片装在压缩机排气腔与吸气腔之间的隔板上或管路中。当两腔之间的压力差超过规定数值(R12 装置为 1.5 MPa,R22 和氨装置为 1.7 MPa)时,安全阀或膜片便使两腔相通,从而降低排气压力。

图 11-11 所示为 8FS10 压缩机的安装在连通吸、排气腔的管路上的安全阀。当排气压力过高时,安全阀就自动开启。开启压力可通过调整弹簧的预紧力加以调定。安全阀开启以后,由于排气压力下降,阀即自动关闭。

安全阀经拆修后,开启压力差一般需要重做试验加以调定。调定好的安全阀,要用铅封将阀帽锁住,不得轻易调动。

6. 滑油系统

8FS10 型压缩机采用压力润滑,如图 11-12 所示。曲轴箱中的滑油经过网式滤油器 5 和装放油阀 6 被滑油泵 7 吸入,油泵排出的压力油一路经手动能量调节阀 9,分送到卸载油缸 2,同时通油压表 1 和油压差继电器;另一路由设在曲轴内的油管送到机械轴封的油腔 3

中,再由曲轴 4 中的油孔将滑油送到主轴承和连杆大端轴承,并经连杆上的油孔送至连杆小端轴承。滑油从各轴承间隙溢回曲轴箱。为调节滑油工作压力在油泵端还设有压力调节阀 8,8FS10 型压缩机的最大工作压力由此阀调定,有效润滑压力由油压差控制器限定,油压差定为 0.15 MPa~0.30 MPa。

装放油阀 6 是一个为添加和更换滑油而设的三通阀,装在滑油泵 7 下方的曲轴箱上,位于工作油面以下,具体结构如图 11-13 所示。装放油阀阀体 8 内装有阀芯 3,阀芯的工作位置由手柄 1 转换,在示位盘上每隔 90°标有“运转”“装油”和“放油”三个位置:手柄 1 置于“运转”位置,则使曲轴箱与油泵吸口接通;置于“装油”位置则使外接管与油泵吸口相通;置于“放油”位置则使曲轴箱与通机外的接管相通。

正常运转时,阀芯位置如图 11-13 中(a)、(c)所示,曲轴箱内的滑油经过阀芯上部弓形空间被油泵吸入。加油时,阀芯转过 90°,其位置如图 11-13 中(d)所示,机外油桶用软管与管接头 7 接通,桶内滑油经阀芯孔被油泵吸入。放油时,阀芯再转 90°,其位置如图 11-13 中(e)所示。这时机器已预先停车,滑油在曲轴箱内的压力作用下经阀芯的下部弓形空间和管接头直接放出。

动画演示

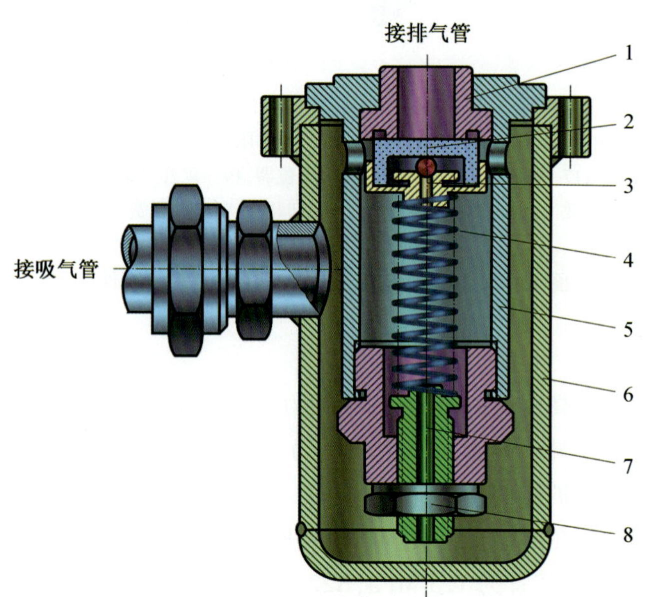

1—阀座;2—塑料密封垫;3—阀盘;4—弹簧;
5—阀体;6—外罩;7—调节螺钉;8—锁紧螺帽

图 11-11　8FS10 型压缩机的安全阀

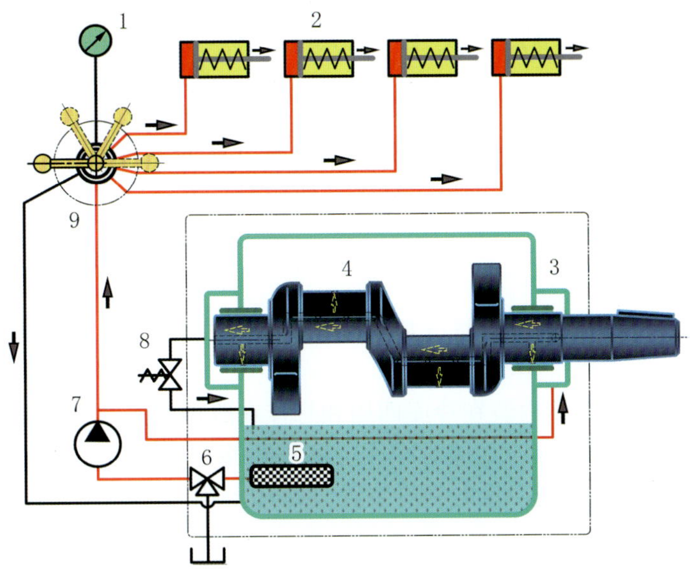

1—油压表;2—卸载油缸;3—油腔;4—曲轴;5—网式滤油器;
6—装放油阀;7—滑油泵;8—压力调节阀;9—手动能量调节阀

图 11-12 制冷压缩机的压力润滑

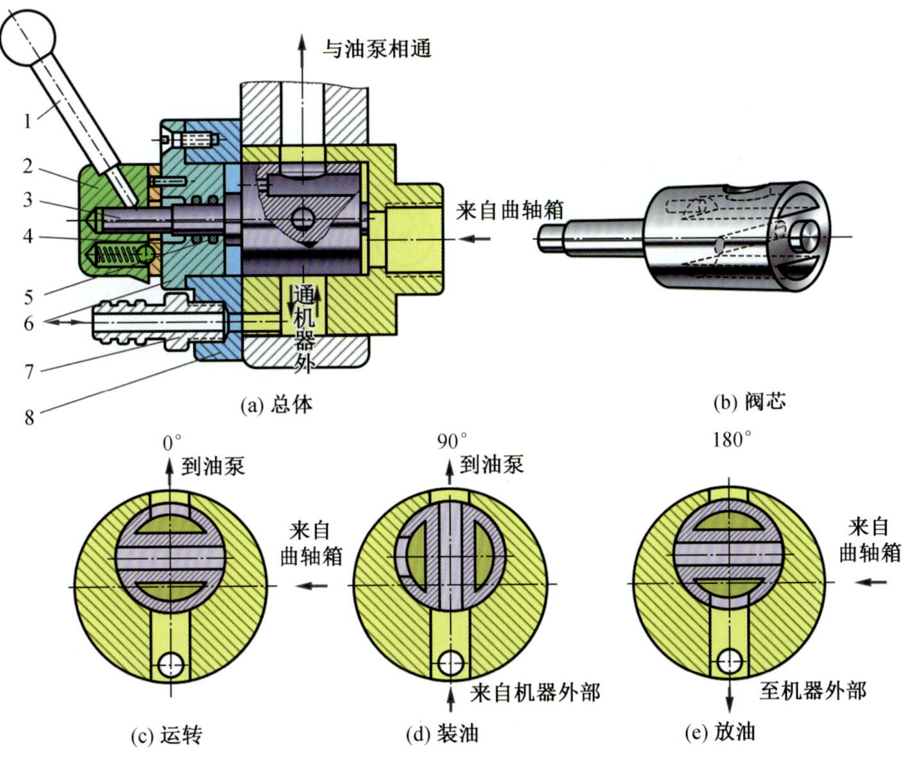

1—手柄;2—转盘;3—阀芯;4—阀盖耐油橡胶圈;5—耐油橡胶圈;6—示位盘;7—管接头;8—阀体

图 11-13 装放油阀结构

第 5 节　制冷装置的热交换器及附属设备

蒸发器和冷凝器是制冷装置中的两个热交换设备，也是制冷装置的主要组成部分。船上因有取之不尽的舷外水，所以均采用水冷却的壳管式冷凝器。蒸发器的形式与冷库的冷却方式有关，船上主要有空气冷却器和直接冷却盘管。

一、冷库冷却方式

船舶冷库的冷却方式通常有直接冷却和冷风冷却两种。

1. 直接冷却

如图 11-14 所示，蒸发器由装在冷库四周和悬挂在舱顶的蒸发盘管组成，冷剂液体经膨胀阀流入盘管，在其中蒸发吸热，直接对冷库空间进行冷却。这种方式设备简单，适用于从大型冷库至小电冰箱等各种制冷量的制冷装置，目前仍多用于船舶伙食冷库。

2. 冷风冷却

如图 11-15 所示，在这种制冷装置中，冷库内无冷却盘管，由循环风机将库内的空气吸至空气冷却器中冷却，降温后再送入冷库冷却货物。由于风机能使空气快速流过空气冷却器，所以它的传热性能比置于冷库中的冷却盘管要高 4~6 倍，不但大量节约管材，而且缩小了装置尺寸。目前大、中型冷藏舱和伙食冷库大都采用这种方式。图 11-15 中(a)所示为冷剂直接在空气冷却器中蒸发制冷，所以称为直接式冷风冷却。也有将冷媒水冷却盘管改为空气冷却器的，如图 11-15 中(b)所示，称为间接式冷风冷却。后一种方式大多用于氨制冷装置或大型船舶冷藏舱。

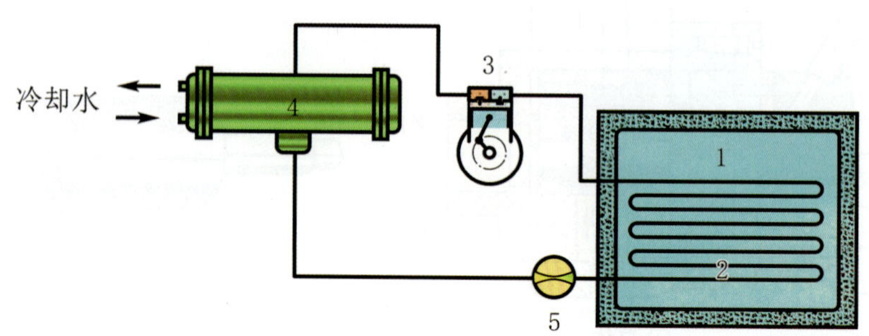

1—冷库；2—蒸发盘管；3—压缩机；4—冷凝器；5—膨胀阀

11-14　直接冷却式制冷装置

二、空气冷却器

空气冷却器是用得最多的一种冷却器，如图 11-16 所示。

空气冷却器的受热面由许多并联的蛇形肋片管组成，它们集中排列在一个矩形的钢板外壳中。液体冷剂经热力膨胀阀降压后由分配器均匀供入各蛇形管，在其中一面流动，一面吸热蒸发，然后集中沿吸气管由压缩机吸走。在冷却器外壳两侧接有风道，空气由风机送入，横扫冷却管簇，被冷剂冷却，流出时已为温度较低的冷风。因为空气流过冷却管的速度较高，加上使用肋片管，所以空气冷却器的传热性能良好，外形也紧凑。这种冷却器通常与

1~2 台循环风机组合成为一个整体,又称“冷风机”,如图 11-17 所示。

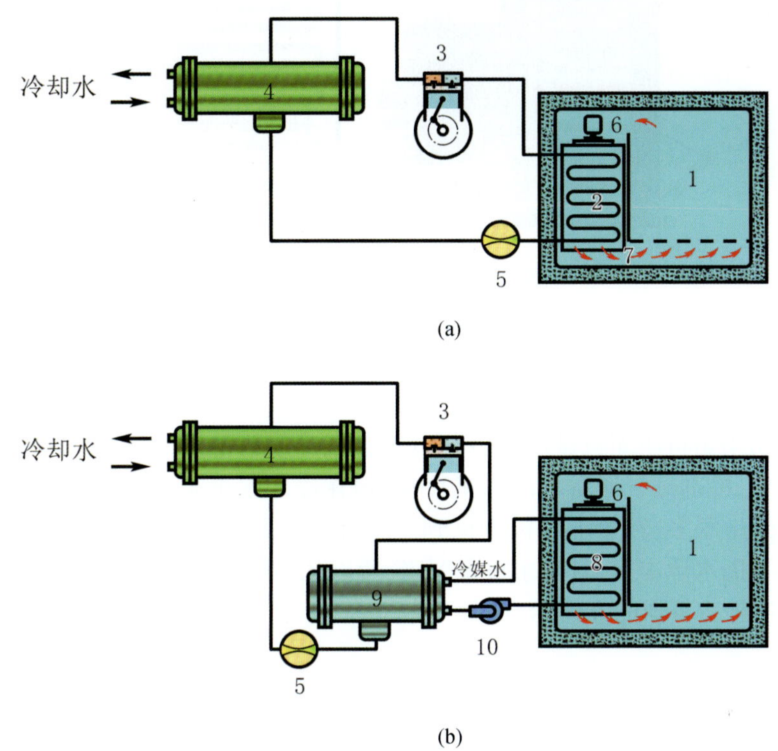

1—冷库;2—空气冷却器(蒸发器);3—压缩机;4—冷凝器;5—膨胀阀;6—循环风机;7—风道;8—空气冷却器(冷媒水盘管);9—冷媒水冷却器(蒸发器);10—冷媒水循环泵

图 11-15　冷风冷却式制冷装置

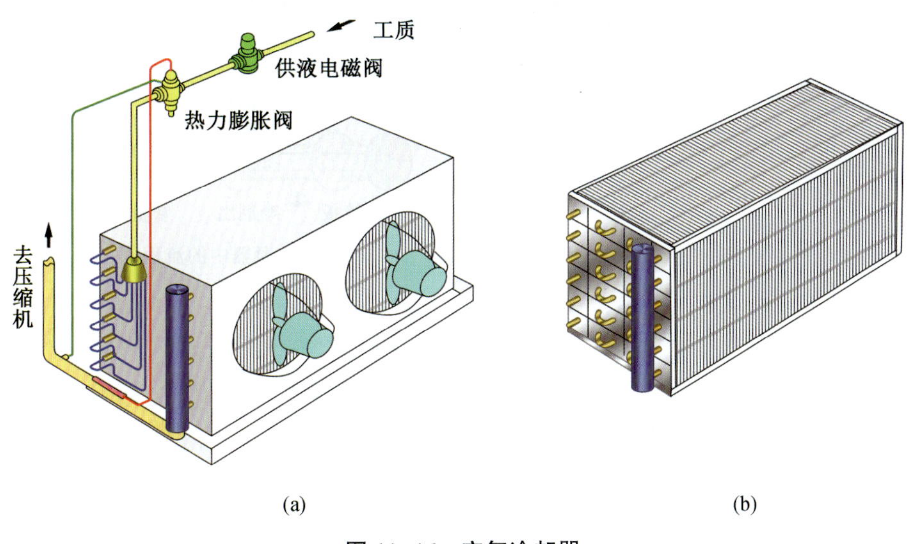

图 11-16　空气冷却器

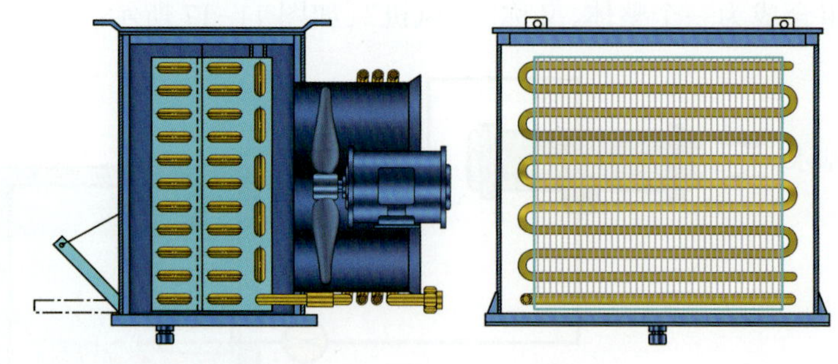

图 11-17　伙食冷库的冷风机

三、蒸气冷凝器

冷凝器的功用是将压缩机排出的冷剂过热蒸气冷凝为液体，以便冷剂在系统中循环使用。在冷凝器中，冷剂蒸气通常均用水来冷却，但在冷却水来源不便之处也可用空气冷却。这种情况在陆地上很多，在船上已极少见到。冷凝器的形式有很多，如壳管式、喷淋式和蒸发式等。船舶上因水源丰富，且要求设备紧凑，所以几乎毫无例外地采用壳管式冷凝器。图 11-18 所示为这种冷凝器的立体示意图。

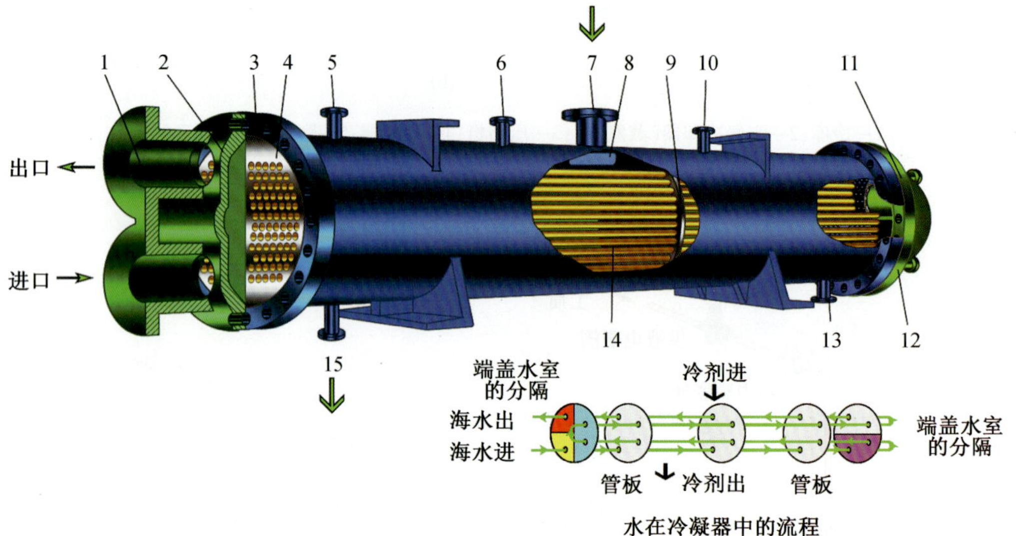

1—海水出口；2—端盖；3—垫片；4—管板；5—放空气阀接头；6—安全阀接头；7—冷剂蒸气进口；8—挡气板；9—管架；10—平衡管接头；11—水室放气旋塞；12—水室泄水旋塞；13—泄放阀接头；14—冷却管；15—液体冷剂出口

图 11-18　壳管式冷凝器

壳管式冷凝器由一个钢板卷成的圆筒形外壳和一组冷却水管组成，管子与管板用焊接或扩接法相连接。海水由冷却水泵供入端部水室后，由于水室中分水筋的分隔，多次曲折流过（图中所示为四次），每次仅经过部分管子，这样可在不增加冷却水量的情况下，提高海水在冷却管中的流速，以利于增进冷却效果。

冷剂蒸气从壳体顶部进入。在进入口正面设有挡气板，以便蒸气沿冷却管长度分布开来，使各处负荷比较均匀。蒸气在管间从上而下流过，经与管壁接触后，温度逐渐下降，在流过冷凝器进入储液器时，它已具有 2~4 ℃的过冷度。

制冷装置的冷凝器工作压力较高，是一个高压容器，壳体用锅炉钢板或材质不低于锅炉钢板的材料制成。

在冷凝器上应装设安全阀，与安全阀接头 6 相连(有时为安全膜片)。安全阀的开启压力应按我国《钢质海船建造规范》规定的下列数值调定：氨和 R22≤2.0 MPa；R12≤1.6 MPa。

容量在 100 L 以下的冷凝器也可采用熔点为 65 ℃的易熔塞代替安全阀。

安全阀调定后应予锁住并加铅封。在安全阀与壳体间的连接管路上设有截止阀，此阀在正常情况下应保持开足，并予锁住和铅封，以防误关。

除安全阀外，冷凝器上还需装设下列附件：

(1)放空气阀(或塞头)　装在冷凝器顶部两端处(与接头 5 相接)，用以放出制冷系统中的不凝性气体。

(2)泄油阀　装在壳体的最低点(与接头 13 相连)，用以排除冷剂带入冷凝器的滑油，为氨装置所不可缺少。在氟利昂装置中，因滑油在冷凝器工作条件下能与 R12 和 R22 相互溶解，故可以不装。

(3)液位计　当冷凝器底部兼作储液器时，常在壳体下半部装有玻璃液位计，用以观察系统中冷剂的多少。

(4)冷却水温度计　装在冷却水管进、出口，用以测量水的温度。

(5)水室放气旋塞　装在两清水室的最高点(与接头 11 相连)，用以放出空气，防止空气聚在水室中形成气袋，阻碍冷却水的正常流动。

(6)水室泄水旋塞　装在两端水室的最低处(与接头 12 相连)，在检修或冬季停用时用以将冷凝器的存水放空。

(7)平衡管　它从冷凝器的顶部(接头 10 处)引出，与后面的储液器相通，使彼此压力平衡，便于冷凝器中的液体流入储液器。如连接两者的管路短而粗，也可省去平衡管。

冷凝器和蒸发器是制冷装置的主要热交换设备，一个完整的制冷系统除了压缩机、冷凝器、蒸发器外，还装有一些必要的附属部件和自动化元件，如图 11-19 所示。下面将对其他辅助设备滑油分离器、储液器、干燥器、回热器逐一介绍。

四、滑油分离器

滑油分离器位于压缩机的出口，其作用是将从压缩机排气带出的大部分油滴分离出来，防止滑油进入热交换器影响传热效果，并使其返回曲轴箱，防止压缩机缺油(图 11-20)。

滑油分离器按分离原理分有：撞击式、过滤式(氟利昂)、洗涤式(R717 使用)。

氟利昂系统所用的滑油分离器，是利用油滴和气体的密度不同，由于流道面积突然扩大，流速降低并且流向转折向下，较大油滴被壁面、滤网等拦截，落至筒体的底部。气体经滤网折回向上，由顶部出气管流出到冷凝器，筒底积油油位达到一定高度时，将使浮球升起，与浮球杆连在一起的自动回油阀失灵时，筒内积油过多，被气体大量带入系统，还设有备用的手动回油阀可定期开启。回油管中设有节流孔板,防止回油过快,使部分排气冲入曲轴箱,以及对浮球阀的冲蚀。自动回油阀的常见故障有:

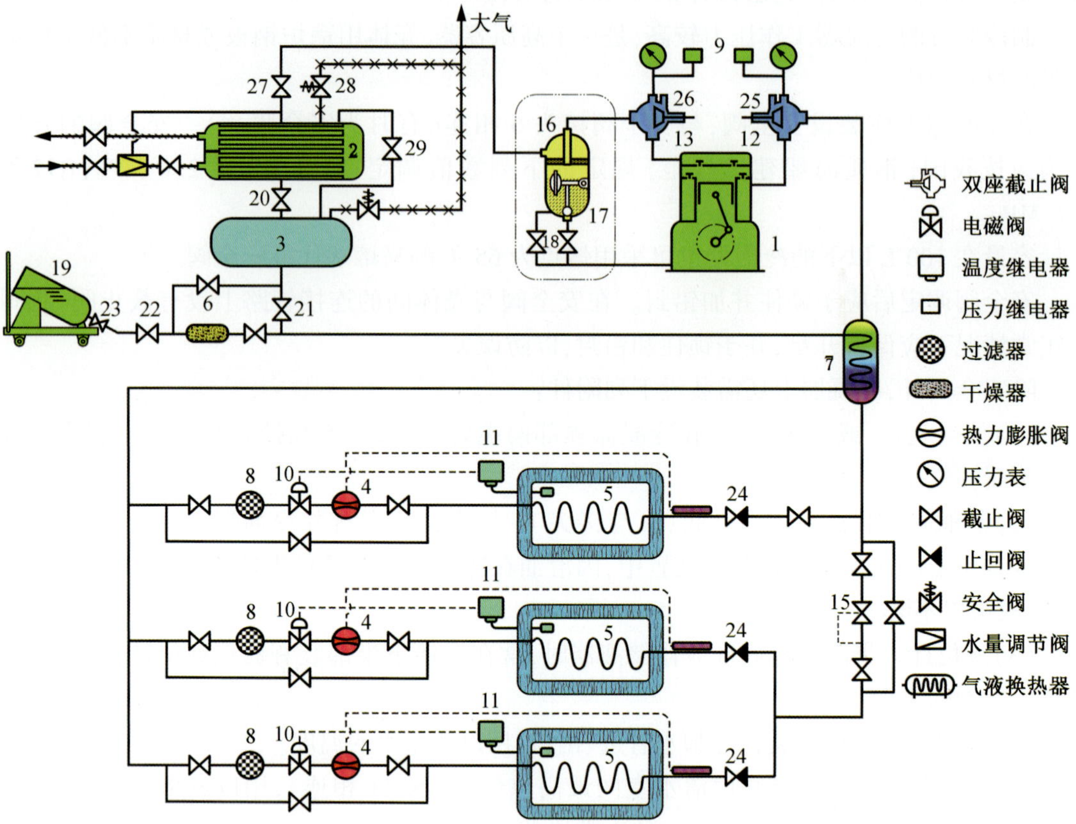

1—压缩机;2—冷凝器;3—储液器;4—热力膨胀阀;5—蒸发器;6—干燥器;7—气液换热器;8—过滤器;9—压力继电器;10—电磁阀;11—温度继电器;12—吸入截止阀;13—排出截止阀;14—水量调节阀;15—背压阀;16—滑油分离器;17—浮球式自动回油阀;18—手动回油阀;19—冷剂钢瓶;20—冷凝器出液阀;21—储液器出液阀;22—充剂阀;23—冷剂钢瓶阀;24—止回阀;25—吸入截止阀上的多用通道;26—排出截止阀上的多用通道;27—冷凝器进口;28—安全阀;29—平衡管

图 11-19　船舶伙食冷库制冷装置系统简图

(1)回油阀卡死在关闭位置,此时回油管始终不发热,同时曲轴箱滑油位有不断下降现象,大量滑油被带入系统。而正常工作时,回油管是间隔进行(至少 1 h 以上),对应的回热管应是时热时温。

(2)回油阀不能关闭或关闭不严,会造成高压排气窜回曲轴箱和吸气腔,使压缩机排气量下降,排气温度升高,并使压缩机频繁起停不止。此时回油管始终是热的。

五、储液器

储液器位于冷凝器出口的下部,供存放制冷剂用。当制冷工况变动时,制冷剂可存入储液器或由储液器向外补充,以取得供液量与工况平衡。比如,当热负荷减小,蒸发压力降低时,蒸发器等低压管路中冷剂量减少,可防止冷凝器中液位太高而妨碍气体冷凝,以致排气压力过高；而当系统中冷剂有所损失，或热负荷增大，蒸发压力升高，低压管路中冷剂量增加时，可防止膨胀阀供液不足。储液器还对供液管起“液封”作用，装置检修或长期停用时可将制冷剂收入储液器内，减少泄漏，小型装置可不设储液器，而以冷凝器兼之。储液器内正常的液位控制在 1/3～1/2 处，装置中全部制冷剂储入后不超过容积的 80%。

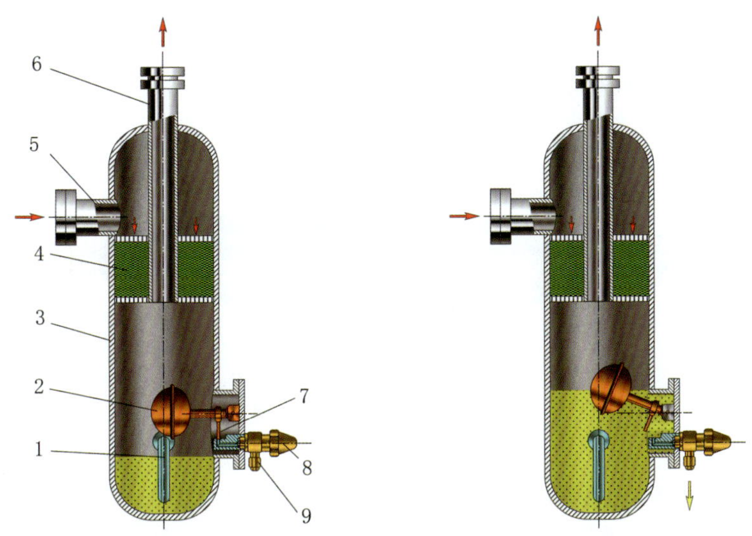

1—手动回油管；2—浮球；3—壳体；4—滤网；5—进气管；6—出气管；
7—自动回油阀；8—自动回油管截止阀；9—自动回油管接头

图 11-20 滑油分离器

如图 11-21 所示就是利用优质锅炉板卷制成密封圆筒型的储液器。储液器结构简单，除有进出液管接头外，还有压力表、放气阀、放油阀及平衡管等接头，平衡管的作用是沟通储液器及冷凝器，以便于储液器中气体返回冷凝器及液态冷剂进入储液器，大型储液器还常装有安全阀和液位指示器或示镜。储液器底部有存液井，其作用是液封与污物沉淀。

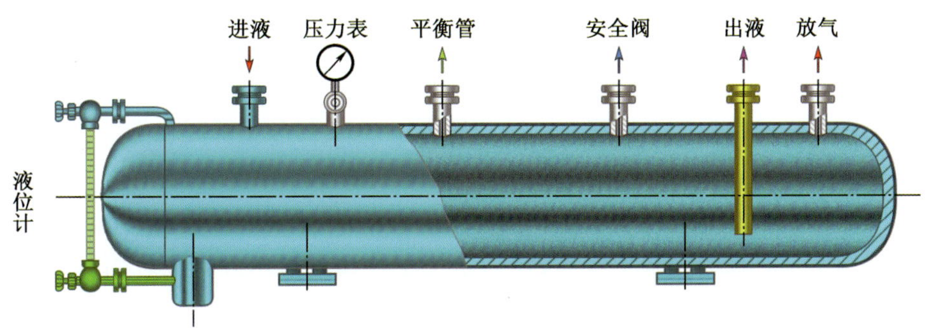

图 11-21 储液器

六、干燥-过滤器

过滤器和干燥器装于储液器与膨胀阀之间的输液管上。过滤器用以阻挡铁屑、焊渣和污物等固体物体,以免堵塞通道。干燥器内存干燥剂,用来吸收制冷剂中混入的水分,由于充冷剂、添加油等操作管理不当,外界湿空气会渗入系统,造成膨胀阀和通道狭窄处发生"冰塞",阻碍甚至完全停止冷剂的循环。过滤器和干燥器组合在一起,构成干燥-过滤器,其结构如图 11-22 所示,干燥剂的两端均装有滤网。

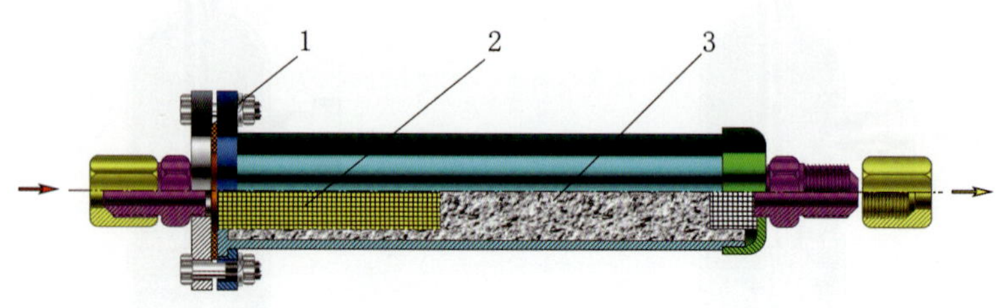

1—封盖;2—滤网;3—干燥剂

图 11-22　干燥过滤器

为避免干燥剂颗粒在液体冷剂的冲击下,互相摩擦而产生粉末被带出,填充干燥剂时,应墩压结实,安装时应使液流方向与干燥-过滤器上箭头的方向一致,以保证让出口端的毡垫阻止干燥剂的粉末进入系统。一般情况下应让干燥器旁通,只有在系统充填冷剂或发现系统有明显"冰塞"的情况下才将干燥器接入系统,运行一段时间未见"冰塞"发生,宜旁通干燥器或撤除干燥剂,以免冷剂流动阻力太大,致使冷剂"闪气"。

常用的干燥剂有硅胶、分子筛、活性氧化铝和无水氯化钙等。硅胶呈颗粒状,吸水后其颜色会发生变化,通常加染色剂,以便判断吸水程度。按所加入的染色剂的不同,硅胶吸水前后的颜色变化为:白色变黄色,棕色变蓝色,绿色变无色,红色变淡粉色,深蓝黑变桃红色等,吸水后的硅胶在 140~160 ℃下烤 3~4 h 再生,继续使用。硅胶凝结水滴后会碎裂。

活性氧化铝吸水性能比硅胶强,但吸足水后易粉化,适宜在临时外接的体积较大的干燥器中采用。

分子筛是一种人工合成的泡沸石——多水硅酸盐晶体,其吸水能力比硅胶和活性氧化铝都强,且可在 500 ℃的温度下烘烤 6 h,冷却后再用,R22 与分子筛起化学反应,使氯化 R22 分解出来,所以,分子筛主要用于 R12 系统。

无水氯化钙吸水性能好,但它是化学吸水剂,吸水后易成粉末,甚至生成具有腐蚀性的水溶液,故只用于临时性的外接干燥器,作为系统中存在大量水分时应急用。一般 24 h 以内应拆除或更换干燥剂。

七、回热器

如图 11-23 所示,来自储液器的温度较高的液态冷剂走管内,管外是来自蒸发器温度相对较低的气态制冷剂,两者通过管壁进行热交换,同时获得过冷过热。某些小型制冷装置,不设专门回热器,只将液管与吸气管紧匝在一起,外扎隔热材料。

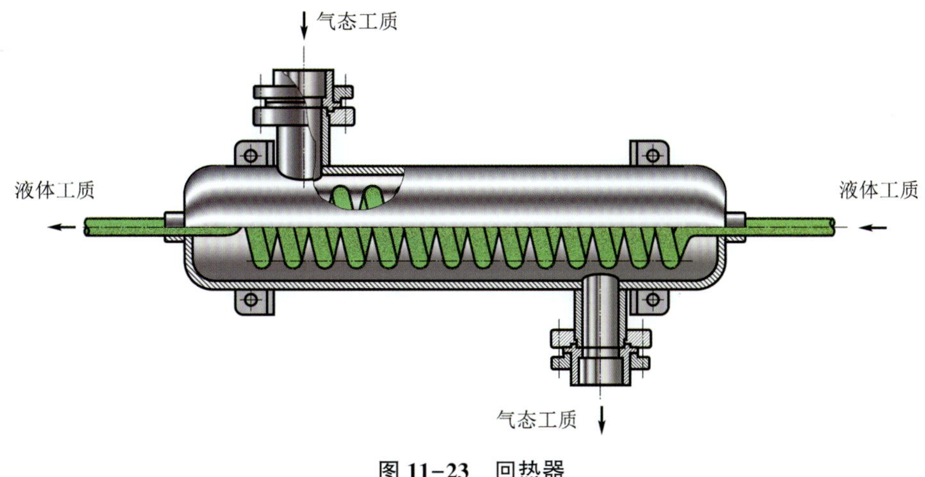

图 11-23　回热器

第 6 节　制冷装置自控元件及自动调节

一、制冷自动控制概述

制冷装置的自动化元件有热力膨胀阀、温度继电器、电磁阀、高低压继电器、蒸发压力调节阀、水量调节阀、油压差继电器。制冷装置的自控内容包括：

(1)自动节流控制

热力膨胀阀使制冷剂节流降压降温，并通过感温包感受蒸发器出口冷剂过热度的变化，自动调节膨胀阀的开度，使进入蒸发器的制冷剂流量与蒸发器热负荷相匹配。

(2)库温自动控制

温度继电器与电磁阀相配合，对库温进行控制。温度继电器的感温包置于冷库中，当库温高于调定值上限时，温度继电器触点接通，电磁阀线圈通电，阀开启，制冷剂进入蒸发器进行降温，当库温低于调定值下限时，温度继电器触头断开，切断电磁阀线圈电流，电磁阀关闭，制冷剂停止进入蒸发器，使库温控制在所需的上下限范围内。

(3)蒸发压力自动控制

蒸发压力调节阀安装于高温冷库蒸发器出口处，根据蒸发压力波动，自动调节其开度，使阀的进口即蒸发压力保持稳定，实现菜库、鱼肉库的蒸发器在各自所需的压力下工作。

止回阀安装在低温库出口，防止高温库制冷剂气体倒流到低温库。

(4)冷凝压力自动控制

水量调节阀可保证冷凝压力稳定，当冷凝压力升高时，水量调节阀开大，冷却水量增加，使冷凝压力下降；当冷凝压力过低时，阀自动关小，冷却水量减少，从而维持冷凝压力的稳定。

(5)启、停与安全保护自动控制

高低压继电器起安全保护作用。当压缩机排气压力超过允许值时，高压继电器自动切断电源，压缩机停车实行高压保护。当吸气压力低于调定值时，低压继电器自动切断电源，压缩机停机，实行低压保护。当吸气压力上升至调定值后，低压继电器使电源接通，压缩机启动工作。

(6)低油压差保护自动控制

油压差继电器能在油压低于调定值若干时间后,切断电源,停机保护,避免压缩机磨损。

二、节流元件

1. 热力膨胀阀

热力膨胀阀的主要功用是节流降压,并根据冷库热负荷变化调节进入蒸发器冷剂流量,并保持蒸发器出口过热度一定,防止压缩机液击。热力膨胀阀主要分内平衡式和外平衡式两种。

(1)内平衡式热力膨胀阀

热力膨胀阀主要由阀体、阀针、调节杆座、调节杆、弹簧、滤器、传动杆、感温包、毛细管和感应膜片等组成。如图 11-24 所示,感温部分有膜片 1 的上腔室,毛细传压管 15 和感温包 12 组成。阀出口的蒸发压力通过顶杆 2 与阀体 3 之间的间隙作用于膜片下方。作用于膜片感温部分的信号压力与蒸发压力的压差经前后两顶杆作用于针阀组件 6 上。靠压差产生的作用力与调节弹簧力的平衡关系控制针阀的开度。右侧的进液管内装有过滤器 13,以滤挡污物,防止堵塞阀的通道。转动调节杆 10 可以改变调节弹簧的预紧力,即调节关闭过热度。填料 8 靠压盖压紧,以防止制冷剂沿调节杆与调节杆座 7 之间的间隙泄漏。

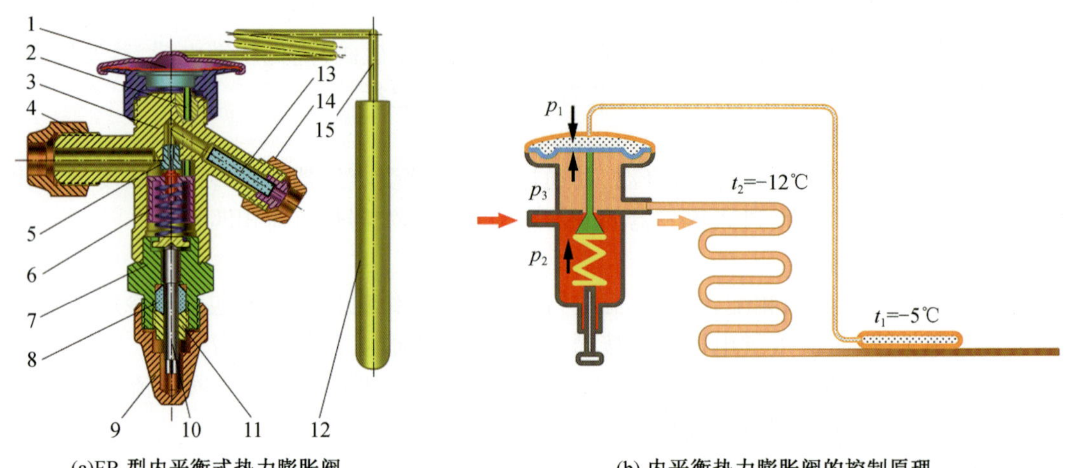

(a)FR 型内平衡式热力膨胀阀　　(b) 内平衡热力膨胀阀的控制原理

1—膜片;2—顶杆;3—阀体;4—螺母;5—阀座;6—针阀组件;7—调节杆座;8—填料;9—帽罩;10—调节杆;11—填料;12—感温包;13—过滤器;14—螺母;15—毛细传压管

图 11-24　内平衡式热力膨胀阀及控制原理

内平衡热力膨胀阀的工作原理:感温包装在蒸发器出口处,感受蒸发器出口温度为 t_1。感温包内充注一定的感温介质,感温包内的压力 P_1 随其感受的温度 t_1 变化。这个压力通过毛细管传递到阀的膜片上方,力图使阀打开,膜片下方作用着节流后蒸发器进口制冷剂的蒸发压力 P_3(即对应蒸发温度 t_2 的饱和压力)和弹簧张力 P_2,这两个力力图使阀关闭。因重力较小可忽略不计,所以膜片所受力的平衡条件为 $P_1=P_3+P_2$,可知,P_1 成比例对应过热温度 t_1,P_3 对应饱和蒸发温度 t_2,所以过热度 t_1-t_2 成比例对应 P_1-P_3,则由这两个压力之差控制的膨胀阀开度与 P_2 代表的弹簧力成比例关系。总之,热力膨胀阀是根据蒸发器出口过热度成比例地调节开度和供液量，使之与蒸发器的热相适应，保证送入的液体制冷剂在蒸发器中完全蒸发并在出口处维持一定的过热度。从工作原理可知，热力膨胀阀是一种近似的比例调节元件，其在稳态时的开度与蒸发器出口的冷剂过热度成正比。

阀关闭时，弹簧应有一定的预紧力，以保持阀关闭严密。故蒸发器出口过热度需要达到一定值时膨胀阀才开始开启，该值称为“静态过热度”。蒸发器出口过热度越大，阀的开度也越大，阀在开启状态时的蒸发器出口过热度称为工作过热度，膨胀阀达到额定开度时的工作过热度与静态过热度之差称为“过热度变化量”。我国规定过热度变化量为4 ℃时的阀的开度为额定开度。当蒸发温度一定时，调整弹簧预紧力可改变热力膨胀阀静态过热度的设定值。通常，膨胀阀的静态过热度调整范围为2~8 ℃。

工作过程：当热负荷增加时，蒸发器出口过热度增加，感温包相应的压力 P_1 增加，使 $P_1>P_3+P_2$，推动阀杆向开大方向移动，增加向蒸发器的供液量，相反，热负荷减少，阀口关小，减少向蒸发器的供液量。所以，我们说，热力膨胀阀能根据过热度变化自动开大或关小阀口，控制供液量，保持过热度稳定。热力膨胀阀接受的信息（或者说输入热力膨胀阀的信息）是过热度，不是温度，热负荷的变化是通过蒸发器出口的过热度来反映的，热负荷增大，蒸发器管路的蒸发段变短，过热段变长，过热度增加；热负荷减少，蒸发段变长，过热段变短，过热度减小。

（2）外平衡式热力膨胀阀

如图11-25所示的外平衡式热力膨胀阀，感温部分有膜片4的上腔室，毛细传压管1和感温包2组成。在膜片下部分隔出一个平衡压力腔，并在顶杆穿过分隔部分处设填料，将节流后的制冷剂与膜片下部隔断，用外平衡管接头5把蒸发器出口的压力直接引入到膜片下部，这种阀称作外平衡式膨胀阀。外平衡式和内平衡式的主要区别是：前者膜片的下方通过平衡管与蒸发器的出口相通，承受的是蒸发器出口处的压力；后者膜片的下方则承受的是蒸发器进口处的压力。

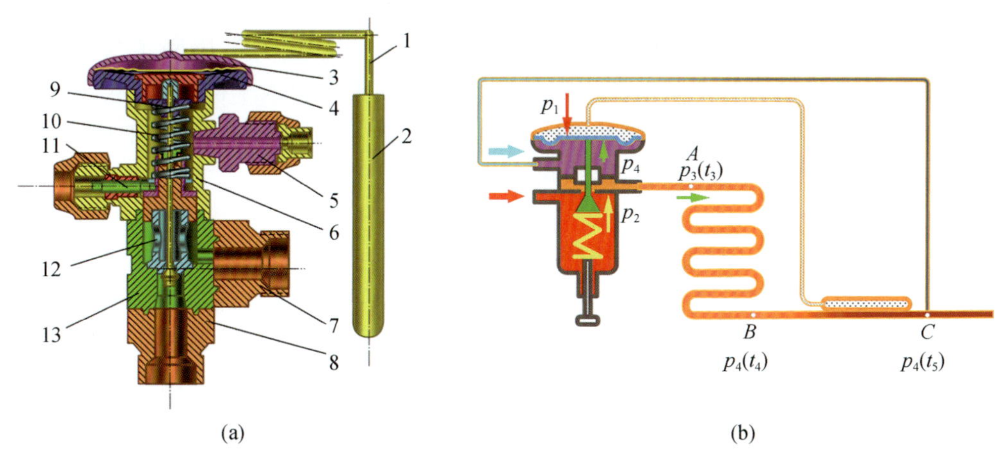

1—毛细传压管；2—感温包；3—膜片上腔室顶帽；4—膜片；5—平衡管接头；
6，13—阀体；7—出口接头；8—进口接头；9—顶杆；10—调节弹簧；11—调节杆；12—阀座

图11-25　外平衡式热力膨胀阀控制原理

作用于膜片感温部分的信号压力与蒸发器出口压力的压差经顶杆9作用于阀芯组件上。靠压差产生的作用力与调节弹簧力的平衡关系控制阀芯的开度。通过调节杆11的转

动,可以带动调节弹簧 10 的下承座上、下行,从而改变调节弹簧的预紧力,即调节关闭过热度。

图 11-25 示出外平衡式热力膨胀阀的工作原理。供入热力膨胀阀的液态冷剂经开度可变的阀口节流降压后进入蒸发器,在进口 A 处蒸发压力为 p_3(相应蒸发温度为 t_3);当冷剂流到接近蒸发器出口 B 处时汽化完毕,成为干饱和蒸气,这时压力降为 p_4(相应蒸发温度降为 t_4);冷剂流到蒸发器出口 C 处时成为过热蒸气,压力仍近似为 p_4(因为热力膨胀阀本体组件和平衡管安装集中,且管路较短,可近似认为从蒸发器出口 B 经温包至 C 处,直到平衡管中的冷剂压力一样),温度升为 t_5,过热度为 $\Delta t=(t_5-t_4)$。蒸发器出口处的压力 p_4 被平衡管引至动力头弹性元件的下方,同时作用在弹性元件下方的还有弹簧张力 p_2,弹性元件上方作用的是温包压力 p_1。

在上述讨论内平衡式膨胀阀时,忽略了制冷剂在蒸发盘管中的流动压力损失。如考虑制冷剂从蒸发器进口到出口流动的压力损失为 Δp,则有:假设在同样的外部环境下,使用如图 11-25 所示结构的外平衡式热力膨胀阀时,对膜片进行受力分析知道,这时的平衡关系式为 $p_1=p_4+p_2$,同样道理,感温包内的压力 p_1 随其感受的温度 t_5 变化,即 p_1 成比例对应过热温度 t_5,p_4 对应饱和蒸发温度 t_4,所以过热度 t_5-t_4 成比例对应 p_1-p_4,则如前所述,由这两个压力之差控制的膨胀阀开度与 p_2 代表的弹簧力依然成比例关系;而使用内平衡式热力膨胀阀时,膜片的受力分析平衡关系就将变为,平衡式 $p_1=p_3+p_2$,因为近似有 $p_4+\Delta p=p_3$,所以平衡式亦为 $p_1=p_4+\Delta p+p_2$,这时 $p_1-p_4=\Delta p+p_2$,即膨胀阀开度与 p_2 代表的弹簧力不成比例关系,膨胀阀控制的出口过热度 t_5-t_4 将大于弹簧的当量压力 p_2 设定的过热度,而是由 $\Delta p+p_2$ 所确定,相当于关阀力加了 Δp。过热度提高意味着蒸发器出口过热段长,会造成蒸发器的供液量不足,换热面积利用率降低,制冷能力下降。由此引发蒸发温度降低,制冷压缩机装置运行的经济性变差。可见,内平衡式热力膨胀阀只适用于蒸发温度不太低,容量不大和制冷剂流阻不大的盘管式蒸发器。对于通路较长,蒸发温度上下波动较大的蒸发器一般采用如图 11-25 的外平衡式热力膨胀阀。

总之,外平衡式热力膨胀阀,在膜片下方分隔出一个平衡压力腔,隔断了与节流后的制冷剂的联系。用外平衡引管把蒸发器出口的制冷剂蒸发压力引入平衡压力腔,作用于膜片下方,保证膜片受力仍按过热度与阀开度成比例平衡关系调节膨胀阀开度,由于平衡力是从阀外引入的,所以称作外平衡式热力膨胀阀。

2. 电子膨胀阀

如图 11-26 所示,电子膨胀阀是按照预设程序调节蒸发器供液量,因属于电子式调节模式,故称为电子膨胀阀。它适应了制冷机电一体化的发展要求,具有热力膨胀阀无法比拟的优良特性,为制冷系统的智能化控制提供了条件,是一种很有发展前途的自控节能元件。电子膨胀阀与热力膨胀阀的基本用途相同,结构上多种多样,但在性能上,两者却存在较大的差异。

人们对电子膨胀阀的研究和开发主要针对的是电磁式膨胀阀和电动式膨胀阀。电磁式膨胀阀在电磁线圈通电前,针阀处于打开位置;由线圈上施加的电压控制针阀开度的大小,从而调节膨胀阀的流量。

电子膨胀阀作为一种新型的控制元件,早已经突破了节流机构的概念,它是制冷系统智能化的重要环节,也是制冷系统优化得以真正实现的重要手段和保证,也是制冷系统机电一体的象征,已经被应用在越来越多的领域中。由于电子膨胀阀的采用,突破了以前在空调机组设计过程中存在的某种系统屈从热力膨胀阀的观念，进入膨胀阀为系统优化服务的新境界，对于制冷行业的发展起着重要的作用。电子膨胀阀的优点可以概括为：

(1)适应温度低

对于热力膨胀阀，当环境温度较低，其感温包内部的感温介质的压力变化大大减小，严重影响了调节性能。而对于电子膨胀阀，其感温部件为热电偶或热电阻，它们在低温下同样能准确反映出过热度的变化。因此，在冷藏库的冻结间等低温环境中，电子膨胀阀也能提供较好的流量调节。

图 11-26　电子膨胀阀

(2)过热度设定值可调

只需改变一下电子膨胀阀控制程序中的源代码，就可改变过热度的设定值。完全不像热力膨胀阀那样要进入冷库当中，通过现场调节弹簧的预紧力来改变过热度的设定值，对电子膨胀阀的调节作用可以彻底实现远距离控制，并且电子膨胀阀可根据不同需要灵活调整过热度以减小蒸发器表面和冷藏库内环境之间的温差，从而减少蒸发器表面的结霜，这样一来，既提高了冷冻能力，同时也可以降低食品的干耗。

(3)可起到节能作用

采用电子膨胀阀控制压缩机排气温度可以防止因排气温度的升高对系统性能产生的不利影响，同时又可省去专设的安全保护器，节约成本，节省电耗约6%。

三、制冷量调节

(1)压缩机间歇运行调节

活塞式压缩机最简单的输气量调节方法是压缩机间歇运行，当系统达到设定的最低温度时，压缩机停机；当系统温度高于设定的最高温度时，压缩机启动。

这种能量调节方法只适用于功率为 10 kW 左右的小型制冷机中，对于容量较大的压缩机，机器的频繁开停不仅能量损失大，而且影响机器的寿命和供电回路中电压的稳定，影响其他设备的正常工作。

(2)吸气节流调节

通过改变压缩机吸气截止阀的通道面积来实现能量调节。当通道面积减小时，吸入蒸气的流动阻力增加，使蒸气受到节流，从而使吸气腔压力相应降低，蒸气比容增大，压缩机的质量流量减小，达到能量调节的目的。吸气节流压力的自动调节可用专门的主阀和导阀来实现。这种调节方法不够经济，在大中型制冷设备中虽有所应用，但目前国内应用较少。

(3)全顶开吸气阀片

全顶开吸气阀片是指采用专门的调节机构将压缩机的吸气阀阀片强制顶离阀座，使吸气阀在压缩机工作全过程中始终处于开启状态。这种调节方法是在压缩机不停车的情况下进行能量调节的，通过它可以灵活地实现加载或卸载，使压缩机的制冷量增加或减少。另外，全顶开吸气阀片的调节机构还能使压缩机在卸载状态下启动，这样对压缩机是非常有利的。它在四缸以上的、缸径 70 mm 以上的系列产品中已被广泛采用。

全顶开吸气阀片调节法，通过控制被顶开吸气阀的缸数，能实现从无负荷到全负荷之间的分段调节。如对八缸压缩机，可实现 0、25%、50%、75%、100%五种负荷。对六缸压缩机，可实现 0、1/3、2/3 和全负荷四种负荷。压缩机气缸吸气阀片被顶开后,它所消耗的功仅用于克服机械摩擦和气体流经吸气阀时的阻力。因此,这种调节方法经济性较高。

①旁通调节

一些采用簧片阀或其他气阀结构的压缩机不便用顶开吸气阀片来调节输气量,有时可采用压缩机排气旁通的办法来调节输气量。旁通调节的主要原理是将吸、排气腔连通,压缩机排气直接返回吸气腔,实现输气量调节。

②变速调节

改变原动机的转速从而使压缩机转速变化来调节输气量是一种比较理想的方法,汽车空调用压缩机和双速压缩机就是采用这种方法。双速压缩机的电动机分 2 级或 4 级运转,以达到转速减半的目的,但这种电动机结构复杂、成本高,推广受到了限制。近些年来,以变频器驱动的变速小型全封闭制冷压缩机系列产品已面市,它的电动机转速通过改变输入电动机的电源频率而改变,其特点是可以连续无级调节输气量,且调节范围宽广,节能高效,虽然价格偏高,但考虑运行特性和经济性,目前仍获得较大的推广。

四、温度与压力控制元件

1. 温度继电器

温度继电器用于控制库温。其控制方式有两种,一是直接控制压缩机启动和停机,兼控制电磁阀启闭,来控制库温。二是只控制供液电磁阀启闭,压缩机启停借助压力继电器,继而来控制库温。

RT 型温度继电器主要由感温包 15、波纹管组件 13、调节弹簧 5、调节螺钉 12、调节旋钮 1、幅差调节螺母 11 和 3 个电触点等组成,如图 11-27 所示。

温度控制器通过感温包将温度信号转变为压力信号作用于波纹管,再将动作传给执行机构。RT 型波纹管内的压力直接作用于主弹簧,它通过幅差螺母及固定盘拨动电触点,以接通或切断电路。假设有触点 a、b,为控制回路在温度低于给定温度最低值时,控制回路被切断。当温度回升之后,感温包 15 内压力增加,波纹管被压缩,并通过顶杆压缩调节弹簧 5。此时,固定圆盘 7 和幅差调节螺母 11 产生向上位移,当此位移超过给定间隙(即给定最高温度)时,幅差螺母即拨动微动开关拨臂 9,使触点 a、b 闭合,控制回路被接通。如果控制器是与供液电磁阀配合使用,则供液电磁阀开启,蒸发器得到正常供液。当所控制的温度下降到控制温度给定值下限时,则固定圆盘向下拨动开关,使触点 a、b 断开,供液电磁阀关闭。显然通过调节旋钮 1 改变调节弹簧 5 的弹力,便可改变温度控制器的上下限值。主弹簧弹力越大,触点 a、b 断升温度值越高;反之,触点 a、b 断升温度值越低。幅差调节螺母 11 可以改变它与固定圆盘之间间隙的大小,间隙越大,相应电触点的闭合温度与断升温度的差值就越大,故幅差调节螺母能控制温度的最高值。

RT 型温度控制器在安装使用时必须根据控制温度、工作条件来正确选择接线方式。感温包应能准确感受和传递温度信号,毛细管不应通过比温度控制更低的库房,也不要与蒸发器进口管接触或一起穿过冷库门壁。当毛细管穿过库房时,应加装套管,并在两头用橡皮密封,毛细管弯曲时应保持一定的圆弧。

RT 温度控制器规格较多,其中 RT2、RT3 型控制范围为-25~-15 ℃。RT4、RT14 型为-30~-5 ℃,RT11、RT13 型分别为-30~0 ℃、15~45 ℃。各型 RT 可调幅差为 1~8 ℃。一般电触点容量为交流 380 V、15 A;直流 220 V、10 A。

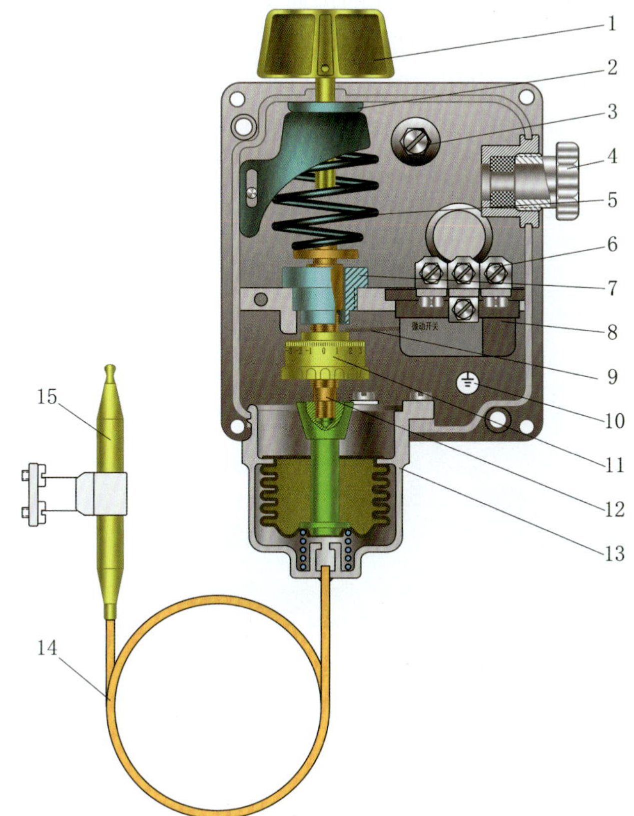

动画演示

1—调节旋钮；2—主标尺；3—接线柱；4—控制线引入；5—调节弹簧；
6—接线柱；7—固定圆盘；8—微动开关；9—微动开关拨臂；10—地线接线柱；
11—幅差调节螺母；12—调节螺钉；13—波纹管组件；14—毛细管；15—感温包

图 11-27　RT 型温度继电器

2. 电磁阀

供液电磁阀装在热力膨胀阀前的液管上，根据温度继电器送来的电信号启闭，控制是否向蒸发器供液。

直接作用式供液电磁阀如图 11-28 所示，由阀体、电磁线圈、衔铁等组成。库温达上限，温度继电器触头闭合，电磁阀通电产生磁力，吸上芯铁 3，使阀盘 5 离开阀座 6，阀开启供液。库温降至下限，温度继电器切断电路，线圈断电，磁场消失，电磁阀芯铁 3 靠自重和复位弹簧 4 的作用落下，阀关闭停止供液。一般直接作用式电磁阀只用于小型制冷装置。

电磁阀的密封铜套筒 2 的上端与衔铁焊接，下端与套筒座焊接，套筒座与阀体间垫以密封圈。这种结构形式虽然简单，工作可靠，但启阀力小，只适用口径为 3 mm 的电磁阀。口径大于 3 mm 的电磁阀需采用间接启闭式。

间接作用式供液电磁阀如图 11-29 所示，主阀 7 为膜片阀，膜片直径大于主阀座 8 直径，其中央开有导阀孔 9，边上开有平衡小孔 10，其中导阀孔的孔径比平衡孔径大。导阀 6 装在芯铁 3 的底部。当电磁线圈 1 通电时，电磁力克服重力、弹簧力和工质进出口压差将芯铁 3 吸起，开启导阀 6；这时主阀上方经导阀孔与主阀的出口端相通，压力迅速下降，由于平衡小孔节流作用，主阀膜片在下方和上方的工质压差的作用下被顶开。当电磁线圈断电时，芯铁落下将导阀关闭,主阀上方的压力因平衡小孔的沟通又逐渐升高到阀进口端的压力,这时主阀上方承压面积比下方大,在上下工质压力差的作用下,主阀关闭在阀座 8 上。可见间接作用式主阀只有在进出口工质具有一定压差时才能开启。

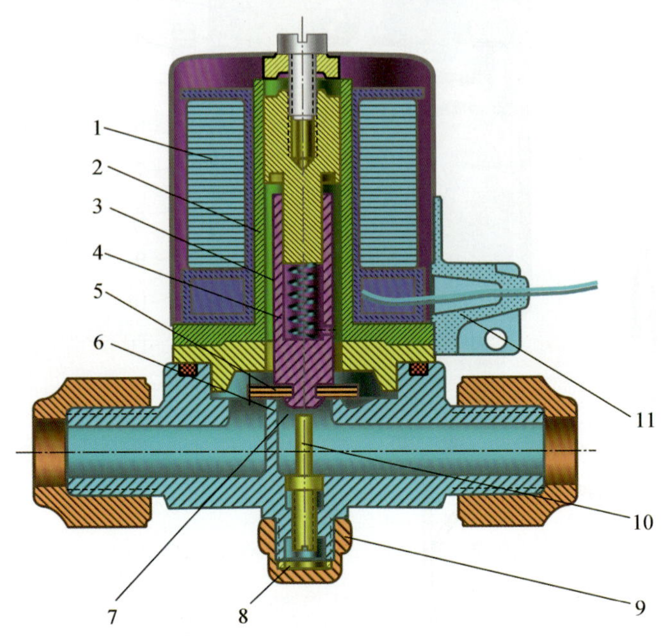

1—电磁线圈;2—铜套筒;3—芯铁;4—复位弹簧;5—阀盘;
6—阀座;7—阀孔;8—垫片;9—封帽;10—强开顶杆;11—接线盒

图 11-28　直接作用式供液电磁阀

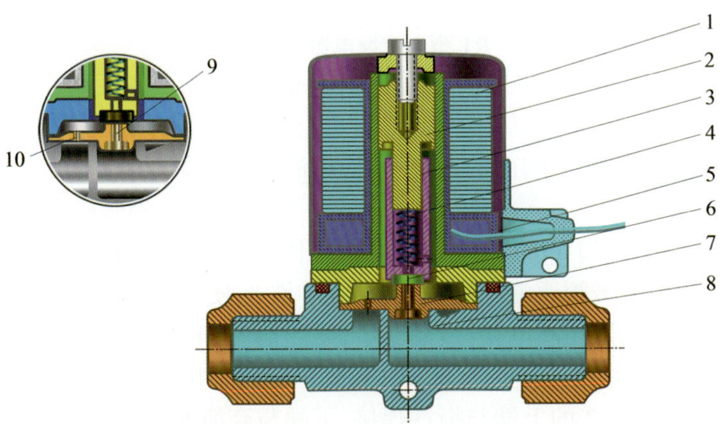

1—电磁线圈;2—弹簧调节柱头;3—芯铁;4—复位弹簧;
5—电线;6—导阀;7—主阀;8—主阀座;9—导阀孔;10—平衡小孔

图 11-29　间接作用式供液电磁阀

电磁阀必须线圈朝上直立安装在水平管路上,并保证冷剂流向是从阀盘上方流向下方,装反会使阀常开。在选用或更换电磁阀时,应注意其型号、阀门通径、适用介质及温度、允许的工作压力、工作压差和适用的电制(交流、直流、电压)等。

3. 高低压继电器

当被控压力超过或低于调定值时，高、低压控制器动作，起安全保护或进行自动调节。压力断电器按其控制范围可分为低压控制器、高压控制器及二者组合的高低压控制器等。

低压控制器一般安装在低压管道或容器上；高压控制器用于制冷压缩机的高压管道或容器上。高低压控制器将低压和高压控制器的压力传感和传递部分组装成一个控制器，一般用于压缩机的高压超高或低压过低的保护。图 11-30 是组合式高、低压继电器结构原理图。

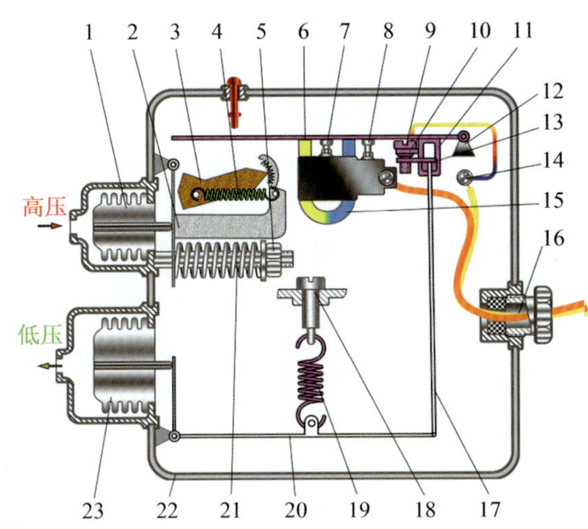

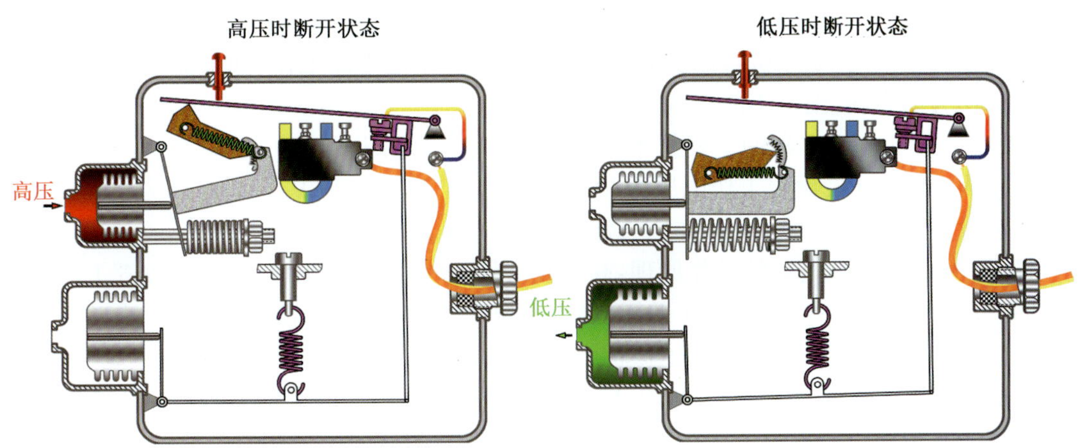

1—高压波纹管；2—杠杆；3—跳脚；4—跳簧；5—高压调节螺母；6—动触头板；7—辅助触头；8—主触头；9—低压差动调节螺钉；10—板形螺母；11—夹持器；12—轴（支点）；13—直角拨臂；14—接线柱；15—磁钢；16—进线孔；17—推杆；18—低压调节螺钉；19—低压调节弹簧；20—角杆；21—高压调节弹簧；22—外壳；23—低压波纹管

动画演示（1）

动画演示（2）

图 11-30　高、低压继电器原理图

当排气压力升至高压给定值,或吸入压力降至低压给定值时,控制器触头断开,切断电路,压缩机停机。其动作原理是:低压波纹管 23、角杆 20、推杆 17、低压调节弹簧 19 及低压差动装置等组成高低压控制器的低压部分。当作用于低压波纹管 23 上的吸气压力升高到低压设定值上限时,波纹管被压缩并推动角杆 20,克服低压调节弹簧 19 的拉力做顺时针转动,带动推杆 17 下移。在夹持器内走完自由行程后,把夹持器连同动触头板 6 一起下拉,使触头闭合。磁钢 15 对动触头板的吸引作用,加速了触头的闭合,防止产生电火花烧坏触头。反之,当吸气压力低于低压设定值下限时,动作过程相反,使触头断开,切断电源。

低压调节弹簧 19 的拉力决定低压断开压力值的大小。顺时针转动低压调节螺钉 18,加大低压调节弹簧的拉力,断开压力值相应升高;逆时针转动则减小弹簧拉力,断开压力值就降低。压力调节范围通常是 0.07 MPa~0.37 MPa。

高压波纹管以高压调节弹簧 21、高压调节螺母 5、跳簧 4、跳脚 3、杠杆 2 组成高低压控制器的高压部分。当作用在高压波纹管 1 上的排气压力升高至设定值上限时,顶针推动杠杆 2,克服高压调节弹簧 21 的弹力做逆时针方向转动,移动跳簧的位置,使跳脚起跳,撞击动触头板 6 使触头断开;当高压低于设定值下限时,触头就闭合。高压设定值的调整是通过高压调节螺母 5 进行,顺时针转动,弹簧压力增加,使断开压力也增大;反之则减小。高压部分有差动,则不能调节。高压端压力调节范围通常为 0.59 MPa~1.37 MPa。

4. 油压差继电器

油压差继电器是以滑油泵排压和曲轴箱压力(吸入压力)之差为信号进行控制的电开关。如图 11-31 所示为 JC3.5 型油压差继电器,当压差(50~90 s)低于整定值(大型机 0.15 MPa,小型机 0.1 MPa)时,在经过一定延时后会自动切断压缩机电路,实现保护性停车。因为油压差不足,压缩机各需要润滑部位的滑油量不足不能工作,如果能量调节机构是以油压力作为动力的,则也不能有效地工作。

JC3.5 型油压差继电器的主要技术指标:压差调节范围为 0.049 MPa~0.34 MPa;最大工作压力为 1.57 MPa;额定工作电压为交流 220/380 V,直流 220 V;延时时间为 60 s±20 s;主触头容量为交流 220/380 V、300 A,直流 220 V、50 A。

JC3.5 型油压差继电器的动作原理:高压波纹管 18 接滑油泵出口,低压波纹管 1 接曲轴箱,其差值所产生的力由主弹簧 20 平衡,当压差值大于给定值时,角形杠杆 19 处于的位置会将开关 K 与 DZ 接通,一路电流由压缩机电路的 I 点经 K、DZ 使正常信号灯 12 亮,再回到 W;另一路由 I 点经交流接触器线圈 10、X、SX、6 再回到 W 点。因为过载保护器 H,高低压力继电器触头 6 均处于正常闭合状态,电机电源接通,压缩机正常运转。

当压差小于给定值时,杠杆 19 逆时针偏转至使开关 K 与 YJ 接通的位置,正常信号灯熄灭,电流由 I 点经 K、YJ、加热器 3、D1、X、F、Ksx、SX,再回到 W,此时压缩机仍能运转,但电加热器通电后发热,加热双金属片,经 60 s 后,双金属片向右侧弯曲程度逐渐增大,推动延时开关 Ksx 与 E 接通,切断交流接触器线圈 10 与电加热器 3 的电源,接触器脱开,压缩机停止运转,而事故信号灯 11 亮,同时加热器停止加热。

对双金属片冷却后不能自动弹回复位再次启动压缩机,待故障排除后,按动复位按钮 4,使 Ksx 回复到与 F 接通的位置,才能启动压缩机。在压差控制器正面装有试验按钮,供随时测试延时机构的可靠性。

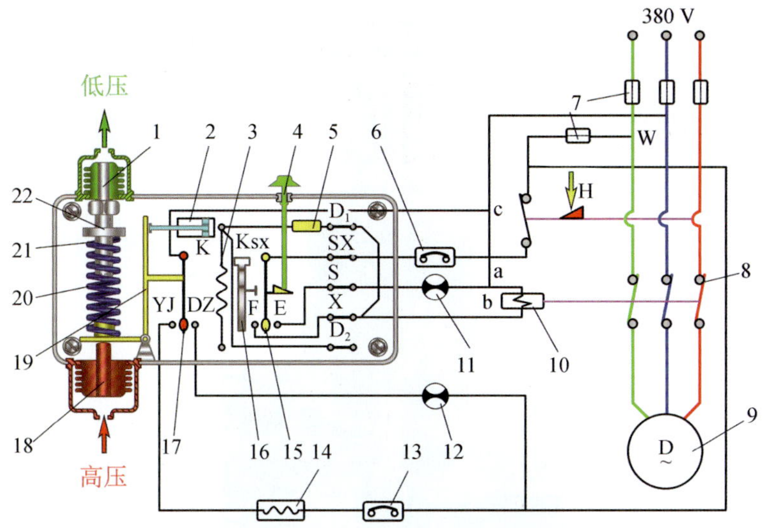

1—低压波纹管;2—实验按钮;3—电加热器;4—复位按钮;5—降压电阻;6—压力继电器触头;7—熔断器;8—接触器触头;9—电动机;10—接触器线圈;11—故障信号灯;12—正常信号灯;13—手动开关;14—滑油加热器;15—延时开关;16—双金属片;17—压差开关;18—高压波纹管;19—杠杆;20—弹簧;21—可调弹簧座;22—调节轮;H—过载保护器

图 11-31　JC3.5 型油压差继电器

五、蒸发与冷凝压力调节元件

1.蒸发压力调节阀

蒸发压力调节阀也称背压阀,装在高温库的蒸发器出口管路上,能在阀前的蒸发压力变化时自动调节开度,保持蒸发压力大致稳定。

图 11-32 为 JVA 型直接作用式蒸发压力调节阀,左面接管为进口,接高温库蒸发器出口,右面接管是出口,接压缩机吸气总管。当蒸发压力升高到整定值时,通过阀盘 9 上的小孔 c 作用在弹簧座 5 底部的冷剂蒸气压力会克服调节弹簧 4 的张力而将阀开启;蒸发压力升高,阀开度加大;蒸发压力降低或小于整定值,阀会自动关小或关闭,使压力值控制在一定变化范围内。

为了消除阀出口压力变化的影响,阀盘 9 用密封波纹管与出口端隔离,为减轻在调节过程中的振荡,设有气缸活塞式阻尼器 3。

蒸发压力调节阀的调整原则是:当库温达到要求的下限时,阀应恰好关闭。调整步骤如下:

(1)按库温的上下限的平均值,加上 5~10 ℃的传热温差初步确定冷剂的蒸发温度。

(2)按所采用的冷剂的性质查出该蒸发温度所对应的饱和压力。

(3)装上压力表开启压力表阀。

(4)转动调节杆或调节手轮,改变弹簧的张力,使压力表的表压值等于饱和压力。

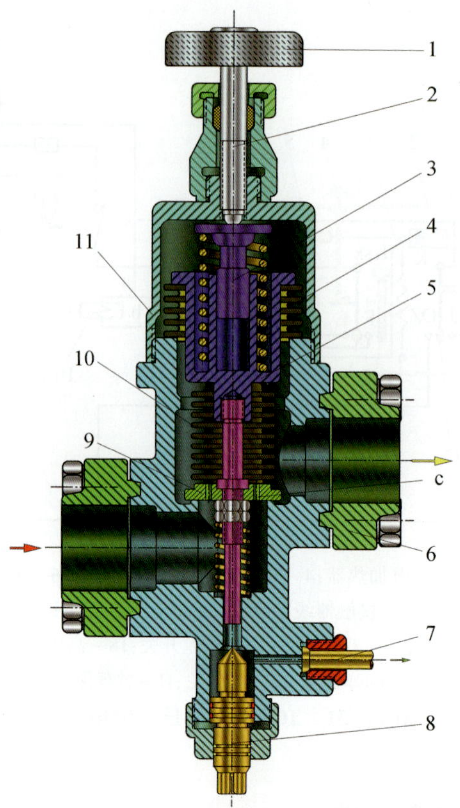

1—手轮;2—调节杆;3—阻尼器;4—调节弹簧;5—弹簧座;6—出口接管;
7—压力表接头;8—压力表阀;9—阀盘;10—波纹管;11—阀罩壳;C—小孔

图 11-32 JVA 型蒸发压力调节阀

(5)当库温达下限时,观察压力表的指针是否稳定。若不稳定,说明阀尚未关闭,则应继续调节弹簧的张力,直至指针的指示稳定为止。此时表的指示值为蒸发压力的下限,亦即背压阀的调定值。关闭并拆除压力表。背压阀应垂直安装,调节杆在上。冷剂的流向与阀体上所标的箭头一致。

2. 冷凝压力调节阀(冷却水量调节阀)

图 11-33 为直接作用式冷却水量调节阀的结构原理图。传压管 1 接压缩机排气管上或冷凝器顶部,当冷凝压力升高时,通过传压细管,波纹管被压缩,通过波纹承压板 2 推动,调节螺杆 11 下移,而调节螺杆则通过卡在其环槽中的片簧 4 带动阀芯 12 下移,阀开大,冷却水流量增加,使冷凝压力下降,反之,当冷凝压力降低时,阀关小,冷却水量减小,使冷凝压力上升,从而保持冷凝压力稳定。

转动调节螺杆 11 底部的六角头,调节杆便可在阀芯中转动,使弹簧座 3 在螺杆上轴向移动,改变调节弹簧张力,从而改变冷凝压力的整定值,此阀可在 0. 35 MPa~0. 9 MPa 范围内调节。

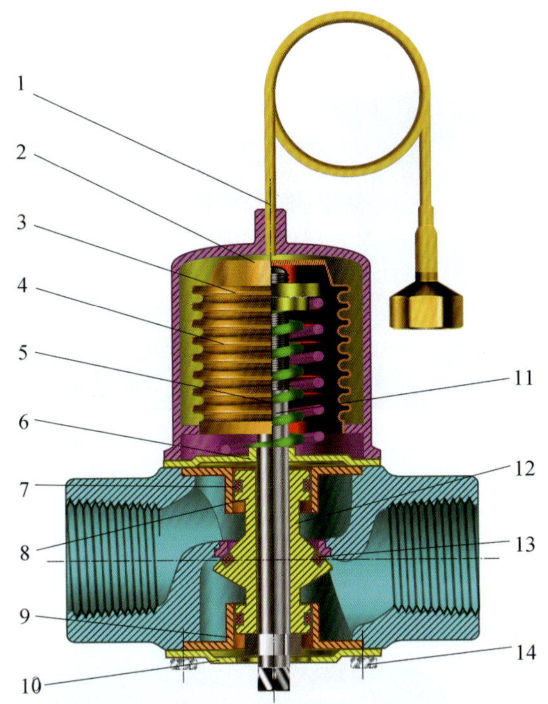

1—传压管；2—波纹管承压板；3—可调弹簧座；4—片簧；5—调节弹簧；6—下弹簧座；7—O 形圈；8—防漏活塞；9—导向套；10—底板；11—调节螺杆；12—阀芯；13—阀盘密封橡胶圈；14—螺钉

图 11-33　直接作用式冷却水量调节阀

第 7 节　其他类型的制冷压缩机

一、螺杆式制冷压缩机

1. 组成

螺杆式制冷压缩机主要由转子、机壳（包括中部的气缸体和两端的吸、排气端座等）、轴承、轴封、平衡活塞及输气量调节装置组成。图 11-34 所示是典型开启螺杆式压缩机结构图。

2. 工作原理

螺杆式压缩机的工作是依靠啮合运动着的一个阳转子与一个阴转子，并借助于包围这一对转子四周的机壳内壁的空间完成的。

3. 工作过程

图 11-35 所示为螺杆式压缩机的工作过程示意图。其中，图 11-35 中(a)为吸入开始；(b)为吸入结束；(c)(d)为压缩过程；(e)为排出开始；(f)为排出结束。

4. 特点

就压缩气体的原理而言，螺杆式制冷压缩机与往复活塞式制冷压缩机一样，同属于容积式压缩机械，就其运动形式而言，螺杆式制冷压缩机的转子与离心式制冷压缩机的转子一样，做高速旋转运动。所以螺杆式制冷压缩机兼有二者的特点。

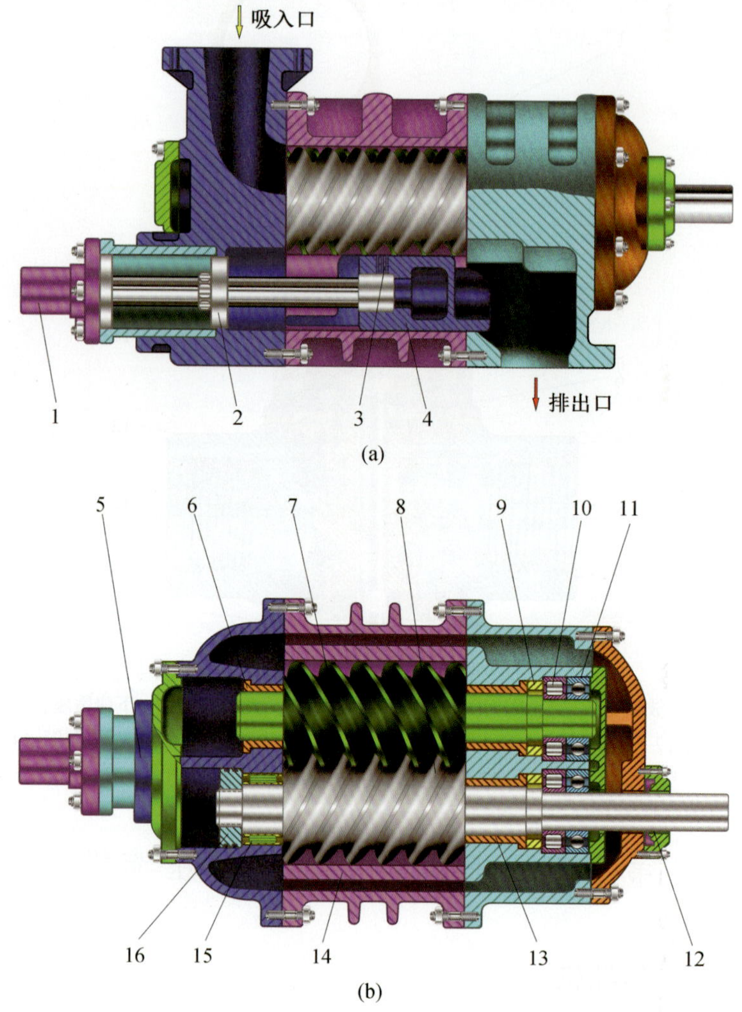

1—输气量调节指示器；2—输气量调节油活塞；3—喷油孔；4—卸载滑阀；5—油缸；6—轴承套；7—阴转子；8—阳转子；9—轴套；10—滚柱轴承；11—向心轴承；12—轴封；13—轴承套；14—气缸；15—滚针轴承；16—平衡活塞

图 11-34　开启螺杆式压缩机结构

(1)优点

①转速较高、质量轻、体积小，占地面积小等。

②动力平衡性能好，故基础可以很小。

③结构简单紧凑，易损件少，维修简单，使用可靠，有利于实现操作自动化。

④对液击不敏感，单级压力比高。

⑤输气量几乎不受排气压力的影响。在较宽的工况范围内，仍可保持较高的效率。

(2)缺点

①噪声大。

②需要有专用设备和刀具来加工转子。

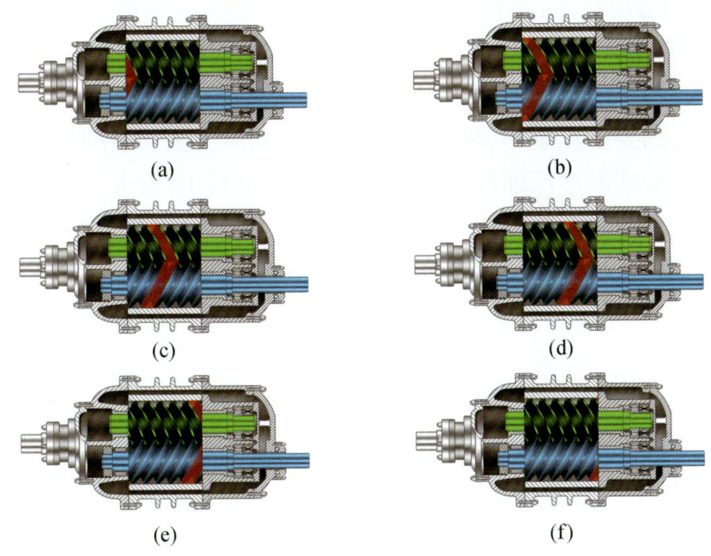

图 11-35 螺杆式压缩机的工作过程

③辅助设备庞大。

二. 离心式制冷压缩机

1. 工作原理

离心式制冷压缩机属于速度型压缩机,是一种叶轮旋转式的机械。离心式压缩机具有带叶片的工作轮,当工作轮转动时,叶片就带动气体运动或者使气体得到动能,然后使部分动能转化为压力能从而提高气体的压力。这种压缩机由于它工作时不断地将制冷剂蒸气吸入,又不断地沿半径方向被甩出去,所以称这种形式的压缩机为离心式压缩机。根据工作轮数量的多少,分为单级式和多级式。

压缩机工作时制冷剂蒸气由吸气口轴向进入吸气室,并在吸气室的导流作用引导由蒸发器(或中间冷却器)来的制冷剂蒸气均匀地进入高速旋转的工作轮。气体在叶片作用下,一边跟着工作轮做高速旋转,一边由于受离心力的作用,在叶片槽道中做扩压流动,从而使气体的压力和速度都得到提高。由工作轮出来的气体再进入截面积逐渐扩大的扩压器。气体流过扩压器时速度减小,而压力则进一步提高。经扩压器后气体汇集到蜗壳中,再经排气口引导至中间冷却器或冷凝器中。

2. 特点与特性

离心式制冷压缩机与活塞式制冷压缩机相比较,具有下列优点:

(1)单机制冷量大,在制冷量相同时它的体积小,占地面积少,质量较活塞式轻 5~8 倍。

(2)由于它没有气阀活塞环等易损部件,又没有曲柄连杆机构,因而工作可靠、运转平稳、噪声小、操作简单、维护费用低。

(3)工作轮和机壳之间没有摩擦,无须润滑。故制冷剂蒸气与润滑油不接触,从而提高了蒸发器和冷凝器的传热性能。

(4)能经济方便的调节制冷量且调节的范围较大。

(5)对制冷剂的适应性差,一台结构一定的离心式制冷压缩机只能适应一种制冷剂。

(6)由于适宜采用分子量比较大的制冷剂,故只适用于大制冷量,一般都在 25 万~30 万大卡/时以上。

如制冷量太少,则要求流量小,流道窄,从而使流动阻力大,效率低。但近年来经过不断改进,用于空调的离心式制冷压缩机,单机制冷量可以达到 10 万大卡/时左右。

随着能源的日趋紧张,节能降耗是产品发展的一大趋势,具有最高性能系数的离心冷水机组无疑将成为市场的热点,近年来离心冷水机组的销量不断提高。

课 后 习 题

一、选择题

1 长航线船舶鱼、肉库库温以__________为宜。

A. 0 ℃以下　B. -8~-10 ℃　C. -10~-12 ℃　D. -18~-20 ℃

2. 完成蒸气压缩式制冷循环的基本元件是__________。

A. 压缩器、冷却器、干燥器、蒸发器

B. 压缩机、冷却器、节流元件、回热器

C. 冷凝器、节流元件、蒸发器、压缩机

D. 冷凝器、蒸发器、回热器、压缩机

3. 在 $\lg p-h$ 图中,等焓线在过热区与__________垂直。

A. 等压线　B. 等温线　C. 等比容线　D. 低温低压

4. 蒸发器内绝大部分制冷齐处于__________状态。

A. 过冷　B. 过热　C. 湿蒸气　D. 饱和液体

5. 蒸气压缩式制冷装置主要元件①压缩机;②膨胀阀;③冷凝器;④蒸发器的正确流程是__________。

A. ①②③④　B. ④③②①　C. ①③②④　D. ④②③①

6. 蒸气压缩式制冷是利用__________吸热。

A. 气体膨胀　B. 液体膨胀　C. 液体气化　D. 化学变化

7. 压缩制冷装置中冷剂由高压变为低压是以__________元件为分界点。

A. 电磁阀　B. 回热器　C. 膨胀阀　D. 背压阀

8. 压缩机采用双阀座截止阀是为了__________。

A. 加强阀气密性　B. 减小阀流动阻力　C. 可启闭多用通道　D. 提高阀使用寿

二、思考题

1. 试述压缩式制冷装置的基本组成和工作原理。

2. 制冷系统中辅助设备有哪些?

3. 什么是制冷系统不凝性气体,有何危害,如何去除?

4. 简述更换制冷压缩机滑油的操作步骤。

5. 如何正确安装、调试、选用和预检热力膨胀阀?

课后习题数字资源

第 12 章　船舶空气调节技术

第 1 节　概　　述

随着国际海运和造船事业的不断发展，空气调节技术在船舶上得到了广泛应用，随着《2006 年海事劳工公约》的生效，对海员工作环境和生活环境提出了更高的要求。船舶空调的调节水平也不断提高，设有电子计算机自动调节能量和具有全年空调的船舶不断出现。

船舶空气调节的主要目的是为船员、旅客创造舒适的“气候”条件，使他们有一个良好的生活环境，减少旅途疲劳，得以愉快地旅行。

空调“气候”条件取决于若干气象因素的变化及其组合情况。在讨论人的舒适感时，涉及的气象因素主要有空气温度 t、相对湿度 φ、空气流速 v 及空气新鲜、清洁程度。实际上人与空调“气候”条件的关系，就是人体与周围环境之间保持必要的热平衡——人体热平衡。人体热平衡是人健康舒适的最基本条件之一。而取得这种热平衡及人体对周围环境达到热平衡时的状态，又取决于许多因素的综合作用。这些因素有环境因素——空气温度、湿度、流速等，以及人的因素——人的活动、适应性、衣着等。

1. 对船舶空调的基本要求

一般而言，船舶空调仅用于满足卫生和舒适的需要，为船员和旅客创造良好的工作和休息环境，称为舒适性空调，它对空气条件的要求并不十分严格，一般应满足以下几方面。

(1)空气温度。空调使人感觉舒适与否，决定于能否在一般衣着条件下自然地保持身体的热平衡。影响最大的空气参数是温度。在湿度适中和空气稍有流动的条件下，一般人在通常衣着时感到舒适的空气温度是：冬季 19～24 ℃，夏季 21～28 ℃。从节能考虑，空调设计参数可偏近舒适范围的上限。我国国标 GB/T 13409—1992《船舶起居处所空气调节与通风设计参数和计算方法》中规定无限航区船舶空调舱室的设计标准是：冬季舱内温度为 22 ℃，夏季舱内温度为 27 ℃；舱内地板以上 1.8 m 内及距四壁 0.15 m 以上的中间空间内，各处温差不超过 2 ℃。此外，夏季人进出舱室一般不加减衣着，为防止感冒，舱内外温差不宜超过 6～10 ℃。

(2)空气湿度。人对空气的湿度并不十分敏感。相对湿度以 50%左右为宜，而在 30%～70%的范围内人都不会明显感到不适。但如果湿度太低，会因呼吸时失水过多而感到口干舌燥；湿度太高则接触的衣被等都会感到潮湿，气温稍高时汗液难以蒸发，更容易感到闷热。冬季靠喷汽或喷水加湿，舱内湿度设计值通常取 50%；实际可控制在 30%～40%范围内，以减少淡水耗量，并防止与室外低温空气接触的舱壁结露。夏季空调靠冷却除湿，舱内湿度可按(50±5)%设计，实际保持在 40%～60%范围内即可。

(3)空气清新程度。包括空气清新(少含粉尘和有害气体)和新鲜(足够的含氧量)两项要求，满足人呼吸对氧气的需要。新鲜空气供给量每人 2.4 m^3/h 即可，要使 CO_2、烟气等有害气体降到允许值以下，新风量要求每人 30～50 m^3/h。

(4)空气流速。舱室内，空气有轻微的流动，使人感到不气闷，要求气流速度以 0.15～

0.2 m/h 为宜,最大不超过 0.35 m/h,否则人也会感到不舒服。

(5)噪音。距室内空调出风口处,测试的噪音应不大于 55~60 dB(A)。

2. 船舶舱室的热负荷和湿负荷

单位时间内渗入舱室并引起室温变化的热量称为舱室的显热负荷。它主要包括:

(1)渗入热。夏季通过船舶围护结构传入的热量占舱室显热负荷的 26%~31%。

(2)太阳辐射热。通过外窗渗入的占 25%~27%。

(3)人体散热量。平均每人约 210 kJ/h,人体散热占 16%~18%。

(4)照明和其他电气设备散热。占 4%~5%。

(5)食品、燃烧或其他过程的散热量。

显热负荷用 Q_x(kJ/h)表示,夏季,太阳辐射产生的热量及室内外环境温差所产生的渗入热量从外向里传递,显热负荷是正值。冬季,室内外的温差却使热量自里向外散发,虽然太阳的辐射、人体及设备发出的热的传递方向不变,但与前项相比,其值很小,总体上,冬季舱室是从内向外渗热,其显热负荷为负值。

空调舱室的湿量来自人体散发的水蒸气、食物和水以及空气侵入而带入的湿量,每小时散布出的水蒸气量称为舱内湿负荷,用 W_x(g/h)表示。人体和食物总是不断散发水蒸气使舱内含湿量增加,所以无论冬夏,舱内湿负荷总为正值。

要做到空调舱室的热湿平衡,就要求在空调舱室达到稳定时,空调供风换气所带来的热量和舱内的显热负荷、湿负荷相平衡。

第 2 节　船舶空气调节系统和设备

一、集中式空调装置

船舶空调装置一般是将空气集中处理后再分送到各个舱室,称为集中式空调或中央空调;有的还能将集中处理后送往各舱室的空气进行分区处理或舱室单独处理,称为半集中式;某些特殊舱室,例如机舱集控室,因热负荷与一般舱室相差太大,需单独设专用的空调器,称为独立式空调。

图 12-1 所示为船舶集中式空调装置的示意图。通风机 7 由新风吸口 6 吸入外界空气(称为新风),同时也从通走廊的回风总管 4 吸入一部分空气(称为回风),二者混合后在空气调节器 1 中经过滤,然后加热、加湿,或冷却、除湿,达到要求的温度和湿度,最后送入若干并列的主风管 2,再经各支风管分送到各舱室的布风器 3,对舱室送风。而舱室中的空气则通过房门下部的格栅流入卫生间(若有的话)及走廊,走廊中的空气部分作为回风又被空调器吸入,其余排往舱外。

可能产生不卫生气体或有味气体的舱室(例如厕所、浴室、医务室、病房、公共活动舱室、餐厅、厨房等),应设机械排风系统,由排风机 5 将空气排至舱外,以保持舱室内负压,避免这些舱室的气味散发到走廊和其他舱室。较大客船的走廊也都采用机械排风。舱容小而自然排风条件好的处所,可以采用自然排风。

排风舱室的进风,可由空调舱室的空气流入(例如船员舱室卫生间)以保持一定的空调效果,或以通风机直接送入新鲜空气(例如厨房),或靠空调送风系统直接送风(例如餐厅、公共活动舱室、医务室、病房)。医务室、病房的送风管应装止回风板。

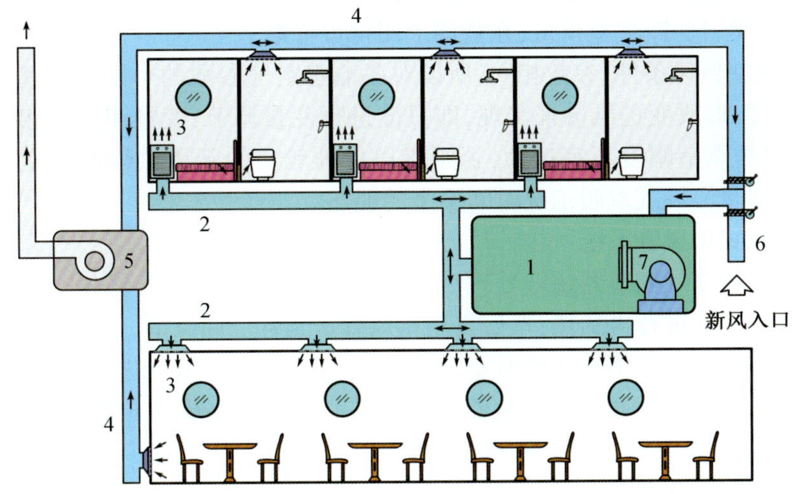

1—空气调节器；2—主风管；3—布风器；4—回风总管；5—排风机；6—新风吸口；7—通风机

图 12-1　船舶空调装置的示意图

独用的厕所、浴室最小换气次数为 10 次/天；公用的厕所、浴室、洗衣间等最小换气次数为 15 次/天。医务室、病房若设独立排风系统，其设计排风量应比空调送风量大 20%；而餐厅的排风量应等于空调送风量。空调区域内各排风系统所排除的空调空气量之和，不能超过区域内送入新风量的 80%，并连同其回风量一起，不能超过区域内空调送风量的 90%，以保持空调区域的空气正压。而排风量相对新风量太少的空调系统，则空调区域的适当处需设自然排风口，以使区域内的空气正压不致过高。

二、集中式空调装置的分类

1. 完全集中式单风管空调系统

如图 12-2 所示为集中处理的单风管系统，供风在集中式空调器中被统一处理。然后用单风管送至各舱室。

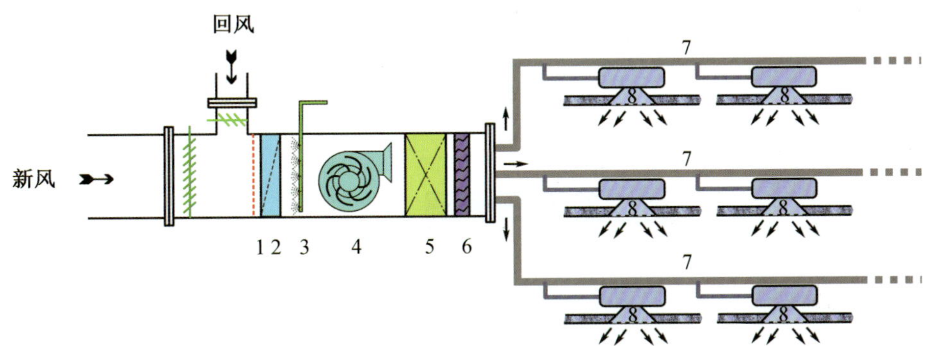

1—滤器；2—加热器；3—加湿器；4—风机；5—冷却器；6—挡水板；7—风管；8—布风器

图 12-2　集中处理的单风管系统

由于各舱室的送风参数相同,这种系统的特点是:

(1)结构简单、尺寸小、造价低,在货船上用得很普遍。

(2)所有舱室供风条件、参数相同,所以对各舱室空气参数的个别调节就只能靠改变布风器风门的开度,即改变送风量来实现,即只能进行变量调节,变量调节时相邻舱室相互影响,所以这种系统调节幅度不宜过大,否则难以保证舱室的新风供给量和室内空气参数均匀。它适合温热带海域或取暖工况时间不多的船舶。

2. 分区再热式单风管系统

这种系统是将空气调节器统一处理后的空气,由设在空气调节器分配室的各隔离室内或主风管内的再热器进行再加热,然后再用单风管送至各空调舱室。

这种系统冬季采用较小的送风温差,对失热量较小的舱室可少进行或不进行再加热,故一般不需要将送风量过分调小。虽然要对舱室进一步调节仍要靠变量调节,但所需调节幅度明显减小,不会影响新风需要量和室温均匀。

3. 末端再处理空调系统

(1)末端再热式空调系统。除在集中式空调器中统一处理供风外,每个舱室布风器上设有加热器,加热方式以电加热最为普遍。这种系统的特点是取暖工况可进行变质调节,降温工况只能进行变量调节,适用无限航区。

(2)末端再热和再冷式空调系统。这种系统的组成如图 12-3 所示。集中式空调器只对空气参数做预处理,取暖工况为 15~25 ℃,降温工况为 12~16 ℃。每个舱室的诱导式布风器内设换热水管,冬季通热水,夏季通冷水。这种系统的特点是冬夏季均采用变质调节,调节质量好,但造价高,管理复杂,常用于空调要求较高的船舶上。

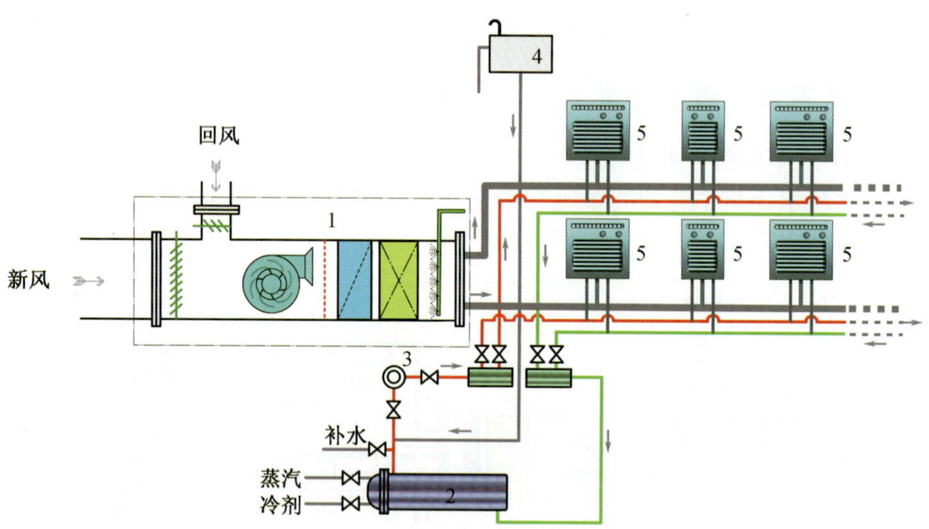

1—空调器;2—换热器;3—循环水泵;4—膨胀水柜;5—具有二次热交换器的诱导式布风器

图 12-3　集中舱室二次处理系统

4. 双风管系统

如图 12-4 所示为集中处理的双风管系统，空调器由前后两部分组成，经前部预热处理(冬季经预热器 2;夏季经预冷器 3)后，即经中间分配室 6 通过预处理供风管 11 送至舱室布风器 13，称为一级送风;其余空气则经空调器后部再处理(冬季经再热器 8 再加热、加湿器 4 加湿;夏季经再冷却器 7 冷却除湿)后经后分配室 10 通过再处理供风管 12 送至舱室布风器 13，称为二次送风。取暖工况：一级风温为 15 ℃，二级风温为 29~43 ℃。降温工况：一级供风为进风(加风机温升)，二级供风为 11~15 ℃。这种系统的特点是能向舱室同时供送温度不同的两种空气，调节两风管风门开度比例可改变供风温度，调节灵敏，属变质调节，不影响新风送风量和室内风速、温度均匀性，末端不设换热器，可采用直布式布风器，其造价较低，噪音也小，适用于对空调要求较高的船舶。

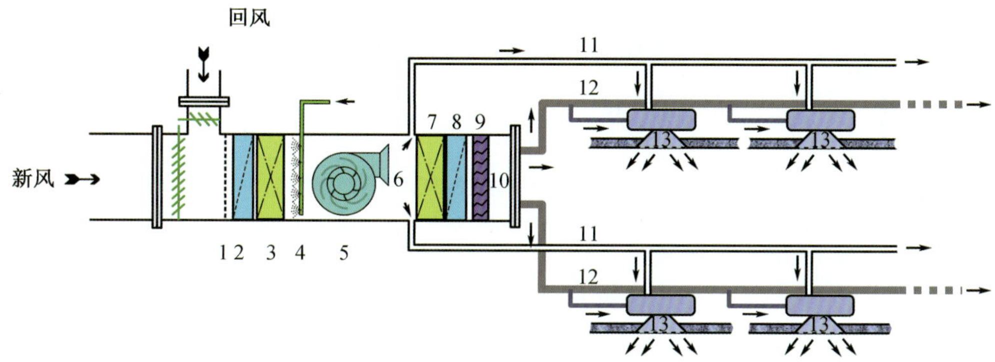

1—滤器;2—预冷器;3—预热器;4—加湿器;5—风机;6—中间分配室;7—再冷却器;
8—再热器;9—挡水板;10—分配室;11—预处理供风管;12—再处理供风管;13—布风器

图 12-4　集中处理的双风管系统

三、集中式空气调节器

加热与冷却的冷热源由系统集中供给，空气处理(新风与回风混合、消声、净化、降温、除湿和加热、加湿)全部在空调器内的空气调节器进行，称为集中式空气调节器，如图 12-5 所示。

空气调节器由吸入混合室、消音滤尘室、空气处理室及分配室组成。其内设风机、过滤栅墙、吸音墙壁、空气冷却器、挡水板、空气加热器、加湿器等，作用是对自然空气进行再处理，满足设计标准的要求，具体如下：

1. 空气的混合、消音和过滤

新风和回风经各自的调节门由风机吸入，在混合室中混合后进入消音室。风机常用噪音较低的离心式通风机。高速空调系统，风速在 20~30 m/s 之间，常常用前弯式离心风机，放在空调器进口称压出式;低速空调系统，风速在 10~12 m/s 之间，常采用后弯式离心风机，风机放在空调器出口称吸入式。压出式对供风的降温有利，吸入式能使空气均匀流过换热器。风机上设有低速挡，常用于通风工况。

气流进入消音室，因流通断面扩大，流速突降，使低频声衰减，而中高频声则为四壁的消音材料(泡沫塑料)所吸收。

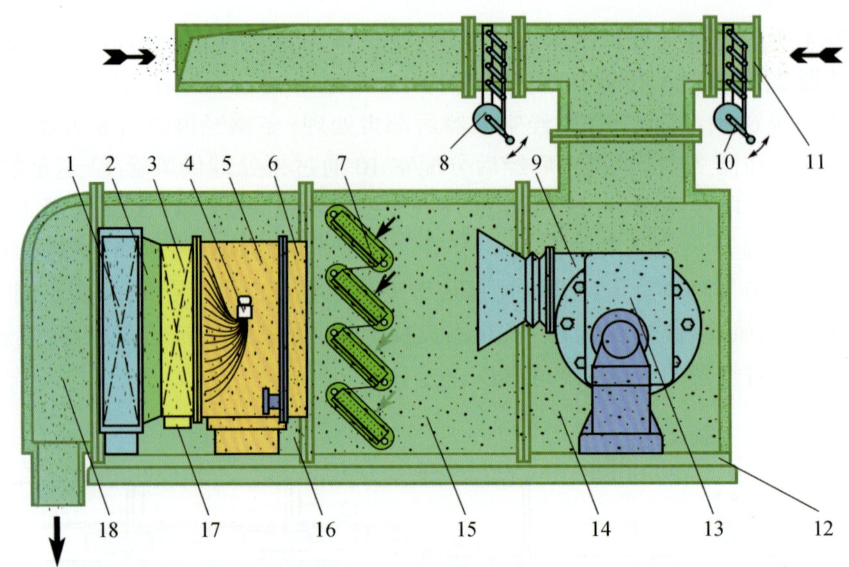

1—空气加热器；2—加湿器；3—挡水板；4—空气冷却器的冷剂分配器；5—空气冷却器；6—冷剂流出集管；7—滤器；8—回风量调节门；9—风机；10—新风量调节门；11—具有滤网的新风入口；12—底架；13—检查门；14—混合室；15—消声室；16—空气处理室；17—集水盘；18—分配室

图 12-5　空气调节器

消音室内有由四块滤板组成的栅墙，用于滤除空气中的灰尘，滤块材料常用粗孔泡沫玻璃纤维、无纺布等，也有用涂以矿物油的金属网格或皱折钢皮的。空调器的空气滤器常设有U形玻璃式压差计，一般正常工作时，压差为 20 MPa～30 MPa，如果满压则表示滤器脏堵了，这种现象如发生在降温工况，将导致空气风速降低，蒸发器结霜。相反如果空气滤器穿孔，则会使空调器内气流速度大增而惯性的影响则使挡水板失去作用，空气及舱室的湿度增加。

2. 空气的冷却与除湿

空气处理室内设有空气冷却器和挡水板，降温工况时，空气流经蛇形肋片管时，被管内低压蒸发的制冷剂冷却，空气的冷却可分为两种情况：一是等湿冷却（干冷却），空冷器表面的平均温度高于空气露点温度时，空气被冷却，但含湿量不变，不会在空冷器表面结露。二是减湿冷却，当空冷器表面平均温度低于空气露点温度，空气中的水蒸气一部分凝结在空冷器表面，使空气含湿量减少，并且壁温越低，除湿能力越大，但是壁温过低会引起凝水结霜，使管间距离减小，妨碍空气流动，并影响传热效果。因此冷却管壁温不可低于 0 ℃，直接蒸发式空调制冷剂的蒸发温度不可低于-4～-2 ℃，一般为 0～7 ℃；间接冷却式空调载冷剂用淡水，温度不可低于 2～4 ℃，一般为 4～7 ℃，以防淡水结冰。空冷器壁面结露所产生的凝水沿管外肋片下流落入集水盘，由泄水管泄出。上述两种冷却不论含湿量是否变化，相对湿度在冷却后均提高了。这是因为温度越下降，越接近空气中水蒸气分压对应的饱和温度。

冷却器后设有挡水板，挡水板由许多竖立并列放置的曲折板组成，如图 12-6 所示。空气气流不断改变，所带水滴便附着在曲板上，流到下面集水盘中。通过挡水板间的风速以 2.5 m/s 为宜，超过 2.8 m/s 则可能失去挡水板的作用。集水盘的泄水管设 U 形水封，是为了防止空气“短路”或漏失，即避免凝水被泄空，以致气流从空冷器底部绕过。

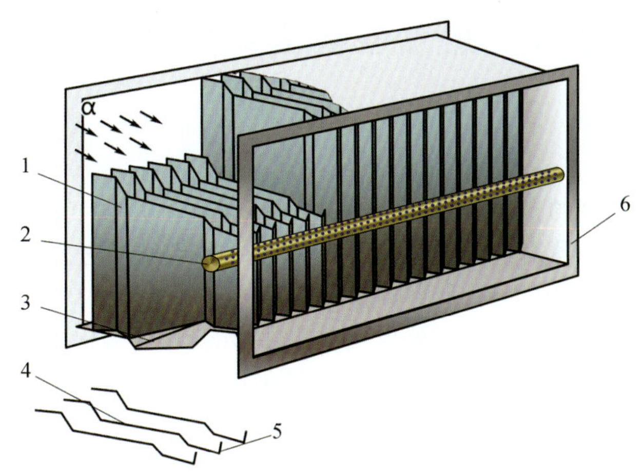

1—挡水曲板;2—加湿器;3—集水盘;4—挡水曲板线条图;5—挡水沟;6—支架

图 12-6　挡水板

3. 空气的加热和加湿

当外界气温低于 15 ℃时,空调装置按取暖工况运行。空气处理室还设有加热器和加湿器,加热器由带肋片盘管组成,常用 60~100 ℃热水或表压为 0.2 MPa~0.5 MPa 的低压蒸气为加热工质。加湿器实际上是一根直径为 10~20 mm 的短管,迎气流方向钻有许多直径为 1~2 mm 的小孔,从孔中向送风喷入蒸气或水。为避免孔阻塞,加湿器前管路设滤器。加湿器如果放在加热器之前,空气没有被加热,吸水能力很弱,加湿量小,难以达到加湿要求。加湿器放在加热器之后较合适,但必须控制加湿量,防止加湿过量,导致空调舱壁结露。

经加工处理后的空气从分配室由主风管、支风管送往各舱室。分配室中常装有测量仪表的感受元件。

四、供风设备

供风设备主要有供风管道与布风器。

1. 供风管

供风管由 0.5~2 mm 镀锌铁皮制成,设于天花板中,表面有隔热层,以防散热与结露,风管的截面有矩形和圆形两种,矩形管占据空间的高度小,管路与支路交接方便,常用于中、低速空调系统;圆形管,当流通截面积相同时其湿周最小,摩擦阻力小。此外,圆形管制造、安装和维修均方便,常用于高速空调系统。

2. 布风器

布风器是空调系统最末端的设置,装于空调舱室内,其任务是把加工处理后的空气以一定的流速和方向供入舱室,使供风与室内空气混合良好,温度分布均匀,能保持人的活动区内风速适宜,并能对舱室气候进行个别调节,阻力噪音较小、结构紧凑、外形美观、价格低廉。

布风器按其安装位置的不同分为顶式和壁式两类。壁式布风器靠舱壁底部垂直安装,使用方便。顶式布风器安装在天花板上,不占舱室地面,在艺术造型上能与顶灯配合,起到装饰效果,在船舶空调中采用较多。布风器按诱导作用的强弱可分为直布式和诱导式两类。

第 3 节　船舶空调系统的自动调节

一、温度控制

1. 降温工况送风温度的自动控制

降温工况用空气冷却器对空调送风进行冷却、除湿，当送风进入舱室后，按舱室的热湿比升温增湿，吸收热负荷和湿负荷，使室内保持合适的空气参数。

降温工况时空调装置的热负荷受外界气候条件影响较大，为保持空调舱室合适的温度，必须进行自动调节。这种调节根据空气冷却器是采用直接蒸发式还是间接冷却式而不同。前者是将冷剂的蒸发温度控制在一定范围内，后者则是控制流经空气冷却器的载冷剂的流量。通常这两种调节方式都不能完全阻止送风温度随外界空气温度、湿度的增减而升降，室内温度也会因送风湿度和显热负荷的增减而升降，降温工况下这种室温浮动是合乎要求的。

降温工况只要能保持空气冷却器中足够低的冷剂蒸发温度或载冷剂温度，即可保持足够低的空气冷却器壁温，便有足够的除湿效果，能使一般舱室的相对湿度保持在合适的范围内，故降温工况通常都不对送风湿度再进行专门调节。

绝大多数船舶空调系统采用直接蒸发式空气冷却器的空调制冷装置，一般都采用带容量调节的制冷压缩机与热力膨胀阀相配合，调节冷剂流量，使蒸发压力、蒸发温度保持在一定范围内。

鉴于每个热力膨胀阀适用的制冷量范围有限，故有些热负荷变动较大的空调制冷装置一个空气冷却器配了两组电磁阀和膨胀阀，必要时切换使用。图 12-7(b)所示的是能三级容量调节的六缸空调压缩机的低压管路简图。

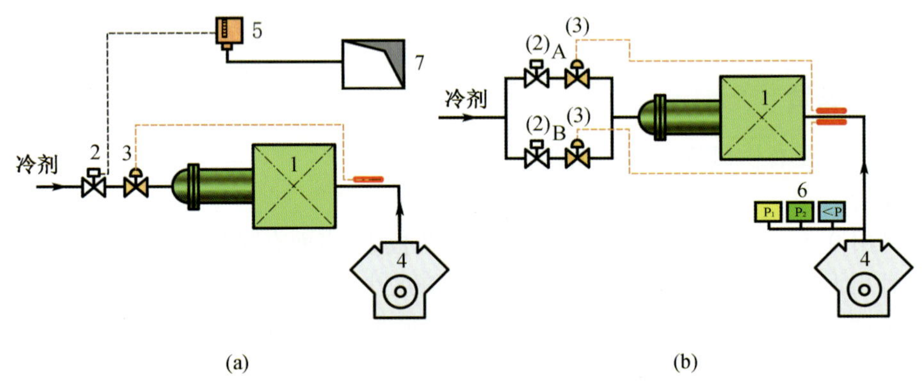

1—空气冷却器；2—电磁阀；3——热力膨胀阀；4—制冷压缩机；5—温度继电器；6—压力继电器；7—回风管

图 12-7　夏季降温送风温度的自动调节

当外界空气温度和湿度较高，送风量较大时，空气冷却器热负荷较大，这时蒸发压力 p_0 较高，两个容量控制器 P_1、P_2 和低压控制器<P 的开关都接通，压缩机六缸运行；两个电磁阀 A(2)、B(2)同时开启，较小的膨胀阀 A(3)和较大的膨胀阀 B(3)同时供液。随着外界空气温度、湿度的降低，部分布风器可能关小，空气冷却器的热负荷相应减小，蒸发压力 p_0 随之降低。为了避免 p_0 太低使制冷系数太小，同时为防止蒸发温度太低使空气冷却器结霜，当

p_0 降到一定程度时，就会使容量控制器 P_2 的开关断开，压缩机遂减为四缸运行；同时电磁阀A(2)关闭，仅剩下较大的电磁阀阀B(2)供液。倘使热负荷进一步降低，则更低的 p_0 值又会使容量控制器 P_1 的开关也断开，于是压缩机就减为两缸运行，这时电磁阀 B(2)关，A(2)开，空气冷却器改由较小的膨胀阀供液。与上述过程相反，当热负荷增大时，p_0 即增高，于是 P_1、P_2 就会先后接通，使压缩机增缸运行，电磁阀也会相应地切换，使投入工作的膨胀阀的容量与装置的制冷量相适应。

为了避免室内温度太低，大多数空调装置还采用控制回风（或典型舱室）温度的温度控制器和供液电磁阀对制冷装置进行双位调节，如图 12-7(a)所示。当代表舱室平均温度的回风（或典型舱室）温度太低时，温度继电器 5 会自动关闭供液电磁阀 2，于是制冷装置停止工作。

2. 取暖工况送风温度的自动调节

取暖工况的温度调节有以下几种方案。

(1)控制供风温度是常用的调节方案，其特点是调节滞后时间短，测温点离调节阀近，可采用比较简单的直接作用式温度调节器。

如图 12-8(a)所示为单脉冲供风温度调节系统。供风温度传感器 1 放在空调器的出口分配室内，感受供风温度，将信号送到温度调节器 2。当室外新风温度变化时，供风温度也会随之变化，在供风温度与调节器调定值发生偏差时，调节器发出信号，改变加热工质流量调节阀的开度，使供风温度大致稳定。但是，外界温度变化还会使舱室热负荷变化，因此，仅控制供风温度不变是不够的，在对室温要求较高的场合，则使用双脉冲温度调节系统。

如图 12-8(b)所示是双脉冲温度调节系统，其具有两个感温件新风温度传感器 5 和供风温度传感器 1。新风温度传感器 5 感受新风温度，供风温度传感器 1 感受送风温度。调节器同时接受两个信号综合后再产生信号，操纵流量调节阀，这种系统能够补偿外界气候的变化。如室外气温降低时会相应提高送风温度，室外气温升高时会相应降低送风温度，使室温变动减小，甚至保持室温不变。室外温度的变化是导致室内温度变化的主要扰动量，在此扰动出现而室温尚未变化时就预先做出调节，称为前馈调节。试验表明，前馈调节能使调节的动态偏差减小，调节过程的时间缩短，调节的动态质量指标得到改善。双脉冲温度调节器中供风温度变化量 Δt_S 和室外气温变化量 Δt_W 之比，称为温度补偿率，用 K_T 表示，它表示新风温度变化 1 ℃时供风温度的改变量，即

$$K_T = \Delta t_S / \Delta t_W$$

舱外温度变化同样的数值时，隔热差的舱室的热损失变化大，所要求的送风温度的变化也大，所要求的温度补偿率就高。从经验数据看，单风管系统的温度补偿率为 0.60~0.75，即室外温度每变化 10 ℃时，需使送风温度变化 6~7.5 ℃；而双风管系统由于需要将两种温度不同的送风进行混合，二级送风管送风温度的补偿率也就较高，有的温度补偿率(K_T)可高达 1.2。

(2)控制回风或典型舱室温度回风温度可大致反映各舱室的平均温度，因此，可将感温元件放在回风总管中，当回风温度偏离调定值时，通过改变加热工质流量来改变供风温度，使回风温度（舱室平均温度）大致保持不变。这种方法的测温点也不远，仍可采用直接作用式温度调节器；在采用单脉冲调节时，它比控制供风温度合理，但调节滞后时间较长，动态偏差较大，但因舒适性空调要求低，其使用仍较多。

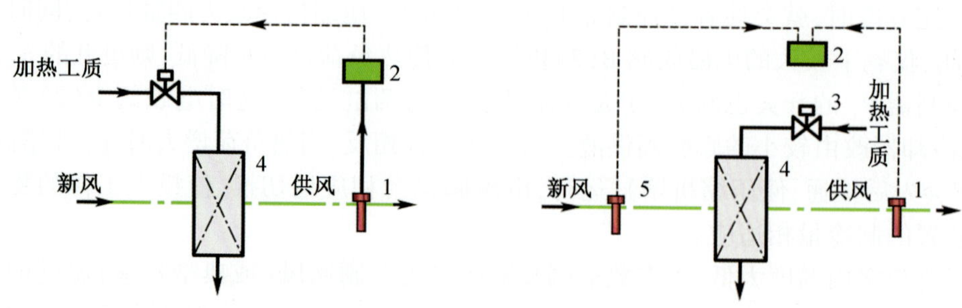

1—供风温度传感器;2—温度调节器;3—流量调节阀;4—空气加热器;5—新风温度传感器

图 12-8　取暖工况供风温度调节系统

感温元件也可放在空调分区中热负荷有代表性的舱室中,直接控制该舱室温度。这种方法测温点离调节阀太远,不宜采用直接作用式温度调节器,且典型舱室也不好选。

二、湿度控制

1. 湿度控制方法

降温工况时,空冷器壁温越低,则除湿量越大,一般均能使室内相对湿度控制在适宜范围内,因此不做专门的湿度自动调节。

取暖工况多用蒸气加湿,只要控制喷入的蒸气流量就可保持室内空气的湿度适宜,通常加湿蒸气流量调节阀由湿度调节器控制。控制的方法有两种:

(1)控制供风相对湿度,如图 12-9(a)所示。湿度传感器 1 放置在空调器出口的分配室内,用以感受送风的相对湿度,然后将信号送至比例式湿度调节器 2。当送风的相对湿度偏离整定值时,调节器会使加湿调节阀 3 的开度与送风湿度的偏差值成比例地变化,将送风的相对湿度控制在一定的范围内。这种方案只要根据送风温度选取合适的相对湿度调定值,即可大致调定送风的含湿量,只要送风量和舱室的湿负荷不变,这样就可控制室内空气的含湿量,并在室温变化不大时保持室内相对湿度合适。不过如果舱室的湿负荷变化较大,则室内的相对湿度仍会产生较大的变化。显然,这种控制送风湿度的方法不宜采用双位调节,一般都采用比例调节。图 12-9(b)所示是直接控制送风的含湿量,含湿量确定,露点即确定,因此,往往对送风的含湿量进行调节也叫露点调节。这种系统需采用两级加热,即在预热器 7 后再设喷水加湿器 4。喷水加湿是一个等焓加湿过程,加湿后空气温度会有所降低,但加湿后所能达到的相对湿度一般较稳定。而未能被吸收的水可由泄水管路泄出,只要调节预热器加热介质的流量,控制住加湿后的空气温度,即可控制送风的含湿量和露点,加湿不会过量。送风的含湿量一般为 6~6.3 g/kg,即露点为 6~7 ℃。此方案用温度调节来代替湿度调节,方便可靠,比较适用于采用两级加热的再热式空调系统和双风管空调系统。

(2)控制方式是控制回风或典型舱室湿度,如图 12-9(c)所示。湿度传感器 1 放在回风口或典型舱室内,当湿度降至下限值时,调节器使加湿电磁阀开启加湿,使舱内湿度增加,当湿度达上限值时,调节器使电磁阀关闭,加湿停止。这种调节滞后时间长,如果布风器诱导作用不强,送风与室内空气混合不良,室内空气湿度的不均匀性会较大。如果改用比例调节,则可得到改善。

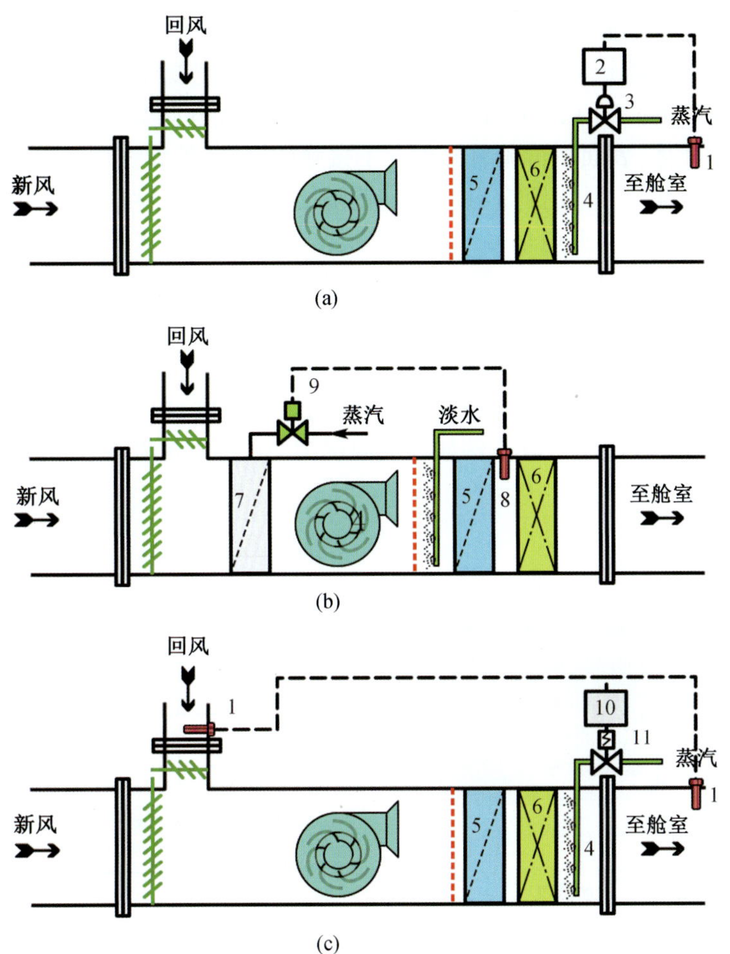

1—湿度传感器;2—比例式湿度调节器;3—加湿调节阀;4—加湿器;5—冷却器;6—加热器;
7—预热器;8—感温包;9—直接作用式温度调节器;10—双位式湿度调节器;11—电磁阀

图 12-9　取暖工况的湿度调节系统

2. 湿度调节器

常用的湿度调节器有:

(1)干湿球式湿度控制器

干湿球式湿度控制器的感湿元件采用温包或热电阻,使用时将两感湿件(一干一湿)同时放于湿度测量点,于是,干湿温差就转换为温包内充剂的压差,用于控制电触头的通断,从而控制加湿蒸气管路上的电磁阀的启闭,实现加湿或停止加湿。这种调节器的特点是,双位调节,湿度控制范围误差大,清洁不便,风速的大小也会影响相对湿度的测量值。管理时应保持湿感温元件的纱布套始终保持湿润、清洁和通风良好。

(2)毛发(或尼龙)式湿度控制器

利用脱脂毛发或尼龙的长度随相对湿度改变成正比变化的特性,作为感湿元件使用,并经放大器,气动执行机构去控制蒸气加湿阀开度,它属于比例调节器,其特点是价格低廉且可靠,但由于毛发易老化,使其长度与相对湿度间变化不成线性关系,调节精度差,灵敏度低。

(3)氯化锂电阻式湿度调节器

电阻式湿度调节器是利用氯化锂等金属盐在相对湿度变化时吸湿量改变,引起电阻值改变的原理来工作的。图 12-10(a)所示为氯化锂双位式电动湿度调节器。它的感湿元件 1 是一个绝缘的圆柱体,表面平行缠有两根互不接触的银丝,外涂一层含氯化锂的涂料。当空气中的相对湿度变化时,氯化锂涂料的含水量随之改变,使其导电性改变,通过元件的电流就会成比例地发生变化。此电信号经晶体管放大器 2 放大后,去控制调湿电磁阀 4。当空气相对湿度达到调定值时,信号控制器触头断开,则电磁阀断电关闭,停止向空调器喷湿;当相对湿度低于调定值 1%时,信号控制器触头闭合,则电磁阀开启,蒸气加湿器工作。

氯化锂的电阻值除与含水量有关外,还与温度有关。湿度调节器上设有可改变晶体管放大器中电位器电阻值的调节旋钮 3,可按当时的环境温度,根据厂家提供的湿温关系曲线(图 12-10(b))设置旋钮的位置。例如环境温度为 20 ℃时欲调相对湿度为 50%,旋钮应放在刻度 2 处。

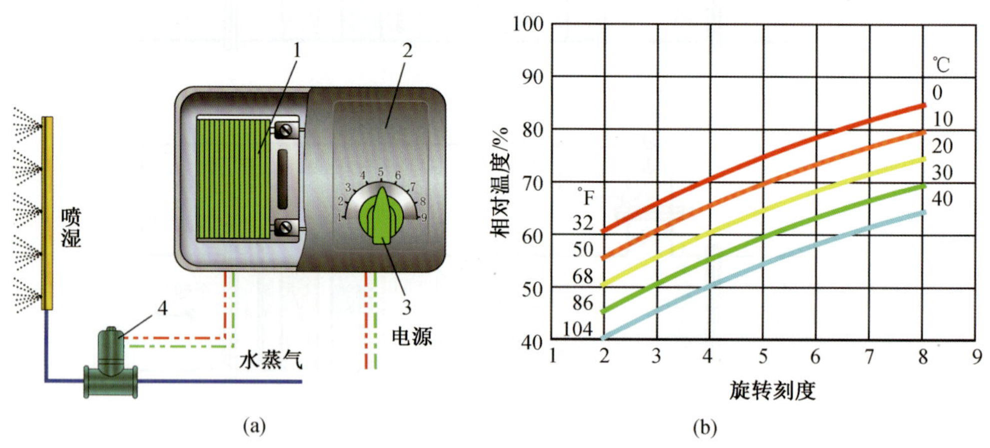

1—感湿元件;2—晶体管放大器;3—调节旋钮;4—调湿电磁阀

图 12-10 氯化锂双位式电动湿度调节器及其系统

氯化锂感湿元件反应快、精度高(±1.5%以内)。其最高安全使用温度是 55 ℃,过高则氯化锂溶液会蒸发。其每种测头的量程较窄,应按空调的要求选用。使用直流电源会使氯化锂溶液电解,故不能用万用表测量其感湿元件电阻。氯化锂涂料用久后会脏污或剥落,故感湿元件须定期进行清洁和更换等保养工作。

三、供风系统的静压自动调节

由于各空调舱室布风器的风门开度是可以根据人的需要分别进行调节的,各舱室布风器风门开度的变化将引起供风静压的波动,不是风太大就是风太小,从而影响空气调节质量,因此需要通过对供风系统的自动调节来保持供风静压的基本稳定。供风调节主要有两种方法:

1. 主风管节流法

风管内静压增大时,通过执行机构关小空调器分配室出口处主风管进口的节流风门,减小风管静压。这种方法会使风机风压易提高,噪音增大,稳定性较差。

2. 主风管泄压法

当控制点静压升高时，调节器会使该风管道走廊的泄放风门自动开大以降低主风管中的静压。此法运行稳定，经济性较差，但可改善走廊的空气条件。

供风系统的静压控制除上述两种方法之外，也可以通过风机的进口节流，风机变速，风机进出口间回流等方法来进行调节。

静压调节大多数采用比例调节，控制点选在主风管上两侧布风器数目相等的位置效果最好。

课后习题

一、选择题

1. 空调舱室新风供给量每人约__________。

A. 2.4 m^3/h　B. 20~30 m^3/h　C. 30~50 m^3/h　D. 大于 50 m^3/h

2. 我国船舶空调舱室设计标准规定，冬季室内湿度应保持为__________。

A. 30%~40%　B. 40%~50%　C. 50%~60%　D. 60%~70%

3. 我国船舶空调舱室设计标准规定，夏季室内湿度应保持为__________。

A. 30%~40%　B. 40%~60%　C. 50%~60%　D. 60%~70%

4. 空调舱室人活动区的风速应为__________ m/s 为宜。

A. 接近 0　B. 0.15~0.20　C. 不小于 0.35　D. 都行

5. 集中式船舶空调装置的送风量是按满足成员对__________的需要为原则决定的。

A. 氧气　B. 空气新鲜清洁程度

C. A+B　D. 保持合适的室内温、湿度

6. 集中式空调装置采用回风的主要目的是__________。

A. 节省能量消耗　B. 改善室内空气温、湿度条件

C. 改善舱内空气洁净度　D. 减少外介病菌传入机会

7. 当外界气候条件恶劣，舱室温度条件难以达到要求时，常用的应急措施为__________。

A. 延长空调装置工作时间　B. 增大风机转速

C. 增加空调装置用电量　D. 增大回风比

8. 集中式空调个别调节舱室空气温度的方法是改变__________。

A. 送风量　B. 送风温度　C. 门窗开度　D. A+B

9. 集中式空调装置所谓变量调节是指改变__________。

A. 舱室送风量　B. 回风比　C. 耗电量　D. 风机转速

10. 集中式空调装置所谓变质调节是指改变送风的__________。

A. 含湿量　B. 温度　C. 速度　D. 新鲜程度

二、思考题

1. 空调为什么有冷凝水流出？

2. 在空气处理柜中空气是如何被除湿的？

3. 船用集中式空调系统由哪几部分组成？

4. 直接作用式温度自动调节器是如何工作的？

5. 为何空调制冷工况不需专门加湿装置，而取暖工况需要专门加湿装置？

课后习题数字资源

第 13 章　船用锅炉装置

第 1 节　概　　述

一、船用辅助锅炉的功用及分类

锅炉是将水加热,使之产生蒸汽的设备。在以蒸汽作为动力的船舶中,锅炉产生的蒸汽主要供蒸汽主机推进船舶之用,这种锅炉称为主锅炉;而在以内燃机作为动力装置的船舶中,锅炉产生的蒸汽仅用于加热燃油、滑油、主机暖缸,驱动辅助机械及生活杂用等,这种锅炉称为辅助锅炉,简称辅锅炉。

1. 船用辅助锅炉的作用

(1)它所产生的低参数蒸汽可以用来加热主、辅机所使用的低价重质燃料油或重油,以改善液体油料的流动性能、雾化性能,保证主、辅机安全、可靠、经济地运转。

(2)在内燃机排气管道上设置废气锅炉可以提高内燃动力装置的经济性。

(3)为油船上部分蒸汽动力机械及设备提供汽源。如货油泵、洗舱泵、锚机、原动机等动力机械。又为货油加热器和油舱的清洗等设备提供大量蒸汽。

(4)为某些工作场所和船舶信号设备提供低参数的蒸汽,如满足清洗油池,吹洗海底阀、滤器和油污的机器零件以及汽笛等需要。

(5)为满足船员、旅客生活上的需要,如船舶利用低参数蒸汽制造淡水、冬季取暖及厨房用汽等。

2. 船用辅助锅炉的分类

船用辅锅炉的形式很多,通常按下列方法进行分类。

(1)按其结构、水循环、工作压力的不同分类。

①烟管、水管和水、烟管联合锅炉。烟管锅炉受热面管内流动的是高温烟气,管外是水;水管锅炉受热面管内流动的则是水或者是汽水混合物,而烟气在管外流过;此外,还有一种锅炉,它的一部分受热面管子按水管锅炉方式产生蒸汽,而其余受热面管子则按烟管锅炉方式工作,称之为水、烟管联合锅炉。目前,水管锅炉被广泛应用。

②自然循环、强制循环锅炉。对水管锅炉而言,管内的水必须沿着一定的方向流动,以保证受热面管子不被高温烧坏。

所谓自然循环锅炉,即其管内水的流动是由于工质的密度差而引起的。相反,强制循环锅炉的管内水流动是借助泵来实现的。

③低、中、高压锅炉。这种分类依据的蒸汽工作压力是随着生产水平的发展而变化的。目前一般蒸汽工作压力在 2.0 MPa 以下者为低压锅炉;2.0 MPa~4.0 MPa 为中压锅炉;4.0 MPa~6.0 MPa 为中高压锅炉;超过 6.0 MPa 为高压锅炉。船用锅炉主要是低压锅炉。

(2)按炉筒的布置方式分,有立式和卧式锅炉。

(3)按管群的走向分,有横管和竖管锅炉。

(4)按热量的来源分,有燃油、燃煤和废气锅炉。

二、船用辅助锅炉的性能指标

锅炉的性能指标和参数有:蒸发量、蒸汽参数、锅炉效率、受热面积、炉膛容积热负荷等。

1. 蒸发量

锅炉每小时产生的蒸汽量称为蒸发量(单位为 kg/h 或 t/h)。通常其标注的是在设计工况的额定蒸发量,即在额定工况下连续运行能保证的最大蒸发量。额定工况对燃油锅炉来说是指额定蒸汽工作压力和温度、规定的锅炉效率和给水温度,而废气锅炉是指额定烟气流量和进、出口温度。

2. 蒸汽参数

蒸汽参数表示锅炉产生蒸汽的质量,对于过热蒸汽,用蒸汽压力(MPa)和蒸汽温度(℃)表示;对于饱和蒸汽,则以蒸汽压力和蒸汽干度 Ψ 来表示。锅炉一般标注名义工作压力,使用的工作压力范围上限不应超过锅炉的最大许用工作压力。

3. 锅炉效率

在锅炉中,把水变为蒸汽所获得的有效热量与向锅炉所供热量之比称为锅炉效率,用 η 表示。

4. 受热面积

锅炉受热面积是指锅炉产生饱和蒸汽受热面积(蒸发受热面积)以及过热器、空气预热器和经济器等附加设备的受热面积,单位为 m^2。辅锅炉通常不设上述附加设备,其受热面积即为蒸发受热面积。

5. 蒸发率

锅炉的蒸发率是指锅炉单位蒸发受热面积在单位时间内产生的蒸汽量。它用来评价锅炉蒸发受热面积的平均传热强度,单位为 $t/m^2 \cdot h$ 或 $kg/m^2 \cdot h$。蒸发率越高,锅炉结构越紧凑。

6. 炉膛容积热负荷

炉膛容积热负荷表示单位容积炉膛在单位时间内燃料燃烧放出的热量,用 q_v 表示。燃油锅炉在燃油耗量和热值一定的条件下,q_v 值越大意味着炉膛相对容积越小,因而燃油在炉膛内燃烧停留时间越短,炉膛内的烟气平均温度也越高,排烟损失也会变大;q_v 太低则炉膛温度过低,会使燃烧不良。因而 q_v 是影响燃烧质量、锅炉效率、工作可靠性,以及锅炉尺寸、质量的一个重要参数。

选择燃油锅炉的依据主要是蒸发量和蒸汽参数;选择废气锅炉的依据则是受热面积和蒸汽工作压力。

第 2 节　船用锅炉的结构与附件

一、立式烟管锅炉

1. 立式直管辅助燃油复位锅炉图

图 13-1 所示为一常见立式直管辅助燃油复位锅炉简图。炉壳 11 为圆筒形,其内大部分空间容纳炉水,叫作容水空间。容水空间以上是容纳蒸汽的,形成容汽空间 3。容水与容汽空间的分界面称为蒸发面。上下各有一个封头 12,为椭圆形,这样它可以承受更大的压力。炉膛 10 在锅炉底部是球形的,它由钢板压制而成,这是燃油燃烧产生热量的地方。它上面通过出烟口 9 与方形燃烧室 6 相通。燃烧室三面环水,一面用耐火封板(检查门)8 封住,封板可以打开以检查燃烧室情况,或进行烟管的清扫、修理和换新等工作。燃烧室 6 和烟箱 17 中设有前管板 16 和后管板 7,两管板之间装有数十根平烟管 18,烟管中间安装有螺旋扰动片(未画出),使烟气流经烟管 18 汇集在烟箱 17 前产生扰动,提高传热强度。

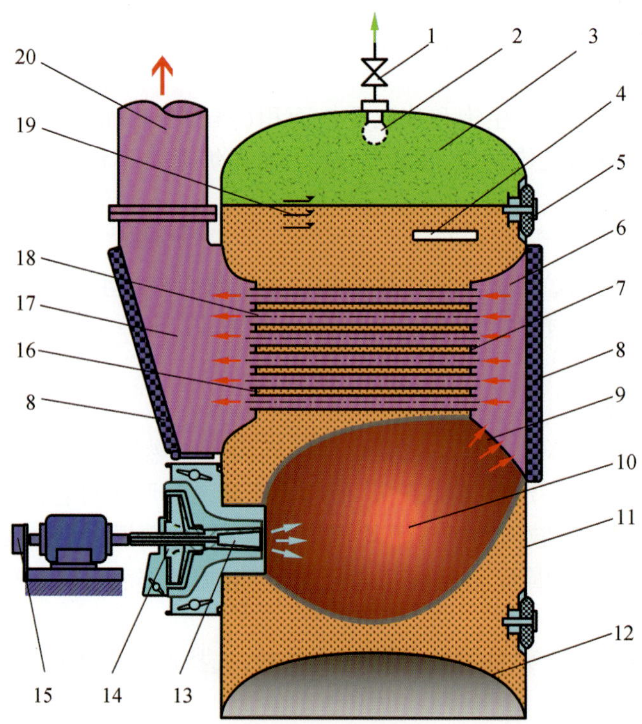

1—停汽阀;2—集汽管;3——容汽空间;4—内给水管;5—手孔门;6—燃烧室;7—后管板;8—检查门;9—出烟口;10—炉膛;11—炉壳;12—封头;13—燃烧器;14—鼓风机;15—电动油泵;16—前管板;17—烟箱;18—烟管;19—水位调节器;20 烟囱

图 13-1　立式直管辅助燃油复位锅炉简图

工作时电动油泵 15 供油,空气由燃烧器 13 和鼓风机 14 送入炉膛 10。雾化的燃油在点火器(未画出)的帮助下燃烧,再由出烟口 9 进入到燃烧室 6。由于出烟口 9 截面积太小,未完全燃烧的成分在此充分混合,在燃烧室 6 内可实现完全燃烧。然后烟气通过烟箱 17,在经烟囱 20 排入大气。进行热交换的场所主要有烟管 18 和炉膛 10 燃烧室 6 部分,烟管 18 主要是传导换热,虽然占锅炉总受热面的 85%~94%,但其热效果较差,传热量不大于总量的一半。而炉膛 10 和燃烧室 6 部分主要辐射换热,该处烟气温度达 1 300~1 400 ℃,虽然其只占锅炉总传热面积的 6%~15%,但其传热量却占炉水总吸热量的一半以上。炉膛 10 受火焰直接辐射,传热十分强烈,因此炉膛温度较高是烟管锅炉最易损坏的部位。锅炉中的炉水并不是全部充满炉壳,一般是高出蒸发受热面 100 mm 以上,以防止燃烧室 6 顶板烧塌。炉水吸热后沸腾并汽化,产生的蒸汽便聚集在炉壳上部的容汽空间 3,再经集汽管 2 从停汽阀 1 排出。

为了便于对锅炉内部进行检查和清洁工作,在锅炉上部和底部都开有手孔门 5。集汽管 2 的作用是进行汽水分离。

2. 立式横水管锅炉

图 13-2 所示为 GSL 型立式横水管锅炉的结构图。锅炉本体由圆筒形炉壳 4 和圆筒形炉膛 3 两部分组成,本体外面包扎石棉绝热层。炉膛外壳和炉壳均由 20G 材料制成。炉壳 4 分成上、下两部分并用螺栓连接,锅炉在大修时可以拆开,以便对锅炉内部进行检修。

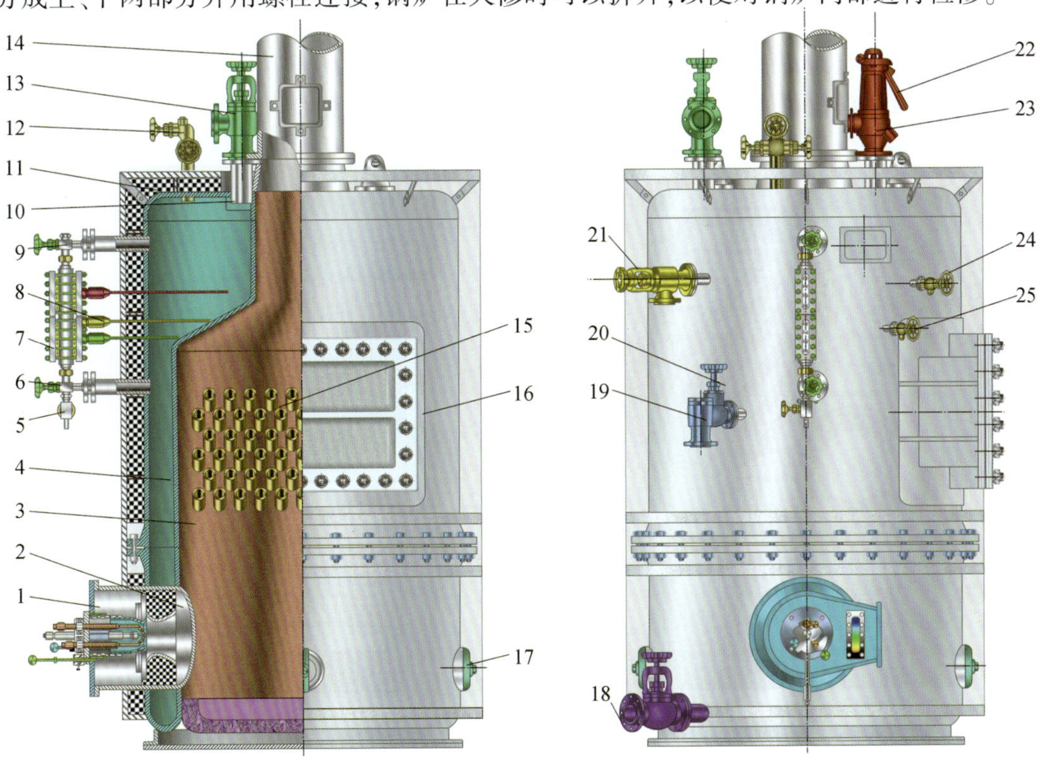

1—燃烧装置;2—圆孔;3—炉膛;4—炉壳;5—水位表冲洗阀;6—水位表通水阀;7—水位表显示器;8—水位调节器;9—水位表通汽阀;10—凸缘;11—锅炉封头;12—空气阀;13—主蒸汽阀;14—烟囱;15—水管簇;16—清理门;17—手孔;18—下排污阀;19—给水止回阀;20—给水截止阀;21—上排污阀;22—安全阀手动强开手柄;23—安全阀;24—上试水阀;25—下试水阀

图 13-2　GSL 型立式横水管锅炉结构图

上炉壳的上端与锅炉封头焊接，锅炉封头与烟道凸缘用螺栓连接。锅炉上部的右侧或左侧设有矩形清理门 16，以便对炉管内部进行清洁和检修。

下炉壳和炉膛底部的一侧设有安装燃烧装置 1 的圆孔 2，燃油由此喷入炉膛内燃烧，产生的大部分热量经炉膛壳传给炉膛外面的炉水。

水管采用 10 号无缝钢管，共有 63 根，分六排平行地焊接在炉膛的外壳上。为便于炉水循环，水管与水平面成 8°的倾角。

二、D 形水管锅炉

图 13-3 所示为 D 形燃油水管辅助锅炉简图。水冷壁管排 6、7、8 的两端分别与汽鼓筒 10 和水冷壁鼓筒 2 上的管板牢固衔接。蒸发管簇 12 两端分别与汽鼓筒 10、水鼓筒 16 衔接。燃烧设备布置在前墙耐火砖衬 3、4、15 处，燃料油及空气由此送入炉膛。燃油在炉膛充分燃烧，产生理论燃烧温度约为 1 700 ℃的高温烟气，以辐射的方式将热量传给炉墙水冷壁和前几排沸水管，到炉膛出口烟气温度降为 1 100 ℃左右，蒸发管簇 12 中面向炉膛的前几排，受热强烈，形成上升管簇；后几排由于受热较弱，就形成下降管簇，如图所示。这样汽鼓筒 10，蒸发管簇 12、水鼓筒 16 组成一自然水循环回路。同时，燃烧形成的高温火焰对侧面前排水冷壁管 7、8 进行强烈的辐射换热，管内锅炉水沸腾汽化产生大量的蒸汽，汽水混合物向上流动，成为上升管。而后排水冷壁管 6 受热较弱，形成下降管。这样汽鼓筒 10，水冷壁管（下降管）6，水冷壁管鼓筒 2，水冷壁管（上升管）7、8 组成另一封闭的自然水循环回路。由于其本体造型似字母“D”，所以称 D 形锅炉。这类锅炉具有结构紧凑，质量小、启动迅速、换热强度高及经济高等特点，故可作为大容量的大型内燃动力装置船舶的辅助锅炉。

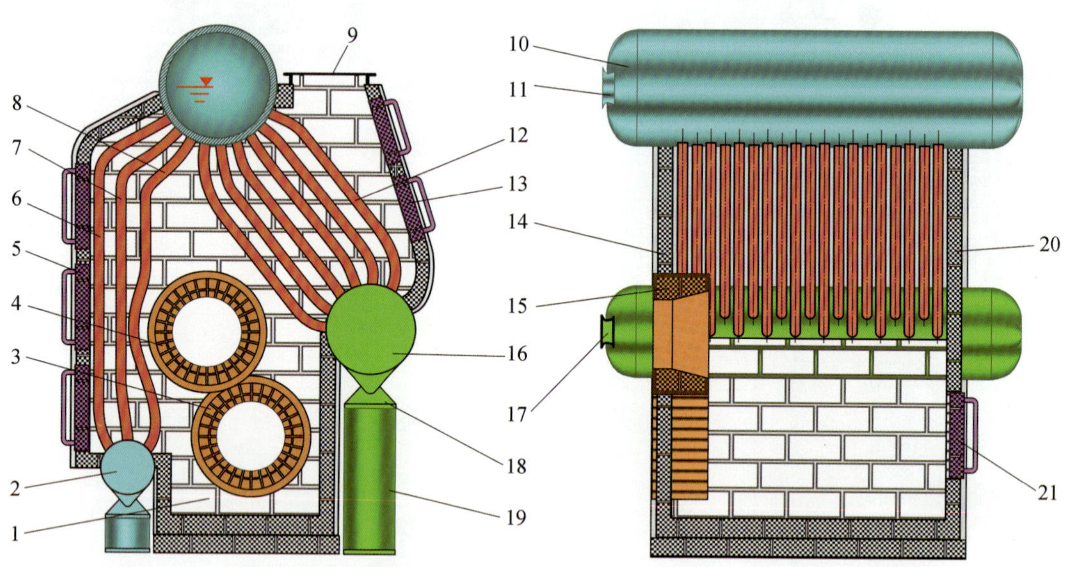

1—炉膛；2—水冷壁鼓筒；3、4、15—燃烧器外耐火砖衬；5—水冷壁炉衣；6、7、8—水冷壁管；
9—接烟囱；10—汽鼓筒；11、17—手孔；12—蒸发管簇；13—侧炉衣；14—前炉衣；16—水鼓筒；18—支撑座；
19—底座；20—后炉衣；21—清洁门

图 13-3　二鼓筒（单烟道、D 形）燃油水管辅助锅炉简图

最后烟气经过经济器及空气预热器排入大气,此时烟气温度已降为 150~350 ℃。

汽包和水筒的材料为 20G 或 22G 焊接成型,联箱、水冷壁管排和沸水管是 10G 或 20G 钢制成,炉墙则由耐火材料、绝热材料和密封薄钢板组合而成。它一方面起保温作用,另一方面又有密封功能,我国《钢质海船入级规范》规定,炉墙和炉衣外表面温度不应大于 60 ℃。

过热器为提供过热蒸汽而设,将汽包所产生的蒸汽引到过热器中,再做等压加热,以提高蒸汽中的热能,减少膨胀后的水分。

经济器由钢管和联箱构成,利用烟道中排烟的余热,将水温度提高,并减少进入汽包时因温度差而产生的热应力,同时回收余热,提高整体热效率。其唯一的缺点是增加排烟的阻力。

空气预热器将进入炉膛的空气预热,使排烟温度进一步降低,提高了锅炉效率;同时由于空气温度提高,使炉膛温度上升,改善了燃烧条件。

三、烟管锅炉与水管锅炉的性能比较

烟管锅炉(火管锅炉)烟气在受热面管子里流动,管外是水;水管锅炉则相反。烟管锅炉与水管锅炉的性能比较见表 13-1。

表 13-1　烟管锅炉和水管锅炉的性能比较

比较项目	烟管锅炉	水管锅炉
1. 受热面的蒸发率	较低,烟气纵向冲刷管子内壁,对流放热系数较小	较高,烟气横向冲刷受热面管子,对流放热系数较大
2. 锅炉蒸发量	小于 10 t/h,因受热面管子均需为炉水所包围,增加受热面时,锅壳直径和壁厚亦将增大,限制了蒸发量和工作压力	需提高锅炉蒸发量时,增置受热面管子无任何困难
3. 锅炉工作压力	小于 1.6 MPa; 锅壳壁厚正比于锅炉的工作压力	工作压力的增加易于达到;船用锅炉的工作压力已提高到 14.5 MPa
4. 锅炉相对质量(单位蒸发量的质量)	较大,约为 20 t/t/h; 锅壳中盛放的炉水约为蒸发量的十倍,受热面管子的蒸发率又较低	较小,仅为 3 t/t/h
5. 点火升汽时间	较长,约需 10 h;因锅炉蓄水量较大,水循环微弱,锅炉本身结构的弹性欠佳	较短,2~3 h
6. 给水品质的要求	较低,因受热面的蒸发率较低	较高

四、废气锅炉

一般大型低速增压二冲程柴油机的排气温度为 250~380 ℃,四冲程中速柴油机的排气温度可达 400 ℃,有大量余热可回收,因此在机舱顶部柴油机排气管中安装了废气锅炉。废气锅炉同时具有柴油机排气消音作用，其产生的蒸汽量在满足加热和日常生活用之外一般还有剩余，有的船还将多余蒸汽用于驱动一台汽轮发电机。

1. 废气锅炉的结构形式

常见的废气锅炉有立式烟管式和强制循环盘香管式。

(1)立式烟管式废气锅炉

立式烟管式废气锅炉是我国海船上普遍使用的一种废气锅炉。如图 13-4 所示，在圆筒形锅壳中贯穿着数百根烟管，锅壳两端的封头 1 兼作管板。为了使封头不致凸变形和减少烟管所承受的拉力，在管群中用少量厚壁管子与封头连接，称之为牵条管 4。锅炉的上下两端还装有出口和进口联箱，柴油机排气自下烟箱流经烟管，然后从上烟箱排出。当主机为双机时，一般在进口联箱中加一隔板，有两个进气口，形成双路进气。

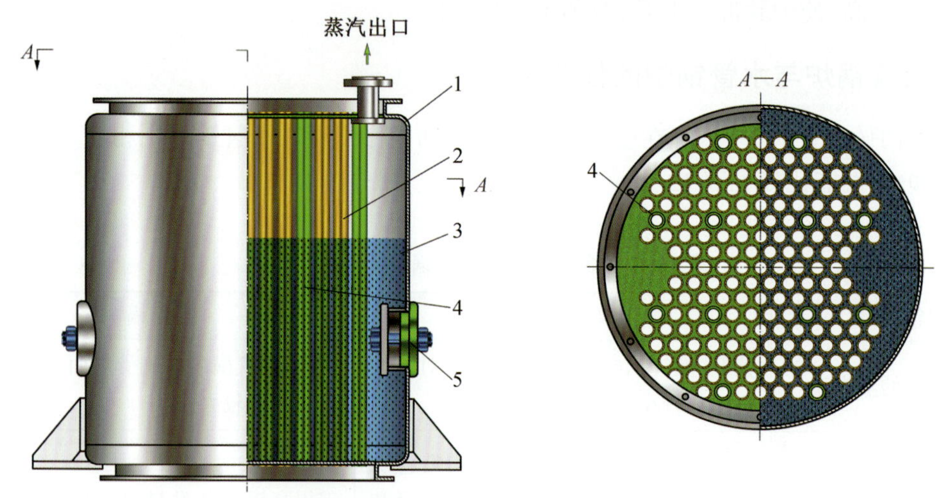

1—封头;2—烟管;3—锅壳;4—牵条管;5—人孔门

图 13-4　立式烟管式废气锅炉

(2)强制循环盘香管式废气锅炉

强制循环盘香管式废气锅炉由许多水平放置的盘香管组成，每一根盘香管的进出口分别与两个直立的联箱相连。如图 13-5 所示，柴油机排气在管子外侧流过，炉水由专门的循环水泵从汽水分离筒吸入，压送到进口分配联箱 3，由此再送至各盘香管，水在管内被加热，然后进入出口集合联箱 4，汇集后流回汽水分离筒进行汽水分离。这种锅炉的优点是盘香管中的水是强迫流动，蒸发率大，并且可以在一定的空间内布置较多的受热面，因而体积紧凑，但是其受热面管内的水垢清除比较困难；循环水泵因水的温度较高其工作可靠性较差。

盘香管式废气锅炉烟气流过时温度逐渐降低，故上、下各层盘香管的吸热量相差甚大，炉水的汽化程度不同，致使流阻相差很大，会产生偏生流(下层吸热多的进水少)，甚至发生水力脉动(进水量脉动)。为此，各盘香管进口设有口径分几挡的节流孔板 5 及调节阀 6，使靠上层的盘香管进口节流程度大，进水量少，调节各层进水量至出口湿蒸汽干度均为 0.1 左右为宜。图 13-5 中上层盘香管 1 采用双层盘香管以增加长度，从而均衡上、下层流动阻力和出口蒸汽干度。

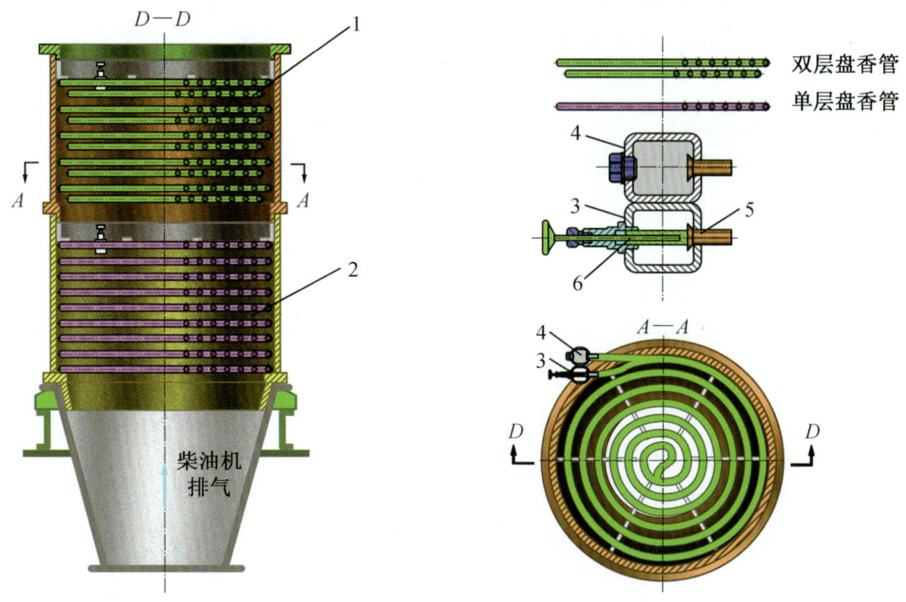

1—双层盘香管；2—单层盘香管；3—进口分配联箱；4—出口集合联箱；5—节流孔板；6—调节阀

图 13-5　盘香管式废气锅炉

2. 废气锅炉蒸发量的调节

废气锅炉通常只产生饱和蒸汽，其蒸发量取决于主机的排气量和排气温度，亦即主机的功率。在正常航行时，主机功率是稳定的，而船舶对蒸汽的需要量却随着航区和季节的不同而变化，因此对废气锅炉的蒸发量就需加以调节。在远洋船舶上常用的调节方法有以下几种。

(1)烟气旁通法

在废气锅炉进出口间加设一个旁通烟道，如图13-6所示。并在废气锅炉入口和旁通烟道入口处安装开、闭相互联动的两个调节挡板。当汽压升高时，手动或用伺服电机转动挡板使排气经旁通烟道的流量增加，限制汽压上升；反之当汽压降低时，改变挡板开度使通过废气锅炉的排气流量增加，限制汽压下降。在使用烟气旁通法调节蒸发量时由于废气锅炉内烟气流速降低，容易引起积灰增加，所以新造船舶已很少采用烟气旁通法调节蒸发量的废气锅炉。

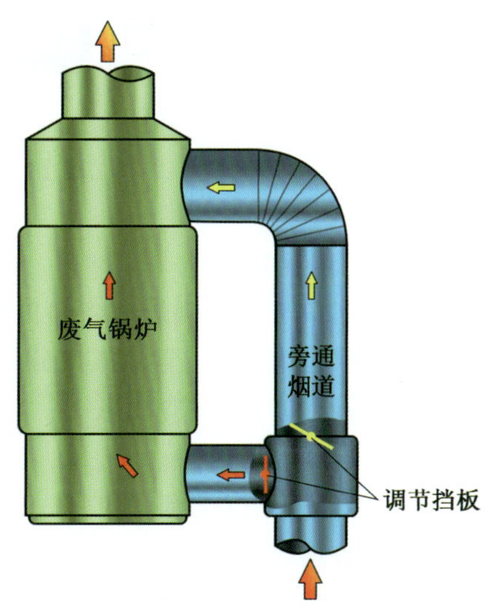

图 13-6　废气锅炉蒸发量调节

(2)改变有效受热面积法

为了适应不同蒸发量的需要，立式烟管废气锅炉可以选择不同的工作水位以改变有效受热面积。盘香管式则往往在进口联箱上将盘香管分为2~3组，需减少蒸发量时可停止向上面1~2组供水，只让下盘香管工作。废气锅炉的换热管都是焊接的，而且柴油机排气温度通常远低于碳钢允许工作温度(450 ℃)，清洁的废气锅炉即使没有水，柴油机排气流过也无妨。虽然如此，但还是应尽量避免“空炉”运行，以防烟管受热面上积存的烟灰着火引起局部过热而造成损坏。若因管子漏水或给水系统故障不得已“空炉”工作，应注意以下事项：

①换热管表面须先除灰；

②当循环水泵停，循环阀关，随即开启废气锅炉的气阀和泄放阀，引入空气冷却；

③柴油机排气温度不能超过 450 ℃；

④若是换热管漏水，到港后应尽快由合格的焊工修复。重新投入运行前应检查各附件，它们的垫片可能因高温而失效；

⑤重新充水前应先让锅炉温度降至不超过给水温度 50 ℃。

(3)多余蒸汽溢放法

当未能及时改变废气锅炉蒸发量以致供大于求使蒸汽压力偏高时，废气锅炉的多余蒸汽可通过蒸汽压力调节阀向冷凝器泄放。

3. 废气锅炉与燃油锅炉的联系

废气锅炉与燃油锅炉的联系，如图 13-7 所示。

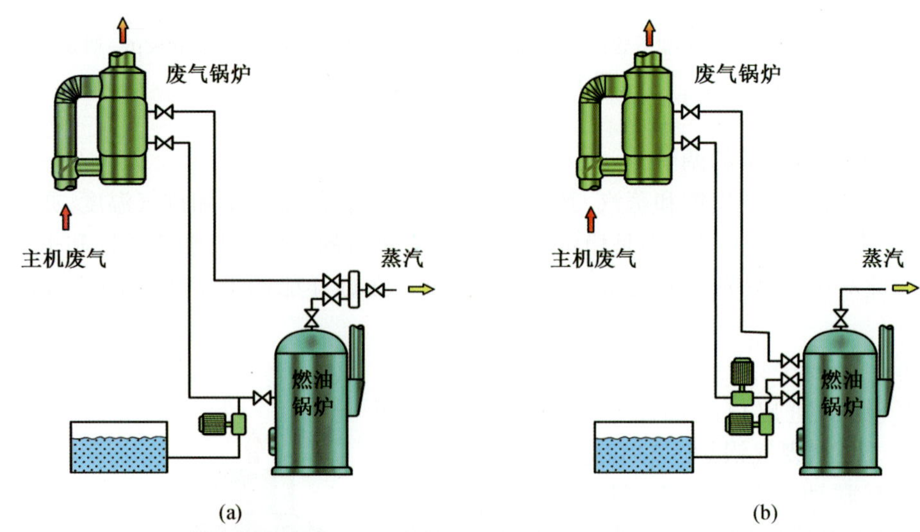

图 13-7　废气锅炉与燃油锅炉的联系

(1)二者独立

废气锅炉与燃油锅炉有各自的给水管路，由给水泵分别从热水井供水，所产生的蒸汽由各自的蒸汽管道输出，至总蒸汽分配阀箱处才汇集一处。其系统由图 13-7(a)示出。这种方式运行管理方便，故应用较多。不过当废气锅炉水位调节系统失灵时，因其位置较高，航行时的管理就比较麻烦。

(2)废气锅炉为燃油锅炉的一个附加受热面

在这种情况下给水仅送至燃油锅炉，废气锅炉炉水由强制循环水泵抽自燃油锅炉的炉水，加热蒸发后，再将汽水混合物压回燃油锅炉。经汽水分离后，蒸汽由燃油锅炉的蒸汽管输出。这种废气锅炉是强制循环式，其系统如图 13-7(b)所示。当废气锅炉的蒸发量满足不了航行用汽需求时，可与燃油锅炉合作向外供汽，油船即采用此法。这种废气锅炉的水位不需调节,但须多设一台或两台热水循环泵。

(3)组合式锅炉

组合式锅炉是将废气锅炉与燃油锅炉合为一体,其只能安放在机舱顶部,因此要求有可靠的远距离水位指示和完善的自动调节设备。目前我国远洋船舶上应用的组合式锅炉大致有两种,如图 13-8 所示。其中图 13-8(a)为联合式,它既可在航行或停泊时分别用废气或燃油做热源,又可在航行中仅靠排气余热,蒸发量不足时同时以燃油和废气做热源。图 13-8(b)为交替式,则不能同时以燃油和废气做热源使用。

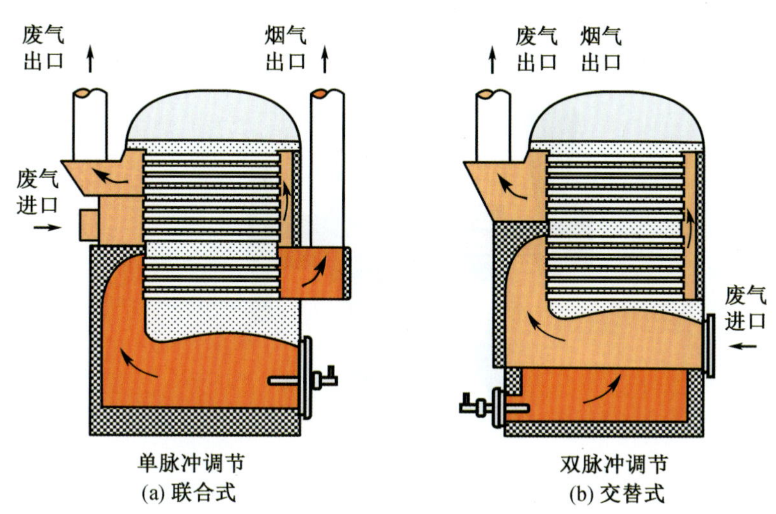

图 13-8　组合式锅炉

五、锅炉的附件

1. 水位计

水位计可显示锅炉内的水位,是锅炉的重要附件之一。

每台锅炉都规定有最高工作水位、最低工作水位和最低危险水位。正常工作时,锅炉水位应处于最高工作水位与最低工作水位之间。如水位调节失灵或给水系统发生故障,水位降至最低水位之下的危险水位时,即为锅炉“失水”,锅炉失水时,会导致因受热面露出水面而过热,甚至烧塌。水位高于最高工作水位时称为满水。满水时,容汽空间减少,蒸汽湿度增大,易发生汽水共腾,导致蒸汽动力设备因液击而受损或用汽设备传热效果下降。通常船用锅炉装有两只水位计,分别布置在左右两侧,其中一个可做备用,又可在船舶摇摆和倾斜时通过比较,正确判断水位。若两只水位计均已损坏,锅炉应立即熄火。

水位计有玻璃管式、玻璃板式及二色式等三种。

(1)玻璃管式水位计

玻璃管式水位计仅用于低压锅炉,如图 13-9 所示。水连通管和汽连通管分别水平地与锅筒的水空间和汽空间相通,在两个连通管之间装有耐热钢化玻璃管 2。玻璃管与连通管的连接处由填料函保证密封。为了防止玻璃管破裂时炉水大量漏出,在水连通管与玻璃管连接处装有止回阀 3。水连通管和汽连通管上分别装有常开的通水阀 4 和通汽阀 1,底部装有常闭的冲洗阀 5。

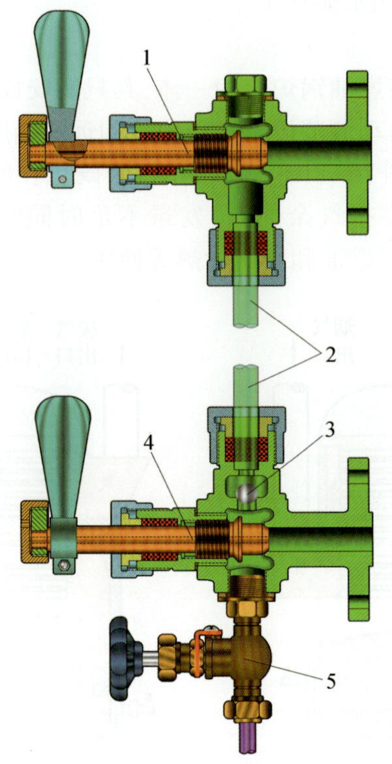

1—通气阀;2—玻璃管;3—止回阀;4—通水阀;5—冲洗阀

图 13-9　玻璃管式水位计

安装玻璃管水位计时,应注意不要将插入玻璃管处的填料压盖拧得过紧,否则玻璃管容易被挤碎。

(2)玻璃板式水位计

图 13-10 为玻璃板式水位计,适用于高压锅炉。装配玻璃板水位计时,玻璃板与金属框架之间的接触面应研得很平,保证充分贴合。在上紧框架螺钉时,要交叉均匀拧紧,不然玻璃板将会因挠曲变形产生较大的内应力,受热后容易碎裂。压力较高的锅炉可在平板玻璃水位计的平板玻璃靠水一侧加衬云母片,以保护平板玻璃不受炉水腐蚀。

(3)二色式水位计

图 13-11 为二色式水位计,是利用炉水与蒸汽对光线的折射不同而设计,由灯泡、红绿玻璃及聚光镜、外壳与水位玻璃板所构成。两块水位玻璃板互相倾斜安装,水位计中的蒸汽部分绿色光被折射,所以自外部观测时呈现红色;炉水部分红色光被折射,其表现为绿色。

由于水位计中汽、水的流动甚弱,一旦水位计通锅炉的接管被炉水中的污物堵塞,则不能显示真实水位,应及时冲洗。正常情况下,通常每 4 h 至少冲洗一次水位计。

2. 安全阀

为防止锅炉内压力过高而发生危险,在某一适当压力时开启安全阀,放出适量的蒸汽,降低锅炉压力,并在另一适当压力时再行关闭。因为船用锅炉是在摇摆不定的情况下使用,所以安全阀都采用弹簧压力式。

(1)对安全阀的要求

根据《钢质海船入级规范》,对锅炉安全阀的要求主要有以下几点。

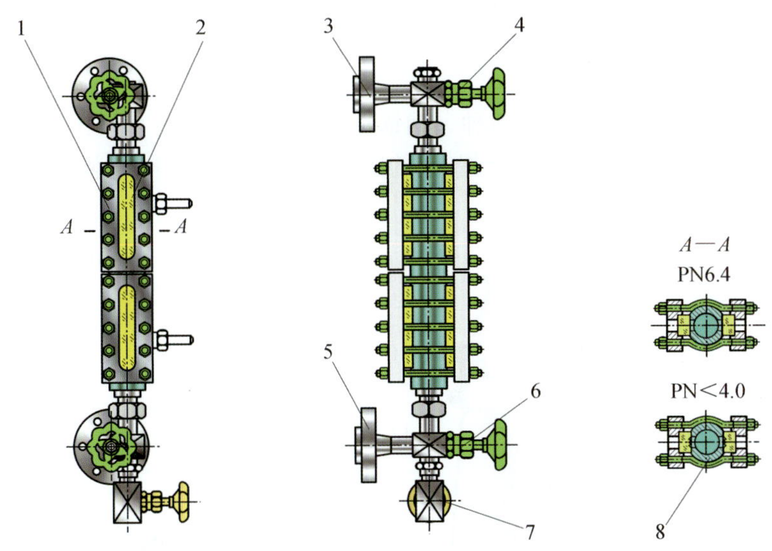

1—玻璃板；2—金属框架；3—汽连通管；4—通气阀；5—水连通管；6—通水阀；7—冲洗阀；8—主连通管

图 13-10　玻璃板式水位计

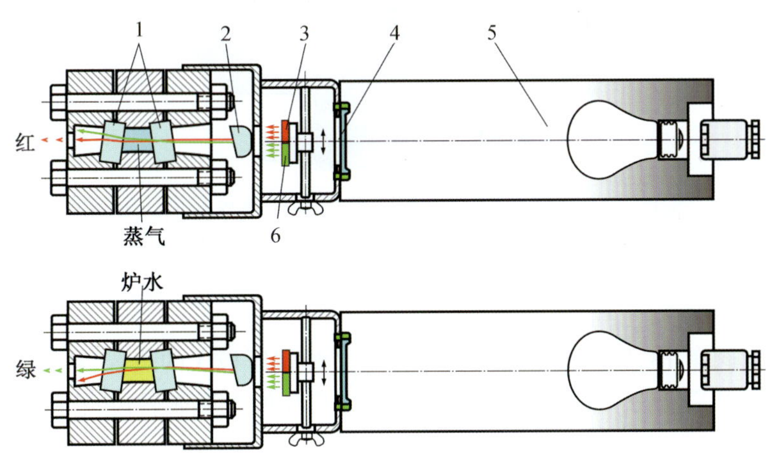

1—玻璃板；2—聚光镜；3—红色滤镜；4—毛玻璃；5—光源；6—绿色滤镜

图 13-11　二色式水位计

①每台锅炉本体上应装设两个安全阀，通常组装在一个阀体内。蒸发量小于 1 t/h 的辅锅炉可仅装一只。装有过热器的锅炉，过热器上也应至少装一只安全阀。

②锅炉安全阀的开启压力可为大于实际允许工作压力 5%，但不应超过锅炉设计压力。过热器安全阀的开启压力应低于锅炉安全阀的开启压力。

③安全阀开启后应能通畅地排出蒸汽，以保证在蒸汽阀关闭和炉内充分燃烧的情况下，烟管锅炉在 15 min 内，水管锅炉在 7 min 内汽压的升高值应不超过锅炉设计压力的 10%。所以安全阀不但应有足够大的直径，而且开启后应该稳定且具有较大的提升量。安全阀排气管的通路面积，对升程在安全阀直径的 1/4 以上者，应不小于安全阀总面积的 2 倍，对其他安全阀应不小于 1.1 倍。

④安全阀要动作准确,并保持严密不漏。安全阀都是经过船舶检验局调定后铅封的,除非经过船舶检验局特许,船员不能随意重调。

(2)安全阀的结构

安全阀有直接作用式和先导式两种。辅锅炉使用的一般都是直接作用式安全阀。

图 13-12 所示为直接作用式安全阀,它的阀体是由两只安全阀组装而成的。

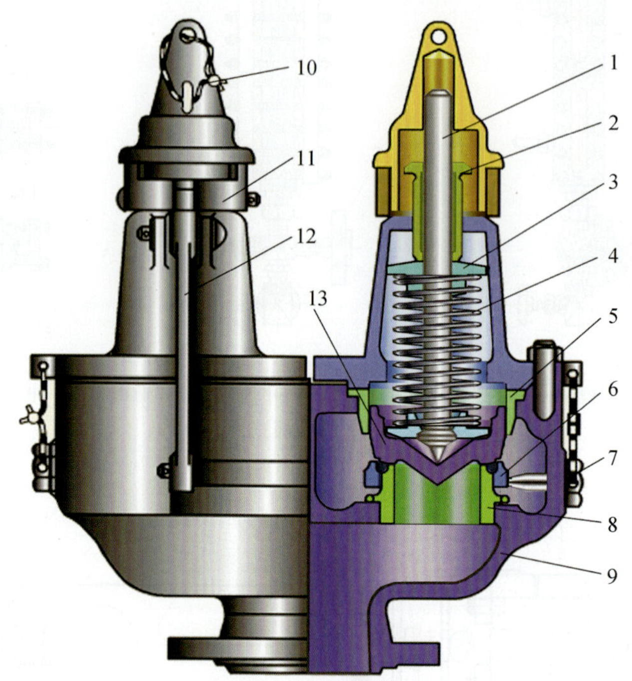

1—阀杆;2—调节螺钉;3—弹簧压板;4—弹簧;5—套筒唇边;6—调节圈;
7—调节圈固定螺钉;8—阀座;9—阀体;10—铅封;11—顶开环;12—手动强开杠杆;13—阀盘

图 13-12 直接作用式安全阀

弹簧 4 压紧阀盘 13,转动调节螺钉 2 即可调节弹簧压板 3 的位置,从而改变弹簧的张力以调整安全阀的开启压力。安全阀阀盘 13 的外缘直径加大形成唇边,它的作用是使阀能急速开启,并且维持升程的固定。当汽压达到开启压力后,蒸汽作用在阀盘上将阀抬起,蒸汽从阀盘周围溢出。如果没有唇边,汽压稍一降低,阀盘很快又关闭,然后由于汽压回升阀又开启,这样阀盘将上下不停地跳动。当在阀盘外周缘加上一圈唇边后,就可使阀盘在开启后得到一个附加的上顶力,从而增加了阀盘的升程,阀也不会很快关闭。阀盘上方设有带密封圈的套筒 5,阀开启后阀上方不会受蒸汽压力作用。

上述方法虽然解决了开启稳定问题,但因为开启后阀盘的蒸汽作用面积已大于开启前的面积,所以即使当锅炉汽压恢复至额定汽压时,阀盘也不能立即关闭,只有当汽压继续下降,直到作用在阀盘和唇边上的蒸汽上顶力小于弹簧向下的作用力时,安全阀才能自动关闭。亦即安全阀的关闭压力要低于开启压力,这一压力差值称为降低量。

阀座上装有调节圈 6,调节圈升高时,阀开启后唇边外沿蒸汽通流面积缩小,作用在唇边上的附加上顶力就大,从而使阀的升程和关闭时的压力降低量加大;反之,调节圈下移时,唇边外沿蒸汽流通面积加大,则阀开启的升程和关阀时的压力降低量减小。因此,通过转动调节圈,改变其位置,可获得开启既稳定、降低量又不太大的工况。一般锅炉安全阀的最小降低量约为额定工作压力的2%。手动强开杠杆12,在锅炉顶部用钢丝绳分别通至机舱底层和上甲板,以便必要时强开安全阀,将危险降至最低。平时一般每月手动强开一次,以防止安全阀长期不起跳而咬死。

此外,锅炉至少还装有两个压力表和压力表阀、两个给水阀(蒸发量小于1 t/h的辅锅炉可仅装一个)以及停汽阀、表面排污阀、底部排污阀,取水样阀、空气阀(设在最高处通大气用,通径一般为10~15 mm)等。

第三节 船用锅炉的燃油设备及系统

燃油燃烧过程分为三个阶段:燃油的预热;燃油的雾化、汽化、分解与空气混合;着火燃烧。燃油燃烧过程是在燃烧设备中完成的。因此燃油辅助锅炉燃烧设备主要有:炉膛、燃烧器以及燃油系统等。

一、燃油炉膛

一方面燃油炉膛是燃料燃烧,把化学能转变成热能的场所。所以炉膛的结构形状直接影响燃油的燃烧速度和燃烧的充分性。实验证明:燃油炉膛最合理的形状是近乎圆筒形。另一方面炉膛不仅是燃料燃烧的空间,而且是锅炉受热面的一部分。所以燃油辅锅炉炉膛的构造特性、热力特性和经济特性等,通常用炉膛容积热负荷来表示,它是锅炉设计时的一个重要特性值。

炉膛容积热负荷是指炉膛内每小时析出的热量和炉膛容积之比。

炉膛容积热负荷通常根据下列因素选取:

(1)燃烧要求为了保证燃油能够完全燃烧,要保证其在炉膛内停留足够常的时间。炉膛越大停留的时间越长。

(2)传热要求一般在炉膛的四周都布置有受热面,受热面布置的越多,炉膛出口烟气温度越低,整个炉膛内平均温度也就越低。

二、燃烧器

燃烧器主要由喷油器、调风器、点火器和火焰感受器等部件组成。现今的船用辅助锅炉燃烧器大多采用整装式燃烧器,它同时将油泵、风机及其电动机和调节机构,以及滤油器、除气器、电加热器等组装成一体,尺寸紧凑、安装方便。

1. 喷油器

喷油器的任务是使燃油雾化,以利于燃油迅速而完全地燃烧。喷油器类型很多,目前船上经常应用的主要有四类:压力式、回油式、蒸气式和旋杯式。

(1)压力式喷油器

压力式喷油器的结构如图13-13所示。喷油器的后端有一个管接头与输油管相连,油泵自油箱中抽出压力可达到0.7 MPa~2.0 MPa的燃油送进喷油器。首先燃油经过金属滤网6过滤后流入筒身的中央的横孔,流入喷嘴体3的环形空间,充满开有切向槽的雾化片2的背面外围空间,再沿切向槽高速地流入雾化片中央的旋涡室7,在此产生强烈的旋转运动,然后从雾化片2上中心喷孔中高速喷出。压力油喷出孔口时,油液出口的运动是旋转运动和轴向运动的合运动。热的油液会立刻形成真空,并成为旋转前进的锥形油膜。油膜离喷口越远,在离心力作用下的油膜就越薄,最后迅速破碎。破碎的油膜碎片在其表面张力的作用下,立即形成无数细小油滴而悬浮在炉膛空间,燃油雾化。

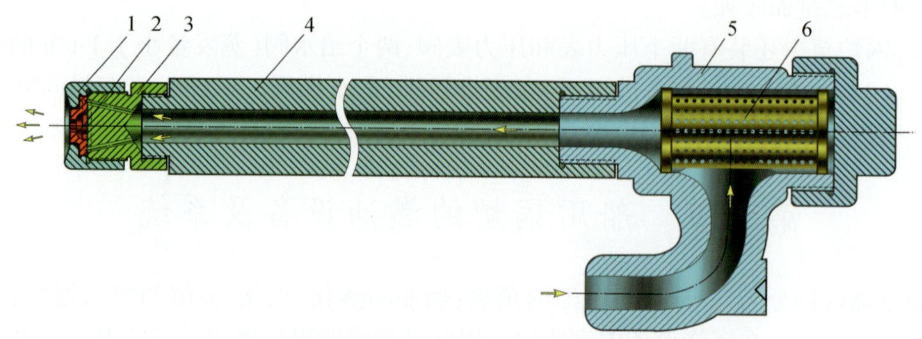

1—喷嘴帽;2—雾化片;3—喷嘴体;4—筒身;5—管接头;6—滤网

图 13-13　压力式喷油器结构图

喷油器头部的喷嘴(包括喷嘴体、雾化片和喷嘴帽)对喷油量的大小和雾化质量的好坏起着决定性的作用。其结构如图 13-14 所示。另外,一台锅炉常配备有不同规格的雾化片,喷孔直径从 0. 5~1. 2 mm 分为几档,可根据所采用的燃油品种和锅炉蒸发量选用。雾化片的基本特性用标在其上的型号来表示。例如,25—60 号雾化片表示其喷油量为 25 kg/h,雾化角为 60°。

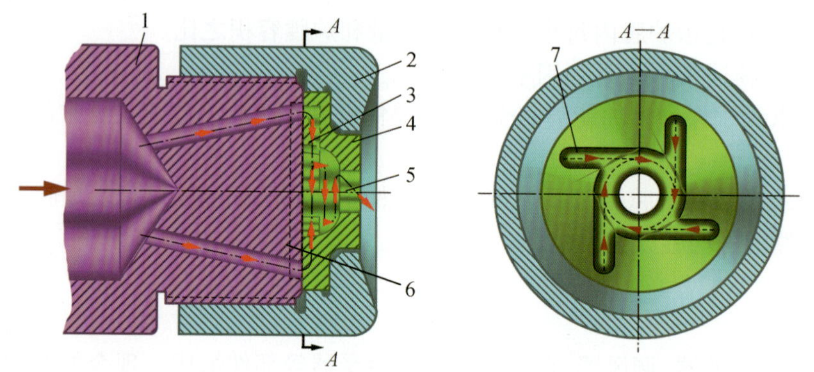

1—喷嘴帽;2—雾化片;3—喷嘴体;4—切向槽;5—在油旋转时产生的空气旋涡;6—环形浅槽;7—旋涡室

图 13-14　喷嘴结构图

使用燃油泵把燃油升压后送入喷油器,使油经喷嘴体上 6~8 个通孔到达前端面的环形浅槽,然后进入雾化片的切向槽和旋涡室,形成强烈的旋转运动,再经细小的喷孔雾化后喷出。旋转越强烈,则雾化角越大。

压力式喷油器的喷油量依油压调整,喷油量与油压的平方根和喷孔的截面积成正比,其调节幅度很少超过 2。

压力式喷油器喷油量的调节有三种方法:改变喷油压力;变换使用喷孔直径不同的喷嘴(或喷油器);改变投入工作的喷嘴(或喷油器)数目。

(2)回油式喷油器

图 13-15 为回油喷油器的喷嘴结构图喷。该种喷油器本体上有两个管接口:一个内油管 2 与外接供油路相通,另一个外回油管 1 与系统回油管连接,在外接的回油管道上还设有流量控制阀,调节该控制阀开度可以改变喷油器的喷油量。另外在喷油头的结构上,还多增设了一个回油挡板 7,它的目的是使它与雾化板 6 之间形成分油孔道 a,该孔道空间通过雾化板外围回油孔 b 与外回油管 1 连通。当喷油器工作时,将有一部分压力油经 a 孔道、回油孔 b 孔返回外回油管 1 内,以及回油管道上的流量控制阀而旁通。因此,燃油能在较宽的范围内变化,并仍能保证较良好的雾化质量。

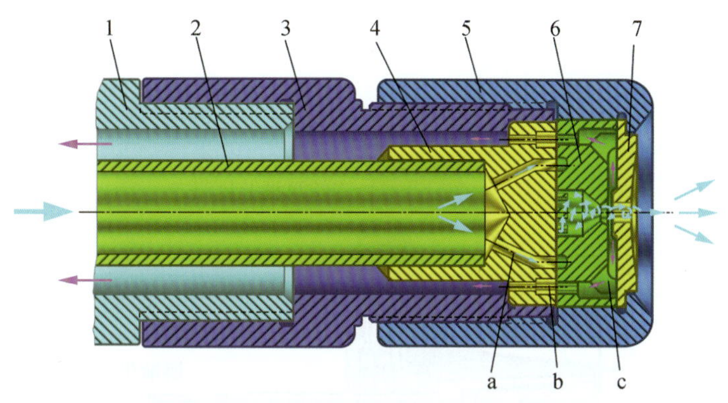

1—外回油管;2—内油管;3—外接短管;4—喷头体;5—喷头螺母;6—雾化板;7—回油挡板
a—分油孔道;b—回油孔;c—喷油回油腔

图 13-15　回油喷油器的喷嘴结构图

(3)蒸汽式喷油器

这种喷油器的工作原理相当于喷射器。由高速蒸汽将燃油与蒸汽混合喷出,达到良好雾化的目的。它的雾化质量较好,调节幅度可达 10 以上。冷炉启动时可用压缩空气代替蒸汽工作。其缺点是噪声较大。蒸汽式喷油器可分为内部混合式(蒸汽与燃油在喷油器内部的混合室中混合)和外部混合式(蒸汽与燃油在喷油器的喷嘴处才开始混合)两种。图 13-16 所示为外部混合式喷油器的喷嘴结构图。

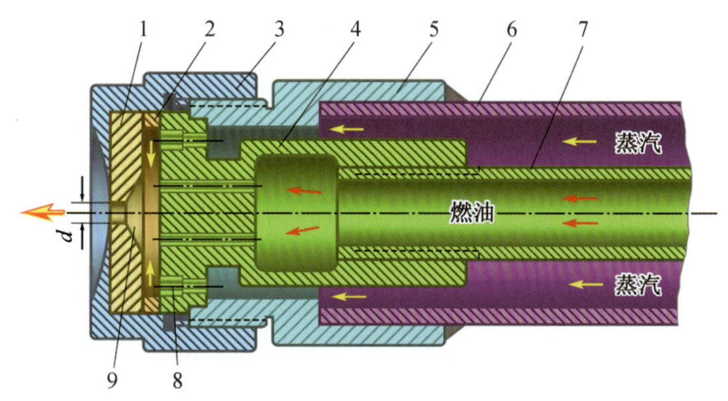

1—喷嘴体;2—垫圈;3—喷嘴头部;4—螺母;5—外管;
6—内管;7—油孔;8—蒸汽孔;9—混合孔

图 13-16　蒸汽式喷油器的喷嘴结构图

(4)旋杯式喷油器

图 13-17 所示为旋转杯式喷油器简图。它解决了上述喷油器由于低负荷引起喷油出口流速不够高,雾化质量不佳的缺陷。如图 13-17 所示,旋转油杯和雾化风机可由电动机或其他方式驱动,风机运行供风,油杯高速旋转。燃油以一定的压力经供油油管供入,燃油被均匀分配流至油杯的中央。在高速旋转的离心力作用下,在油杯内壁形成一层薄膜,当油膜推进到杯口时高速切向甩出,被雾化风机通过一次风入口及调节风门供入的并在旋转油杯的四周缝隙以 60~80 m/s 的速度喷出的雾化风粉碎成油雾。这里应指出,不论油量如何变化,由于转速恒定,则旋转油杯的出口切向分速度不会变,所以,雾化质量将始终保持良好。一次调节风门可根据燃油情况改变开度,调节一次风量,可改变雾化角。一次风量较小,大部分燃烧供风由专门的二次风机经二次风入口及调节风门和导向调节后供入炉内。

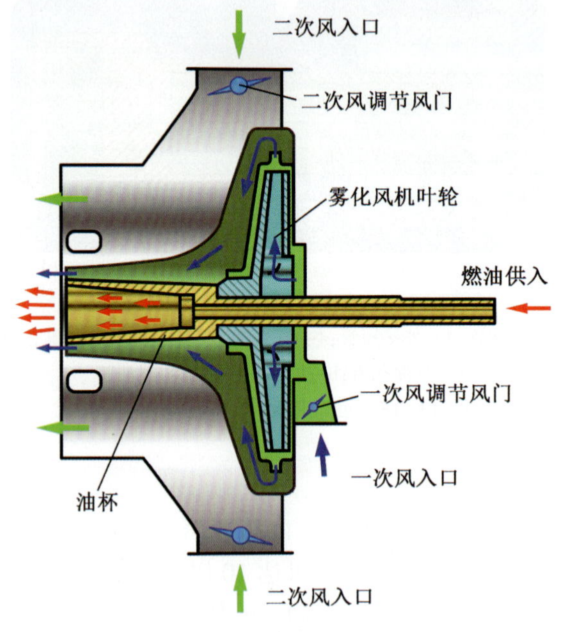

图 13-17 旋杯式喷油器

2. 调风器

调风器的作用为控制一次风和二次风的风量,使空气和油雾充分混合,并且使油雾迅速汽化和分解,以便燃料稳定充分地燃烧。常用的调风器有平流式和旋流式两种。旋流式又分为固定叶片型和斜向叶片型。固定叶片型叶片的倾角是固定的,斜向叶片型叶片的倾角是可调的。图 13-18 为叶片固定型旋流式调风器。

空气经调风器进入炉膛,它被挡风罩或挡风板分为两部分:一部分经活动导风叶片 2 上的风孔供入紧贴着喷油器吹出,称为一次风(根部风),这部分空气占总空气量的 10%~30%,它的作用是保证油雾一离开喷油器就有一定量的空气与之混合,从而减少在高温缺氧情况下热分解产生难燃的炭黑的可能性;另一部分利用固定的中心风罩 3,沿炉墙喷火口从外围进入炉膛,产生适当的旋转,与燃油做良好的混合燃烧,称为二次风,其作用主要是供给燃烧所需的大部分空气,达到完全燃烧的目的。另外,还靠二次风来建立回流区。

调风器必须保持较低的空气过剩系数(完全燃烧 1 kg 燃油所需的实际空气量与所需的

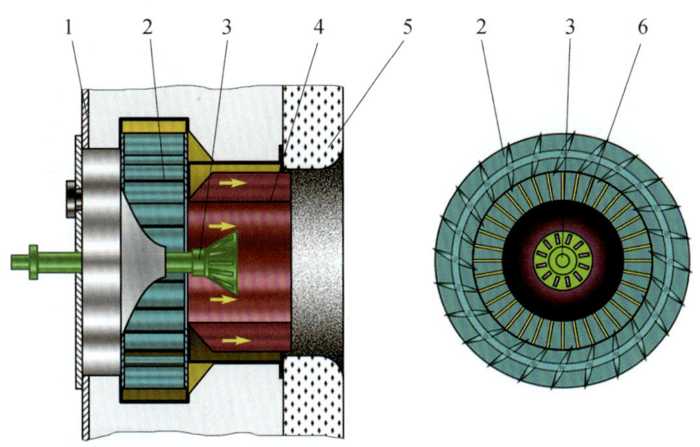

1—炉前风筒；2—活动导风叶片；3—中心风罩（扩散器）；4—内中心圆筒；5—火口；6—固定导风叶片

图 13-18　旋流式调风器

理论空气量之比，用 α 表示）。燃油锅炉合适的空气过剩系数一般为 1.05～1.2。空气过剩系数可用风门的开度来调节。调风器的设计必须尽量减少风压损失。

3. 点火器

点火器的作用是产生电火花，以便点燃炉内的燃气。它的结构如图 13-19 所示。点火器由两根耐热铝镁合金的电极棒组成电极直接伸入炉膛喷油器前 2～4 mm。电极棒前端弯折成 150°角，后端套有耐高压的瓷管。两根电极棒装于点火器支承外盖上，后端瓷管段与油嘴平行，前端弯折的裸体段彼此构成 60°的夹角，两尖端的距离为 3～4 mm。当两电极棒通以 5 000～10 000 V 高压电时，尖端间产生电弧火花，从而点燃喷入炉膛的油雾。

三、辅助锅炉的燃油系统

燃油供给系统与燃烧器的合理配合，是保证锅炉在各种供油情况下实现完全燃烧的重要条件，也是适应锅炉实现自动控制的必需条件。锅炉的供油系统包括：液体燃料的升压、输送、预热、过滤等设备以及适应锅炉负荷变化的各个自动控制元件、仪表和安全设备。

图 13-20 为辅锅炉供油（轻、重油可切换）系统原理图，燃用轻柴油的燃油系统，其管路和设备比较简单，所以这里只介绍燃用重柴油的燃油系统。

首先要给重油预热，是由蛇形加热管 2 内的蒸汽预热的。预热的温度由燃油的黏度决定，黏度越高，预热的温度越高。通过调节燃油温度调节器 5 来控制蒸气流量控制阀 3 的开度。从而控制蛇形加热管 2 的蒸汽量，达到控制重油预热温度的目的。达到调节温度的重油，经粗滤器 6 除去杂质后，通过电磁换向阀 7 切换至被油泵 9（或 9′）吸入，排出后它的压力达到 0.7 MPa～2 MPa。然后压力油经溢流阀 10（或 10′）稳压后、在经主电磁阀 23、速闭阀 25 进入回油式喷油器喷入炉膛。燃烧需要的相应空气由风机 30 与风、油比例调节器 28 控制风闸门 29 供给。雾化的燃油与空气均匀混合，由点火器点燃并燃烧。

当锅炉燃用黏度较大的燃料油时，点火一次不成功时为了确保迅速点燃，在主喷油器旁设有辅点火喷油器 22，其喷油量与日用最低蒸汽量相适应。当主喷油器熄火之前，辅助电磁阀 20 开启，辅点火喷油器喷油，由炉内火焰点火，这样炉内始终不断火，主喷油器再次点火时，就靠辅点火喷油器 22 的火焰点燃。当主喷油器点燃后，辅助电磁阀 20 关闭，辅点火喷油器工作停止。只有完全停炉后重新点火，才由电点火器使辅点火喷油器点火，这时用轻柴油。

动画演示：打散器置调节

动画演示：轴向风门调节

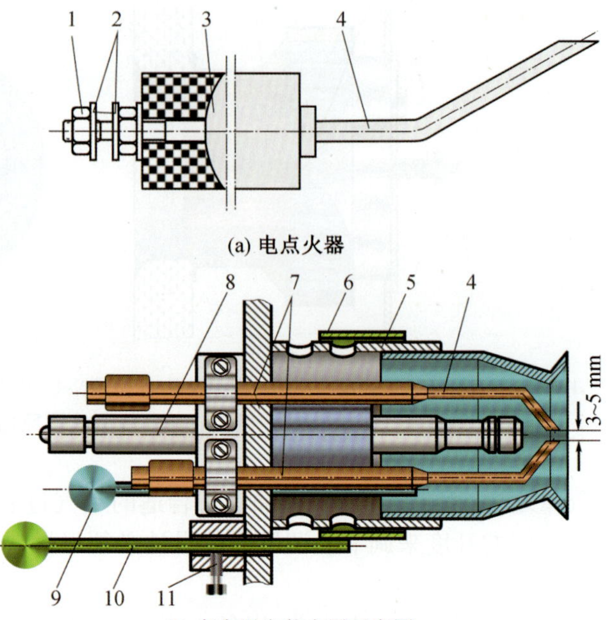

1—螺母；2—垫片；3—耐压瓷管；4—电极棒；5—轴向短圆筒；6—轴向风门挡板；7—电点火器；8—喷油器；9—扩散器罩调节拉杆；10—轴向风门调节杆；11—压紧螺钉

图 13-19　电点火器及安装布置示意图

锅炉在冷态启动时，或者在停炉前几分钟都需燃用轻柴油。轻柴油和重油（或燃料油）通过电磁换向阀 7 切换。

锅炉在燃用黏度大的燃油时，在管路系统上的电磁换向阀 11 起作用，燃料油首先在重油柜 1 预热一定温度再由油泵 9 泵出，然后由电磁换向阀 11 切换通路，让燃油经燃油加热器 13，经细滤器 17 除去杂质，然后通过主电磁阀 23、速闭阀 25 进入雾化燃烧器，向炉膛喷入油雾，燃油需要的空气量由风、油比例调节器 28 控制风机出口的调风闸门 29 来完成。

在燃油管路上还专门设有安全保护装置，如装有燃油温度调节器 19，当燃油预热温度未能达到规定值时，立即发出信号并使燃油供给系统停止工作。装置还装有安全阀 31，当燃油管路阻塞等情况发生时，管路压力突然升高，安全阀可释放高压油回低压油路。当系统中供汽压力突升、锅炉水位过低、油压低、风量不足、锅炉突然熄火等情况，安全保护设备都能立即切断主电磁阀 23，令其燃油直接通过回油调节阀 27 回油箱。

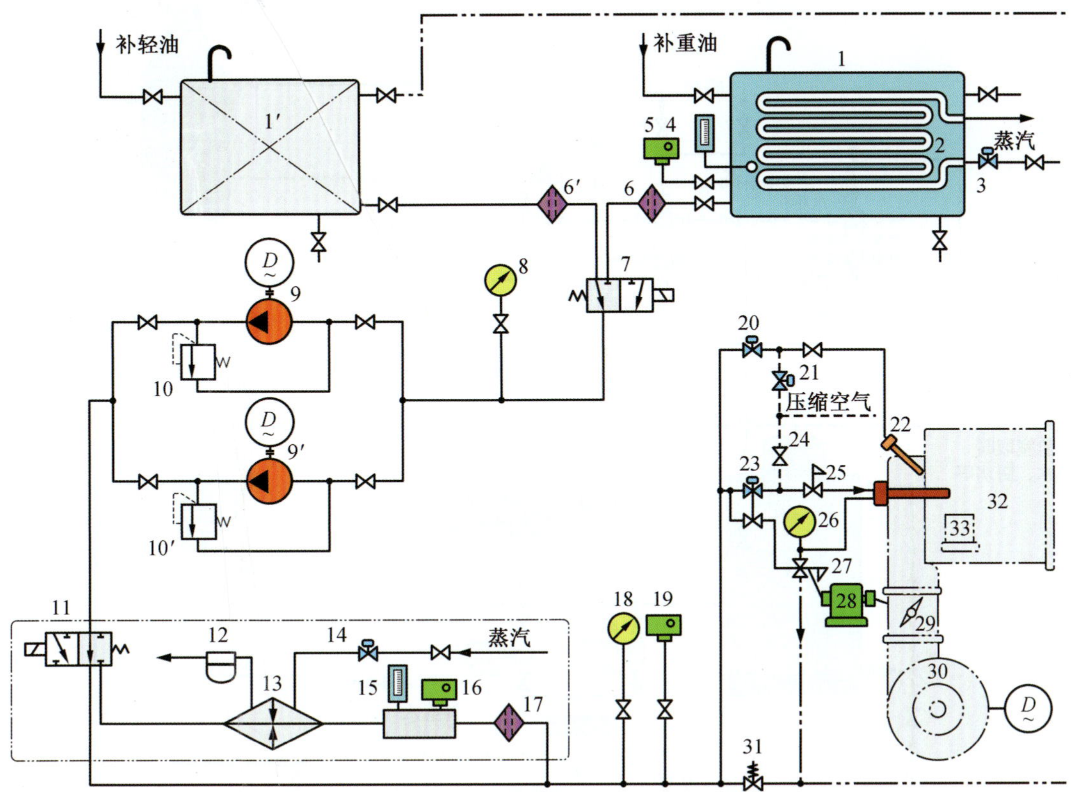

1—重油柜；1′—轻柴油柜；2—蛇形加热管；3，14—蒸汽流量控制阀；4，15—直形温度计；5，16，19—燃油温度调节器；6，6′—粗滤器；7，11—电磁换向阀；8—真空压力表；9，9′—油泵；10，10′—溢流阀；12—阻汽器；13—燃油加热器；17—细滤器；18—压力表；20—辅助电磁阀；21—压缩空气电磁阀；22—辅点火喷油器；23—主电磁阀；24—直通截止阀；25—速闭阀；26—回油压力表；27—回油调节阀；28—风、油比例调节阀；29—风闸门；30—风机；31—安全阀；32—辅锅炉；33—点火变压器

图 13-20　辅锅炉供油（轻、重油可切换）系统原理图

第 4 节　船用锅炉的汽水系统

一个完整的锅炉装置，除了具有锅炉机组本身以及有关的附属设备外，还要有给水系统、蒸汽系统、凝水系统、排污系统等，才能正常的工作。

现以图 13-21 所示的某柴油机船的蒸汽、凝水、给水和排污系统为例，说明锅炉水系统组成和工作情况。

一、给水系统

给水系统的任务是向锅炉供给数量足够和品质符合要求的炉水。每台锅炉一般设有两套给水管路，其中一套为备用。在给水管靠近锅炉处，装有给水截止阀 11 和给水止回阀 12，截止阀装在锅炉与止回阀之间，以便在修理给水管路时将锅炉隔断。截止阀要么全开；要么全闭，以保持其水密封；止回阀用以防止给水泵工作时，高压的炉水倒流。

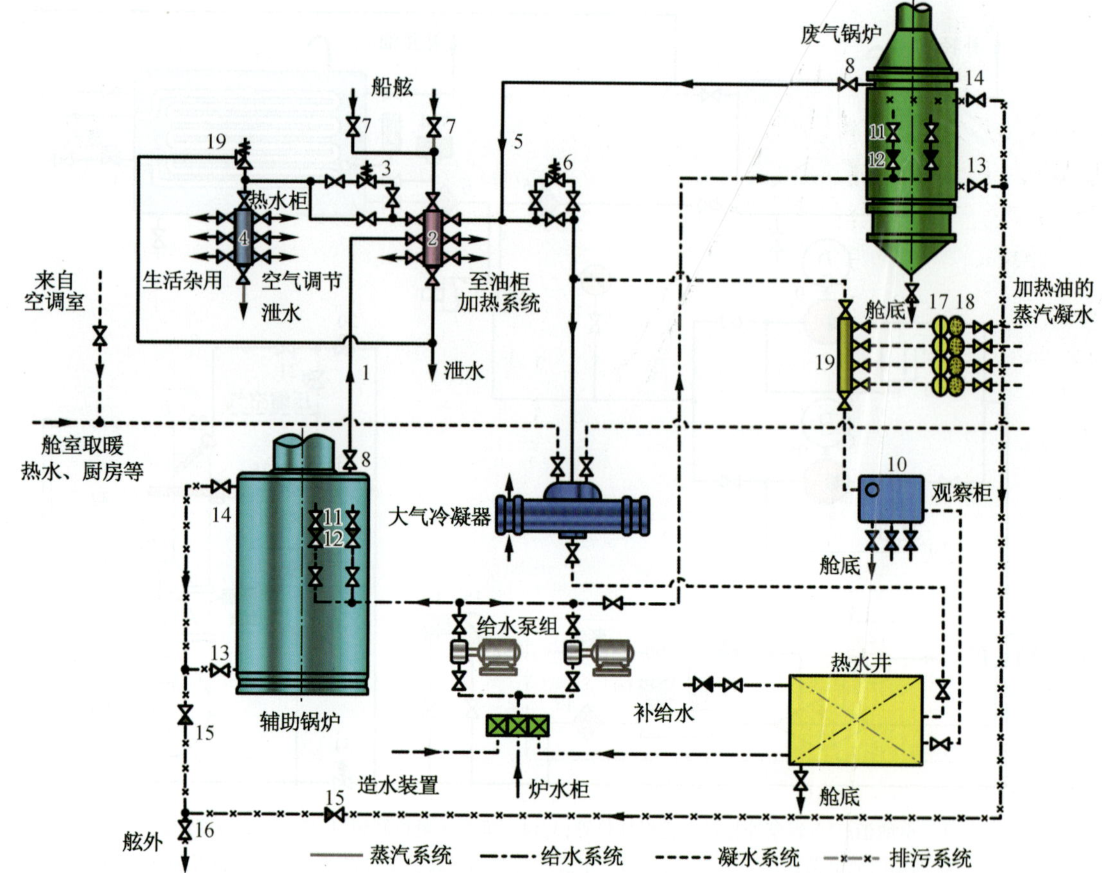

1—辅助锅炉主蒸汽管;2—总蒸汽分配联箱;3—减压阀;4—低压蒸汽分配联箱;
5—废气锅炉总蒸汽管;6—蒸汽调节阀;7—岸接供汽管;8—停汽阀;9—凝水回流联箱;
10—凝水观察柜;11—给水截止阀;12—给水止回阀;13—底部排污阀;14—表面排污阀;
15—止回阀;16—舷旁通海阀;17—阻水器;18—滤器;19—安全阀

图 13-21　给水、蒸汽、凝水和排污系统

通过给水管路给水泵从造水装置或炉水柜和热水井吸水,提供给辅锅炉和废气锅炉。由于供入锅炉的给水量与从各处流回的凝水量是不平衡的,所以在凝水和给水管路之间设一个热水井做缓冲器,以便过滤水中的脏污和油污、补充给水和投放炉水处理药剂,并有利于给水加热除氧等。

二、蒸汽系统

蒸汽系统的任务是将锅炉产生的不同压力的蒸汽送至各用汽设备。辅锅炉和废气锅炉产生的蒸汽,通过锅炉顶部的停汽阀 8,沿蒸汽管 1 和 5 汇集于总蒸汽分配联箱 2 内。由此,一部分蒸汽送至油柜加热系统,然后分送至各油舱供加热用。另一部分蒸汽则经减压阀 3 减压后,送到低压蒸汽分配联箱 4,然后送至空调和其他舱室供加热和生活杂用。

蒸汽调节阀 6 调节废气锅炉用汽量,多余气体可直接回到大气冷凝器中。总蒸汽分配联箱上还接有岸接供汽管 7,通至上甲板左、右舷,以备锅炉停用时可由岸上或其他船舶供汽,在蒸汽分配联箱底部装有泄水管,用来放去残水,避免通汽时在管道中产生水击。

三、凝水系统

凝水系统的任务是回收各处的蒸汽凝水,并防止混入水中的油污进入锅炉。蒸汽在加热各设备后放出热量凝结成水,经滤器 18、阻水器 17 流回热水井。因为阻汽器总会漏过一些蒸汽,并且当凝水流出阻水器时,因压力降低也会产生二次蒸汽,所以某些温度较高的凝水需先经大气冷凝器冷却,使其中的蒸汽凝结,然后才流回热水井。

加热油的蒸汽凝水,可能因加热管的不严密而漏进油,在循环过程中凝水把油带进锅炉。油黏附在锅炉、受热面上或包含在水垢中,会妨碍炉水对受热面的有效冷却,致使局部受热面温度升高。当受热面管子的壁温长期在 500 ℃以上时,管子将发生变形甚至爆炸。一般烟管锅炉炉胆变形和烧塌,主要原因是炉胆壁上黏附油污所致。为尽可能避免油进入锅炉,来自油舱的凝水首先要进入凝水观察柜 10,一旦发现凝水观察柜中的玻璃上黏附油污,应将油舱回水放入舱底,待查明原因并清除后,才允许干净的凝水进入热水井中。

四、排污系统

在锅炉的底部和锅筒的上部各有一个排污阀 13、14。锅炉工作一段时间后,炉水中含盐量增加,底部会聚集泥渣,产生沉淀物。打开底部排污阀 13,排出污水。溶解在水中的盐分以及漂浮在水面上的油污、泡沫和悬浮物,可通过设在锅炉上部的表面排污阀 14,用定期放掉一些炉水的方法排除。

底部排污通常要求在停炉或低负荷时进行。因为此时炉水较平静,有更多的沉淀物在底部附近。底部排污应在水位较高时开始,并注意水位的变化,防止失水。每次排污时间不能太长,一般不超过 30 s。对水管锅炉而言,为防止放出大量炉水后破坏正常水循环,一般不允许锅炉在工作时进行底部排污。废气锅炉也要进行排污,但强制循环锅炉一般不排污。

表面排污不受锅炉负荷状态的限制,一般在投炉水处理药剂之前锅炉热负荷大时进行,为了有效地收集漂浮在水面上的油污和泡沫,在高于最低工作水位 25 mm 至低于正常水位 25 mm 的范围内设有浮渣盘。进行表面排污前,先将炉水加至最高工作水位,排污时水经浮渣盘沿内部接管和表面排污阀流出。排污时,应密切监视锅炉水位的变化。

每天排污的水量据水质化验结果而定,一般每昼夜不少于一次。

排污阀的直径在 25~40 mm 之间。为防止排污阀由于冲蚀而影响密封,一般不用排污阀来调节排污流量。而在排污阀后另装一个调节阀,用它来调节流量。在排污时应先全开排污阀,后开调节阀。而关阀时,应先关调节阀,后关排污阀。

各处的排污管都汇集到排污总管,经舷旁通海阀排到舷外。在排污总管上装有止回阀 15,以免锅炉中无汽压时海水倒灌。排污时,应先开舷旁通海阀 16,以防开启排污阀时管内发生水击。

第5节　船用锅炉的拆装与检修

一、船用锅炉排污阀和给水止回阀拆拆卸、研磨、组装

1. 锅炉排污阀的拆卸

(1)关闭通海阀和与锅炉相连的截止阀,从管路上卸下排污阀。同时注意观察有无大量的水从管路中流出,否则应停止拆卸、查明原因并加以消除。

(2)解体。松开阀盖螺丝,取出阀头、阀盖、阀杆总成,然后进行分解。

(3)工具选择合适。不能损坏零件及工具。

2. 给水止回阀的拆卸

(1)关闭待拆止回阀前后的截止阀,使其与锅炉和管路的其他部分隔离。

(2)从管路上拆下止回阀进行拆卸。解体方法同上。

(3)工具选择合适。不能损坏零件及工具。

3. 阀的研磨

平口阀的研磨:分别对阀和阀座进行研磨。

(1)阀的研磨:

①准备好研磨平台及研磨砂;

②先用粗研磨砂,后用细研磨砂;

③研磨过程中注意加一些滑油;

④研磨按“8”字形进行。

(2)阀座的研磨:根据阀口的大小车削一个合适的研磨胎,将阀座与研磨胎进行对研。先粗后细,适当加油,用力均匀,直到阀线连续为止。

(3)球阀的研磨:阀与阀座对研即可。

若阀面上存在较深的沟痕可先车削后研磨。

4. 锅炉排污阀和给水阀的组装

组装顺序与拆卸顺序相反,注意组装时使阀处于全开位,阀杆盘根压紧程度合适。装复后将阀开关几次,进行试验。

二、锅炉水位计拆卸,更换垫床、组装

水位计玻璃板经过长时间使用后,其板边可能出现缺口、汽蚀剥斑和裂缝,甚至碎裂,因而不能水密,这就需要拆卸,换备件。

在拆卸水位计之前,必须正确地将水位计汽、水空间的旋塞关闭。待稍冷却后,均匀松开压板螺钉,小心取下玻璃板。进行清洁,尤其要刮净垫床。

正确安装办法,应预先将玻璃板连同框架烘热一段时间,如置于炉顶或放于热水中,让其充分热胀后再进行装配。在装配时,玻璃板的垫床要做得大小恰当而且完整,其框架与玻璃板的接触面要绝对清洁,并涂上混有石墨(格兰粉)的气缸油,然后将玻璃板放正。在上紧螺钉时要注意对称且逐渐地分几次上紧,不可以一次上紧,否则即使当时没有压碎玻璃板,也会在装上锅炉后由于热胀和漏泄而碎裂。

三、喷油嘴拆卸、检查、雾化片研磨、组装

喷油嘴的任务是把油雾化成很小的油滴，以利于燃油迅速和完全燃烧。喷油器工作一段时间以后，其端部会因为长期受高温火焰烘烤而结炭，甚至会使部分喷油孔堵塞，这不但会引起雾化质量变坏，且会导致油雾圆锥体的歪斜，破坏正常燃烧，必须拆下清洗。在某些全自动化锅炉中，供油管上靠近喷油嘴处接有压缩空气管。当锅炉停止喷油熄火时，可用压缩空气吹除残存在喷油嘴上的油滴，延长拆下清洗的周期。

1. 准备工作

(1)拆卸前应把燃油泵、燃油加热器、燃烧器置于手动停止位，把燃油进口阀关掉。

(2)从锅炉上拆下喷油器：

①拆去油管及回油管，将拆开的接口用布包好以防碰伤及落入异物。

②对角均匀地拧下喷油器紧固螺母，用顶螺钉(或专用工具)将喷油器从锅炉上取下。

③将炉体上的喷油器孔用木板堵住以免进入异物。

④将喷油器体表面擦拭干净(但不要擦喷孔)。

2. 喷油器拆装、检查与清洗

(1)压力式喷油器拆卸、检查与清洗：

①将喷嘴浸入轻柴油中，泡软后用竹片刮除后再用铜丝刷刷净。

②将喷油器正置夹紧于垫有铜钳口的台钳上依次拆下喷嘴螺帽、雾化片、喷嘴体。分别用轻柴油进行清洗，并检查有无缺陷。

③从另一端松开帽盖，取出滤器进行清洗。

④喷油嘴的关键零件是雾化片，在清洗时如发现有难以清除的炭粒，则应先用柴油浸泡使之变软后再清洗，切勿用金属刃具硬剔，以防将表面划出伤痕，影响雾化质量。当切向槽的深度因冲蚀而增大时，应更换雾化。若一时无备件，可用研磨的方法使之减小，以便恢复原有的通路面积，暂时使用。其步骤如下：

a. 准备好研磨平台及研磨砂。

b. 先用粗研磨砂，后用细研磨砂。

c. 研磨过程中注意加一些滑油。

d. 研磨按“8”字形进行。

e. 注意：不能研磨非阀面一侧。

(2)喷油器组装：

组装顺序与拆卸相反。

四、辅锅炉的检修

1. 检验内容

(1)锅炉本体及其主要部件。

(2)主要附件和指示仪表，如水位计、安全阀、压力表等。

2. 检验目的

找出腐蚀、变形、损坏的位置；研究其产生的原因和以后如何妥善地维护管理；确定是否要修理和修理的范围。

3. 检查锅炉内部的腐蚀和裂纹

(1)应在水垢未清除之前进行

①腐蚀裂纹能通过水垢表面特征显示,水垢清除后不易觉察;

②对检查结果应做记号并记录;

③如有细微裂纹,水垢的颜色在该处会呈深红色或深褐色,其余地方则为均匀的淡黄色;

④如果是局部腐蚀,腐蚀地区上面水垢由于含有氧化铁成分,也会变为局部的深色;

⑤如果腐蚀是处于活化阶段,则水垢呈褐色,轻轻一敲即掉下来,在水垢的下层有黑色氧化铁;

⑥如果水垢牢固地贴附在麻点上,颜色也较淡,则是已停止腐蚀的老麻点。

(2)检验工作先从锅筒的蒸汽空间开始

①首先检查安装附件的孔口边缘和人孔边缘的内侧,这些地方最容易出现裂纹;

②然后检查人孔盖及其横梁上的孔有无变形;如果有则是由于过度地把紧螺母所致;

③应检查蒸汽空间水位波动的地方,这个区域容易遭到腐蚀,应特别注意腐蚀的深度和范围的大小,如发现深度较大,应测量其深度,进行补焊的地方必须用手锤敲击,检查该处容易出现强烈的腐蚀和裂纹;

④应检查锅筒封头弯角处以及给水管与锅筒连接处,对于管端,用电灯照射和放大镜观察。

(3)受热面管子要检查鼓包、变形和腐蚀麻点

①管子鼓疱和变形可以从管外检查,腐蚀麻点发生在管子的内部和外部。除从表面观察,还应从管口处腐蚀间接情况判断管内的腐蚀,如果腐蚀麻点深度达到管壁厚度的一半,要将这些管子切割一部分进行检查,以确定是否需要换管。最容易损坏的是靠近炉膛的几排管和水冷壁管,这些管子的外部损坏情况可以在炉膛中观察到,管子变形的允许值为管子下垂量不超过管径的两倍,管距变化不超过25%~35%。

②应检查管端扩接处有无漏泄,如有漏泄,可以再次扩管。如果漏泄严重或再扩管仍无效,则需换管。

(4)在每次大修后,检验时,长期停用后,要进行水压试验

①试验时,安全阀要用专用夹具锁紧,取下所有不能承受超压的零件和仪表;

②试验前先打开空气阀,以手摇泵充水;

③空气阀溢水后将其关闭,再加压至试验压力,保压5 min,如果压力不下降则为合格;

④水压试验压力为1.25倍锅炉设计压力,如经过重大修理后进行水压试验,试验压力为1.5倍锅炉设计压力。

课后习题

一、选择题

1. 锅炉的蒸发率等于__________。

A. 蒸发量/锅炉受热面积　　B. 蒸发量/锅炉蒸发受热面积

C. 蒸发量/锅炉附加受热面积　　D. 蒸发量/(蒸发受热面积+过热器受热面积)

2. 锅炉炉膛容积热负荷是指炉膛的__________。

A. 单位时间烧油量　　B. 温度

C. 传热量　　D. 单位容积在单位时间内燃料放热量

3. 选择燃油锅炉的主要参数依据是__________。

A. 蒸气参数　　B. 蒸发量

C. 受热面积　　D. A+B

4. 立式烟管式废气锅炉中牵条管的作用是__________。

A. 使封头不易外凸变形　　B. 减少烟管承受拉力

C. 使锅壳不易变形　　D. A+B

5. 所谓的联合式组合锅炉是指__________。

A. 交替式组合锅炉是废气、燃油能单独又可联合使用的锅炉

B. 联合式组合锅炉是废气、燃油只能联合使用的锅炉

C. 联合式组合锅炉是废气、燃油只能单独使用的锅炉

D. 联合式组合锅炉是废气、燃油能单独又可联合使用的锅炉

6. 立式烟管废气锅炉的水位应__________。

A. 保持最高水位　　B. 不低于危险水位

C. 保持在 1/2 高度左右　　D. 可根据蒸汽压力调节

7. 废气锅炉“空炉”干烧会导致__________。

A. 钢板在高温烟气作用下变形　　B. 积灰着火而局部过热

C. 高温腐蚀　　D. 无任何不良影响

8. 锅炉安全阀和其他设备安全阀的重要不同点是__________。

A. 阀盘较大　　B. 承受压力更高

C. 选用耐高温材料　　D. 阀盘带“唇边”，阀座有调节圈

二、思考题

1. 按结构型式锅炉可分为哪几种？

2. 锅炉的性能指标有哪些？

3. 简述烟管锅炉、水管锅炉的优缺点。

4. 简述喷油器种类及工作原理。

5. 燃油燃烧质量与哪些因素有关？

6. 调风器的作用是什么？

7. 分析锅炉缺水的原因。

8. 怎样调节锅炉的安全阀？

课后习题数字资源

第 14 章　船舶海水淡化装置

第 1 节　概　　述

一、船舶对淡水的需求

船舶每天都要消耗大量的淡水,以满足船上人员和动力装置的需要。远洋船舶为增加载货吨位,不宜携带过多淡水,一般都设有海水淡化装置(习惯称之为造水机),以减少向港口购买淡水的费用,并增加船舶的续航能力。

一般含盐量在 1 000 mg/L 以下的水称为淡水。船上淡水主要用于柴油机和其他辅机的冷却、锅炉补给水、生活洗涤和饮用,有时也用来冲洗甲板。机器冷却淡水和冲洗甲板用水只要是清洁淡水即可。洗涤用水一般要求氯离子浓度小于 20 mg/L(Cl^-)、硬度小于 3.5 mmol/L。饮用水必须不含有害健康的杂质、病菌和没有异味,含盐量小于 500~1 000 mg/L, pH 值为 6.5~8.5。造水机生产的淡水几乎不含矿物质,也不能杀灭病菌。若供饮用则最好经过矿化器和紫外线杀菌器处理;航线不长的船上饮水可由专门的饮用水舱供给,靠港后再补充。船舶对淡水水质要求最高的是锅炉补给水,故船舶海水淡化装置对所造淡水含盐量的要求一般都以锅炉补给水标准为依据。我国船用锅炉给水标准规定补给蒸馏水的氯离子浓度应小于 10 mg/L(Cl^-)。

船舶对淡水的需要量是:生活用水为每人每天 150~250 L;动力装置用水以主机功率计,柴油机船每千瓦每天需 0.2~0.3 L,汽轮机船每千瓦每天需 0.5~1.4 L;辅锅炉的补水量可按蒸发量的 1%~5%计,中、高压锅炉按蒸发量的 1%~3%计。一般主机功率为 7 500 kW 左右的柴油机货船,造水机的容量大多不超过 20~25 m^3/d。机舱设备采用中央淡水冷却系统、厕所采用淡水冲洗的船用淡水消耗较多,造水机的容量要大一些。

二、海水淡化装置的分类及在船舶上的应用

海水淡化的方法很多,主要有蒸馏法、电渗析法、反渗透法和冷冻法等,船用海水淡化装置大多采用蒸馏法。

船用蒸馏式海水淡化装置一般采用真空式蒸馏器。海水的蒸发和蒸汽的冷凝是在具有一定真空度的工作容器内完成的,这既有利于降低海水的沸点温度,减少结垢、便于清除,也有利于动力装置冷却水中废热的利用,提高装置的经济性。目前船用蒸馏式海水淡化装置真空度都大于 80%。

真空蒸馏海水淡化装置有闪发式和沸腾式两种。目前在船舶上的,绝大多数采用真空沸腾式海水淡化装置,闪发式在船舶上的使用已日趋减少。

在闪发式中,海水的加热是在单独的加热器内完成,然后喷入真空容器内闪发成蒸汽。由于加热器与蒸发器分开,海水在加热器中被加热时并不沸腾汽化而致海水浓缩,蒸发器内又无加热面,因而减轻了海水结垢的危害;但海水在喷入真空容器内闪发(蒸发)时所需的汽

化潜热来自于海水本身，使喷入真空容器内的海水大部分不能闪发成蒸汽，限制了淡水产量，其经济性也不如沸腾式。

第2节 沸腾式海水淡化工作原理及影响因素

一、真空沸腾式海水淡化装置工作原理

图14-1所示为真空沸腾式海水淡化装置原理图。蒸馏器下部是竖管式加热器，上部则是横置的壳管式冷凝器。海水泵主要为喷射式真空泵和排盐泵提供工作水，其中的一小部分，经海水给水调节阀供入加热器。加热工质（缸套水）从加热器竖管外流过，对管内海水加热。海水温度达到装置内真空压力对应的饱和温度时即开始在海水内部大量汽化，蒸汽汽泡穿过海水从蒸发面上逸出，穿过横置在管壳式冷凝器两侧的汽水分离器，除去含有微量盐分的水珠后从冷凝器壳体上部的开口进入冷凝器。冷却海水在冷凝器管内流过，管外的蒸汽则被冷凝为淡水，并汇集在冷凝器底部，由凝水泵抽出送往淡水柜。因汽化而浓缩了的海水称为盐水，盐水含盐过高会使蒸汽携带的水珠含盐量增加，影响淡水质量，因此由排盐泵将浓缩后的海水排出舷外。当产水量 W 与盐水排出量 W_B 之和等于给水量 W_0 时，装置内的海水水位将保持稳定。给水量 W_0 与产水量 W 之比称为给水倍率。

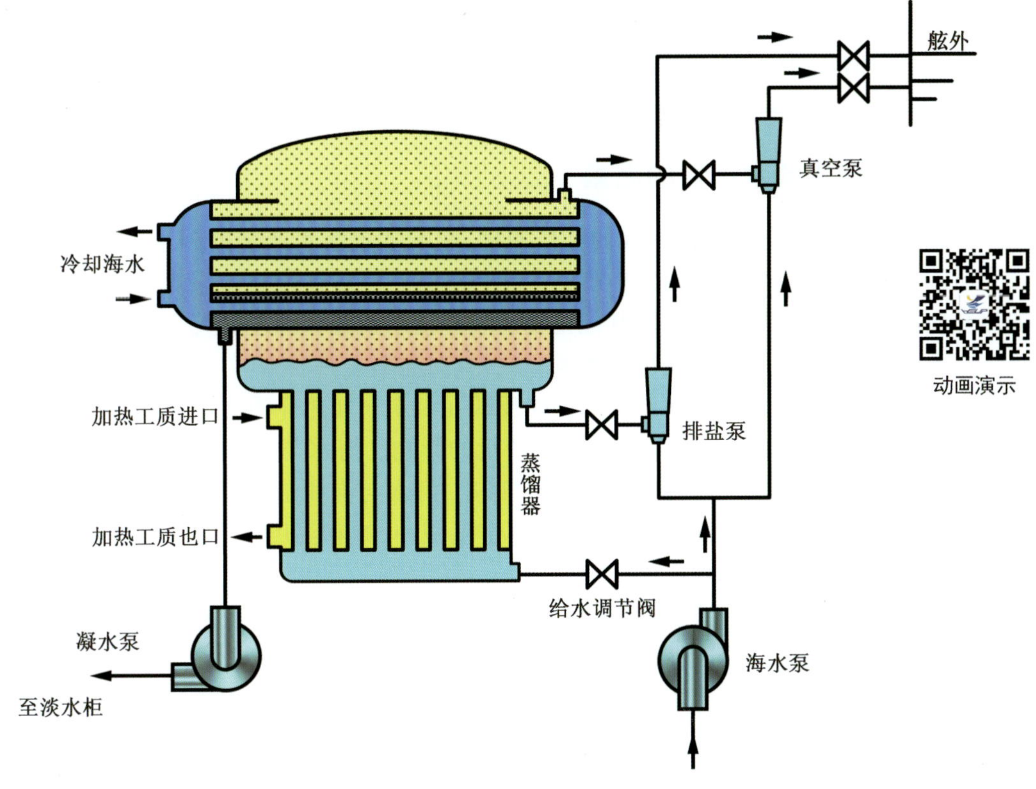

图14-1 真空沸腾式海水淡化装置原理图

需要注意,在柴油机船上,海水淡化装置一般都使用主机缸套冷却水作为加热介质,只有在主机停机而又需淡化装置工作时,才采用辅助锅炉的减压蒸汽来加热。对某些淡水消耗量较大的船舶,当其动力装置的余热不足以满足装置的需要时,则也可使用低压蒸汽作为补充热源。

二、影响装置真空度稳定的因素

造水机在工作中若真空度比设计值低,则海水沸点相应会提高,蒸发器的传热温差减小,产水量就会降低,结垢也会加快;而真空度过高,则沸点降低,海水沸腾过于剧烈,二次蒸汽携带水珠增多,会使所产淡水的含盐量增加。真空沸腾式海水淡化装置中蒸馏器的真空度是由装置的真空泵建立和保持的。在装置工作过程中,当进入蒸馏器的给水量与排出的淡水量和盐水量相等时,其中的真空度一方面会因在真空压力下海水中溶有的不凝性气体逸出及由不严密处漏入的空气而不断下降;另一方面,海水汽化产生的蒸汽只有及时被冷凝为淡水并抽出,才能保持真空度的稳定,因此保持蒸馏器中具有足够真空度且能稳定工作的主要条件是:

(1)真空泵应具有足够的抽气能力。对于喷射式真空泵,工作水压过低,工作水温过高,排出背压过高(>8 mH_2O),喷嘴磨损、堵塞、安装不当,吸入止回阀卡死等都会使抽气能力下降。

(2)有足以与海水汽化产生的蒸汽量相适应的冷凝能力。导致冷凝器冷凝能力下降的因素主要有冷却水温度升高或流量不足,冷却水侧"气塞",冷凝器换热面脏污,凝水水位过高等。此外,加热介质流量过大或温度过高致使蒸发量过大,也会使真空度降低。

(3)保证装置有良好的气密性,防止空气漏入。

三、影响装置淡水产量的因素

根据真空沸腾式海水淡化装置的工作原理,影响装置淡水产量的因素主要有:海水、加热介质的温度和流量,蒸馏器内真空度的大小,加热器、冷凝器换热效果等三方面。除海水、加热介质温度受外部条件限制外,其他主要与装置技术状况和管理有关。

1. 海水、加热介质温度和流量的影响

海水、加热介质温度对淡水产量的影响反映在海水与加热介质之间温度差、海水与真空压力下饱和温度之间温度差的大小对淡水产量的影响。海水与加热介质的温差越小,海水吸收的热量下降,汽化量减小,淡水产量随之减小;海水与饱和温度的温度差越小,冷凝效果越差,不仅直接减少冷凝水量,而且还会使真空度减小,饱和温度上升,汽化量减小,进一步使淡水产量下降,甚至使海水蒸馏中断。

海水、加热介质流量对淡水产量的影响主要分为两方面,若加大加热介质和冷凝器中冷却海水的流量,加热器与冷凝器的换热效果增强,可提高装置淡水产量,因此在上述温差减小时,应增大加热介质或冷却海水流量予以补偿。而供入装置的给水流量增大,会使盐水带走的热量加大,使产水量下降,给水倍率一般控制在3~4倍为宜。

2. 蒸馏器内真空度大小的影响

船用真空沸腾式海水淡化装置真空度一般维持在80%~94%(绝对压力为81.4 kPa~95.7 kPa),对应的饱和温度为35~60 ℃。真空度减小,饱和温度增高,汽化量减小,产水量就会减少,甚至停产;而真空度过高,则饱和温度过低,会导致海水内部汽化过于剧烈,蒸汽携带水珠的量增加，导致淡水含盐量增加，使淡水质量下降。

3. 加热器、冷凝器换热效果的影响

加热器、冷凝器需同时保持较好的换热效果，才能提高装置的产水量。在加热器换热效果良好的状况下，传给海水的热量增加，汽化量增加；但蒸汽必须及时被冷凝成淡水，此时如果冷凝器效果较差，会导致装置内真空度下降，饱和温度升高，汽化量下降，产水量则下降。

四、影响装置所产淡水含盐量的因素

干饱和水蒸气几乎不含盐分，然而蒸馏器中的盐水在剧烈沸腾时，会产生许多细小的水珠随蒸汽一起向上运动。虽然部分较大的水珠升到一定高度后会重新回落到盐水中，但较细小的水珠仍有机会被汽流带到冷凝器中，使冷凝的淡水含有盐分。因此，装置所产淡水的含盐量 S_F 取决于进入冷凝器中被冷凝蒸汽的含水量 W(%)和加热器中被加热海水的含盐量 S_B(mg/L)，即 $S_F = W \cdot S_B$。由此从管理角度来看，淡水含盐量过高的主要原因有：

(1)装置中海水汽化速度过大，沸腾过于剧烈，可能是加热介质的流量过大、温度过高或真空度过高。

(2)加热器中被加热海水水位过高，造成汽水分离高度不足。

(3)被加热海水含盐量过大，以致细小水珠携带盐量增加。

(4)冷凝器泄漏，使冷却海水漏入凝水侧。

(5)汽水分离器效果差，应检查其与隔板和前盖装配情况是否良好。

五、影响装置加热面结垢的因素

由于水垢的导热系数较金属低许多，加热面结垢后其传热能力会随水垢厚度的增加而下降，装置的产水量也会减少，严重时需停止其工作进行清洗。

水垢主要是由海水中某些溶解度较低的盐类沉积在加热面上而形成的。其主要成分是碳酸钙($CaCO_3$)、氢氧化镁($Mg(OH)_2$)和硫酸钙($CaSO_4$)，它们在海水中的溶解度较低，且随温度的升高反而下降。所以在海水被加热过程中，特别是在加热面上因形成汽泡而使海水浓缩时，就很容易被析出而形成水垢。水垢成分中以硫酸钙危害最大，因为它能形成难以消除的硬质水垢，其导热能力比不含硫酸钙的水垢要低90%；其次氢氧化镁形成的水垢也较难清除。由于不同的水垢成分在一定条件下生成水垢的速度和形态是不同的，因此装置运行时，应控制硫酸钙、氢氧化镁形成水垢，这主要与海水的饱和温度和含盐量有关。

1. 海水饱和温度的影响

装置内真空度越低，海水的饱和温度越高，难溶盐的溶解度下降，水垢生成速度就会越快；当温度高于 75 ℃时，$Mg(OH)_2$ 在水垢成分中的比例就迅速增加；当水温超过 82～83 ℃时，$Mg(OH)_2$ 会成为水垢的主要成分。因此，在以蒸汽作为加热工质时要注意海水温度应控制在 75 ℃以下。

2. 装置给水倍率的影响

海水含盐量的高低与不同水域有关，更与装置给水倍率有关。给水倍率越小，被加热海水中含盐量越大，在相同温度条件下，水垢生成速度越快；而且，海水在加热器中的时间也增长，盐类也就更容易在加热器表面形成结垢。$CaSO_4$ 因其在海水中的含量不大，约 1 200 mg/L，占海水总含盐量的 3.4%左右，一般认为给水倍率维持在 3～4 倍速时能较好地控制 $CaSO_4$ 水垢的形成。应该指出，增大给水倍率虽可减轻结垢程度，但同时也会因排盐泵和海水泵流量增加，使装置的热损失和耗电量增加，经济性下降。

3. 传热温差的影响

在饱和温度一定的情况下，加热工质温度提高，传热温差增大，而加热面附近的海水因汽化而浓缩的程度提高，以致结垢量增加，且易生成 $Mg(OH)_2$ 和 $MgSO_4$ 水垢。通常以锅炉蒸汽为加热介质时，一般是以蒸汽先加热淡水，再用热淡水作为装置的加热工质。

第 3 节　船舶真空沸腾式海水淡化装置实例

一、带竖管蒸发器的真空沸腾式海水淡化装置

1. 蒸馏器

蒸馏器(加热器-冷凝器组成的整体)是真空沸腾式海水淡化装置的核心部分，图 14-2 所示为带竖管蒸发器(加热器)的真空沸腾式海水淡化装置蒸馏器的结构图。

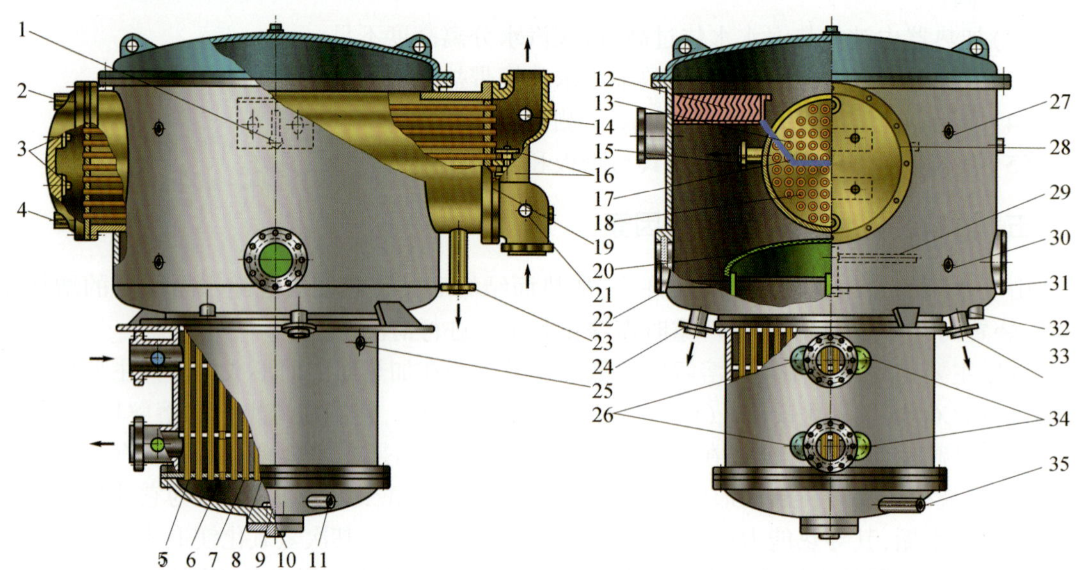

1,14,21,34—温度计安装孔；2,25—放气旋塞接头；3,9,16—防蚀锌板；4—放水旋塞；5—蒸发器传热管；6—隔水板定位套管；7—隔水板；8—管板；10—泄水阀接头；11—给水进口；12—汽水分离器；13—冷凝器管束；15—空气抽出口；17—挡板；18—空气冷却管束；19—冷凝器管板；20—汽水分离挡板；22,31—观察孔；23—凝水出口；24—排盐口；26—压力表接头；27—真空表接头；28,29—凝水水位计接头；30—真空破坏阀接头；32,35—盐水水位计接头；33—不合格凝水回流口

图 14-2　带竖管蒸发器的真空沸腾式蒸馏器

蒸馏器壳体由钢板焊接而成。在竖管式蒸发器管板的上方设有拱形的汽水分离挡板 20，海水沸腾时飞溅上升的水珠在此会被挡板阻挡后回落，蒸汽则绕过挡板继续向上；再通过波纹板汽水分离器 12，除去蒸汽所夹带的大部分水珠，从上部进入壳管式冷凝器。凝水经凝水出口 23 由凝水泵抽走；而不凝性气体则经空气抽出口 15 由水喷射真空泵抽除。喷射泵除喷嘴采用不锈钢外，其余部分均用锰黄铜制造。为防止海水腐蚀，蒸发器和冷凝器的管子与管板采用锡黄铜或铝黄铜材料，并在壳体内相应的海水空间设置了防电化学腐蚀的锌

板 3、9、16 等。某些国外生产的蒸馏器在壳体的内表面涂有塑料防蚀保护层，但涂层耐温性较低，操作时应注意；如有破损，可用环氧树脂予以修补。

蒸馏器壳体上的接头 32、35 以及 28、29 分别用来安装盐水水位计和凝水水位计，接头 27 用来安装真空表；壳体的温度计安装孔 1 处还装有温度表，运行中可以以工作温度所对应的饱和压力校核真空表读数。壳体中部的接头 30 上装有真空破坏阀，当蒸馏器中真空度过高时，可稍开此阀放入少量空气，以保持合适的真空度，避免盐水沸腾过剧而影响淡水质量。另外，在以蒸汽为加热介质的蒸馏器壳体上还装有安全阀，以防蒸馏器内压力过高。

2. 装置的组成和工作过程

整个装置除蒸馏器外还包括供水、加热、冷却、排盐、抽气、凝水（淡水）、盐度监测报警等系统，图 14-3 为该装置系统原理图。

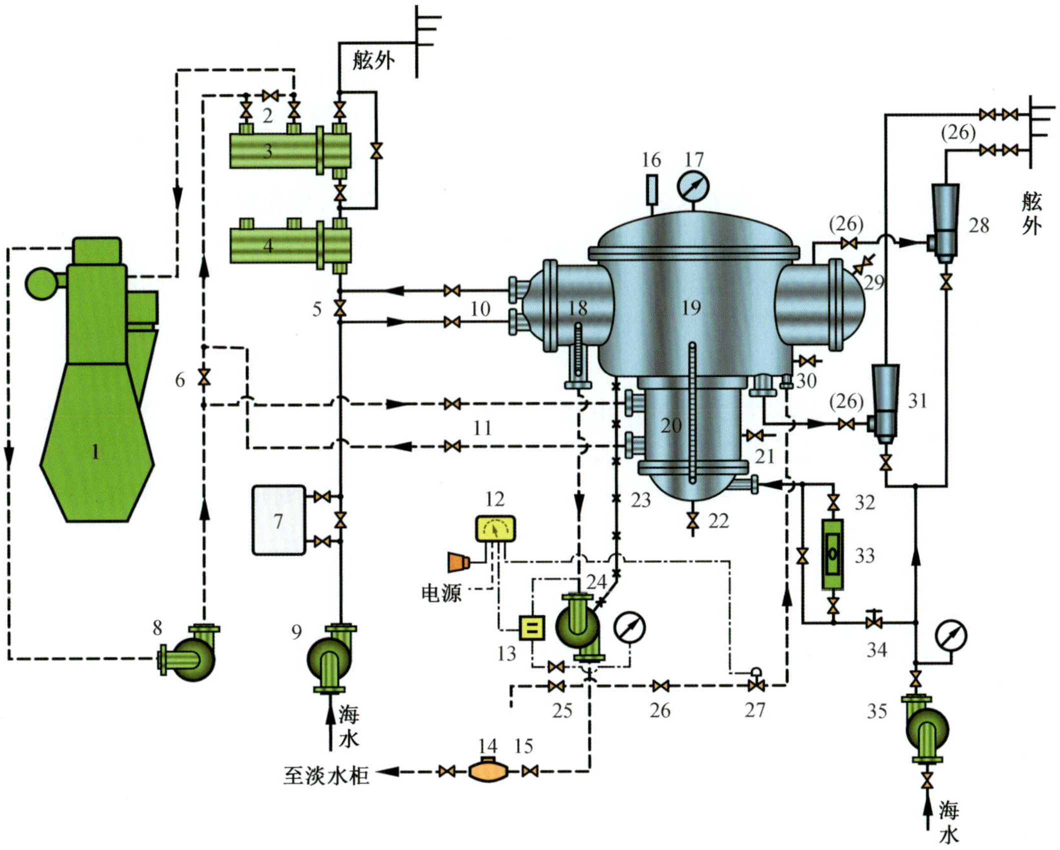

1—主柴油机；2—旁通阀；3—主机缸套水冷却器；4—主机滑油冷却器；5—海水旁通阀；6—加热水调节阀；7—主机空气冷却器；8—主机缸套冷却水泵；9—主海水泵；10—冷却水进、出口阀；11—加热淡水进、出口阀；12 —盐度计；13—盐度传感器；14—凝水流量计；15—凝水排出阀；16—蒸发温度计；17—真空压力表；18—水位计；19—蒸馏器；20—水位计；21—放气旋塞；22—泄水阀；23—凝水泵平衡管；24—凝水泵；25—取样阀；26—止回阀；27—回流电磁阀；28—真空泵；29—放气阀；30—真空破坏阀；31—排盐泵；32—给水调节阀；33—浮子式给水流量计；34—减压阀；35—造水机海水泵

图 14-3　带竖管蒸发器的真空沸腾式海水淡化装置系统原理图

造水机海水泵 35 将舷外海水吸入、提高压力，其中小部分经减压阀 34、给水流量计 33 进入蒸发器，供生产淡水用；其流量由给水调节阀 32 调节。其余海水则用作喷射式真空泵 28 和排盐泵 31 的工作水，工作水压力一般不应低于 0.35 MPa～0.4 MPa。为防止喷射泵因海水泵提供的工作水压力下降或喷射泵出口背压过高而致使海水经抽吸管倒灌进入蒸发器和冷凝器中，在喷射泵的抽吸管上装有止回阀 26；此外，在喷射泵的排出管上也设有止回阀，用以在泵停止工作时防止海水倒灌。

加热工质一般由主机缸套冷却水系统引来，其流量由加热水调节阀 6 调节。冷凝器的冷却水系统大多与主机的冷却海水系统串联，水量由海水旁通阀 5 调节。装置所产淡水由凝水泵 24 抽出，经凝水流量计 14 排入淡水舱。由于凝水泵是从真空度较高的冷凝器中抽水，因此泵的安装位置一般较低，以造成一定的灌注吸高。为防止空气漏入泵内，泵的轴封处设有水封环。当凝水泵内积有气体时会发生“气塞”，故有的凝水泵还在吸入口上设有通冷凝器汽空间的凝水泵平衡管 23，以使泵内积存的气体能及时排入冷凝器。

为了检测所生产淡水的含盐量，在凝水泵的排、吸口间设有回流管，管上装有盐度传感器 13（也可装在凝水泵排出管上）。盐度传感器实际上是一对测量电极，用导线与盐度计相连接。由于水的电阻值随水中含盐量的增加而减小，所以当凝水中含盐量改变时，盐度计反映的电阻值也就随之改变，指示仪表则直接显示相应的含盐量，单位是 ppm（百万分之一）。当凝水的含盐量超过盐度计所调定的报警值时，报警系统会发出声、光报警，同时使回流电磁阀 27 通电开启，使不合格的淡水重新流回蒸馏器中（或泄入舱底）。与此同时，由于凝水泵的排出压力降低，排水管路上的凝水排出阀（截止止回阀）15 随之关闭，凝水也就会停止输往淡水舱。

盐度计的型号有很多种，大多采用电极式传感器，由于温度变化会影响检测值，因此该类型盐度计的电路都设有温度补偿功能，在一定范围内修正读数。使用时，首先应按说明书要求的方法和时间间隔对盐度计进行数值校正和报警值设定；同时应注意按要求对电极进行清洁保养。

3. 装置的启用（图 14-3）

（1）启用前的准备

检查蒸馏器真空破坏阀 30、底部泄水阀 22 及凝水排出阀 15、给水调节阀 32 和给水流量计旁通阀是否关闭。开启冷凝器冷却水进、出口阀 10，将海水引入冷凝器，再开启蒸发器加热淡水进、出口阀 11，将主机缸套冷却水引入蒸发器；然后开启冷凝器、蒸发器的放气阀 29、放气旋塞 21，直至流出整股水流后关闭。如加热和冷却水进口为三通阀，则可在抽真空和给水后再引入加热、冷却水。

（2）抽空和给水

开启造水机海水泵 35 的吸入阀、喷射泵的舷外排出阀等，启动海水泵，将工作海水供入两个喷射泵，蒸馏器中开始出现真空；当达到所要求的工作真空度时，开启给水调节阀 32，并根据给水流量计 33 所指示的流量，调节其开度，以保持适当的给水量。没有给水流量计的装置，可调节给水管路节流孔板前的压力至规定值（见图 14-5 中节流孔板 8）。

（3）供入加热水

蒸馏器中的真空度达到要求时，将通向主机淡水冷却器的旁通阀（即加热水调节阀 6）关小，使主机冷却水在蒸发器中通过。此时相对于主机缸套水冷却系统是增加了一个“冷却器”，水温会有所降低，如主机冷却水系统未设自动调温三通阀，则应适当开大主机缸套冷却器 3 的旁通阀 2,以保持主机缸套冷却水适宜的温度。

(4)供入冷却水

当海水开始汽化产生蒸汽后,关小冷凝器冷却海水旁通阀 5,增加进入冷凝器的冷却水流量,保持合适的真空度。注意通过阀 6 调节加热水的流量,保持适当的蒸发量,防止海水沸腾过于剧烈而使淡水含盐量过高。

(5)排出凝水

当凝水水位达到冷凝器水位计约一半高时,即可启动凝水泵 24,打开其排出阀 15,将淡水送入淡水舱,同时应使盐度计投入正常工作。

4. 装置的停用

当船舶驶近港口、河口或离岸不超过 20 n mile 时,因海水容易受到油和细菌等污染,应停止海水淡化装置的工作。装置停用的一般步骤如下:

(1)开大加热水调节阀 6,然后关闭蒸发器的热水进、出口阀 11,停止加热。同时应关注主机缸套冷却水温度,防止升高。

(2)关闭凝水排出阀 15,停止凝水泵的工作。

(3)关闭给水截止阀,停止海水泵 35。

(4)停止冷凝器的海水供应。

(5)打开真空破坏阀 30。

蒸馏器停止工作后,如果停用时间较长,应将蒸馏器中的盐水经泄水阀 22 放空;应注意防止加热水和海水漏入,以免引起结垢和锈蚀,甚至使蒸发器的竖管被盐垢堵塞。

二、带板式换热器的真空沸腾式海水淡化装置

目前,板式换热器的真空沸腾式海水淡化装置在船舶上获得了应用,尼莱克斯(Nirex)型海水淡化装置属于此种类型,其中 JW(S)P—36 型海水淡化装置技术参数见表 14-1。

表 14-1　JW(S)P—36 型海水淡化装置技术参数表

规格(出、入口法兰直径/mm	125	150	200
淡水产量/($m^3 \cdot d^{-1}$)	10~25	25~35	35~50
加热工质:缸套水流/($m^3 \cdot h^{-1}$)	40~90	90~130	130~185
蒸汽耗量(压力约 0.3 MPa)/($kg \cdot h^{-1}$)	500~1 350	1 350~1 900	1 900~2 700
海水流量/((32 ℃时)$m^3 \cdot d^{-1}$)	40~90	90~130	130~185
压力降:缸套水/kPa	22	23	26
海水/kPa	22	23	26
淡水泵排量/($m^3 \cdot h^{-1}$)	2.1	2.1	2.1
压力/MPa	0.28	0.28	0.28
海水泵流量/($m^3 \cdot h^{-1}$)	40	57	43
工作压力/MPa	0.53	0.53	0.53
排盐泵流量/($m^3 \cdot h^{-1}$)	—	—	15

表 14-1(续)

压力/MPa	—	—	0.24
总功率/kW	15	15	15

图 14-4 所示为 JW(S)P—36—125 型海水淡化装置工作系统图。该装置的蒸发器 22 和冷凝器 21 都采用板式换热器,连同装在前盖上的汽水分离器 23 一起组装在一扁圆形的蒸馏器壳体 20 中,因而其结构比较轻小。蒸馏器的座框、壳体和前盖由碳钢制成,外覆珐琅涂层;内部使用玻璃粉末加固聚脂混合剂涂覆。换热器板由钛合金材料制成;前盖可以方便地开启,以便维修。该装置的工作系统除增设了可用蒸汽加热的少量设备和管路外,其余与前述沸腾式海水淡化装置并无差异,系统工作参数为:

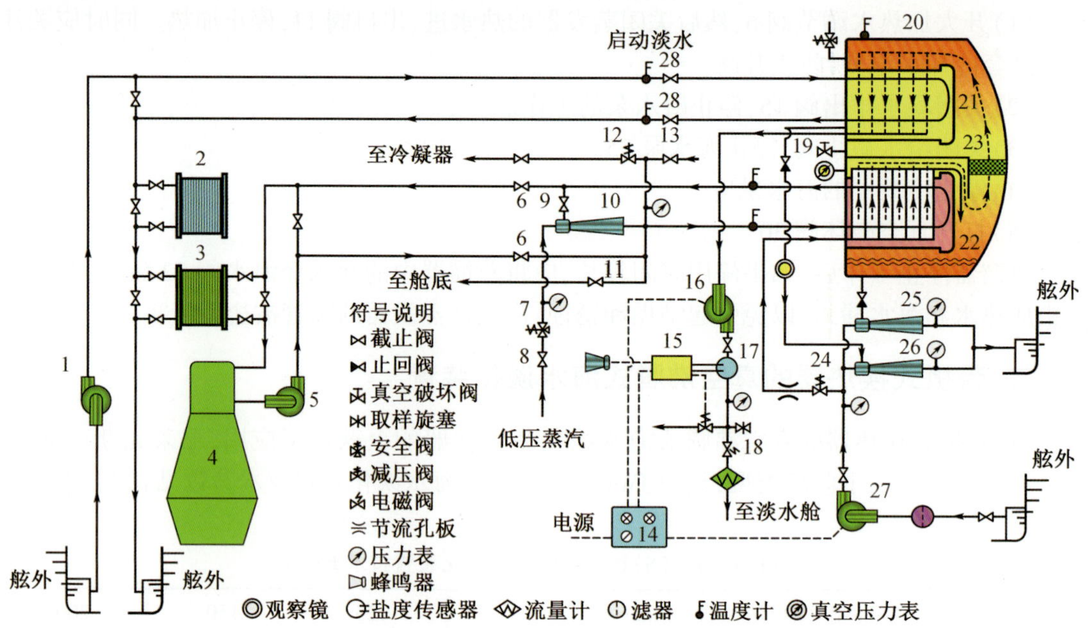

1—主机海水泵;2—滑油冷却器;3—缸套水冷却器;4—主机;5—主机淡水泵;6—缸套水进、出阀;7—安全阀;8—供汽阀;9—加热循环阀;10—蒸汽射水器;11—泄水阀;12—调压阀;13—加水阀;14—电源;15—盐度计;16—凝水泵;17—盐度传感器;18—电磁阀;19—真空破坏阀;20—蒸馏器;21—冷凝器;22—蒸发器;23—汽水分离器;24—减压阀;25—排盐泵;26—真空泵;27—造水机海水泵;28—冷却海水进、出阀

图 14-4 JW(S)P—36—125 型海水淡化装置工作系统图

(1)蒸发温度约 40 ℃(真空度 93%);

(2)加热水温度 55~90 ℃;

(3)加热蒸汽压力 0.3 MPa;

(4)每小时 1 000 kg 淡水产量的平均耗热量 767~814 kW;

(5)生产的淡水含盐量<1.5 mg/L。

为了使盐水和汽化的蒸气能够从蒸发器上方流出,在蒸发器换热板海水一侧的上部不设密封垫;为了使蒸汽能自上而下地进入冷凝器中冷凝,在冷凝器侧换热板的凝水一侧上方也不设密封垫。换热板上的载荷,由板上的许多金属触点来支承。

这种蒸馏器不仅可通过孔板严格控制给水量,而且给水通过蒸发器的时间很短,所以换热面上的结垢也就很轻。当装置换用蒸汽加热时,应先关闭缸套水的进、出阀 6,并通过泄水阀 11 放空蒸发器内存留的加热水,以防污染加热蒸汽的凝水。清洁的加热用淡水经加水阀 13 加入,开启加热循环阀 9,再开启供汽阀 8,以通入表压约 0.3 MPa 的低压蒸汽,作为蒸汽射水器 10 的工作流体,并加热加热用淡水,使其在蒸发器中循环。此时需注意调节加热蒸汽的流量,使蒸发器入口处的淡水温度保持在 65~70 ℃。因加热蒸汽凝结所增加的淡水量,经调压阀 12 流入冷凝器。为了保证蒸汽射水器的循环流量,调压阀的开启压力应不低于 0.1 MPa。此外,为了限制加热蒸汽的压力,在进汽管上装有安全阀 7,其调定压力不大于 0.45 MPa。

三、船舶真空沸腾式海水淡化装置的自动控制

随着轮机自动化的发展,船舶实现了无人机舱,海水淡化装置必须实现自动控制。图 14-5 所示为真空沸腾式海水淡化装置自动控制原理简图,其主要特点如下:

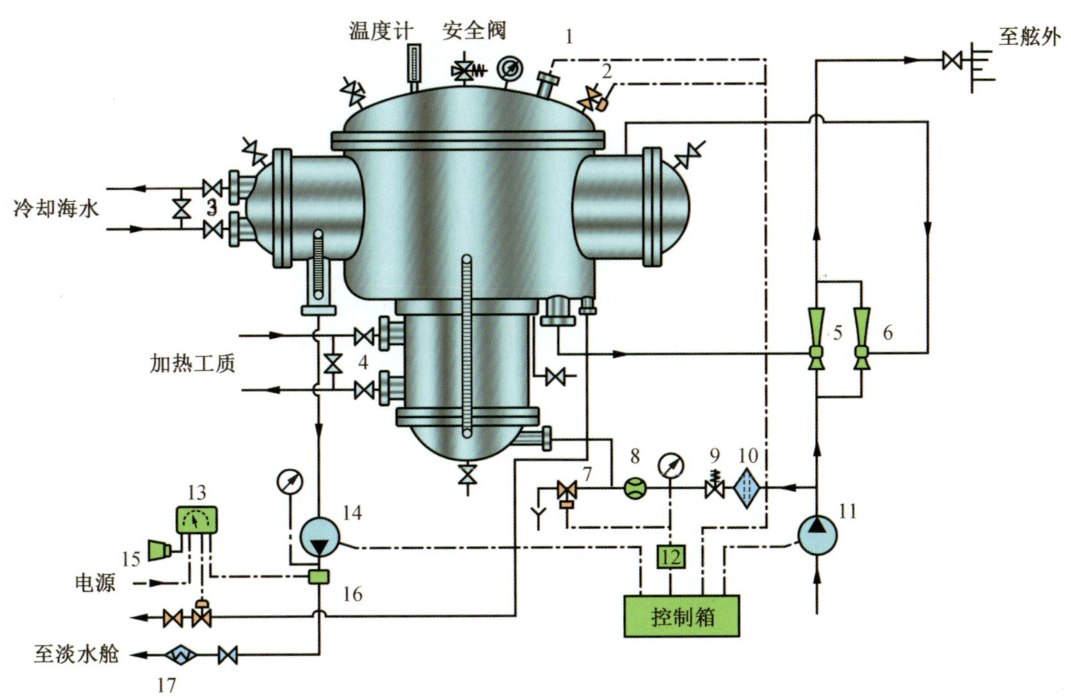

1—温度继电器;2—真空调节电磁阀;3—冷却海水进、出口阀;4—加热介质进、出口阀;5—排盐泵;6—真空泵;7—液动泄放阀;8—节流孔板;9—减压阀;10—滤器;11—海水泵;12—压力继电器;13—盐度仪;14—凝水泵;15—蜂鸣器;16—盐度计;17—流量计

图 14-5　真空沸腾式海水淡化装置自动控制原理简图

(1)在蒸馏器的壳体上装有一个可由蒸发温度继电器 1 控制的真空度调节电磁阀 2,当海水温度较低,致使真空度增加到 94%时(对应的蒸发温度降到 35 ℃),由蒸发温度继电器使电磁阀断电而开启,外部空气进入蒸馏器。直至真空度降至正常范围,对应的蒸发温度上升至调定值(由温度幅差调整)后,继电器使电磁阀重新通电而关闭,从而达到自动调节真空度的目的。冷却海水始终保持额定流量,无须调节。

（2）系统装有压力继电器12和液动泄放阀7，当装置建立起给定的给水压力后，泄放阀7会在水压的作用下自动关闭。在给水系统出现故障，使给水压力下降至调定值时，继电器12接通报警电路。在装置停止工作，海水泵供水压力消失后，液动泄放阀7会自动开启将蒸馏器中的存水泄空。

（3）装置的加热与冷却系统始终和主机的海水冷却、淡水冷却系统串联（图中未示出），因此在装置停用后，主机的海水、淡水冷却系统流动阻力虽然有所增加，但使装置的操作控制趋于简便，启用、停止时省去了开、关阀件及放气等诸多操作。

装置启动时只需按下机旁或遥控的启动控制按钮，就能使装置按下述程序自动启动：时间继电器开始工作，真空调节电磁阀2保持关闭，海水泵11启动，喷射式真空泵6、排盐泵5开始工作，给水压力建立，泄放阀7关闭，凝水泵14启动，盐度计13通电投入工作。装置停用时，按下停止按钮，真空度调节电磁阀断电而自行开启，海水泵断电停车，泄放阀失压开启，放出蒸馏器中的海水，凝水泵和盐度计断电，时间继电器又为下一次启动做好准备。此外，某些装置可根据淡水舱中的水位自动控制装置的启停。

第4节　船舶真空沸腾式海水淡化装置的维护

一、装置主要的维护工作

（1）为保证装置能维持足够高的真空度，应适时地清洗冷凝器水侧，以免污垢堵塞冷却水管和污染换热面，妨碍传热。

（2）当装置工作条件正常，因使用过久而淡水产量逐渐减小时，应及时对蒸发器进行除垢；在有条件的情况下，可对给水进行连续投药处理，不仅可预防结垢，还有减小所产淡水含盐量的效果。

（3）当所产淡水含盐量过高而又非出于操作方面的原因时，应检查和消除冷凝器泄漏的可能性。

（4）应定期检查和维护装置所用水泵及盐度检测、报警设备的工作状况。盐度传感器每使用一个月左右即应拆出清洁一次，以免电极黏附污垢，使所测电阻值失准。清洁时应在热淡水中浸洗，勿用硬物刮刷，以免损坏电极表面的铂-铑镀层。

（5）应每年检查冷凝器和蒸发器中的防蚀锌板，当其耗蚀过半时应予以换新。

（6）注意检查和保持装置的密封性能。

二、装置漏气、漏水的检查与防止

（1）漏气

为了检查海水淡化装置的密封性，可将蒸馏器通外界的各阀关闭，然后启用喷射泵，尽可能将蒸馏器抽至工作所要求的真空度后停止抽气。如在1 h内真空度下降超过10%，即表明密封性不合格。漏泄处查找，可在蒸馏器保持较高真空度的情况下，以烛火或线香沿各接合面慢慢移动，发现烛火或烟向内偏移，则表明该处漏气。通常最易漏气的地方是凝水泵的轴封和阀杆填料等处。

固定部件结合处的漏泄，可采用涂油漆、密封胶等办法堵漏。有些漏缝或漏孔，可先塞上适当的填充物，再在外面涂以油漆、沥青或环氧树脂等。

（2）漏水

检验冷凝器是否漏水，可停用造水机，关闭凝水泵出口阀，继续供给冷凝器冷却水。如果凝水水位逐渐升高，则表明冷凝器泄漏，即冷却海水漏到了凝水一侧。这一点可短时间关闭通往淡水柜的截止阀，启动凝水泵，检测盐度予以证实。为进一步确定泄漏部位，可关闭冷却水进、出口阀，将冷却海水泄空后拆下冷凝器端盖，用前述线香或烛火法查漏。也可通过向冷凝器内压水（最好是热水）的方法来查漏。经验表明，漏泄大多是由于管与管板的扩接不良所造成。

三、给水处理及水垢的清除

有些海水淡化装置中设有给水投药处理设备。水处理剂的作用是：

（1）使海水中的难溶物质在析出时不形成水垢，而形成很小的形状不规则的松散易脱落的晶体，从而被排盐泵连续排走。

（2）水处理剂含有消泡剂，能消散小汽泡，防止海水飞溅，从而减少所产淡水的含盐量，便于加大蒸发率。

图 14-6 为海水淡化装置给水投药的典型系统图。将稀释好的药剂倒入储液桶 1 中，装置工作时即可靠重力通过流量调节装置 2 从药剂进口 5 补入海水淡化装置（蒸馏器）中。药剂的投入量计算方法通常应遵照药剂生产商提供的使用说明书的规定进行。

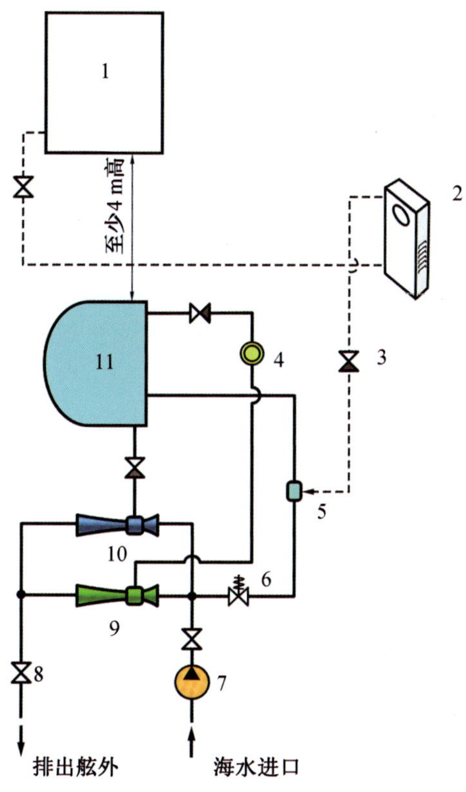

1—储液桶；2—流量调节装置；3—单向阀；4—观察镜；5—药剂进口；6—海水进调压阀；7—造水机海水泵；8—海水通舷外排出阀；9—真空泵；10—盐水排放泵；11—海水淡化装置

图 14-6　海水淡化装置给水投药处理典型系统图

装置水垢的清除，目前较多使用的是化学除垢法。除垢剂多为酸性物质，如干酸粉、柠檬酸和乙醇酸钠等。

干酸粉以氨基磺酸为主要成分，并拌有缓蚀剂和指示剂。清洗时，只需在每升水中溶入 0.1 kg 的干酸粉并将其注入蒸发器中即可。溶液的浓度可根据积垢情况适当增减，如能将溶液加热（温度不高于 70 ℃），并使其经蒸发器循环流动，可加快除垢的速度。当水垢已被溶解而药剂又已耗去 85%以上时，干酸粉溶液的颜色会由红色转为橙黄，这时应将其放出，然后再重新换入新的溶液，直至水垢全部除净，酸洗工作即告完成。

蒸发器竖管外壁的脏污，常用碳酸钠煮洗，碳酸钠水溶液的浓度宜保持在 1%左右，碱煮时间持续 8 h。

课后习题

一、选择题

1. 船舶海水淡化装置对淡水含盐量的要求根据对__________的要求而定。

A. 主机冷却水　B. 锅炉补给水　C. 洗涤用水　D. 饮用水

2. 船用海水淡化装置绝大多数用__________。

A. 蒸馏法　B. 电渗析法　C. 反渗透法　D. 冷冻法

3. 一般称为淡水者含盐量应在__________以下。

A. 100 mg/L　B. 200 mg/L　C. 500 mg/L　D. 1 000 mg/L

4. 大多数柴油机船舶海水淡化装置以__________为热源工作。

A. 主机活塞冷却水　B. 主机缸套冷却水

C. 废气锅炉产汽　D. 辅机（发电机）冷却水

5. 船用海水淡化装置中__________泵多采用水喷射泵。

A. 真空　B. 凝水　C. 排盐　D. A+C

6. 船用海水淡化装置所用喷射泵的工作流体来自__________。

A. 主海水系统　B. 辅海水系统

C. 蒸汽系统　D. 海水淡化装置海水泵

7. 海水淡化装置不合格产水通常是__________。

A. 泄放舱底　B. 回流至蒸馏器　C. 排放污水舱　D. A 或 B

8. 海水淡化装置一般会在__________时发出声光报警。

A. 真空度太高　B. 真空度太低

C. 盐水水位太低　D. 产水含盐量太高

二、思考题

1. 试述船用真空沸腾式海水淡化装置的工作原理。

2. 真空沸腾式海水淡化装置真空度的高、低对装置的工作有何影响？

3. 影响真空沸腾式海水淡化装置加热面结垢的因素有哪些，如何预防？

4. 真空沸腾式海水淡化装置启用、停用的基本步骤有哪些？

课后习题数字资源

第 15 章 船舶防污染装置

第 1 节 船舶对环境的污染及防污染技术

一、船舶对环境的污染

党的二十大工作报告中提出“推动绿色发展,促进人与自然和谐共生”,并要求深入推进环境污染防治,打好蓝天、碧水、净土保卫战。加强污染物协同控制,统筹水资源、水环境、水生态治理,推动重要江河湖库生态保护治理。

在“发展海洋经济,加快建设海洋强国”的同时,也要保护海洋生态环境。船舶作为水上交通运输的重要工具,在其运营管理中存在环境污染的问题。船舶对环境(江、河、湖、海、大气)的污染主要有油类污染和非油类污染两大类。

1. 油类污染

船舶油类污染是指船舶在营运过程中石油及其产品通过多种途径进入水域造成的污染。水域在遭受油类污染时将会使生物生存环境恶化,造成生物数量、种类减少,影响生态平衡,引起水产资源质量下降,直接或间接地危害人类健康;近岸油类污染将严重破坏岸边环境,使护岸植物枯萎、死亡,导致岸堤溃退,危及人类生存环境。

船舶油类污染主要包括:机舱污水、油渣、油船压载污水、油船洗舱污水的直接排放;船舶突发性搁浅、触礁、碰撞等海损事故中的泄漏;以及船舶油料补给、调驳、货油装卸等作业中事故引起的跑、冒、滴、漏等。

机舱污水是所有机动船舶都会产生的,水主要是通过密封装置(各类水泵的轴封、水阀阀杆填料函等)及检修设备、管路、冷却器时漏入机舱,普通船舶每年机舱产生的污水量约为本船舶总吨位的 10%。污水中的油类则源自机舱动力设备运转过程中燃料油、滑油、润滑脂的泄漏。机舱污水中油分浓度一般在 7 000~10 000 ppm(1 ppm=1/1 000 000);污水量及其含油量取决于船舶及机舱设备的技术状况。

油船压载污水是指除清洁压载舱外为航行安全将舷外水压入货油舱而形成的含油污水。油分浓度与货油舱的扫舱质量有关,一般在 4 000~7 000 ppm。新建油船一般设有清洁压载舱,正常航行时无须货油舱压载,但轻载遇风暴航行时仍会使用。

油船洗舱污水是油船在修船或更换货油油品前利用加热的海水以高压对货油舱或油柜进行喷射冲洗而产生的污水,其油分浓度在 4 000~10 000 ppm,高的可达 20 000 ppm。

现代大型船舶柴油机普遍使用劣质燃料油,而这些油料中含有一些油渣和含油垃圾(占油量的 1.5%~2%),通过分油机和沉淀柜分离出来。这种含油垃圾是一种很重要的污染源。

2. 非油类污染

船舶非油类污染主要是指船舶生活污水、垃圾、有害气体等对水域和大气的污染。

船舶生活污水分为由盥洗室、浴室、厨房等处清洗产生的灰水和由厕所、医务室产生的黑水两类。生活污水对环境的污染主要是由其中所含的有机物在水中分解时减少水中氧气含量,氮化合物、磷化合物等使水域“富营养化”,促使有害藻类大量繁殖,造成鱼类和其他水生生物死亡;此外生活污水中大量存在的细菌、病毒、寄生虫等病源体随污水扩散将直接影响人类的健康。

船舶垃圾主要包括生活垃圾、船舶维修产生的废弃物、舱柜清扫产生的含油污泥或垃圾等。它们种类多、成分复杂,大部分难以在水中分解,将会长期漂浮、悬浮于受污染水域。

船舶有害气体主要包括船舶主辅动力装置、辅助锅炉排放的烟气中所含的碳、氮、硫等的氧化物气体及浮尘;船舶制冷、空调装置泄漏的氯氟烃类制冷剂气体;油船装运过程中散发的油气等。这些气体中部分有害物质除对人体健康有直接影响外,主要以大气温室效应、破坏地球臭氧层、形成酸雨等破坏地球环境。

二、船舶防污染技术

1. 防止油船油舱污水的污染

(1)采用“装于上部法”

实验表明含油量为30 000 mg/L以下的含油污水在油舱中静置4 h后,大部分油可在油、水密度差的作用下上浮而自然分离,在距表面2 m以下水中含油量可下降到100 mg/L以下,下层可降至50 mg/L左右,在离海岸50 n mile以外航行时可将下层污水直接排入海中。“装于上部法”是将洗舱水、压载水等含油污水集中于若干个舱内静置,分多次排放下层污水,使最后剩下的污水数量显著减少,而其含油量可高达50%,在船舶抵港后,同品种货油直接装载于污油上部。当排水过程采用排油监控设备和油水界面探测器,并配以油水分离器、多级沉淀舱,以确保油量瞬时排放率小于30 L/n mile时,“装于上部法”则被称为改进的“装于上部法”。“装于上部法”明显的缺点是不适应短线及恶劣天气航行;也不适合成品油运输,油中含水必将影响成品油质量。

(2)设置专用压载舱

《MARPOL73/78公约》规定,载重量为20 000 t及以上的新油船、载重量为30 000 t及以上的新成品油油船应设专用压载舱;容量应满足不依靠货油舱压载而能安全航行;压载舱应与货油舱、燃油舱及其系统分开。专用压载舱一般采用双层底、边舱结构,并布置在船舶易损部位,因此油船在发生搁浅、碰撞时一定程度上能起到保护油舱的作用。

(3)设置清洁压载舱

无专用压载舱的油船为满足航行安全,将部分货油舱专用于装载压载水,称为清洁压载舱,其舱容应满足设置专用压载舱的最小容量。清洁压载舱对船舶结构不做改动,与货油舱共用泵和管路系统,因此设置清洁压载舱会降低货油装载量,也使操作程序变得复杂。

(4)采用原油洗舱

原油洗舱是指原油油船在卸油的同时,用洗舱机将所载原油以高压喷射方式冲洗舱面及舱底,并将洗落的沉积物随货油一起泵送上岸。《MARPOL73/78公约》规定新建原油油船必须安装原油洗舱设备,同时必须配备惰性气体系统,用于向舱内填充惰性气体,防止舱内油气因原油洗舱过程中产生的静电而引发爆炸。

2. 防止机舱污水的污染

船舶机舱污水量虽然不大,但机舱底部能容纳污水的容积也非常有限,因此机舱需设置油水分离器及油分浓度监控装置,保证排出的污水油分浓度小于15 ppm,适应在特殊区域等水域能排放机舱污水。

3. 防止非油类污染

防止船舶生活污水污染的办法是使用生活污水处理装置；船舶垃圾除使用焚烧炉焚烧处理外，也可由岸上接收处理；对于船舶废气及有害气体排放的控制，主要靠改进船舶动力设备的燃烧状况、对废气进行再处理以及对油船装卸时产生的油气进行收存等方法进行处理。

第2节　船用油水分离器

一、船用油水分离器油水分离的方法

油水分离的方法有很多种，主要有物理分离法、化学分离法和生物化学法等。

物理分离法是利用油水密度差或过滤、吸附、聚合等物理方法使油水分离的方法。其主要特点是分离过程不改变油或水的化学性质，主要包括重力分离、过滤分离、聚合分离、吸附分离、气浮分离、超滤膜分离、反渗透分离等方法。

化学分离法是向含油污水中投入絮凝剂或聚集剂，使油凝聚成凝胶体沉淀或使油凝聚成胶体上浮，而达到油水分离；或者利用对水电解产生的气泡附着油滴上浮，以实现油水分离的方法。

生物化学法是利用好气性微生物对油具有分解氧化作用而对含油污水进行处理的方法。目前船用油水分离器以物理分离法为主，其主要采用的方法如下：

1. 重力分离法

重力分离是在重力场内利用油水密度差使油上浮而达到油水分离的目的，主要用于分离直径在 50 μm 以上的较大油粒，对于粒径更小、呈乳化状态的油粒则很难分离。重力分离具体有静置分离和流道分离等不同方式。

(1)静置分离

静置分离是将含油污水静置于舱柜中一段时间，利用油水密度差使油粒上浮而分离。油粒在静置的污水中受重力、浮力和运动阻力三种力的共同作用，理论分析可得到油粒上浮速度与油粒直径的平方、油水密度差成正比，与水的黏度成反比，说明含油污水静置分离时油粒直径越大，分离速度越快；油粒直径越小，油粒越难分离；适当提高水温，可降低水的黏度，并可增大油水密度差，有利于油水分离；但水温过高时，水黏度降低和油水密度差增大的效果会明显减弱，而油黏度变小，更易乳化，对油水分离反而不利。

(2)流道分离

静置分离处理含油污水时，不仅需要较大的容积，工作也难以连续进行，特别在油粒直径较小时需要较长的时间。如果油粒在重力分离过程中有机会发生碰撞、聚合，使直径增大，将加快上浮速度，提高分离效果。因此在实际应用的油水分离器中都采用流道分离，即使含油污水流过多层平行板、波纹板、锥形板等流道，以改善水流状况、增加油粒相互碰撞、聚合机会，提高油水分离效果。

2. 过滤分离

根据对油附着能力的强弱，材料有非亲油性、中等亲油性和强亲油性之分。过滤分离是让含油污水通过多孔的非亲油性材料滤层（如石英砂、煤屑、焦炭、滤布、特制的陶瓷塑料制品等），利用滤层的微孔、缝隙能让水通过而对油的阻挡作用，把分散的油粒从连续的水流中分离出来，继而在滤层表面相互接触聚合成大的油粒而上浮。因油粒主要被阻挡在滤层前部，微孔、缝隙容易堵塞，故滤层必须经常用反冲洗的方法对其进行清洗，以保持良好性能。

3. 聚合分离

聚合分离是让含油污水通过多孔的中等亲油性材料介质，其较小直径的油粒在通过介质中曲折孔道的过程中聚合，形成较大直径的油粒，离开介质后上浮，达到油水分离的目的。油粒在多孔的中等亲油性材料介质中通过时个数减少、直径增大的过程叫"聚合过程"，也叫"粗粒化过程"，该介质称为"聚合元件"或"粗粒化元件"，材料主要有涤纶、尼龙等纤维材料、多孔弹性材料（聚氨脂类、海绵、弹性泡沫塑料）以及聚苯乙烯等固体颗粒材料等。

4. 吸附分离

吸附分离是让含油污水通过高比表面积的多孔的强亲油性材料（常用的有亲油性纤维、硅藻土、焦炭和活性炭等），其细小油粒被介质内部多孔的孔道表面所吸附，而达到油水分离。由于吸附主要由强亲油性材料介质内部多孔的孔道表面完成，因此吸附材料不仅注重高的比表面积，以提高对油的吸附量，而且存在吸附饱和，此时吸附与脱附达到相对平衡，吸附材料失去油水分离作用；虽然油被吸附后可通过加热等方法脱附，使吸附材料再生，但在实际使用中通常在吸附饱和前就予以更换，加大了使用成本；另外大油粒会堵塞吸附材料微孔，使吸附效能下降，因此吸附分离往往作为最后一级来分离细微油粒，分离后的含油量可达到 5 ppm。

目前船用油水分离器主要采用重力分离作为油水的初级分离，以分离较大直径油粒，分离后的油分浓度可达到 100 ppm 以下；以过滤分离、聚合分离作为次级，分离较小直径油粒，分离后的油分浓度低于 15 ppm；也有采用吸附分离作为末级来处理细微油粒的，分离后的油分浓度可达到 5 ppm。

二、船用油水分离器典型结构

船用油水分离器按用途可分为舱底水油水分离器和压载水、洗舱水油水分离器，前者处理能力较小，一般为每小时 0.5～10 t，以 1～3 t 为多，后者处理能力较大，可达每小时 1 000 t。下面是两种较为典型的舱底水油水分离器。

1. CYF-B 型油水分离器

国产 CYF-B 型船用油水分离器用于处理机舱舱底污水，一级采用流道式重力分离法，二级、三级为聚合分离法，图 15-1 是其原理结构图。

舱底污水由外设专用污水泵抽送，经污水进口 6 及多个扩散喷嘴 7 进入分离器，粗大油粒在密度差作用下与水分离，上浮进入左集油室 10；较细小的油粒与污水一起向下进入流道分离器 4 中。流道分离器由波纹板与平板交替叠放组成，下、中、上三组相互串联。细小油粒在通过流道过程中不断碰撞、聚合，在出口处形成粗大油粒上浮至右集油室 15，而与水分离。而后污水经过滤器 19 和外接管路进入两级串联的聚合元件 17、16，污水中的细微油粒在其中聚合成大油粒，离开聚合元件后上浮至中间集油室 13 而与水分离。处理后的水由清水排出口 5 排出。

左、右集油室各装有电极式油位检测器 9，用以控制自动排油阀 12 实现自动排油；加热器 8 用于环境温度较低时对污油加热，使之能顺利排出。因中间集油室收集聚合元件聚合分离的污油量不多，可定期手动排油。

2. 特勃罗（TURBUIO）斜板油水分离器

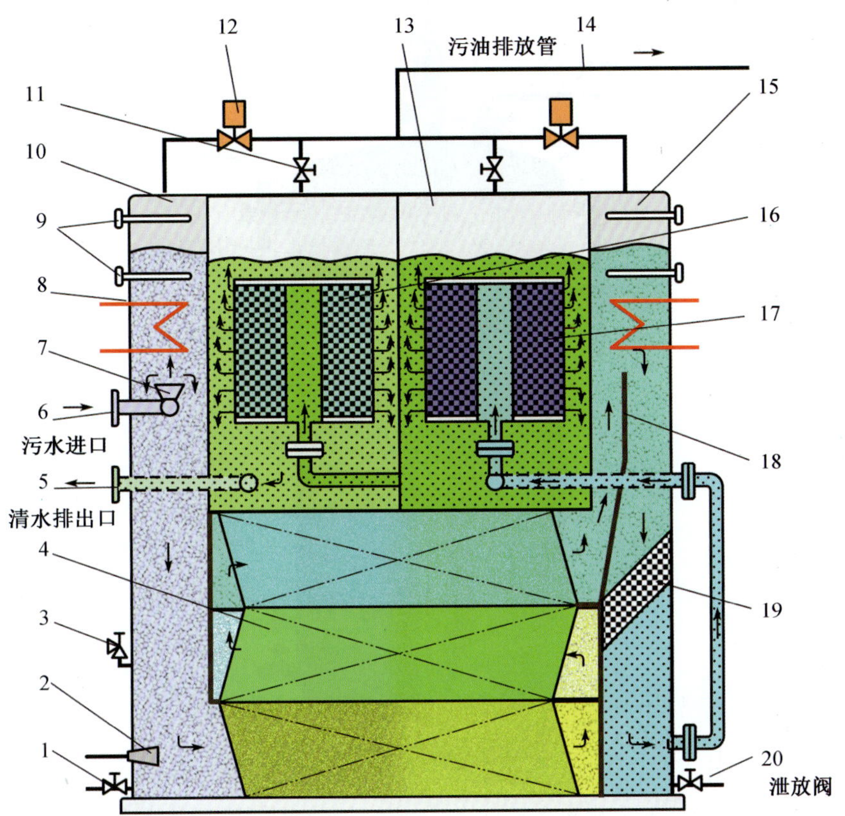

1—泄放阀；2—蒸汽冲洗喷嘴；3—安全阀；4—流道分离器；5—清水排出口；6—污水进口；7—扩散喷嘴；8—加热器；9—油位检测器；10—左集油室；11—手动排油阀；12—自动排油阀；13—中间集油室；14—污油排放管；15—右集油室；16、17—聚合元件；18—隔板；19—过滤器；20—泄放阀

图 15-1　CYF-B 型船用油水分离器原理结构图

特勃罗斜板油水分离器是重力分离油水分离器，多用于舱底污水的处理，图 15-2 是其原理结构图。该分离器由上部的粗分离室 17 和下部的细分离室 9 两部分构成。含油污水沿切向进入粗分离室，由旋转流动而产生的离心力差使较大的油粒向粗分离室中部汇集，上浮到上部集油室 20，而含油污水则经多孔阻滞板 21、集油罩 6 中部向下进入细分离室；多孔阻滞板一方面迫使含有污水停止旋转，同时较小的油粒在阻滞板中碰撞聚合成大油粒而沿阻滞板上升到集油室 20；进入细分离室的含油污水由中心向外流经多层斜板 10 之间的狭窄通道时，细小的油粒互相碰撞、聚合增大，并沿斜板下表面向外流动，最后脱离斜板外缘而上浮到集油罩 6 的下部，经污油上升管 18 进入上部集油室，经排油管 1 排到污油柜；处理后的水经细分离室中央的集水管 11、排水管 12 排出。

为避免空气聚集于顶部，而造成油面过分下降，影响分离效果和正常排油，顶部设有空气排气阀 2，由控制浮球 3 自动控制排放。

在气温较低或分离黏度较大的含油污水时为提高油水分离效果，分离器上部和下部设有蒸汽加热器 19 和 15，加热温度一般在 40～60 ℃。

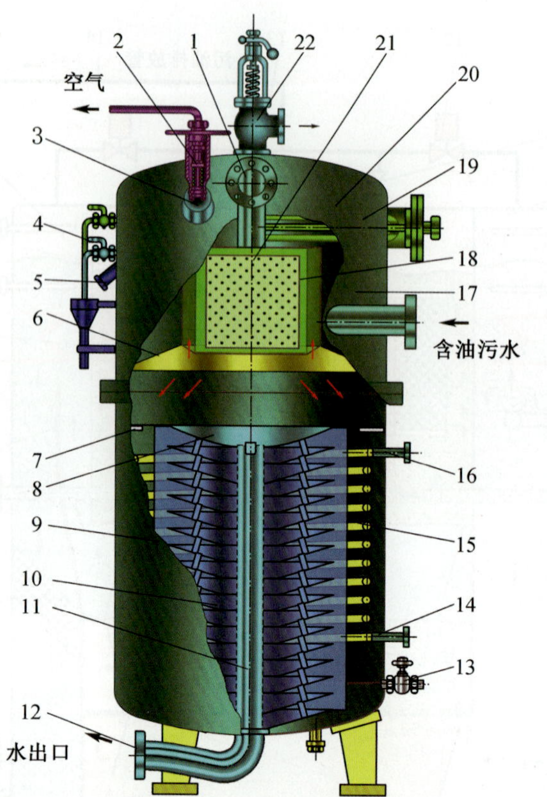

1—排油管;2—空气排放阀;3—控制浮球;4—验油旋塞;5—自动排油电极插口;6—集油罩;7—支撑板;
8—拉撑板;9—细分离室;10—斜板;11—集水管;12—排水管;13—排泄阀;14—加热蒸汽出口法兰;
15—下蒸汽加热器;16—加热蒸汽进口法兰;17—粗分离室;18—污油上升管;19—上蒸汽加热器;
20—集油室;21—多孔阻滞板;22—安全阀

图 15-2 特勃罗斜板油水分离器原理结构图

三、舱底水分离系统

1. 典型的系统布置

图 15-3 是典型的舱底水分离系统原理图。该系统主要包括:控制箱(未单独画出)、油水分离器(一级、二级)、管路、供水泵、自动排油监控装置、油分浓度监测装置、自动停止排放装置等。

管路布置应尽量减少阻力损失,管路内径选择应使管内流体流速保持在层流状态。不能采用节流或旁通方法调节供水泵流量。为方便相关检查,应尽可能在靠近油水分离器出口的排水管垂直部分设一取样口。应在舷外出口附近设置再循环系统,以使系统能在停止舷外排出的情况下进行运行试验。

2. 自动排油装置

油水分离器工作过程中分离出的污油一般都暂时汇集在分离器上部的集油室中,当积累到一定量时由自动排油装置自动排放至污油舱或柜。自动排油装置主要由油位检测装置与排油阀两部分组成。油位检测装置按工作原理主要有电阻式和电容式两种;排油阀主要有电磁阀与气动阀两种。

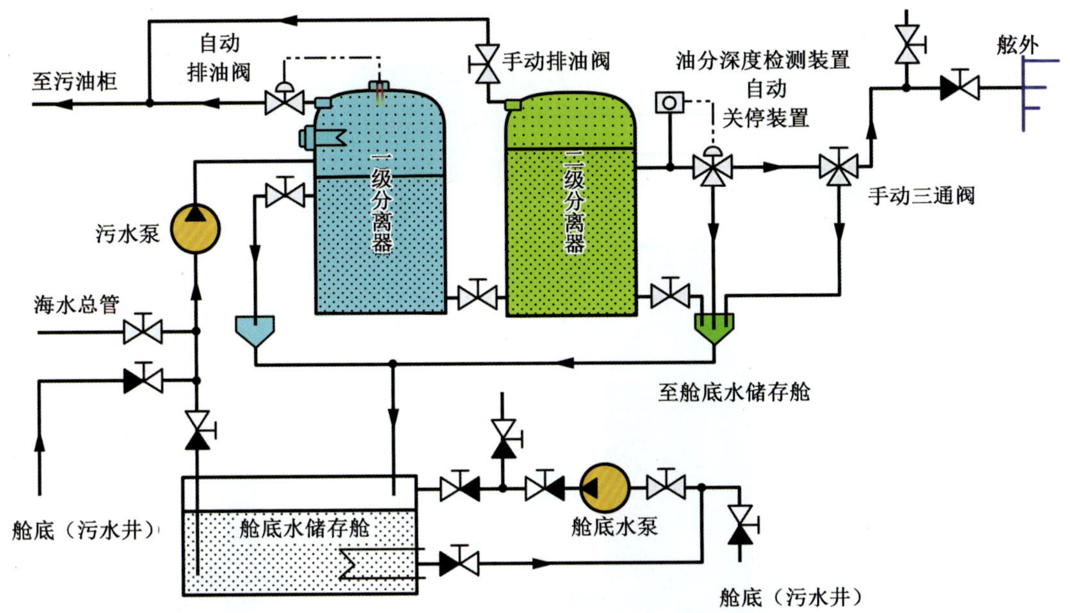

图 15-3 典型的舱底水分离系统原理图

(1)油位检测装置

电阻式油位检测装置是利用油、水导电率的不同来控制排油阀的动作；而电容式是利用油、水介电系数的不同，导致探头与分离器壁面间电容的改变来控制排油阀的动作。

目前船用油水分离器使用较多的是双极电阻式油位检测装置，双极式是在集油室内高、低油位处分别装设一只检测电极，各自与金属壁面形成电的回路。当上、下电极回路同时导通，即上、下电极同时被导电性好的水浸没时，控制电路使排油阀关闭；而上、下电极回路同时断路，即上、下电极同时被导电性差的油浸没时，控制电路使排油阀开启。在排油阀被关闭，开始分离工作，或排油阀开启，在排油过程中，上、下电极回路虽然处于一导通、一断路状态，此时控制电路将会保持排油阀处于原有的关闭或开启状态；排油阀关闭或开启后重新开启或关闭，必须由上、下电极回路再次同时处于断路或导通时才能改变，因此开始排油由下电极控制，停止排油则由上电极控制。

(2)自动排油装置

图 15-4 为一典型的自动排油装置。该装置由电阻式油位检测电极 6、7，排油电磁阀 2，排水阀 8，电气控制箱 4 等组成。当油位检测电极同时被分离出的污油浸没时，通过电气控制箱 4 使排油阀开启，将分离器内的污油排至污油舱或污油柜；分离器内压力下降，排水阀 8 在弹簧力的作用下自动关闭，停止排水，同时也防止了舷外水通过排水管的倒灌。随着污油的排出，水位上升；当油位检测电极同时被水浸没时，控制箱控制排油阀关闭，排油结束，分离器中压力回升，当压力大于排水阀弹簧的预紧力时，排水阀被顶开，分离器向外排水。

3. 油分浓度检测装置

《MARPOL 73/78》公约规定 10000 总吨及以上船舶以及任何载有大量燃料油的船舶排放舱底水应在含油浓度超过 15 ppm 时报警和自动停止排放，因此油水分离器应配备油分浓度监测装置；150 总吨及以上的油船排放非清洁压载水、洗舱水时，必须配备能测出并连续记录瞬时排油率、总排油量的监控装置,在上述指标超过规定时自动停止排放。

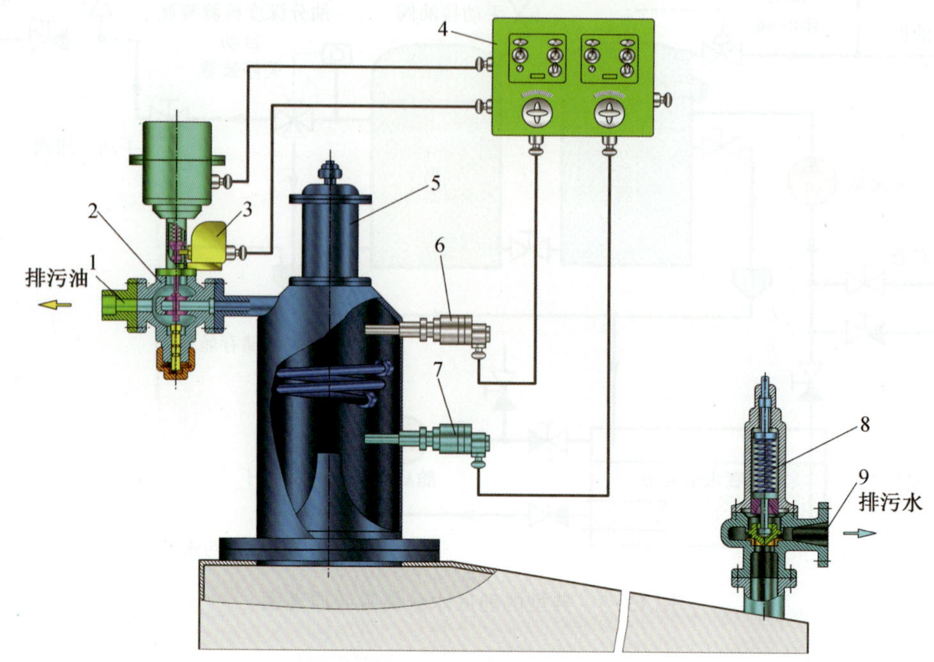

1—污油排出口;2—排油电磁阀;3—定位开关;4—电气控制箱;5—自动排气阀;
6、7—油位检测电极;8—排水阀;9—排水口

图 15-4　典型的自动排油装置

(1)油分浓度检测原理

油分浓度检测原理应用较多的有混浊度法、红外线吸收法、紫外线吸收法等多种。其主要优点是结构相对简单,可直接测量含油污水中的油分浓度。

①混浊度法

混浊度法是利用含油水的混浊程度与透光程度的关系来反映水中含油量的多少,图 15-5 是其原理图,主要由光源 3、检测器 4、光电元件 5、转换器 6、显示仪表 7、超声波发生装置 9 等组成。由恒定光源发出的光透过检测器后被光电元件接收,并转换为电量,其大小与所接受光的强度有关;经油水分离器处理后的水经滤器 1、电磁阀 2 进入检测器,在超声波发生装置所发出的超声波的作用下,水中残留的油分被乳化;油分浓度越大,水的乳化程度越高,透过检测器被光电元件接收的光的强度越弱,其转换的电量也就越小;反之,油分浓度越小,转换的电量越大;由转换器将光电元件转换的电量与油分浓度的对应关系转换为输出,显示仪表便可直接显示水中的含油浓度。

为了提高检测装置的精度,消除水中悬浮物的干扰,可采用两次测量的方法,即在水中的油被乳化前、后分别测量一次,以其两次的差来转换油分浓度。装置中恒压阀 10 的作用是保证检测器中的水处于恒压状态,以消除水中气泡引起的测量误差。

混浊度法测量油分浓度与油品种关系不大;但进入检测器的水样必须对其进行超声波乳化处理,使油粒直径小于光源的波长,由此光源的波长大些为好;但波长大于 0.87 nm 的光会被水吸收,所以实际应用上一般以波长略小于 0.87 nm 的激光作为光源。

②红外线吸收法

不同物质对不同波长的光的吸收程度是不同的,红外线吸收法是利用油分对波长为3.4~3.5 μm的红外线几乎可以全部吸收,而对其他波长的红外线吸收很少的特性,以检测红外线被检测液吸收的程度来测量检测液中的含油浓度。根据上述原理,图15-6是用红外线吸收法测量水中含油浓度的原理图。由红外线光源1、回转板2、基准元件10、基准室9、金属电容8、检测室4、检测器3、放大单元5、显示记录仪表6、7等部分组成。基准元件10内加入的是对各种波长的光几乎全不吸收的四氯化碳;检测器3送入的是pH值低于4、加入四氯化碳的检测液。红外线光源1发出的红外线经回转板2变为周期性的红外线,同时送入基准元件10和检测器3。因基准元件10与红外线吸收无关,进入的红外线能全部送到基准室9,而检测器3中送入的是配有四氯化碳的检测液,它吸收的红外线与检测液含油浓度有关;由于存在油分而减少了送到检测室4的红外线。金属电容8上、下两室由于接受的光照强度不同,两室内气体热膨胀程度将会不同,由此改变了金属电容的电容值;电容值的大小将随检测液中含油浓度而变化,经放大单元放大后可输出指示含油浓度的检测信号。

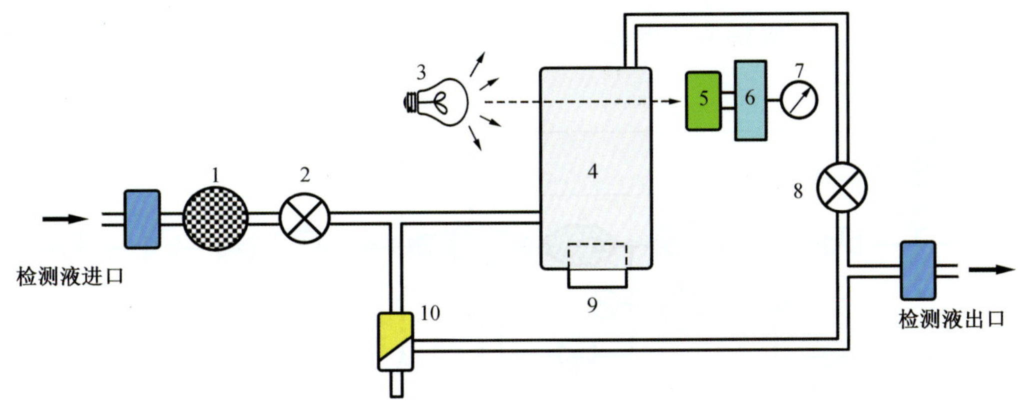

1—滤器;2、8—电磁阀;3—光源;4 检测器;5—光电元件;
6—转换器;7—显示仪表;9 超声波发生装置;10—恒压阀

图15-5　用混浊度法检测水中含油浓度的原理图

(2)油分浓度监测器

图15-7是荷兰I. T. T型油分浓度监控器的系统简图。该装置采用混浊度法监控油分浓度。监控光源采用波长为0.85 nm的激光发生器,用光纤导入监控室;通过水样的直射光和散射光也是分别用两根光纤送至两个光电池组,将光的强度信号转换成电流信号,通过转换、运算后以油分浓度值在指示器中显示,并送入记录器中连续记录。

该监控器一般与油水分离器排水管路并联,可设两个监控点,由控制面板上的选择开关选定。使用前应手动开启截止阀3、4、14;一般随污水泵启动而自动投入工作,也可选择手动。监控点的水自取样阀1(或2)经转换阀5,由取样泵6排至超声波乳化器8,在其中由喷嘴喷出的射流引发簧片产生超声波,而使水中的油乳化;而后通过监控室10、流量开关11、排水控制阀12、调节阀13,经出口阀14排出。手动调节阀13能使系统内保持适当压力,防止水中产生气泡。

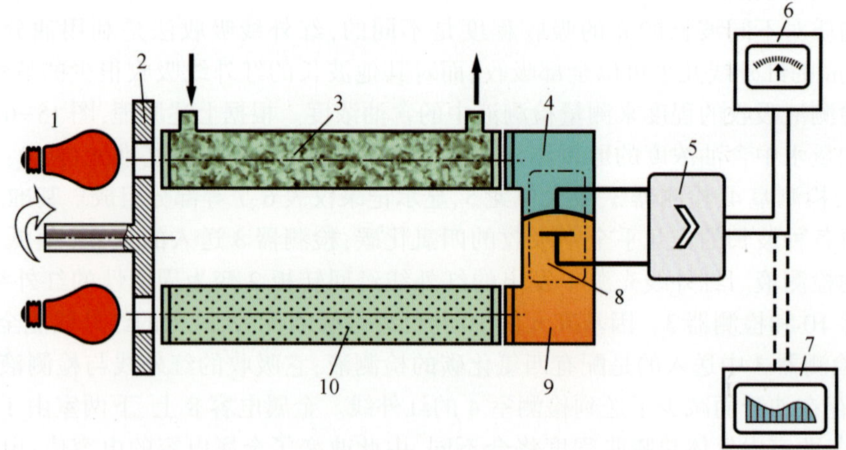

1—红外线光源；2—回转板；3—检测器；4—检测室；5—放大单元；
6、7—显示记录仪表；8—金属电容；9—基准室；10—基准元件

图 15-6　红外线吸收法测量水中含油浓度的原理图

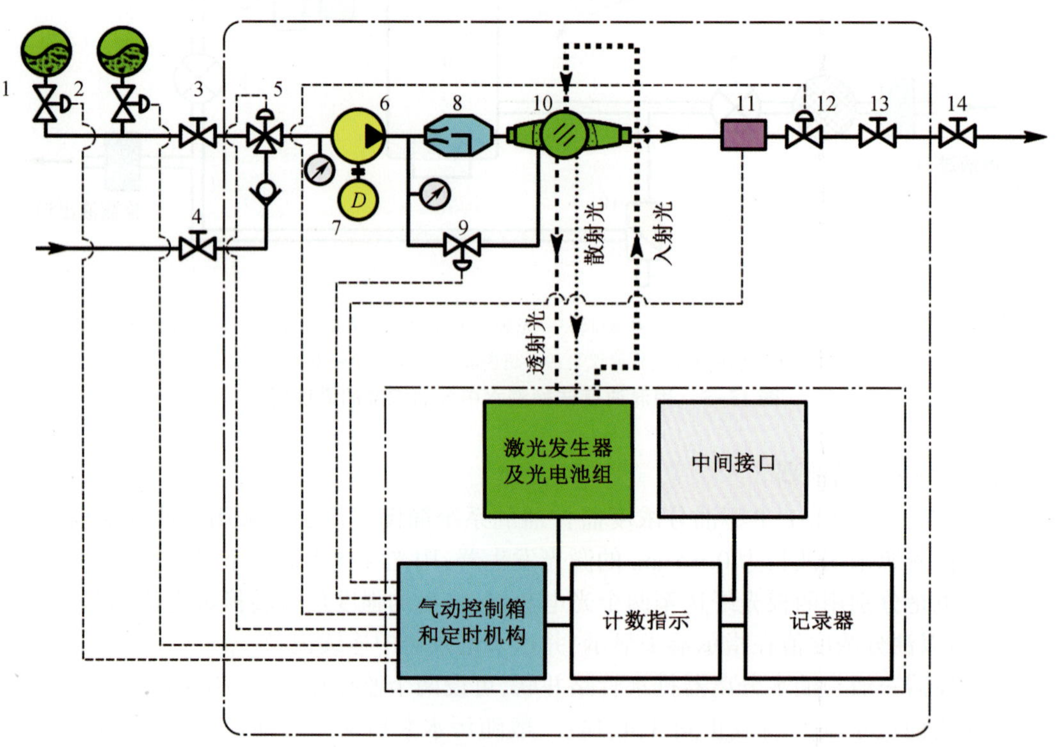

1、2—取样阀；3—样水进口阀；4—冲洗水进口阀；5—冲洗水/样水转换阀；6—取样泵；7—电动机；
8—超声波乳化器；9—窗口冲洗阀；10—监控室；11—流量开关；12—排水监控阀；13—调节阀；14—出口阀

图 15-7　I. T. T 型油分浓度监控器的系统简图

为防止停用期间因油沉积在系统中，而影响监控器的准确性，在每次启动和停止时都会自动进行冲洗。冲洗时转换阀 5 自动转接来自高置水箱的清洁、无气淡水，阀 12 开大后冲洗系统；经 3 min 延时后阀 9 开启，冲洗监控窗口。冲洗期间自动校准零位，误差大于 5 ppm 时会报警；同时对直射光强度与标准值进行比较，衰减严重时也会报警，可手动冲洗窗口。冲洗完成后转换阀自动转接监控点进行监控。监控期间阀 9 每隔 3 min 开启 2 s，用监控点的水冲洗监控窗口。工作期间若水流中断，流量开关会动作报警，延时 3 s 后停止取样泵。

该监控器有效量程为 0～100 ppm，15 ppm 时精度为+5 ppm；报警值可在 0～100 ppm 范围调定，反应时间小于 10 s，有 80%调定值预报警功能；监控流量为 500～600 L/h；适用水温为 10～65 ℃。

四、影响油水分离器分离效果的因素

油水分离器实际工作时其分离效果的好坏主要受工作条件因素的影响，如压力、温度、流量、污水含油量、油的种类、水质及与其配套的管路、污油泵的结构、类型等，依据实际情况合理地调整或改善其工作条件是保证油水分离器发挥最佳效能的关键所在。

1. 压力的影响

油水分离器工作压力越高，要求污水泵的排出压力越高，而泵的容积效率是随排出压力的增加而下降，含油污水通过泵时因节流和扰动而对油产生的乳化作用就会增大，因而分离效果越差，因此分离器应尽量采用较低的工作压力。

2. 温度的影响

温度的高低主要影响油、水的黏度和密度，适当加温有利于减小油分离运动过程中水对油的黏滞阻力，也能提高油和水的密度差而增大油、水分离时的重力差或离心力差，提高分离效果；同时也有利于污油从集油室中排出。但过高温度会使油的黏度下降过大，反而易乳化，使分离效果变差。因此在环境温度较低时对含油污水的加热多由分离器内的加热器完成，且多将加热器设在其上部，以减小污水通过泵时及流动过程中的乳化作用。加热温度应视污油的黏度而合理选择，不宜超过 60 ℃，主要含轻质油料的污水可不予加热。

3. 流量的影响

油水分离器工作流量越大，含油污水在分离器中的分离时间越短，其效果将会越差，当流量超过额定处理量时，效果会明显下降，排放水中的油分浓度可能会超出其性能参数的标准。

4. 污水含油量的影响

污水含油量越大，油粒在分离器中的碰撞机会增多，有利于油水分离；但含油量大的污水在通过泵、管路阀件等时，油被乳化程度也会提高，不利于分离；而且后者对分离效果的影响更大，因此含油量增加，分离器的分离效果下降。

5. 油的种类的影响

油水分离效果与油的密度、油粒直径关系很大，且后者的影响比前者更大；在油粒直径相同的情况下，密度越小越易被分离；但密度小的油往往黏度也小，容易被乳化，即油粒直径变小，因此密度小的油反而更难分离。船舶含油污水中油的种类很多，不同种类的油其密度、黏度都有较大差异，因此润滑油比较容易分离，而原油、混合重油或燃料油由于含有部分轻质油分，甚至比纯轻油更难分离。

6. 水质的影响

水质对分离效果的影响主要在于不同的水质对油水密度差、油粒直径的改变。污水中海水量越多,油水密度差增大,油水越易分离;海水中的离子与油粒结合后,利于小直径油粒相互结合成长为大油粒,也有利于油水分离。而污水中可能含有的洗涤剂、防锈剂等则会促使污油乳化,使分离效果明显下降。另外,污水中的固态微粒易与油粒结合而被油包覆,不利于上浮分离;同时还可能堵塞多孔介质,使分离器性能下降。

7. 管路的影响

管径小、截面变化大、弯头多、弯度大、阀件多及采用节流或回流法调节流量的污水供给管路系统会增大对含油污水的扰动,使油的乳化程度提高,对油水分离不利。

8. 泵的影响

泵的类型不同,其结构、工作原理不同,在工作过程中对流体的扰动程度存在相当大的差异,在泵送含油污水时,对油的乳化程度也就截然不同;实验表明,螺杆泵、三作用柱塞泵,特别是自吸性能好、对杂质不太敏感的单螺杆泵较齿轮泵、离心泵、活塞泵等更适合作为油水分离器的污水泵。另外,相同类型的泵,其转速越高或同一台泵容积效率越低时,污水中的油也越易被乳化,油水分离效果也会越差。

第 3 节　船舶生活污水处理装置

一、船舶生活污水处理方式

1. 收集储存处理

收集储存处理是在船上设置生活污水储存装置,当船舶处在禁止生活污水排放的水域,将暂时全部收存;当船舶行驶至允许排放海域或靠港后,再将污水排放或送岸上接收处理。

收集储存式处理系统设备简单,造价低;但储存舱、柜的容积大,需使用杀菌和除臭药剂,支付岸上接收处理费用,特别是目前并非所有港口都设有生活污水接收设备,这些都限制了收集储存处理方式的应用。

2. 生物化学处理

生物化学处理是利用微生物分解生活污水中的有机物来处理污水的方法。船舶上大多使用活性污泥法,其原理是利用喜氧微生物在有氧与适宜的温度下,通过其自身的消化作用,分解污水中的有机物质,将其转化成二氧化碳和水;微生物在此过程中也得以繁殖。

生化处理装置结构简单,处理效果好,杀菌、消毒药剂用量少,成本低。其缺点是长时间停用或管理不善会造成微生物死亡,再次正常使用需 1 个月左右的时间培养微生物;此外装置对污水负荷的变化适应性较差,装置的体积也较大。

3. 物理化学处理

物理化学处理是先用物理方法对生活污水进行固液分离,然后向存放液体的处理柜加入絮凝剂、杀菌消毒剂,在污水中产生絮凝胶团吸附污水中的有机悬浮物质并杀菌消毒,再经沉淀柜沉淀后排往舷外或循环使用;分离出的固态污泥存入污泥柜中,然后由焚烧炉焚烧或在允许区域排往舷外;该系统可以实现无水排放。

物理化学处理装置结构简单,尺寸小,启用、停止方便,对污水负荷适应性好;但药剂用量大,成本高。

二、船舶生活污水处理装置

1. ST 型船用生活污水处理装置

ST 型船用生活污水处理装置是国内引进生产，利用生物化学法处理生活污水的装置。排放标准符合 IMO 及各国生活污水排放标准，已获我国船检局及世界一些权威船级社认可。该处理装置规格齐全，适用的最少人数为 5~6 人，最多达 600 人。

图 15-8 为 ST 型船用生活污水处理装置工作原理图。该装置主要由曝气室 2、沉淀室 3 和消毒室 5 三部分和其他附属设备组成。污水首先进入曝气室 2，鼓风机 9 经空气扩散器 4 向曝气室供入空气；空气扩散而产生的大量上升气泡使污水和活性污泥充分接触，并对其充分供氧，以增强喜氧微生物新陈代谢活力。活性污泥中大量存在的喜氧微生物将污水中的有机污物消化分解为二氧化碳和水等无害物质；喜氧微生物得以生长和繁殖。二氧化碳气体经逸气管逸出，而水和污泥停留大约 24 h 后，流进沉淀室。在沉淀室中，活性污泥沉降，从底部经活性污泥回升管被鼓风机供至回升管的空气提升，返回曝气室。沉淀室平滑的漏斗状有利于污泥从底部被空气引射进入回升管，以防淤积在沉淀室。漂浮在沉淀室水面的固体浮渣，经位于水面中央的撇渣盘和浮渣回升管 11，也被来自鼓风机的空气提升引回曝气室。在沉淀室上部澄清的水由溢流管经氯溶解器 8 流入消毒室 5 中进行杀菌，然后由浮子开关 7 控制的排出泵 6 排出舷外。

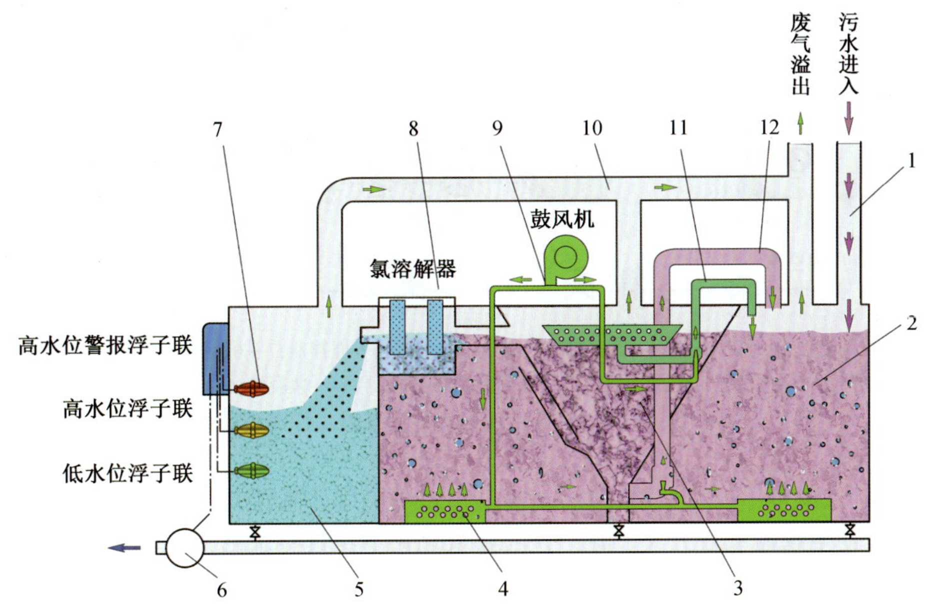

1—污水进口；2—曝气室；3—沉淀室；4—空气扩散器；5—消毒室；6—排出泵；7—浮子开关；
8—氯溶解器；9—鼓风机；10—逸气管；11—浮渣回升管；12—活性污泥回升管

图 15-8　ST 型船用生活污水处理装置工作原理图

氯溶解器内有两个装盛装次氯酸钙消毒药片的小圆筒，筒底部开口可使水流与药片接触，以溶解一定药量，水流增大时水位升高，水与药剂接触面积增大，溶入的药量增加，能随水流量的变化自动调节，从而保证消毒质量。药剂消耗量大约每人每天 5 g。

2. WSH 型船用生活污水处理装置

WSH 型船用生活污水处理装置是丹麦阿特拉斯公司生产的物理化学处理方式的污水处理装置。该装置实现全自动运行,可用于无人机舱;排放标准符合国际公约要求。

图 15-9 是 WSH 型生活污水处理装置工作流程图。来自厨房、盥洗室、厕所等处的污水首先送至滤网传送带式机械分离器 7,进行固、液分离;分离出的固体随即送入污泥箱 11,由压缩空气吹入污泥柜储存;污泥柜中的污泥可送岸上接收处理,也可在非限制海域直接排放,或由焚烧炉焚烧。透过滤网传送带流入混合箱 9 中的污水与药剂泵 4 泵入的絮凝剂(氢氧化钙)混合,生成微小的胶体颗粒,在絮凝箱 14 中胶体颗粒不断长大形成絮状物而沉入沉淀箱底;较小的颗粒则随污水一起沿沉淀箱中的斜板上升,并逐渐沉淀在斜板上,最后也滑落至沉淀箱底部,由污泥泵 12 送至污泥箱。上部澄清的液体由排出泵 16 排出舷外或供循环使用。

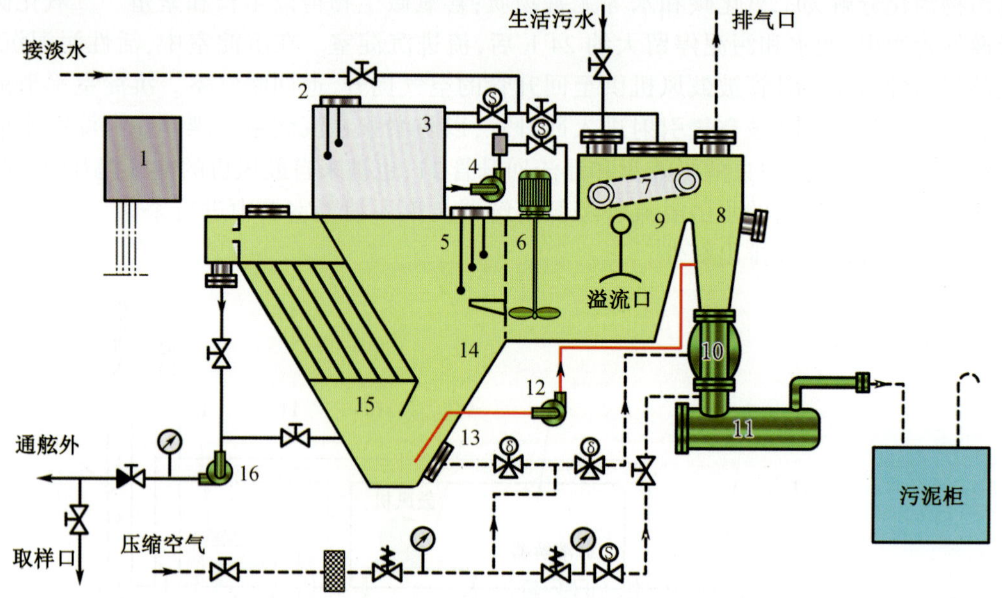

1—控制箱;2、5—液位电极;3—絮凝剂储存柜;4—药剂泵;6—搅拌器;7—机械分离器;8—输送箱;9—混合箱;10—夹紧器;11—污泥箱;12—污泥泵;13—振动器;14—絮凝箱;15—沉淀箱;16—排出泵

图 15-9　WSH 型生活污水处理装置工作流程图

氢氧化钙絮凝剂不仅有絮凝作用,以降低污水中的固体悬浮物;同时由絮凝而除去了大量的有机物,使生物需氧量大大下降;另外,氢氧化钙本身具有杀菌作用,也降低了水中大肠杆菌群数,这样处理出来的污水清亮、无色、无臭,完全符合排放标准。投药量在 0.5~0.7 g/L 范围内净化效果最佳。药量过低水有余臭味,过高反而絮凝效果下降,水色变黄。

沉淀箱采用斜板结构,提高了沉淀效果。此外,沉淀箱底部的两个空气薄膜振动器 13 用于松动沉淀箱底部的污泥。在输送箱下部装设的夹紧器 10,其内部装有一加有织物的塑料衬套,当用压缩空气吹送污泥箱中的污泥时,压缩空气进入衬套的外层将其压紧,切断输送箱与污泥箱的通路,避免压缩空气由输送箱泄漏。

第4节　船用焚烧炉

一、船舶垃圾处理方法

船舶垃圾按来源主要分为生活垃圾与生产垃圾。生活垃圾主要有食物残渣、瓶罐、包装箱盒、塑料袋,以及生活污水处理装置排出的污泥等。生产垃圾主要有与动力装置有关的废油、污油、油泥、废滤芯、垫床、填料、废金属、棉纱布头等;还有与货运有关的垫舱废料、破损的包装材料、货损或卸货残留物等。船舶垃圾按形态或可燃性又可分为固态和液态,可燃和不可燃等。

目前船舶垃圾的处理方法主要有以下几种:

1. 暂时收存

暂时收存是在船上设置垃圾收存柜,当船舶进港后由岸上垃圾收集处理机构回收处理,但需支付一定的费用;或者在船舶航行到非特殊区域时按公约规定投弃(塑料制品除外)。

2. 粉碎处理

粉碎处理是利用粉碎机将固体垃圾粉碎成粒径小于25 mm的碎粒后,除特殊区域在离岸最近距离3 n mile以外排放,主要用于处理不可燃烧的玻璃、陶瓷、金属类垃圾及食物垃圾等。

3. 焚烧处理

焚烧处理是将可燃的垃圾送入焚烧炉内焚烧,焚烧后的灰烬再排放入海;无须很大的收存空间,也无垃圾的腐臭污染环境;但通常需要消耗燃料,燃烧时的废气对大气有二次污染。

二、船用焚烧炉

1. 船用焚烧炉应满足的基本要求

船用焚烧炉是焚烧船舶上可燃烧的固态或液态垃圾的专用设备。由于被焚烧的可燃物不仅形态、数量各异,而且其可燃性、热值等差异很大。因此,船用焚烧炉应满足下列基本要求:

(1)对含有固体杂质和较多水分的污油能可靠地完全燃烧。一般通过采用对污油、水搅拌均匀化,适当预热提高温度,控制油、水比例(一般不超过50%),滤除较大杂质,缩短污油柜与焚烧炉距离,选用对杂质不敏感且雾化性能好的污油燃烧器等方法予以满足。

(2)控制适当的炉内温度,一般为600~900 ℃。炉内温度过低不利于污油完全燃烧,也会使固体垃圾燃烧困难;过高则可能对炉体造成损害。因此,焚烧炉都设有燃烧重油的辅助燃烧器,用于预热炉膛,点燃污油燃烧器;在污油含水超过50%或仅焚烧固体垃圾时保持炉内温度。而当污油含水较少时,可采取在污油中掺水或减少喷油量的方法来限制炉温。

(3)保持焚烧过程中炉膛内适当的负压,防止高温燃气由固体垃圾投料口外泄,危及人身安全,所以一般要求系统设有引风设备。

(4)焚烧炉外壁温度不宜太高,排烟温度不宜高于350 ℃,应尽量减少排烟中有害物质的浓度,以防对大气形成二次污染。因此,焚烧炉炉周壁都采用具有良好绝热性能的隔热层;并可设由风机供风的空气冷却夹层,加强炉周壁冷却;在炉内设耐火隔墙,延长燃气在炉内的停留时间,保证完全燃烧和减少灰烬向大气的排放;也可使排烟与部分供风混合后排出,从而降低排烟温度。

2. 船用焚烧炉污油燃烧器

船用焚烧炉工作时,固体垃圾经投料口送入炉内焚烧;污油是通过污油燃烧器喷入炉内燃烧,而油泥、生活污泥一般也是与污油混合、粉碎后,通过污油燃烧器喷入炉内燃烧,因此,污油燃烧器是船用焚烧炉的关键部件,它的好坏直接影响焚烧炉的工作性能。目前使用较多的有气流式和旋转杯式。

(1)气流式污油燃烧器

气流式污油燃烧器是利用具有一定压力的空气或蒸汽通过喷嘴时产生的高速气(汽)流对污油撞击、裹吸作用使其雾化而燃烧的,图 15-10 是其原理图。喷嘴采用套管形式,空气或蒸汽由内、外管间环形通道前端的小孔喷出,污油则从内管喷出;雾化后的油气再与风机供入的空气混合后在燃烧室中燃烧。该污油燃烧器雾化效果好,与空气混合均匀,燃烧迅速,炉膛热负荷较高,焚烧量大;但污油中污泥量多、颗粒较大时喷嘴易堵塞。

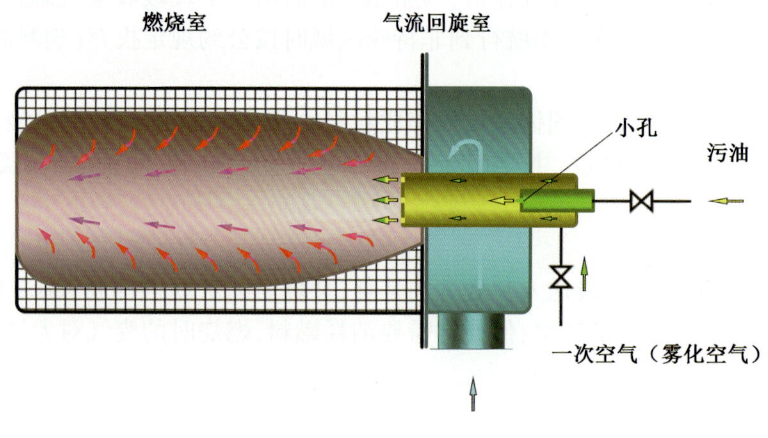

图 15-10　气流式污油燃烧器原理图

(2)旋转杯式污油燃烧器

旋转杯式污油燃烧器结构与燃油锅炉的同类型燃烧器相似,工作原理相同,具体见相关章节。该型燃烧器对颗粒杂质敏感性低,最适用于焚烧污泥含量多的污油。

3. 船用焚烧炉装置

船用焚烧炉污油燃烧器结构、工作原理有多种类型;而焚烧炉本体基本结构相似,不同形状的燃烧室、烟道则与燃烧器的类型、焚烧负荷等有关。

图 15-11 是国产 CFZ—30B 型船用焚烧炉本体结构示意图。焚烧炉壳体 1 由钢板焊接而成;下部的炉膛和上部的烟室用耐火砖 2 砌成,在炉膛后部连通;炉膛和烟室的外表面敷有硅酸铝耐火纤维的隔热材料 3;隔热材料层与外壳之间留有空气夹层 5。炉膛侧面设有固体垃圾入口加料门 9,下部有出灰门 6 和固体垃圾焚烧时所需的可调助燃空气进风口 8;污油燃烧器 13、辅助燃烧器 14 设在炉膛前部。

CFZ—30B 型船用焚烧炉装置由焚烧炉、污油柜,输送或循环泵组、搅拌器、粉碎机等辅助设备、燃油系统、空气或蒸汽供给系统、控制系统等组成。图 15-12 为该型焚烧炉装置系统工作原理图。

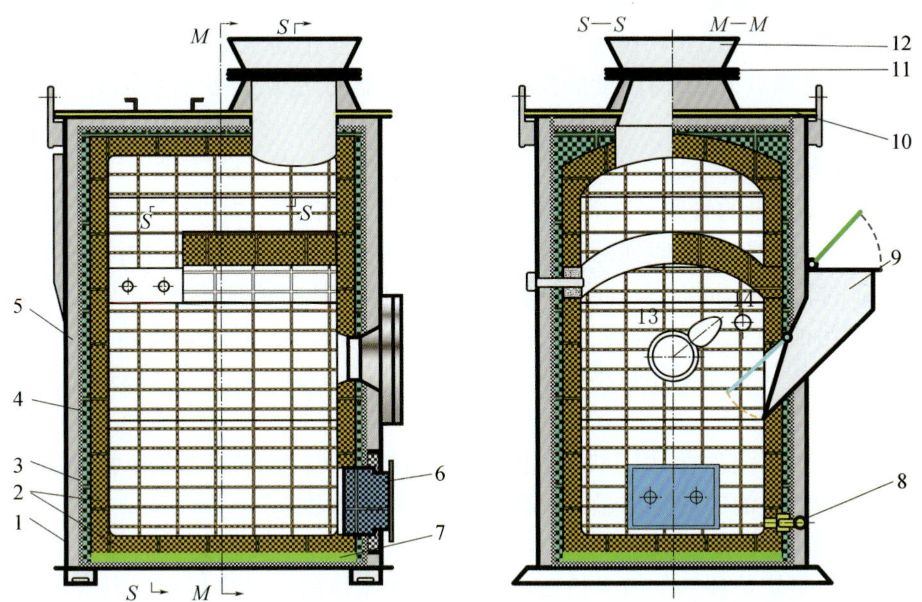

1—壳体；2—耐火砖；3—隔热材料；4—填料；5—空气夹层；6—出灰门；7—炉底绝热层；
8—可调助燃空气进风口；9—加料门；10—密封垫片；11—法兰板；12—喇叭口；13—污油燃烧器；14—辅助燃烧器

图 15-11　CFZ—30B 型船用焚烧炉本体结构示意图

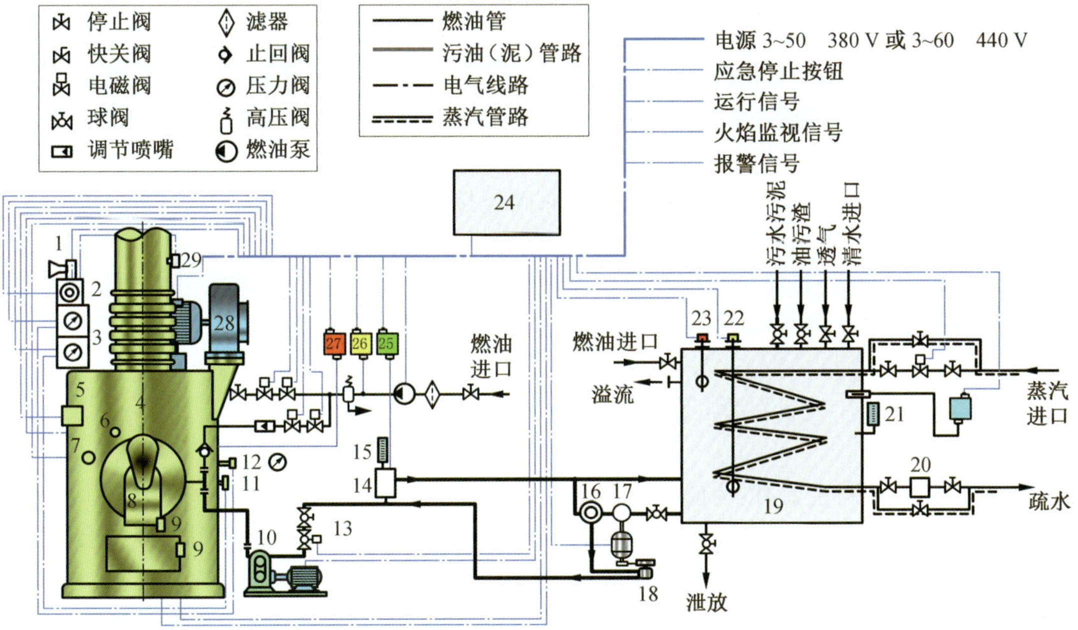

停止阀　滤器
快关阀　止回阀
电磁阀　压力阀
球阀　高压阀
调节喷嘴　燃油泵

燃油管
污油（泥）管路
电气线路
蒸汽管路

电源 3~50　380 V 或 3~60　440 V
应急停止按钮
运行信号
火焰监视信号
报警信号

污水污泥　油污渣　透气　清水进口
燃油进口　燃油进口　溢流　蒸汽进口　疏水　泄放

1—蜂鸣器；2、3—温度控制器；4—焚烧炉本体；5—点火变压器；6—辅助燃烧器；7—燃烧观察器；
8—旋转杯式污油燃烧器；9—行程开关；10—污油定量泵机组；11、12、29—热电偶；13 电动球阀；14—测温包；
15、21—温度计；16—自清洗滤器；17—粉碎泵；18—污油循环泵；19—污油柜；20—阻汽器；22—低液位开关；
23—高液位开关；24—控制箱；25—温度开关；26—压力开关；27—微压开关；28—鼓风机

图 15-12　CFZ—30B 型船用焚烧炉装置系统工作原理图

该焚烧炉每小时能焚烧 64 kg 含水率为 50% 的污油和污泥，固体垃圾每次投入量约为 50 L，热负荷为每小时 1.256×106 kJ。该装置除启动和停止需工作人员进行操作外，污油加热及循环、预扫风和点火、炉内温度的控制、辅助燃烧器的切换、停炉时的后扫风及冷却等各工作程序均为自动控制。

(1)污油系统

污油、污泥经各自的管路送入污油柜 19 后，污泥由粉碎泵 17(带刀的离心泵)从污油柜中吸出，经自清洗滤器 16 又回到污油柜，如此循环加热、粉碎和搅拌后，可形成固体颗粒粒径小于 2 mm 的乳状液；同时，污油循环泵 18(单螺杆泵)从自清洗滤器 16 吸入污油，经测温包 14 后，返回污油柜，以使污油管路保持所要求的温度；污油定量泵机组 10(低速单螺杆泵)经电动球阀 13 从污油循环管路中吸入污油，将其送至旋转杯式污油燃烧器 8，供入焚烧炉 4 内燃烧。

污油柜内设有蒸汽盘管，用于加热并保持柜内的温度；污油柜上的清水、燃油进口用于调整进入焚烧炉的污油中的含油量，以调节和控制炉内温度。

(2)空气—烟气系统

空气由装于焚烧炉顶部的鼓风机 28 供入焚烧炉本体的空气夹层内，用以冷却焚烧炉外壳；其中大部分空气经顶部渐缩断面通道排出，与炉膛内燃烧后的高温烟气混合，以冷却和稀释排出的烟气；由于空气经渐缩断面通道进入喇叭口(图 15-11)时气流速度增至最大，在喇叭口处形成局部压降，对炉内烟气有抽吸作用，从而使炉膛内保持负压燃烧；空气夹层内的部分空气则通过污油燃烧器 8、辅助燃烧器 6、可调助燃空气进风口(图 15-11)进入炉膛供燃烧使用。

垃圾可装入塑料袋内，在停炉时直接从加料门投入炉内，然后再点炉让其在高温炉膛的热幅射下自燃，也可在烧污油时直接从投料口投入。燃烧后产生的灰渣可从出灰门排出。

该型焚烧炉装置在船舶上安装时应注意：

(1)焚烧炉与污油柜之间应由污泥循环管路连接成循环回路。

(2)污油柜应靠近焚烧炉布置，不宜相距太远。

(3)焚烧炉顶部外接排烟管应尽量减少弯头，以减小烟道阻力；排烟管外应包扎隔热层；排烟温度测量点应设在距烟道出口不小于 2 m 处。

第 5 节　船用油分离机

船舶所用的油料主要有：为船舶提供能量的燃油、机械装置润滑所需的润滑油(脂)，以及液压动力装置所需的液压油等。这些油料在多次运输、储存、驳运及使用过程中会不可避免地混入机械杂质和水分，严重地影响机械设备的正常运转和使用寿命。

船用液压油相对而言用量不大，单台设备仅数百千克；而且在运输、储存过程中一般都有封闭的包装，几乎不会被污染；使用中混入固体杂质、水分或变质时一般采用更换的方法。

船用润滑油一般都有针对性，如空压机油、冷冻机油、透平油、齿轮箱油、气缸油、曲拐箱油等；除曲拐箱油外的其他润滑油与液压油一样，使用中都采用更换的方法来保证油的质量。而曲拐箱油由于用量相对比较大，大型柴油机通常在数吨以上，且大多是散装储存和运输，加之使用过程中其机械杂质和水分混入的程度非常高，因此一般对曲拐箱油设有专用的油分离机以做净化处理。

船用燃油在运输、储存过程中混入机械杂质和水分几乎是不可避免的,有时甚至非常严重,直接威胁动力装置的可靠性和使用寿命,甚至船舶的安全;另外,船舶燃油使用量大,每天可达数十吨,甚至上百吨;因此油分离机组已成为动力装置燃油系统中不可缺少的设备。

船舶上对油料进行净化处理的其他方法还有重力沉淀和滤网过滤等。

一、油分离机工作原理

1. 沉淀柜重力分离原理

当把混有水和机械杂质的油放入油柜静置一段时间后,油、水、机械杂质三者会在密度差的作用下而分层,密度最小的油在最上层,密度最大的机械杂质在最底层,而水则处于两者之间,船舶上的燃油沉淀柜就是利用重力分离原理而实现对油粗净化处理的,分离出的水通过底部的放水阀排放,杂质则在积聚较多时排空油柜人工清除。

如果将沉淀柜做如图 15-13 所示的改进,当含有水和机械杂质的油不断由入油口加入,其速度能保证分离过程的完成,那么沉淀柜将能实现连续的分离工作,净油由净油口排出,分离出的水由污水口排放。

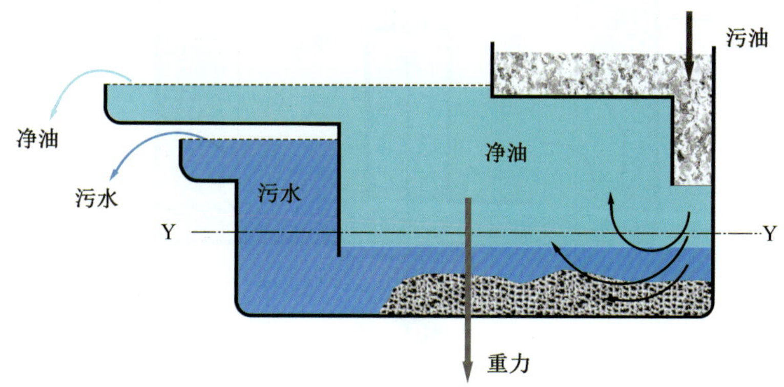

图 15-13 重力连续分离示意图

为了保证油不会从出水口排走(跑油),油与水之间的油水分界面 Y-Y 应保持在左侧隔板下边缘以上一定距离。在出油口高度不变的情况下,油水分界面的位置受油的密度和出水口高度的影响。当油的密度增加时,要保持该分界面位置不变,就需相应增加出水口高度,否则分界面将移出左侧隔板下边缘而造成跑油;反之则应降低出水口高度,否则分界面上移,有效分离距离缩短,降低分离效果。

2. 分离筒离心分离原理

图 15-14 是分离筒离心分离原理示意图。由图左侧分离筒径向截面可以看出,分离筒内部基本结构与图 15-13 所示的沉淀柜相似;当分离筒以 6 000~8 000 r/min 的速度高速旋转时,分离筒内的油、水、机械杂质会因密度不同而在离心力差的作用下呈油在最内层、水在中层、机械杂质在最外层的分布,达到水、机械杂质与油分离的目的。当需要净化的油不断地由分离筒中心孔道引入分离筒内,油、水、杂质就会连续不断地获得分离,净油由净油口排出,污水由污水口排出。

与沉淀柜重力分离一样,内层净油与水之间存在一油水分界面,所不同的是该分界面是一与转轴同心的圆柱面;其直径 R_e(即位置)大小,在出油口直径 R_1 不变的情况下与油的密

度和出水口直径 R_h（实际油分离机称为重力环内径）大小有关。油的密度越大，R_h 应越小，否则 R_e 增大，分界面外移而造成“跑油”；反之，油的密度越小，R_h 应越大，否则 R_e 减小，分界面内移而造成分离效果下降。

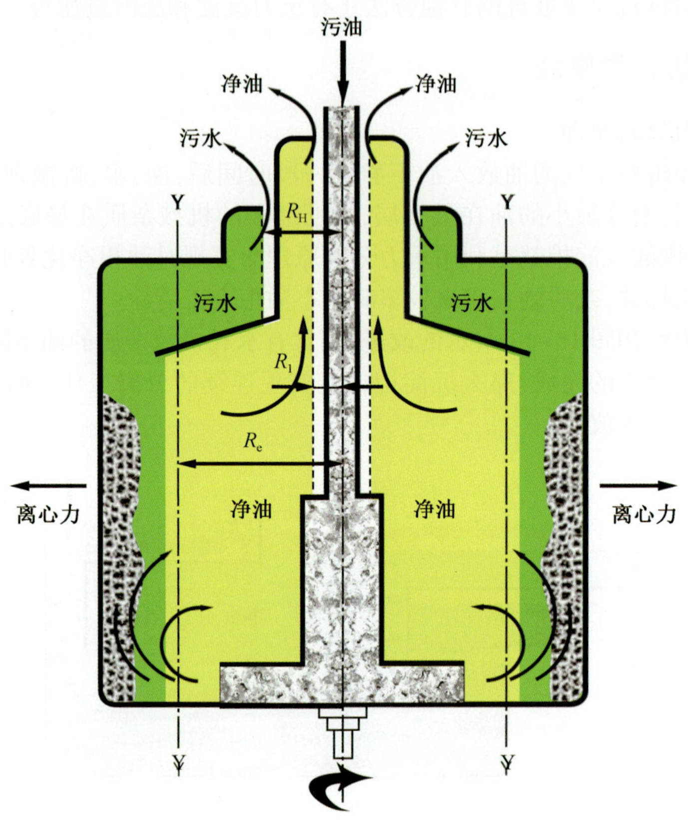

图 15-14　分离筒离心分离原理示意图

3. 油分离机工作原理

分离筒是油分离机的核心工作部件，它是利用离心分离原理来工作的；实际的分离筒内部工作空间由数十片碟形分离盘将其分隔成许多瓦片状的分离流道，大大提高了分离速度和效果。图 15-15 所示是实际分离筒基本结构图。

分离筒本体为一有底的圆柱型筒体，上部由分离筒盖锁紧螺母 6 压紧的分离筒盖 5 与其配合形成内部工作空间。筒内装有一个倒置漏斗形的盘架 1，盘架底边缘处有一个盘架定位销 8 使其与筒体底部连接。盘架上由下而上装有数十片碟形分离盘 7。为保证分离筒工作时的动平衡，装配时必须按分离盘编号顺序装入，并使分离盘内缘的缺口对准盘架外周的键条，以保证分离盘上的分配孔轴向对正形成油的分配通道。各分离盘的外表面有 6 条、厚 1～2 mm 的定距筋条，以构成分离盘之间等距的瓦片状的分离流道。

分离盘最上一片与分离筒盖之间装有颈盖 2，其外表面与分离筒盖内表面之间的间隙是被分离出的污水的排出通道；而颈部的内表面与盘架之间则构成了净油的排出通道，其出口内径不能改变。分离筒盖上端口由重力环锁紧螺母 4 将重力环 3 固定，重力环内径可通过更换不同内径的重力环而进行调整，以满足不同密度的油或不同加热温度时的需要，一般每台油分离机配有七只不同内径的重力环。

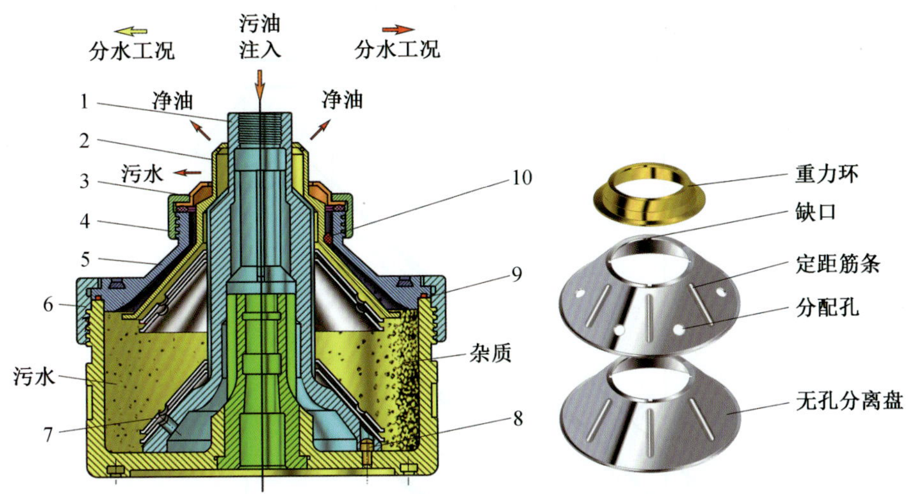

1—盘架；2—颈盖；3—重力环；4—重力环锁紧螺母；5—分离筒盖；6—分离筒盖锁紧螺母；
7—分离盘；8—盘架定位销；9—橡胶密封环；10—分杂密封环

图 15-15　分离筒基本结构图

待净化的油由分油机自带的齿轮泵送入盘架颈部的中心通道进入分离盘下部，经分配孔通道（分水工况）或分离盘外缘（分杂工况）进入各分离流道，随分离筒一起高速旋转；与油一起进入分离流道的水或杂质在这里实现与油的分离，如图 15-16 所示为油分离机工作原理图。设水或杂质颗粒 *A* 在随油一起进入分离流道后，在油的携带作用下具有向前运动的速度 V_1；同时在与油之间的离心力差的作用下，克服油的黏滞阻力，具有向外运动的径向速度 V_s；其实际运动速度 V_a 的大小和方向将是 V_1 和 V_s 的向量和；V_a 的方向将逆时针偏离油的流动方向，当颗粒 *A* 随油向前流动的过程中将向上方的分离盘内表面偏移，有可能在未流出流道前就会抵达内表面。由于油在流道中向前的流动速度在流道高度方向呈抛物线分布，在分离盘上、下表面处为零，因此抵达分离盘内表面的颗粒 *A* 失去了油流携带作用的影响，在离心力差的作用下克服盘面和油的阻力沿分离盘内表面下滑向外移动，最后离开分离盘外缘而与油分离。

实际的油分离机采用分离盘片将分离筒分离空间分隔成许多相同的流道，由于流道高度非常小，微小颗粒非常容易抵达分离盘内表面，这是实际油分离机大大提高了离心分离速度和效果的根本所在。

二、油分离机工况及提高分离效果的措施

1. 油分离机工况

船舶上油分离机的任务是分离燃油和润滑油中的水和机械杂质，而一般实际需要净化处理的润滑油含水量极少，主要是要分离油中的机械杂质。燃油含水量相对较多，水和机械杂质都需要分离，然而当燃油中微量的水以乳化状态存在时对其燃烧并无大的影响，因此船舶上对燃油进行净化处理时，多在较低的加热温度（小于 60 ℃，防止水汽化而难以分离及油水分界面遭破坏而跑油）或不加热的情况下首先分离出绝大部分水和较大颗粒杂质，然后对油进一步加热（燃料油可达 85 ℃），降低燃油黏度以提高分离效果，进一步分离油中细小的机械杂质。

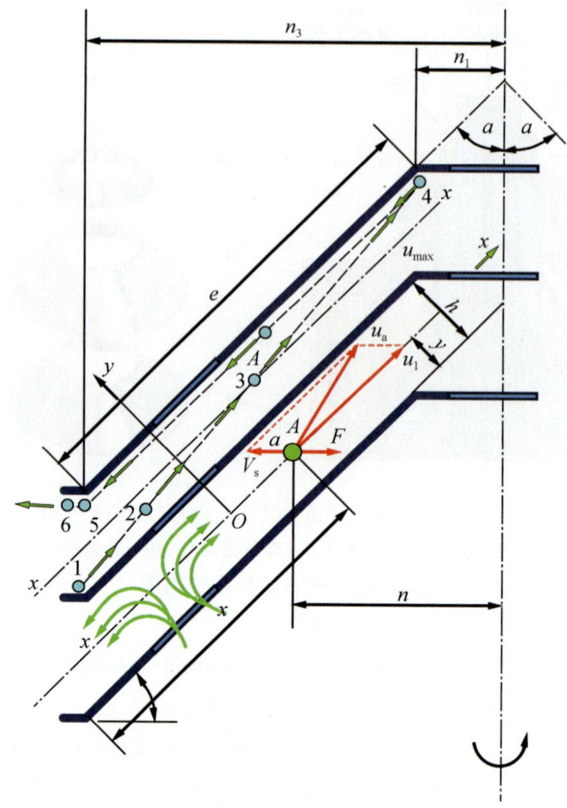

图 15-16 油分离机工作原理图

依据上述情况，船舶油分离机工作时将有两种工作状况，即以分离水为主的分水工况和以分离机械杂质为主的分杂(渣)工况。大多数船舶上设有专门的油分离机舱室，一般布置两台润滑油分油机，互为备用。燃油分离机视单机分离能力和日消耗量一般有 2~6 台，分水和分杂工况的分油机各为一半，通过管路连接互为备用。船舶上将油分离机分为分水机和分杂机是因工况不同而进行的区分，实际使用的是同型号设备，仅对分离筒个别部件和操作进行调整。

分水工况主要是分离油中的水和较大颗粒杂质，分离出的污水必须由污水口排出。为了保证油不会从污水口排出，油水分界面必须保持在分离盘外缘以内，一般在分离盘分配孔外侧边缘处，可依据油的不同密度和加热温度，参照油分离机生产厂家在说明书中提供的重力环选择图表，选择不同内径的重力环加以调整。由于分离盘外边缘部分进入水中，油必须由分配孔道进入分离盘，因此分水工况时分离盘最下一片用的是与其他分离盘一样的有孔的分离盘，见图 15-15 分离筒左半部分。另外操作上在油进入分离筒分离前也必须先将水送入分离筒(即建立水封)，以形成分水工况必须的油水分界面。

分杂工况主要是分离油中的机械杂质，为降低油的黏度，提高分离效果，油往往会被加热到更高的温度，水几乎不会被分离，因此分离筒盖与颈盖之间的出水通道将安装分杂密封环 10。为增大分离盘分离流道长度，提高分离效果，分离盘最下一片用的是无孔分离盘，迫使油由分离盘外缘进入分离流道，见图 15-15 分离筒右半部分；操作上无须建立水封，可直接进油分离。

2. 提高分离效果的措施

(1)正确选定油分离机工况。分水工况以分离油中的水为主,由于油的加热温度低于分杂工况,分离盘间流道长度也小于分杂工况,因此分水工况对杂质的分离效果远不如分杂工况,对黏度较高的重油、燃料油就更为明显。而分杂工况加热温度一般较高,水难以被分离。因此应根据油的品种、油中含水和杂质的比例来正确选定油分离机的工况。一般含水量大于2%、杂质含量小于0.03%时,可选择分水工况;含杂质量大于0.2%、含水量小于0.3%时,可选择分杂工况。当含水量和含杂质量都较大时,可选择先分水、后分杂的两级分离。

(2)确定最佳的加热温度。油在分离前先进行加热,可以降低黏度,增大水、杂质与油之间的密度差,减小油对水和杂质微粒的黏滞阻力,提高分离效果。因此应根据油料供应商提供的油的黏度参数,参照油分离机说明书给出的选择图表确定不同工况下的加热温度。

(3)确定最佳的分油量。由油分离机的工作原理可以知道,分油量越大,分离流道中油的流速度越大,水或油的颗粒在分离流道中的分离时间越短,分离过程中的运动阻力也越大,其分离效果越差。每台油分离机都有其标定的额定分油量,根据实践经验,油分离机工作时实际分油量的确定一般是:燃油取1/2额定分油量,滑油取1/3额定分离量。

(4)正确选择重力环。油分离机分水工况时油水分界面必须保持在分离盘外缘以内、分配孔外侧边缘处。分界面外移可能造成跑油,内移则使分离流道长度减小,降低分离效果。虽然船用油料的品种、牌号一般会按设备说明书推荐的使用,不会随意更换,但不同时间、不同地点、不同厂商提供的同品种、同牌号的油料的密度、黏度等会有较大的差异,重油、燃料油更为显著。因此船舶加油后一般都会得到供应商提供的所加油料的基本参数,应依据油的不同密度和最佳的加热温度,参照油分离机生产厂家提供的重力环选择图表,正确选择重力环。

(5)合理确定排渣和停机清洗周期。由油中分离出的杂质绝大部分聚集在分离筒圆周内壁上,很少量的会黏附在分离盘下表面,使流道截面减小,甚至部分堵塞,严重影响分离效果,应定期通过排渣或停机清洗予以清除。在已知油中含杂量时可根据实际分油量由油分离机说明书给出的图表中查得排渣时间间隔作为参考。实际上通过排渣分离盘下表面的杂质是难以彻底清除的,一段时间后,特别是溢油口溢油时,必须停机人工清洗,因此应根据停机清洗时观察的情况及时调整排渣和清洗周期。

三、船用油分离机类型

目前船舶上广泛采用的离心式油分离机,油、水、机械杂质的分离原理相同,但按排渣方式进行分类主要有:人工排渣型、自动排渣型、部分排渣型。由于排渣方式的不同,分离筒与排渣有关的部分结构必然存在较大差别,其工作过程也有所不同。

(1)人工排渣型。分离筒内分离出的杂质需定期停机、拆开而予以清除,国产FYR-5、DRY-15型即属此类型;由于需停机人工排渣,分离量较小,仅适用于杂质含量较小的润滑油和轻柴油的净化。

(2)自动排渣型。分离筒内分离出的杂质可在不停机,但需停止进油的情况下,手动操作控制阀或由时序程序控制系统控制分离筒排渣口启闭,定期进行排渣,国产DZY-30(或50)型属此类型。国外也有相似类型的油分离机,结构和工作过程大致相同。

(3)部分排渣型。分离筒内分离出的杂质可在不停机,完全由自动控制系统进行周期性,瞬间启闭排渣口,部分地排出分离筒内杂质和水,国产DBY-30型属此类型。国外相同

类型的油分离机其结构和工作过程也大致相同。

离心式油分离机的基本结构主要由分离筒、机架、传动装置、输油系统、排渣控制装置、自动控制系统等组成,此外还有转速指示器、制动器、止动器等附属机构。

1. 人工排渣型

图 15-17 所示为 DRY-15 型油分离机结构图,是人工排渣型油分离机。

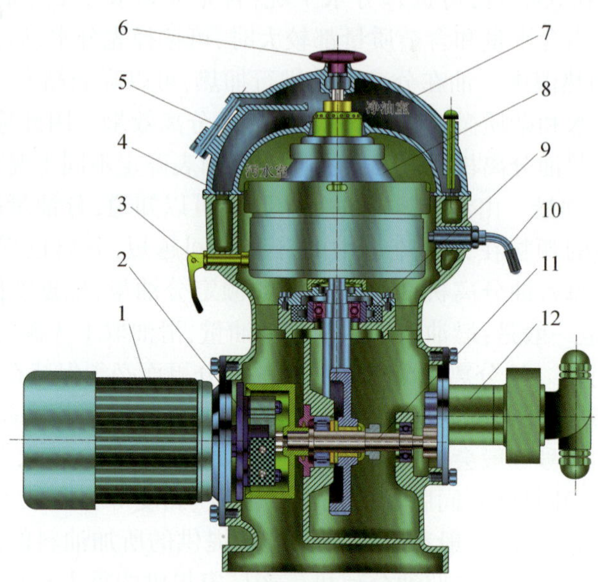

1—电动机;2—摩擦联轴器;3—制动器;4—机身;5—溢油管;6—螺塞;
7—机盖;8—分离筒;9—缓冲橡皮圈;10—止动器;11—水平轴;12—齿轮油泵

图 15-17 DRY-15 型油分离机结构图

分离筒(结构见图 15-15)8 安装在机身中央的立轴上端;与立轴上端的配合为锥轴—锥孔配合,在分离筒内用反旋向螺母锁紧,分离筒内部清洗时无须拆卸。为防止锈蚀损伤,每次装配时该轴、孔需擦净并涂黄油防锈。

分离筒锁紧螺母以下部分由机身(机架)围住,以上部分全部伸入机盖(集油器)7;机盖与机身通过铰接连接,可以向上侧立打开,方便分离筒拆卸;机身上缘装有耐油橡胶密封环,机盖倒下与机身合上后用手轮压块压紧,并保持密封。机盖内由隔板将其分隔成上、中、下三层,分别对应与分离筒进油口、净油排出口、污水排出口;工作时,油、水靠离心力甩入隔层,汇集后排出。

分离筒需要经常打开清洗(排渣),拆装时应注意下列事项(其他类型油分离机拆装分离筒时也需遵照):油分离机未完全停止前禁止打开油分离机机盖,不得用制动器长时间或单边制动;打开分离筒前止动器应对称旋入分离筒本体外表面的凹槽内,安装完成后必须旋出;必须使用油分离机生产厂家提供的专用工具拆装;安装时检查盘架定位销并正确落位;分离盘必须按编号 1,2,3……,由下至上安装,不得缺片;分离筒盖外缘的定位块必须落入分离筒本体内壁的凹槽内;分离筒锁紧螺母不得过分旋紧,预紧后以大螺母与分离筒盖上的记号对准即可;压紧重力环的重力环锁紧螺母上紧时与分离筒盖锁紧螺母一样,预紧后以螺母和分离筒盖上记号对准即可。

机身是油分离机的主体承力构件,电动机、传动系统、油泵、制动器、止动器等都安装在上面;底部设有润滑油池;侧面有污水排放通道。

离心式油分离机的传动系统都差不多,电动机通过摩擦联轴器 2 带动水平轴 11(见图 15-17),再由用销钉固定于水平轴中部的大螺旋齿轮 2 带动与立轴 3 制成一体的小螺旋齿轮 4(图 15-18);大、小螺旋齿轮传动比约为 1∶5。由于立轴(即分离筒)转速很高,加之质量较大的分离筒位于立轴顶端,重心高,因此在立轴上部轴承处装有缓冲橡皮圈 9(见图 15-17),以吸收分离筒的径向振动。在立轴下部装有向心止推轴承,它被装在轴向可移动的轴承座内;轴承座下面设有能承受轴向冲击的板簧 6;改变板簧底盖与机身间的垫片厚度即可调整立轴的高度。

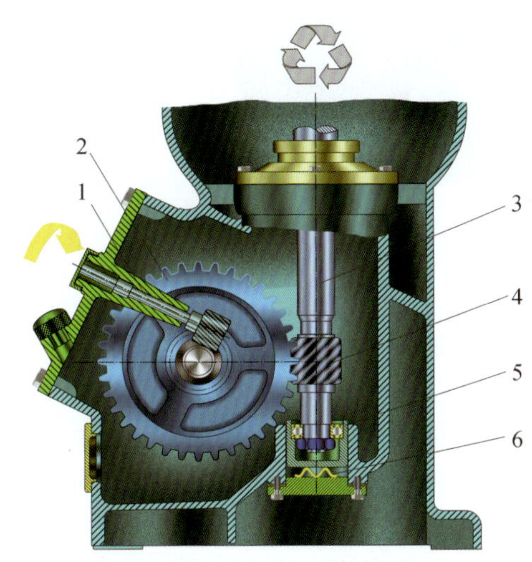

1—转速计数器;2—大螺旋齿轮;3—立轴;4—小螺旋齿轮;5—轴承座;6—板簧

图 15-18　传动系统

水平轴的自由端通过传动齿轮带动两台齿轮油泵 12,其中一台吸入待净化的油,首先送至加热器加热,然后引至机身,再通过机盖的内通道经顶部短管引入分离筒盘架中央孔道。而另一台泵作为净化后的净油输油泵。

水平轴的输入端装有摩擦联轴器的摩擦筒,电动机输出轴上连接的离心摩擦块套入该筒内;电动机则固定在机身上,如图 15-19 所示。当电动机启动后,摩擦块受离心力作用以短轴为支点向外展开紧压摩擦筒内壁,依靠摩擦力带动水平轴转动。由于分离筒质量和直径较大,具有相当大的运动惯性,由静置到额定转速通常需要数分钟时间,在此过程中摩擦块与摩擦筒内壁相对滑动速度由大到小,最终达到同步。采用摩擦联轴器,是为了防止电动机在启动过程中发生堵转或严重过载,同时也是为了保护传动装置的安全。由于启动时间较长,摩擦块与摩擦筒内壁始终处于相对滑动状态,摩擦发热和摩擦片的磨损较为严重,因此启动过程中有橡皮焦糊味逸出是正常现象,特别在新更换摩擦片后的磨合期内。为保证摩擦联轴器正常工作,应防止油或油脂黏附到摩擦筒内壁和摩擦片上,应及时维修或更换失效的摩擦片。

2. 自动排渣型

图 15-20 所示的 DZY-30 型油分离机属自动排渣型油分离机,其可以在不停机的情况下通过操作人工控制阀 18 或由时序程序控制系统控制实现自动排渣。其基本结构与 DRY 型油分离机相似。为了实现自动排渣功能,分离筒本体结构较 DRY 型有了较大改进,

图 15-21 所示为 DZY-30 型油分离机分离筒结构图,图的左半部分为分水工况,右半部分为分杂工况。

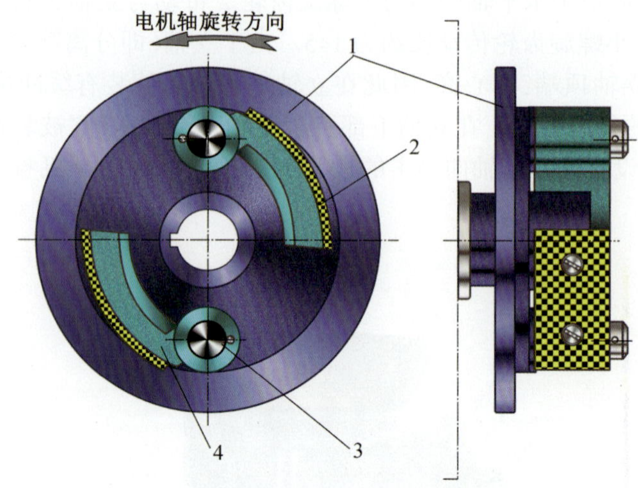

1—凸缘;2—摩擦片;3—短轴;4—飞块

图 15-19　摩擦联轴器结构图

油分离机分离出的杂质绝大部分聚集在分离筒内周壁上,极少量会黏附在分离盘下表面。自动排渣就是在分离筒依然高速旋转时能将这些杂质清除出分离筒。油分离机工作时分离筒内的流体具有非常大的离心力,一旦失去筒壁的约束将会以极高的速度喷射出去,筒内流体高速向外流动时对筒壁及分离盘下表面的冲刷和携带作用将完成杂质的自动排放过程。因此 DZY 型油分离机分离筒本体四周都设有能控制其启、闭的排渣口;启、闭排渣口由分离筒本体 1 和分离筒底 22 之间的活塞 2 上、下移动来完成。

活塞、分离筒底的外圆表面分别装有密封环 3 和 4;为增强密封性能,密封环内侧分别设有衬簧 19 和 20,并有小孔向密封环底部引入由离心力产生的高压水,将环的外侧推向密封面。由图可以看出,分离筒底与活塞、活塞与分离筒本体之间分别形成了上、下两个环形空间,活塞上、下移动就是依靠活塞下部或上部环形空间引入工作水而产生的离心压力的推动。工作水的引入由固定在机身上的配水盘和随分离筒一起旋转的分流挡板及分离筒本体上的通道完成,其结构如图 15-22 所示。

工作水来自高位水箱,通过人工控制阀(或时序程序控制系统控制的电磁阀)与配水盘连接,如图 15-23 所示。下面以人工控制阀控制为例,说明自动排渣控制系统的工作过程。

(1)密封

密封是指活塞上移,封闭排渣口的过程。将控制阀转至“密封”位置时,工作水由控制阀送至配水盘密封水接口,经孔 e、分流挡板内腔、分离筒本体底部孔 a 进入活塞下部环形空间(图 15-22),直至孔 c 以外的空间充满工作水,活塞在下部离心水压的作用下向上移动,关闭排渣口,活塞上部的水则经孔 d 和活塞与分离筒本体内壁的间隙,从排渣孔排走(图 15-21)。

(2)补偿

密封完成后,控制阀转至“补偿”位置,它是油分离机分油工作位置;此时控制阀的阀口由密封位置的大口转至小口,通过控制阀进入活塞下部的水量明显减少,以补偿活塞下部工作水因泄漏等原因造成的不足，防止油分离机分油过程中活塞因工作水量减少，离心水压作用面积减小而下落，打开排渣口。

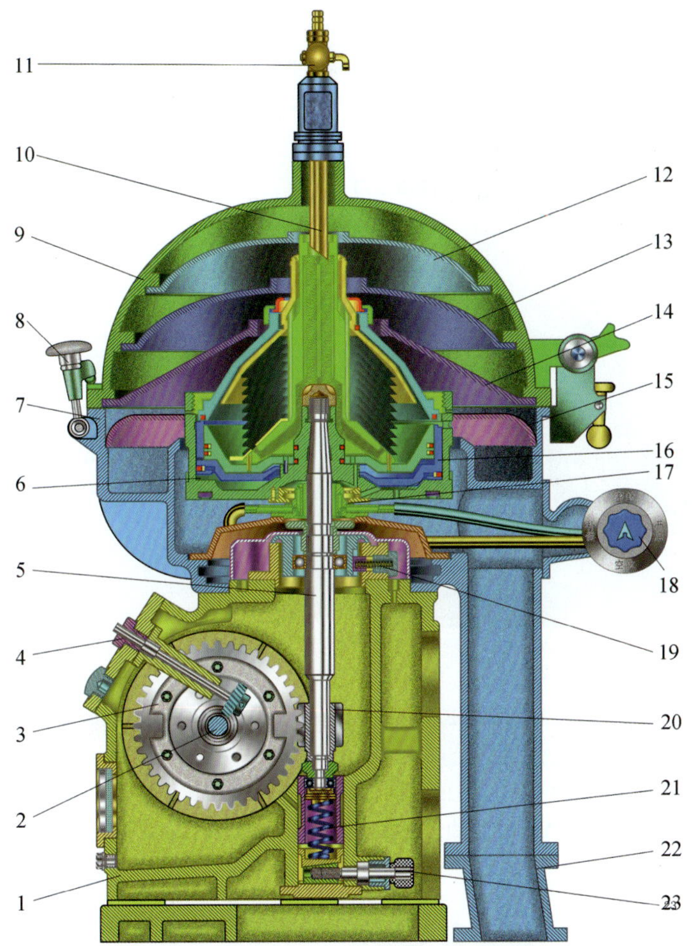

动画演示

1—底座；2—水平轴；3—大螺旋齿轮；4—转速计数器；5—直立轴；6—分离筒；7—本体；8—手轮压块；9—集油器；10—进油导管；11—进油旋塞；12—上隔板；13—中隔板；14—下隔板；15—排污挡板；16—活塞；17—配水盘与分流挡板；18—控制阀；19—缓冲弹簧；20—小螺旋齿轮；21—直立轴轴承弹簧；22—排污接管；23—调节螺杆

图 15-20　DZY-30 型自动排渣油分离机

(3)空位

控制阀转至“空位”位置时，由控制阀控制的所有通路都被截断，互不相通；该位置是油分离机停止工作的位置。

(4)开启

开启是活塞下移，打开排渣口的排渣过程。当控制阀转至“开启”位置时，工作水由控制阀送至配水盘开启水接口，此时密封(补偿)水通路被截断。送至配水盘开启水接口的工作水经孔 f 进入分流挡板上部，在离心力作用下迅速通过孔 b 进入活塞上部空间(图 15-22)。

因孔 d 直径很小,节流作用较强,工作水会迅速充满活塞上部空间。由于活塞上部环形空间面积远大于下部环形空间的面积,在上、下离心压力差作用下活塞下移,打开排渣口排渣,完成自动排渣过程。活塞下部的工作水经孔 c 从排污道排走(图 15-21)。

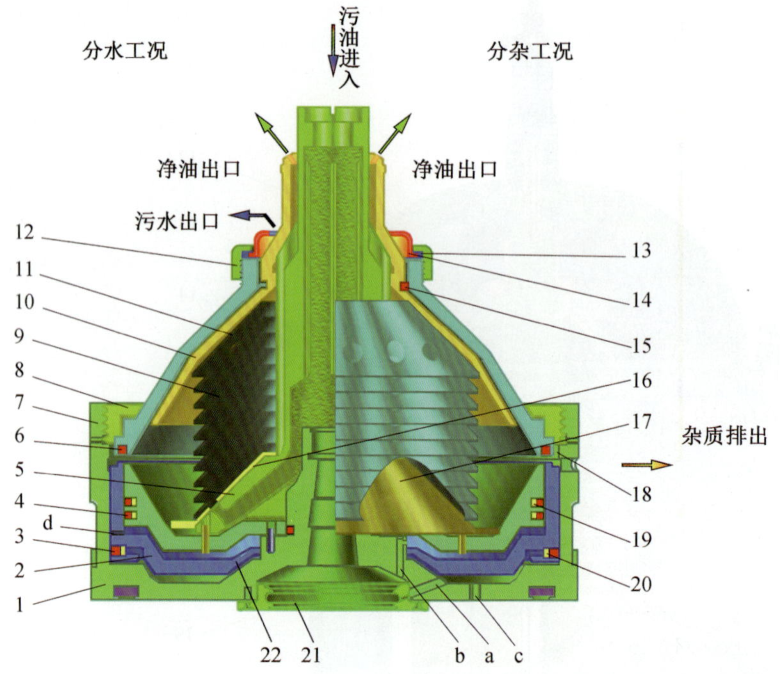

1—分离筒本体;2—活塞;3、4、6、13—密封环;5—盘架;7—分离筒盖;8—分离筒盖锁紧螺母;9—分离盘;10—颈盖;11—无边分离盘;12—重力环锁紧螺母;14—重力环;15—橡胶密封环;16—有孔底分离盘;17—无孔底分离盘;18—定位块;19、20—密封环衬簧;21—分流挡板;22—分离筒底

图 15-21 DZY-30 型油分离机分离筒结构图

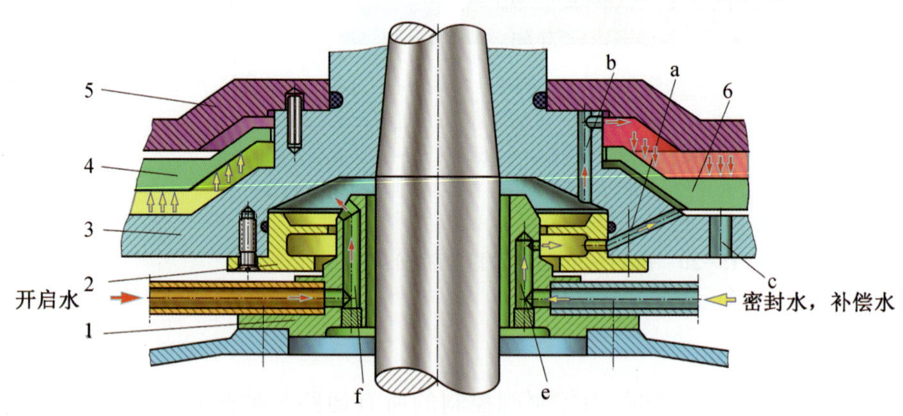

1—配水盘;2—分流挡板;3—分离筒本体;4—活塞密封位置;5—分离筒底;6—活塞开启位置

图 15-22 DZY 配水盘和分流挡板结构

自动排渣后,可将控制阀转至“空位”停机,或再次转至“密封”“补偿”等位置,进行重复排渣操作或恢复油分离机分油工作。

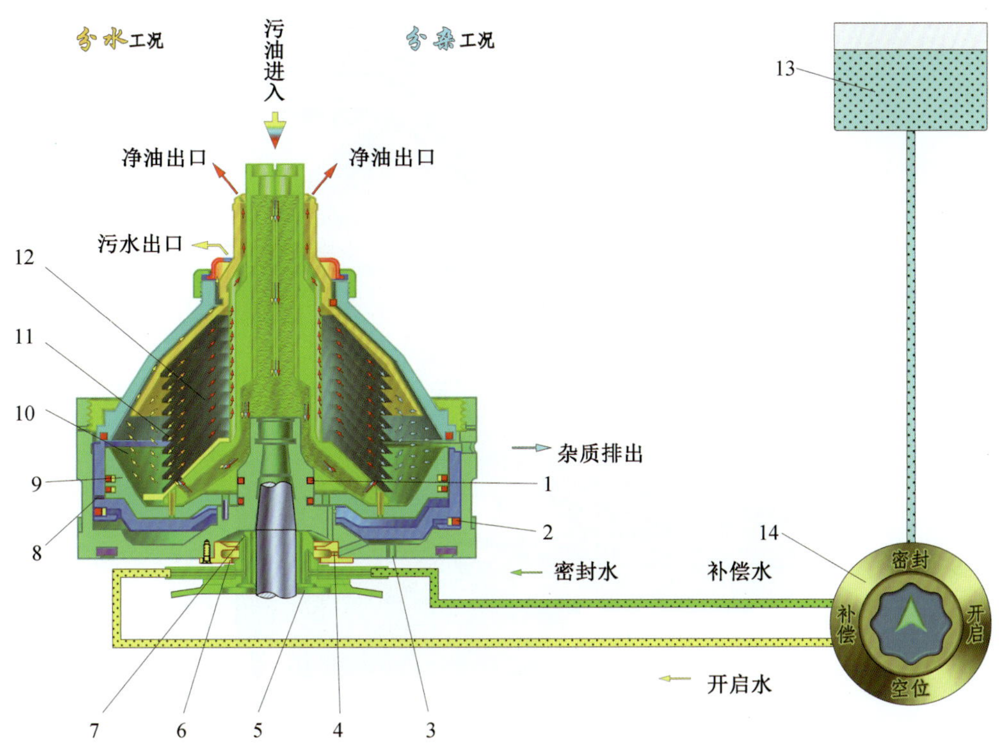

1—盘架密封环；2—活塞密封环；3—泄水孔；4—进水孔；5—配水盘；6—分流挡板；7—进水孔；8—泄水孔；9—活塞；10—污渣区；11—水封区；12—分离区；13—高置水箱；14—控制阀

图 15-23　自动排渣控制系统图

分油机的类型很多，但其基本结构和工作过程大同小异。现仅以 a-LAVAL WHPX 型自动排渣分油机为例加以说明。图 15-24 示出了其主要结构。分油机机体下部安装着分离筒的传动机构。分离筒由马达 A 经摩擦离合器 E、蜗轮机构 D 驱动，以较高速度旋转。

图 15-25 所示为该分油机分离筒和自动排渣系统的结构。这种分油机由分水机改为分杂机只须将重力环改为分杂盘即可。分离筒本体 7 和分离筒盖 26 用大锁紧圈 24 紧把在一起。筒内安装配油器 28、配油锥体 9 和分离盘组 25，待分油流过配油器、配油锥体，在分离盘组内进行分离。分离盘最上端为顶盘 27，其颈部与液位环 29 形成油腔 31，向心油泵 5 将油腔中的净油泵出分离筒。分出的水沿分离盘组的外缘上升，经顶盘流至油腔上部的水腔 34 溢过重力环 32 由向心水泵 4 泵出。分出的渣朝筒内四周运动，汇集在分离盘组外缘的渣空间 22，通过排渣口 23 定时排出。重力环或分杂盘被小锁紧圈 30 固定在分离筒盖上，此锁紧圈也构成水腔的上盖。其自动排渣系统主要由滑动底盘 21、滑动圈 17、配水盘 12 及工作水系统等组成。

该分油机的工作过程可以自动控制也可以手动控制，具体叙述如下：

①当要进行分油作业时，启动分油机，待达到标定转速后，水阀打开，密封和补偿水进口 15 进水，密封水经配水盘进入滑动底盘下部的密封水腔 12。由于此时在弹簧 16 的作用下，滑动圈将泄水阀 11 关闭，密封水腔形成密封状态。在分离筒高速运转的情况下，滑动底盘下方的压力大于上方的压力，从而使滑动底盘 21 紧压在分离筒盖 26 上，使其保持密封，以进行分油作业。

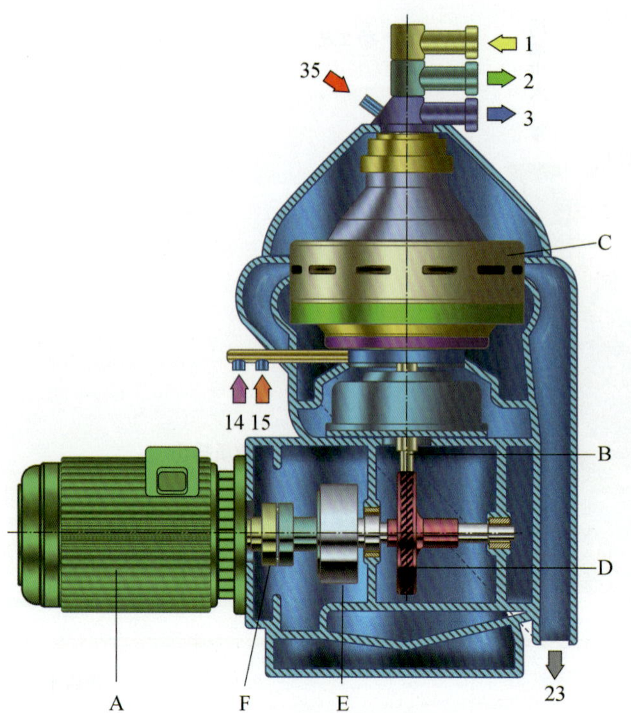

1—油进口;2—净油出口;3—水出口;23—排渣口;35—水封水/置换水进口;14—开启水进口;15—密封工作水进口;
A—马达;B—垂直轴;C—分离筒本体;D—蜗轮机构;E—摩擦离合器;F—弹性联轴器

图 15-24　自动排渣分油机主要结构

②分离筒密封好后,便可开启进水口 35 进水封水(若分杂可免此项作业)。待分离筒水封好后(一般以出水口 3 有少量水流出为准),便可进油进行正常分油作业。若在分油过程中,密封水有少量泄漏,水阀便打开,从密封和补偿水进口 15 进水进行补偿。

③当要排渣时,进油口 1 停止进油,进水口 35 进置换水,进行分离筒内部冲洗和赶油,以利排渣和减少排渣时油的损失。然后水阀打开,开启工作水进口 14 进水,经配水盘进入开启水腔 10,直至滑动圈 17 上部开启水压力大于下部弹簧 16 弹力。此时滑动圈向下移动,打开泄水阀 11,使滑动底盘下部密封水腔的密封水泄出。滑动底盘此时在其上部的压力作用下迅速下落,打开排渣口 23 排渣。

排渣完毕后,若需继续分油作业,可重复上述动作①和②;若需停机,便可直接停机。

目前,大多数船舶上使用的自动排渣分油机的结构和工作过程与上述基本相同,且多与一个控制器联合使用。a-LAVAL FOPX 分油机结构和工作过程略有不同,其以流量控制盘代替分杂盘或重力环,与 EPC400 控制单元、水分传感器和排水阀等联合使用。分油机开启,分离筒密封后可直接进油,排渣时也无须停油,所分油的密度最大可达 1 013 kg/m^3。

3. 部分排渣型

DZY 型油分离机实现了不停机自动排渣功能,但排渣前需停止进油,并向分离筒注入热水(提高冲洗效果)把分离筒内的油驱赶排净。DBY-30 型油分离机为部分排渣型油分离机,能在不停油的情况下,全自动周期性地在瞬间(0.1 s)启闭分离筒排渣口,从分离筒中排出预定的部分杂质和水(一般为分离盘外边缘以外容积的 70%),达到排渣工序少,油、水消耗少,有效工作时间长等目的。

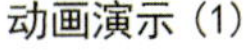
动画演示（1）

动画演示（2）

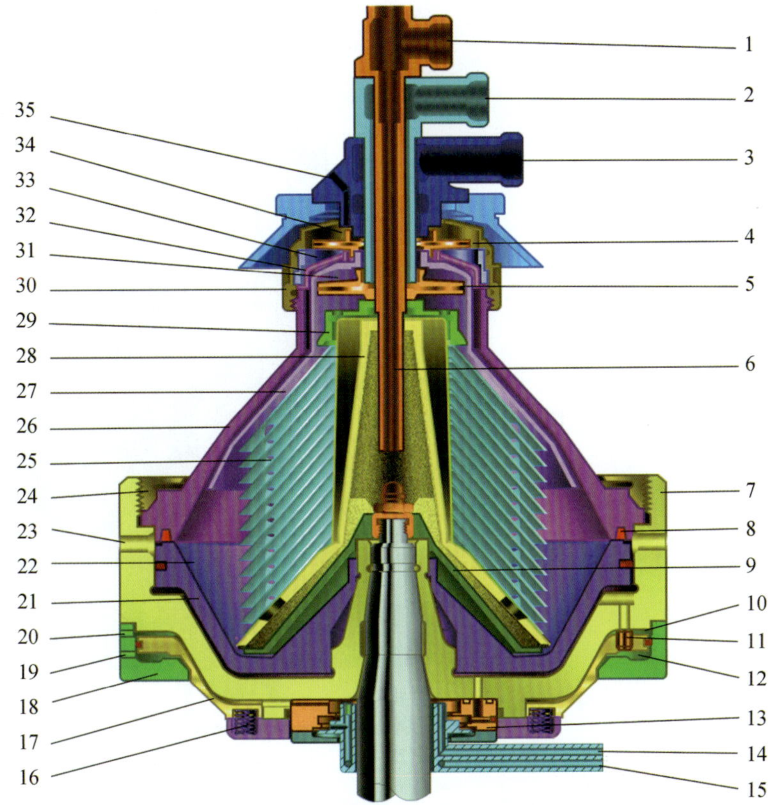

1—油进口;2—净油出口;3—水出口;4—向心水泵;5—向心油泵;6—进口管;
7—分离筒本体;8—筒盖封环;9—配油锥体;10—开启水腔;11—泄水阀;12—密封水腔;
13—配水盘;14—开启工作水进口;15—密封和补偿水进口;16—弹簧座和弹簧;
17—滑动圈;18—定量环;19—外泄孔 M2;20—外泄孔 M1;21—滑动底盘;22—渣空间;
23—排渣口;24—大锁紧圈;25—分离盘组;26—分离筒盖;27—顶盘;28—配油器;
29—液位环;30—小锁紧圈(带油腔盖);31—油腔;32—重力环或分杂盘;
33—带翘套筒;34—水腔;35—水封水/置换水进口

图 15-25　WHPX 型分油机分离筒和自动排渣系统

图 15-26 所示为 DBY-30 型油分离机分离筒部分排渣控制原理图。分离筒内控制排渣口启闭的活塞 2 的下部环形空间有两组泄水孔,靠外边缘一组为完全排渣泄水孔 9,向内约 1/2 处的一组为部分排渣泄水孔 3。两组泄水孔的启闭分别由全排和部排导圈上的作用滑块 8 和 4 控制,以控制活塞下部环形空间中工作水的作用面积,使活塞下移或上移,启闭排渣口。

分离筒正常分离油时,密封水进水管总是与高置水箱接通,活塞下部空间充满了工作水,排渣口 10 处于关闭状态。进行部分排渣时,污水出口阀关闭,冲洗水进水阀开启,向分离筒注入相当于排污量的热水,使油水分界面向内移动,以保证排渣口打开时排出的只是污渣和水,且部分排渣结束时不破坏油水分界面。停供密封水约 15 s,部分排渣开启水通过配水装置引入部分排渣作用滑块 4 的上腔,其产生的离心水压力克服弹簧力使部分排渣导圈及作用滑块向下移动,部分排渣泄水孔开启,活塞下部环形空间部分排渣泄水孔以内的工作

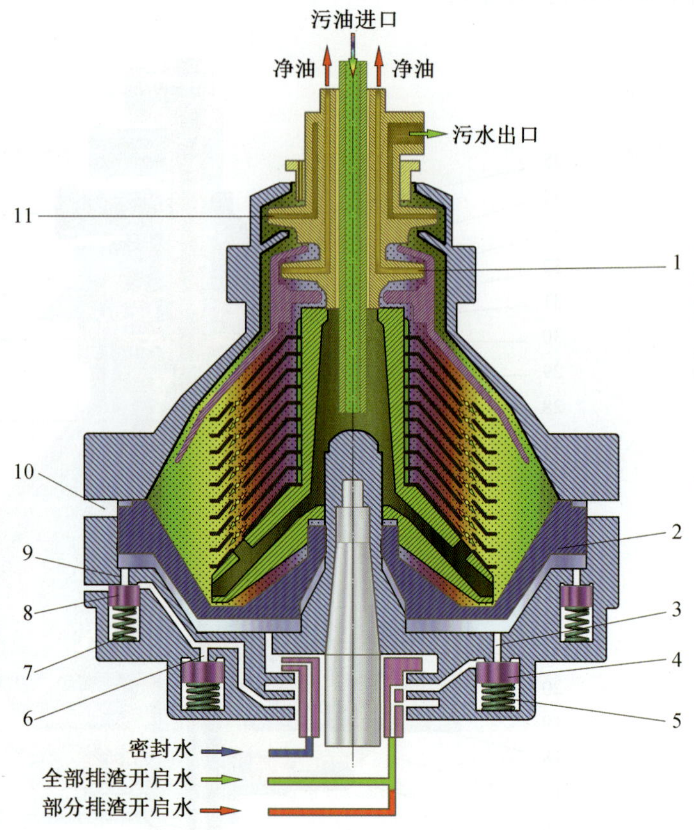

动画演示

1—水扩压叶轮;2—活塞;3—部分排渣泄水孔;4—部分排渣作用滑块;5—弹簧;6—平衡水孔;7—弹簧;8—全排渣作用滑块;9—全排渣泄水口;10—排渣口;11—油扩压叶轮

图 15-26　DBY-30 型油分离机分离筒部分排渣控制原理图

水经被打开的泄水孔、部分排渣导圈上的平衡水孔 6 和弹簧座外侧的节流孔迅速排出。活塞因失去一部分离心水压力支撑而下移,排渣口打开,污渣和一部分污水被甩出。

排渣开始,部分排渣开启水切断,部分排渣导圈上、下作用的离心水压力由平衡孔迅速平衡,在弹簧力的作用下,部分排渣导圈上移,部分排渣作用滑块关闭泄水孔。因密封水已供入,在离心水压力作用下活塞迅速上移关闭排渣口,分离筒重新密封。由于部分排渣时,部分排渣泄水孔以外的活塞下部空间充满工作水,保证了排渣口开启的时间很短。

全部排渣时先切断污油的供给,分离筒注入冲洗水驱赶净油;全部排渣开启水引入,全部排渣泄水孔 3 开启,实现活塞下移而打开排渣口,排渣时间增长,分离筒内的污渣、污水和剩油全部排出,且可引入冲洗水对分离筒冲洗。

该油分离机机盖上无集油隔层,也无输油泵,依靠在分离筒颈盖内装设的两个固定的向心扩压叶轮将净油和污水输送出去。

4. 油分离机的运行管理

(1)加热温度和分油量的确定

燃油或滑油在分离前,要经分油机加热器进行加热,降低黏度,扩大杂质、水与油的密度差,以提高分离效果。油温不能太高,以免水分蒸发,破坏油水分界面,造成跑油。加热温度取决于油的品质和水的沸点。分油机的分油量越小,分离效果越好。但对于燃油而言,分油量必须满足主机的耗油量；对于滑油而言，采用循环分离后，分油量越小，循环分离的次数越少，因此，不能追求过小的分油量。一般说来，油的黏度越大，质量越差，加热温度应适当增高，分油量也应酌情减少。

(2)重力环的选择

由分油机的原理可知，分水机的分油质量取决于油水分界面的位置，而分界面的位置由重力环的内径确定。根据油水分界面不动时，油、水对分界面压力相等的关系，可以推导出下式：

$$D_2=\sqrt{D_3^2-\frac{D_3^2-D_1^2}{E}} \tag{15-1}$$

式中　D_1——出油口直径，mm，固定不变；

D_2——出水口直径（重力环内径），mm，可以选择；

D_3——油、水分界面的直径，mm；

E——分离温度时油、水密度的比值。

由式（15-1）可知，为了使油水分界面总是处于最佳位置，根据所分油的 E 值，即可求出所需重力环的内径 D_2。所用燃油的密度愈大，所选用的重力环的内径应愈小。因此，每台分油机均附带有一套不同内径的重力环，以备选用。一般在分油机的说明书中都附有选择重力环的图表。在分油机的运行管理中，要根据所分油密度，正确选择重力环。

(3)选择最佳的工作方式

分油机在船上工作时，工作方式有三种：

①单机工作　用一台分水机处理全部流量。

②并联工作　两台分水机并联工作，各处理总流量的50%。

③串联工作　两台分油机串联，前一台为分水机，后一台为分杂机，每台都要处理全部流量。这种方式效果最好，即使分水机油水分界面太靠内，分离效果差些，但因后面还有分杂机，仍能保持较好的分杂效果。

(4)操作要点

由时序程序控制系统控制的自动排渣油分离机或部分排渣油分离机都有较完善的检测、监测、自动控制功能，能完成由启动前的检查到停机的全部操作和控制，也能转至人工操作。下面以人工操作为例说明油分离机的一般操作过程：

①启动前的检查

检查制动器是否松开，止动器是否退出到位，分离筒有无卡阻现象；检查机身下部齿轮箱中滑油是否在油位刻度线范围，油泵处的油杯润滑油脂是否足够；待分离油的加热温度是否达到要求，高置水箱水量是否足够，控制阀是否处于“空位”等。

②启动和运行

a. 经检查确认正常后，启动电动机，注意观察，有异常声音或振动应停车检查。为了保证油分离机上齿轮泵的良好润滑和冷却，分油机不宜长时间空转。

b. 在达到额定转速（可观测转速指示器或电动机电流指示），并确认正常的情况下，对人工排渣型油分离机，可进入分水或分杂工况的相关操作。而对于自动排渣型油分离机应进入封闭分离筒排渣口的操作，把控制阀转至“密封”位置，待指示管或排污道有水流出时，再将其转至“补偿”位置，封闭排渣口的操作完成。

c. 油分离机进行分杂工况时，分离筒无须建立水封，可缓慢开启进油阀开始分油，并观察净油观察口或流量计,调整分油量。

d. 油分离机进行分水工况时,应打开机盖上部的冲洗水阀,向分离筒注入水封水,至污水口有水流出时关闭;缓慢开启进油阀开始分油,检查污水口是否“跑油”,有则立即停止进油,重新建立水封后再进油;观察净油口的油流或流量计的情况,调整分油量。

e. 排渣操作首先应关闭进油阀,打开冲洗水阀,向分离筒注入热水以驱赶排出筒内的净油,待污水口有大量水流出时说明驱赶排油结束,关闭冲洗水阀;将控制阀由“补偿”位置经“空位”转至“开启”位置,此时可听到活塞下移和排渣的声音;排渣结束后,可停机,也可重新“密封”,再次冲洗或继续分油工作。

③停机

人工排渣油分离机待注水驱赶净油后即可停机;自动排渣油分离机至排渣结束后将控制阀转至“空位”后即可停机。注意关闭电源、加热器等。重油、燃料油输送管路无伴热管时应在停止分油前进行换轻油操作,待轻油充满管路后再进行排渣、停机操作,防止下次运行困难。

5. 油分离机的故障分析

(1)分离筒达不到规定转速

原因有:制动器未松开;摩擦离合器内混入油脂,摩擦片打滑或损坏;电动机或电气设备故障。

(2)不能进油或分油过程断油

分油机供油泵一般为齿轮泵,它不能供油的原因通常有以下几类:

第一类是由于泵或管路的问题不能产生足够低的吸入压力。原因是:油泵传动齿轮锥销折断;泵严重磨损,间隙太大;泵转速太低;吸入管漏气;油柜已空。

第二类是泵吸入压力过低。属于这类的原因有:油柜油位太低;供油泵前滤器堵塞或管路不通;油温太低,黏度太大。

(3)出水口跑油

第一类情况是水封未能建立或受到破坏,如启动时水封水未加或加得太少;进油阀开得太猛,水封被破坏;油温太高,水封水被蒸发,水封被破坏;转速不足使水封压力不够;分离盘片间脏堵。

第二类情况是油水分界面外移至分离盘外。属于这类原因的有:重力环内径过大;油未加热至要求值,密度大。

(4)排渣口跑油

这是由于排渣口未能封闭。排渣口跑油原因有以下几类:

第一类是滑动圈不能上移堵死密封水腔泄水口。原因是:分离筒上小孔 M1、M2(见图5-5)堵塞,不能泄水;滑动圈下方弹簧失效;滑动圈上方塑料堵头失严。

第二类是滑动底盘下部缺密封水,可能是:高置水箱无水;工作水系统管道或控制阀堵塞或严重漏泄;滑动底盘周向密封圈失效漏泄。

第三类是滑动底盘与分离筒盖不能贴紧,原因是:滑动底盘上端面主密封环失效;传动齿轮和轴承过度磨损使立轴下沉。

(5)不能排渣

原因是缺少压下滑动圈的开启工作水,可能是:高置水箱无水;工作水系统管道或控制阀堵塞或严重漏泄;有关工作水孔脏堵不通;滑动圈周向密封圈失效。

(6)出现异常振动或噪声

原因主要是:分离筒安装不正确,紧固件松动或与机盖、配水盘擦碰;传动机械因缺油或油质差而损坏;轴承过度磨损而使立轴下沉;供油泵卡阻或损坏;摩擦离合器损坏或过度磨损,质量不均匀;排渣不净,分离筒内积渣不均。

第6节　油分离机的拆装、检修

一、油分离机活动底盘拆卸

在拆装前必须使油分离机完全停下来,并准备好拆装所需的场地和专用工具(由分油机生产厂家随机配置的整套拆装用工具)等。

图15-27所示为DZY—30型油分离机分离筒的装配图,具体拆卸步骤如下:

动画演示(1)

动画演示(2)

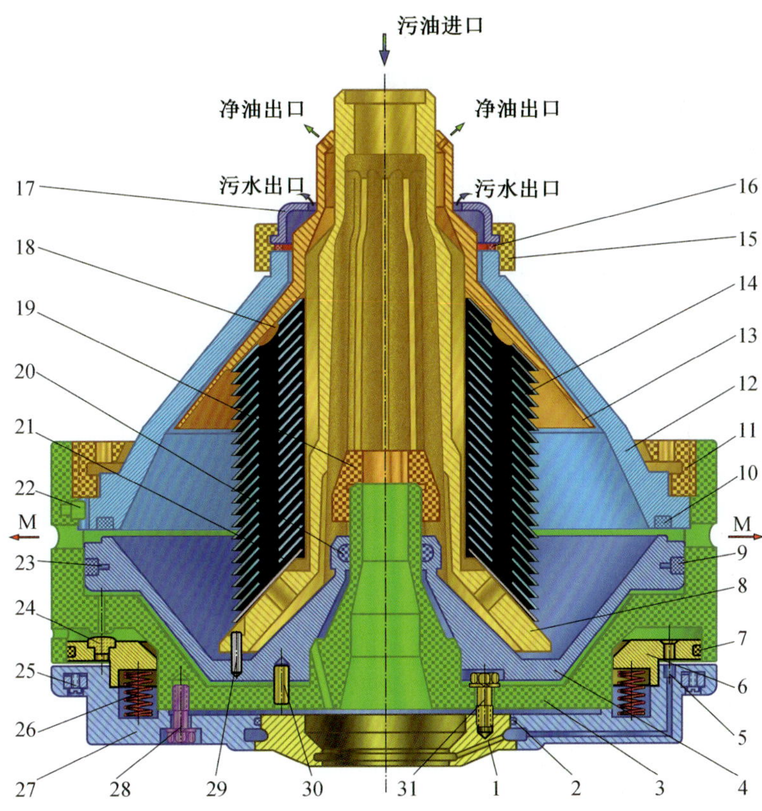

1—分流挡板;2—分流挡板密封环;3—分离筒本体;4—活动底盘;5—导水销;
6—作用滑块;7—滑块密封环;8—分离盘盘架;9—活动底盘密封环;
10—分离筒盖密封环;11—分离筒盖锁紧螺母;12—分离筒盖;13—颈盖;14—分离盘;
15—重力环锁紧螺母;16—重力环密封环;17—重力环;18—杂质挡环(无边分离盘);
19—锥形轴套;20—活动底盘内密封环;21—无孔下分离盘;22—分离筒盖定位块;
23—密封环衬簧;24—阀门座;25—平衡块;26—弹簧;27—弹簧座;28—螺栓;
29—分离盘架定位销;30—活动底盘定位导销;31—螺栓;M—排渣孔

图15-27　DZY-30型油分离机分离筒装配图

(1)在控制箱上切断待拆装油分离机电源并挂警示牌;

(2)关闭与油分离机相连接的外部油管和水管上的截止阀;

(3)用止动装置固定分离筒;

(4)打开油分离机上部的机盖并检查锁扣是否落到位,以防止机盖在船舶摇摆时翻落而伤人或损坏设备;

(5)用拆重力环锁紧螺母的专用工具顺时针旋下重力环锁紧螺母 15,取下重力环 17;

(6)把拆分离筒盖锁紧螺母的专用工具套在锁紧螺母上的凹槽内,用锤子顺时针方向打击专用工具的手柄,待其完全松动后,旋下分离筒盖锁紧螺母 11;

(7)把分离筒盖起吊专用工具安装在筒盖上部,用起吊葫芦拆下分离筒盖 12,随即可拆下颈盖 13;

(8)将分离盘架起吊专用工具旋入污油入口处的螺纹内,用葫芦吊出分离盘盘架 8,取出分离盘 14;

(9)顺时针拆卸锥形盘架支座上部的立轴螺母,并拆下锥形盘架支座;

(10)用专用工具吊出活动底盘 4。

二、油分离机活动底盘装配

油分离机经拆卸、清洗、检查后,确认所有零部件完好即可进行装配工作。装复操作的程序可按拆卸的反顺序进行。装配中应注意以下几点:

(1)所有零部件应保持清洁,并在活动部件的表面涂上润滑剂。

(2)注意零部件间的装配记号,正确安装。装配时绝不允许将不同分离筒上的零部件互换安装,否则分离筒的平衡将受到破坏,分油机工作时将产生强烈振动。

(3)活动底盘装入分离筒本体内时,应注意活动底盘的定位销孔一定要对准本体上的定位导销 30,活动底盘方可正确落位。

(4)装入活动底盘时要注意平稳、缓慢放入,当出现倾斜卡住时严禁强力打入,防止卡死,损坏活动底盘和分离筒本体。

(5)分离盘架装入时应注意底部的定位销是否与定位孔对准落位。

(6)分离盘装入盘架时应注意编号顺序,依次装入,并注意分杂工况时最下一片应该为无孔分离盘,分水工况为有孔分离盘。

(7)分杂工况时,装入分离筒盖前应注意颈盖与分离筒盖间的凹槽内的橡胶密封环是否装入,分水工况时则不能装橡胶密封环。

(8)分离筒盖装入分离筒本体时注意定位块是否落位。

(9)分离筒盖锁紧螺母和重力环锁紧螺母旋紧时应注意螺母和筒盖上的记号,旋紧、对准,不能不对记号而过度上紧,否则将影响分离筒动平衡而产生振动和噪声。

(10)分离筒装复后,在合上机盖前应松开止动器,用手盘动分离筒,检查分离筒转动是否灵活,并注意是否有异常声响,否则应拆开重新装配。

(11)全部装复合上机盖后按油分离机的运行操作方法进行试运转,确认正常后备用。

三、油分离机分离筒底部拆卸

油分离机分离筒底部的拆卸需将分离筒全部拆出。活动底盘以上部分拆装见前文所述。下面是吊出活动底盘 4 后的拆卸。

(1)旋出分离筒本体底部的三只螺栓31,即可将专用工具上对应的三支螺栓旋入该三只螺孔,然后从油分离机机体内吊出分离筒本体。

(2)将分离筒倒置,松掉弹簧座27上的六只固定螺栓28,即可拆下弹簧座27和弹簧26(16只);取出作用滑块6和滑块密封环7。

(3)拆除配水盘上的固紧螺母,拆出配水盘及其橡胶密封圈。

四、油分离机底部橡胶密封圈更换

清洁、检查油分离机底部部件后,相应部件的密封圈都应换新,注意事项如下:

(1)按说明书备件编号选择各自的密封圈

(2)清洁密封圈环槽,保证新装密封圈与环槽配合适宜。

(3)为了安装方便,可以在密封圈外周涂一层牛油。

(4)新装入的密封圈在槽内要注意平整,不能有扭转现象。

(5)按后拆先装的顺序装复底部部件。

(6)上紧弹簧座六只紧固螺栓时,应分三次、对角均匀用力拧紧。

(7)后续装配见活动底盘装配相关内容。

课 后 习 题

一、选择题

1. 通过油水分离器处理的污水排出水含油量标椎的是__________。

A. 25 ppm　　B. 30 ppm

C. 20 ppm　　D. 15 ppm 及以下

2. 油水分离器的自动排油装置触发机构为__________。

A. 高低位电极　　B. 温度继电器

C. 手动开关　　D. 油份浓度检测器

3. 生活污水处理装置消毒柜的作用是__________。

A. 消毒杀菌　　B. 增强喜氧微生物

C. 沉淀活性泥　　D. 污水循环

4. 焚烧炉焚烧污油雾化的介质不包括__________。

A. 空气　　B. 饱和蒸汽

C. 过热蒸汽　　D. 水

5. WHPX 型分油机属于以下__________类型?

A. 部分排渣　　B. 手动排渣

C. 自动排渣　　D. 以上都不对

二、思考题

1. 简述船用油水分离器主要分离方法的分离原理。

2. 影响油水分离器分离效果的因素有哪些?

3. 简述混浊度法、红外线吸收法进行油分浓度检测的原理。

4. 船舶生活污水处理的方式有哪些?各有何特点?

5. 焚烧炉为何要增设辅助燃烧器?

6. 焚烧炉污油为何要加热处理？
7. 简述离心式油分离机的分离原理及“跑油”的原因。
8. 简述自动排渣型离心油分离机起动、运行、排渣、停机的工作过程。

课后习题数字资源

参 考 文 献

[1] 费千. 船舶辅机[M]. 大连:大连海事大学出版社,1993.

[2] 轮机工程手册编委会. 轮机工程手册[M]. 北京:人民交通出版社,1993.

[3] 任福安,魏海军. 轮机工程基础(上册)[M]. 大连:大连海事大学出版社,2008.

[4] 毕艳丽,魏海军,任福安. 轮机工程基础(下册)[M]. 大连:大连海事大学出版社,2009.

[5] 厉彦忠,吴筱敏. 热能与动力机械测试技术[M]. 西安:西安交通大学出版社,2007.

[6] 阎永阁. 船舶辅机[M]. 大连:大连海事大学出版社,1990.

[7] 蒲上忠. 船舶辅机[M]. 北京:人民交通出版社,2003.

[8] 张心宇. 船舶辅机[M]. 北京:人民交通出版社,2012.

[9] 高翔. 舰船辅助机械[M]. 北京:国防工业出版社,2005.

[10] 李之义. 船舶辅助机械[M]. 北京:人民交通出版社,2002.